Messager Des Sciences Historiques
by Société Royale Des Beaux-Arts Et De Littérature (Ghent, Belgium)

Messager des sciences historiques

Société royale des beaux-arts et de littérature (Ghent, Belgium),
Société royale des beaux-arts et de littérature de Gand, Société ...

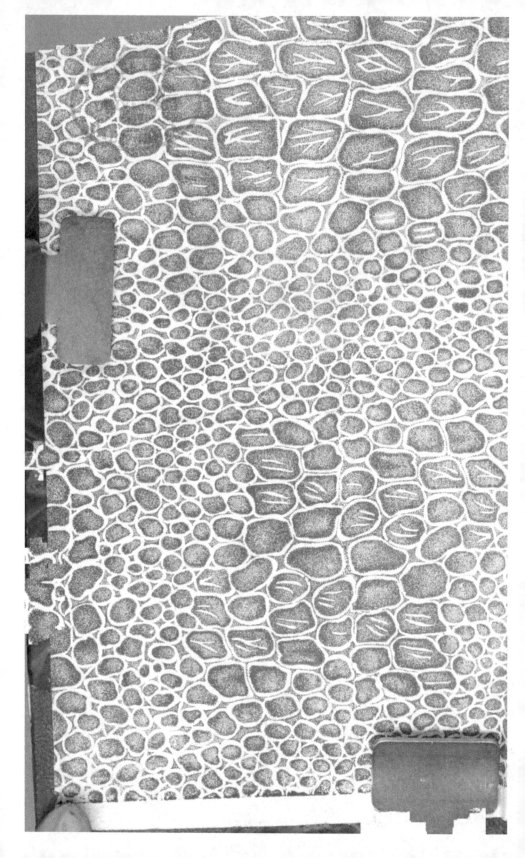

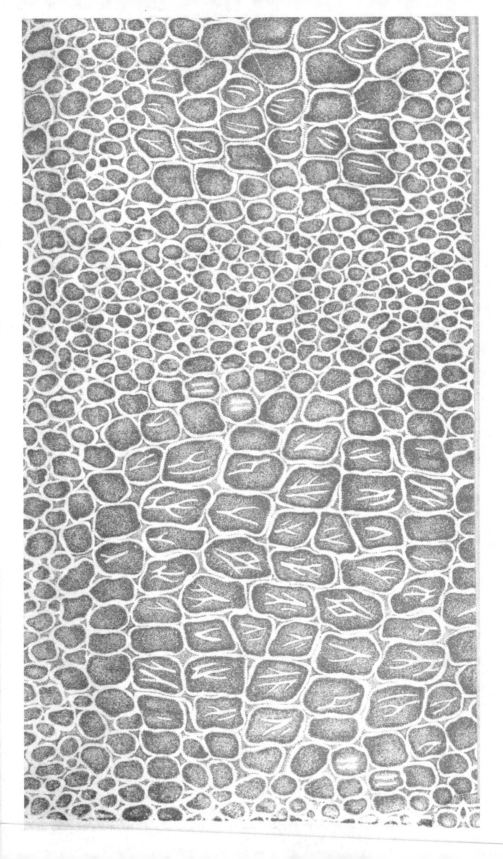

MESSAGER

DES SCIENCES HISTORIQUES

ou

ARCHIVES

DES ARTS ET DE LA BIBLIOGRAPHIE

DE BELGIQUE.

LISTE DES COLLABORATEURS.

MM. Docteur P. P. M. ALBERDINGK THIJM, professeur à l'Université de Louvain.

BEERNAERTS, avocat, à Malines.

R. CHALON, membre de l'Académie de Belgique, à Bruxelles.

Cᵗᵉ E. DE BARTHÉLEMY, membre du conseil général de la Marne, à Courmelois.

ÉMILE DE BORCHGRAVE, conseiller de légation, à Bruxelles.

L'Abbé HYACINTHE DE BRUYN, à Bruxelles.

Chevalier L. DE BURBURE, membre de l'Académie de Belgique, à Anvers.

EDM. DE BUSSCHER, membre de l'Académie de Belgique, à Gand.

O. DE GRAVE, greffier du Conseil provincial, à Gand.

A. DEJARDIN, capitaine du génie, à Liége.

Le Chan. J. J. DE SMET, membre de la Comm. royale d'histoire, à Gand.

L. DEVILLERS, conservateur des Archives de l'État, à Mons.

A. DU BOIS, avocat et conseiller communal, à Gand.

B. C. DU MORTIER, membre de la Chambre des Représentants, à Tournay.

J. FELSENHART, docteur en philosophie et lettres, à Bruxelles.

L. GALESLOOT, chef de section aux Archives du royaume, à Bruxelles.

P. GÉNARD, archiviste de la ville d'Anvers.

H. HELBIG, bibliographe, à Liége.

H. HYMANS, attaché à la Bibliothèque royale, à Bruxelles.

Baron KERVYN DE LETTENHOVE, membre de l'Académie de Belgique, à Bruxelles.

L'Abbé J. B. LAVAUT, curé à Michelbeke.

S. LE GRAND DE REULANDT, secrétaire perpétuel de l'Académie d'Archéologie, à Anvers.

EMM. NEEFFS, docteur en sciences pol. et adm., à Malines.

F. NÈVE, professeur à l'Université de Louvain.

N. NOLLÉE DE NODUWEZ, à Bruxelles.

ALEX. PINCHART, chef de section aux Archives du royaume, à Bruxelles.

J. J. E. PROOST, docteur en sciences pol. et adm., à Bruxelles.

CH. RAHLENBEEK, à Metz.

J. E. G. ROULEZ, membre de l'Académie de Belgique, à Gand.

A. SIRET, membre de l'Académie de Belgique, à Sᵗ-Nicolas.

C. VAN DER ELST, à Roux.

EDW. VAN EVEN, archiviste de la ville de Louvain.

MESSAGER

SCIENCES HISTORIQUES

OU

ARCHIVES

DES ARTS ET DE LA BIBLIOGRAPHIE

DE BELGIQUE.

Recueil publié par MM. le Baron KERVYN DE VOLKAERSBEKE, Membre de la Chambre des Représentants, etc.; le Comte DE LIMBURG-STIRUM, Docteur en droit, etc.; FERDINAND VANDER-HAEGHEN, Bibliothécaire de l'Université, etc.; BETHUNE-D'YDE-WALLE, archéologue.

ÉMILE VARENBERGH, Membre de la Commission de statisti-que, etc., Secrétaire du Comité, à Gand.

ANNÉE 1876.

GAND,

IMPRIMERIE ET LITHOGR. DE EUG. VANDERHAEGHEN,

rue des Champs, 66.

LETTRES

DE

L'ARCHIDUC MAXIMILIEN.

IMPRESSION DU XV⁰ SIÈCLE.

Les États-Généraux des Pays-Bas, réunis à
Ialines en 1493, avaient résolu d'envoyer une
députation à Maximilien, roi des Romains, pour
lui demander qu'il consentît à émanciper son fils,
'archiduc Philippe, et qu'il le mît en possession
de ses États; Maximilien accueillit le vœu des
États-Généraux et vint aux Pays-Bas pour donner
uite à la résolution qu'il avait prise. Depuis cette
poque le gouvernement des Pays-Bas avait été
andonné à l'archiduc Philippe; un des actes les
lus importants qui signalèrent les premières années de son règne, fut la conclusion du traité de
Paris, signé le 2 août 1498[1]. Par ce traité il avait
confirmé la paix de Senlis, et il avait promis que

[1] On assigne aussi la date du 10 juillet à la signature de ce traité,
c'est ce jour-là que fut signé le traité préliminaire conclu entre les
envoyés des deux puissances.

1

pendant sa vie et celle du roi de France, qui était alors Louis XII, il ne ferait aucune démarche pour recouvrer le duché de Bourgogne. Une des stipulations particulières de ce traité fut que l'archiduc serait dispensé de faire au roi en personne l'hommage auquel il était tenu pour les comtés de Flandre et d'Artois, qui étaient des fiefs relevant de la couronne de France, mais qu'il pourrait faire l'hommage « à tel bon et grand personnage, » que le roi enverrait en son nom au comté d'Artois, dans la ville que l'archiduc désignerait ; cette cérémonie eut lieu à Arras le 3 juillet 1499 ; Louis XII avait envoyé pour le représenter Gui de Rochefort, chancelier de France. Au moment où l'archiduc s'inclinait, « montrant apparence de soi vouloir mettre à genoux, » le chancelier le soulevant par les mains qu'il tenait, lui dit : « Il suffit de vostre bon vouloir. » La cérémonie terminée, le chancelier se leva et se découvrit, il fit ensuite une révérence à l'archiduc en lui disant : « Monsieur, je faisois nagueres office de roi, representant sa personne, et de present je suis Gui de Rochefort, vostre tres humble serviteur, toujours prest de vous servir envers le roi, mon souverain seigneur et maistre, en tout ce qu'il vous plaira me commander [1]. »

La conclusion de ce traité avait vivement mécontenté Maximilien, dont elle dérangeait les

---

[1] Voyez le procès-verbal de cette cérémonie dans le *Recueil des traitez de paix,* par Fr. Léonard, Paris, 1693, tom. I, p. 425.

projets; loin de l'observer, comme l'exigeaient les intérêts de son fils, il ne voulut pas se soumettre à la clause du traité, qui stipulait qu'il devait retirer ses troupes de la Bourgogne; il y envoya au contraire le sieur de Vergy pour reprendre les hostilités. Maximilien espérait pouvoir continuer la guerre avec les ressources pécuniaires que lui fournissait le duc de Milan, désireux de détourner l'attention de Louis XII et d'empêcher ce souverain de venir en Italie, comme il en avait le projet.

Guillaume de Vergy, seigneur de Vergy, Champlite et sénéchal de Bourgogne, était au service du roi de France, mais mécontent de ce que le roi lui avait enlevé la terre de Saint-Dizier pour la réunir à la couronne, et sans doute sous l'influence des suggestions de Maximilien, il avait quitté le service de la France à la mort de Charles VIII[1]; le roi Louis XII, irrité de cette défection, avait, à peine monté sur le trône, fait ravager les terres du sieur de Vergy et donner ordre de mettre le siége devant le château de Vergy, dont il donna la jouissance, après s'en être emparé, à Robert, seigneur de Framezelles, son chambellan[2]. Maximilien avait de son côté confié au sieur de Vergy les fonctions de maréchal de Bourgogne, par lettres du 19 Juin 1498, peu de jours après la mort de Charles VIII; le

---

[1] DUCHESNE, *Histoire de la maison de Vergy,* p. 308 et *Preuves.*
[2] Ce Robert de Framezelles serait-il le même que le Robinet de Formezelles, cité dans les *Mémoires de P. Anchemant,* édités par M. le baron Kervyn de Volkaersbeke?

même jour il lui avait donné la commission de
« chief capitaine général » des gens de guerre
des archiducs en Bourgogne ; le 1ᵉʳ juillet suivant
il lui confia « l'expédition des matières et affaires
du pays de Bourgogne et la provision des offices et
bénéfices. » Aux gages de 2000 francs qu'il tou-
chait comme maréchal de Bourgogne, il ajouta, par
lettres du 6 octobre 1498, la somme de 2000 florins d'or à prendre sur les biens des Français.

Le sieur de Vergy s'était mis en campagne ; il
avait ravagé les environs de Langres , mais il fut
bientôt repoussé hors de la Bourgogne par Jean
de Foix , que Louis XII avait envoyé contre lui.
Les historiens donnent peu de détails sur cette
guerre, qui n'eut pas une grande importance ; on
en trouve quelques-uns dans une lettre de Maximilien à son lieutenant ; à ce point de vue cette
lettre offre de l'intérêt.

*Copie d'une lettre du Roy Maximilien au sieur de Vergy,
mareschal de Bourgongne et capitaine general des gens
de guerre, doiz la ville de Brisach, le XXVIII d'Aoust
l'an mil quatre cens quatre-vingtz dix-huit.*

    « De par le Roy,

» Cher et feal cousin. Nous avons ce jourd'huy receu
vos lettres du 25 de ce present mois, esquelles estoit enclose la copie de la lettre du chev. de Vinteville, faisant
mention d'avoir receu le mandat et povoir que vous avons
envoyé pour consentir la trefve avecq les François, jusques
au 15ᵉ jour de septembre prochainement venant, dont
n'avions jamais eu nouvelles desditz François, sinon par les
lettres originelles dudᵗ chevalier, contenant qu'il a esté à

Dijon et que lesdits François luy ont dict qu'ilz ne entreprendront aulcune chose au quartier dud' Dijon, durant six jours, et ne veuillent faire aulcune chose en notre comté de Bourgogne et s'en va devers le Roy de France pour procurer la dicte trefve. Et avecq ce qu'il a envoyé sommer Coiffe, par Franche-conté, notre officier d'armes, comme ces choses et aultres vosdictes lettres contiennent plus à plain.

» A celle mesme heure, est arrivé devers nous notre amé et feal escuyer, Hugues de Jaucourt, et nous a presenté voz lettres par lesquelles nous advertissez de la prinse dudict Coiffe, et de la cruelle et enorme exécution mortelle que lesdits François ont faicte sur noz povres gens et serviteurs qui estoient dedans led^t Coiffe. Et comme ilz sont deliberez de venir devant Jussey et Amance, où est nostre artillerie, et du tout envahyr nostre dicte conté de Bourgogne et le mectre en leur subjection et obéissance.

» Avecq ce avons aussi ouy ce qu'il nous a dict de bouche de part vous, sur quoy vous signifions; que quant à la dicte trefve, pour les despitz, abuz, faulsetez et oultraiges qu'avons présentement trouvez esdits François, nous ne sommes point deliberez nullement qu'il soit de nous laisser ainsy plus abuser. C'est la première fois que le Roy de France presentement nous a trompé, ce que n'eussions point creu ne pensé, veu les aliances et amitiez qu'avons parcidevant eues ensamble, et les belles parolles et promesses qu'il nous a faict dire; mais, à l'ayde de Dieu nous en garderons tellement que ce sera la dernière.

» A ce soir le sieur de Vallernoul et maistre Anthoine nous ont parlé des lettres que nous escripvistes par Franck Scheinck, et de la copie des lettres que ledict chevalier vous avoit escript, qui estoit enclose en icelles, par lesquelles il disoit qu'à son partement de nous, nous n'entendions point qu'il y eult demeuré ame de noz gens au royaume de France, ne dedans ledict Coiffe, et que ne luy en parlasmes point, il a failly de dire vray. Nous avons toujours entendu et commandé que ladicte place fut bien garnye et gardée, au nom de nous; car auparavant la conclusion de la paix, nous avons escript et mandé au conte de Nassau que retiendrons ce que prandrions, et ne sommes nullement contens des paroles et langages que ledict chevalier a dictes et semées par delà, mais nous en souviendra sans faute.

» Au regard de la prinse de Coiffe, il nous en desplaist tresfort, et austant que de chose qui nous soit pieça advenue, et principalement pour la mort et tirannie que lesdicts Franchois ont faicte sur nosdicts pauvres serviteurs, desquels Dieu veulle avoir les ames; mais nous vous promectons que nous y pourvoyerons brefz de vengeance telle qu'il appartient. Prennez bon courage, et ne vous esbahissez de riens, mais faictes et entendez tousjours au mieulx que pourrez, au bien et à la garde et deffence de notre dict pays de Bourgogne, comme en vous avons notre parfaicte confidence ; car, ainsi que vous avons desja plusieurs fois escript et promis, nous vous promectons derechiefs de vous venir prestement adier et secourir en notre personne, et à si bonne et grande armée et puissance, que nous esperons d'estre à ceste fois vengiez des Franchoys, tant pour le passé que pour le présent, et d'avoir notre raison d'eux à notre volonté, et pour chose qui nous en advienne ne vous lairons ne habandonnerons, ne aussy les vôtres, et ne vous déconfortez pour nulles pertes ne aultres choses qui vous adviennent, vous aurez confort de nous, et si avons des biens assez, tant des nostres que de noz ennemis qui gissent en noz pays, pour vous recompenser au double, dont vous tenez tant assurez.

» Nous avons hier et cedict jourd'huy depesché plusieurs de noz capitaines, qui sont allez louer des gens d'armes, austant qu'ilz en pouront trouver. Et dedans deux jours Thiebault de Basle sera à Alterichlre à tous ses gens, Mess⁷ˢ Hans de Kuiset sera pareillement à Basle dedans deux jours à tout ung nombre de Suysses. Nous avons despeché six vingtz pietons soubz Henry de Feustenberch, qui marche contre Amance pour la garder en attendant les aultres, et si en lieve encores le dict Henry autant qu'il en peult treuver, ung aultre capitaine nommé Stestey en lieve aussy ce qu'il en peult avoir, lesquels ferons ceste sepmaine tous marches devers vous pour vous en aider, en attendant nostre venue, à tout les bannières de ce pays de pardeça et iiij^m Suisses, lesquels nous estimons tous ensemble au nombre de vingt mil combatans, et seront tous prestz autour de Ingherey, sans nulle faulte, de vendredy qui vient en huict jours, pour marcher avec nous comme dict est, toutesfois nous avons ung expedient sur main, par quoy esperons de les faire marcher tant plustôt.

» Au regard dudict France-comte, il a faict laschement et en sommes tresmalcontens. A ceste cause vous ordonnons que incontinent l'envoyez soubz bonnes et sheure garde à Angherey, es mains de nostre bailly de Fercette, pour faire parler à luy, l'examiner et après en faire faire la pugnition telle qu'il appartient.

» Nous avons aussy ouy lesdicts sieurs de Villernoul et M^tre Anthoine, et leur ferons briefve et bonne depesche. Si vous prions que prennez bon courage et faictes le mieulx que pourrez, en attendant les premières et nous après, *car il n'y aura poinct de faulte, et si vous traicterons et recompenserons tellement que l'on dira que aurez servy ung Roy des Romains.*

» Des Suisses qui sont au pays, de leur payement pour le passé et de leur entretenement pour le present et advenir, nous envoyons gens derriere eulx pour les payer et faire joindre avecq vous.

Paris et à venir à son aide afin d'obtenir de la France et de la Gueldre un traité qu'il puisse accepter. Il envoya dans ce but une sorte de manifeste, dans lequel il expose aux États tout ce qu'il a fait, depuis son mariage, dans l'intérêt du pays et de la maison de Bourgogne, dont son fils est l'unique héritier; il fait valoir ses efforts pour récupérer les pays conquis par les Français et pour déjouer leurs intrigues, et il ajoute que tant que le roi de France n'aura pas restitué toutes ses conquêtes, il ne pourra vivre en paix avec lui. Il finit par dire qu'il est venu aux Pays-Bas pour tâcher de terminer trois affaires qui le préoccupent vivement : les affaires de la Gueldre, celles de la France et son voyage de Turquie; et il engage les États à ne pas ratifier un traité beaucoup moins avantageux que celui de Senlis, et à l'aider plutôt à faire la guerre aux Turcs, ennemis perpétuels de la chrétienneté et de la maison d'Autriche.

Cette lettre, qui est, dit M. Gachard, un des monuments les plus instructifs de la politique de Maximilien, fut adressée non seulement aux membres des États-Généraux, mais aussi aux principales villes du pays.

« By den Romsch Kueninck.

» Lieve ende besunderen, ten eynde dat ghylieden claerlyc verstaen moeght die groete vaderlycke lieffde die wy hebben an onsen harden lieven zone den ertshertoghe Philips van Oistryck, ende die grote begheerte ende geheele affectioen die wy oick hebben ter eeren, welvaert,

prosperiteyt ende exaltacioen van synre persoon, ende an
den onderhoudennesse van den edele ende lofflycken huyse
van Bourgoinden, wy geven uluyden te kennen die groeten
ende onverdraeghelycken pynen, arbeyden, nooden ende
sorghen die wy, zichtent onser eerste toecomste in onse
lande ende heerlicheden van herwaerts over, naer der doot
ende overlyden van wylen onsen harden lieven schoenvader
hertoge Kaerle van Bourgoinden, den God gnadich zy, gehad, geleden ende verdraegen hebben, omme te verwaerne
ende te beschermene thuys van Bourgoinden ende onse
voirnoemde landen van herwaerts over van den groeten
ende onredelycken oorloghe ende persecucien die de Fransoysen, ouden ende doodelycken vyanden van den selven
huyse van Bourgoinden, hem altyts gepynt ende gevoor-
dert hebben te doene, by alle die crachten gewalden, be-
druegelycken subtylicheyden ende traffycken ende oick by
alle andere quaden valssheyden ende verraderien die zy
mochten versien, om die te verdervene, te nyeute te brin-
gene ende ghehelyc in huer onderdanicheit te stellene,
iegen God, ende zonder texel van gheenen recht, redene
noch actie. Daertoe geven wy uluyden te kennen die zwaren moyten ende nernsticheyden die wy geleden hebben
herwaerts over, in onsen persoen, ende oick in Bourgoinden, zoo om wederomme te cryghene, uuyt handen van
den voirnoemde Fransoysen, die landen, steden, sloten
ende heerlicheyden toebehoirende den selven huyse van
Bourgoinden, die zy, eer onse comste herwaerts over, ge-
wonnen ende genomen hadden, by den weghen ende ma-
nieren boven verclaert, die u ende eenen yegelyc kennlic
zyn. Ter executie van allen welke saken wy hebben tot
allen tyden, willighelyc, gestelt ende geaventureert onse
voornoemde persoon, sonder die gevreest offt gespaert te
hebbene, noch oick eenighe vrese te hebbene van der doot
offt eenighen anderen quaden aventueren ende perykelen

die ons daer van geschien ende gebueren mochten, ende
hebben daerinne versleten ende geconsumeert die scoen-
sten ende beste dagen van onsen tyt; zoo by der brekiu-
ghe van vaeke ende zwaren arbeyden die wy geleden
hebben, boven maete, ende meer dan onse natuere verdraegen mochte, wy synder in sulken krancheyt gevallen
als totter arbeyt van der doot; nochtans wy hebben ons
daerinne zoe gehouden ende geregeert dat, mits Gods
genade ende de hulpe van onsen goeden ende getrouwen
ondersaeten, die voirn. Fransoysen en hebben niet wederup ons konnen gewinnen, maer hebben up hemluyden
wedergecregen, zoo by macht als by appoinctement, een
deel van 'tghene dat zy ons afgenomen ende geroefft hadden, ende uuyt gedaen alle die quaden verraderyen ende
upsettingen die zy hadden in onse voirn. landen. Waeraff,
ende oeck by dat, dat wy hier voortyts geseyt hebben
onsen harden lieven zone, wy hem houden wel indachtich;
men mach claerlyc mercken ende kennen die groete ende
goede wille ende affectie die wy hebben te augmentereue
ende stellene in eere ende hoocheyt die huysen van
Oistryck ende van Bourgoinden, alsoe zy plegen, zunder-
linge die van Bourgoinden, van den welke ons voirnoemde
zone es alleenlyc rechte erve, dat wy oeck gedeclareert
hebben ende noch doen dat onse meynninghe ende wille es
dat egheene gescheydenesse offt separacioen zyn sal van
den goeden ende landen van den tween huysen van Oistryck ende van Bourgoinden, offt gesepareert syn sullen in
yeuwygen tyde die eene van den anderen, aengesien dat
zy up een bloeut vervallen ende gestorven zyn. Voort, ten
tyde dat wylen coninck Mathias van Ungheren dorloghe
vuerde iegen wilen onsen allergenedichten here ende
vader den keyser, den God gnadich zy, ende hadde ge-
wonnen een deel van den nederste hertoghdom van Oistryck, 'twelke onse upperste tittel es, ende tscoenste ende

ryckste land van allen den landen van onse voirs. huyse
van Oistryck, onsen voirn. here ende vader, ende onse
goeden ende getrouwen ondersaeten aldaer, begheerden
wel ons te hebbene om hemluyden te helpenen ende te beschermene; hoewel dat natuere ende redene ons daertoe
neghden, ende dat wy wisten dat wy in dese landen altyts
niet blyven en mochten; oick dat wy 'tmeeste deel van
onsen tyt, sunderlinghe in onsen ouden daghen, souden
moeten leven van onsen voirn. lande van Oistryck ende
van onse vaderlycke goeden, nochtans om die groete liefde
ende affectie die wy hadden sunderlinghe tot onser voirn.
zoone, ende oick totten voirs. huyse van Bourgoinden, wy
hadden liever te laeten verliesen onse voirn. lande van
Oistryck ende onse voirs. here ende vader achter te laete-
nen, dan onse voirs. zoone in vangenesse, ende onse goeden
ondersaeten van herwaerts over te bringhene noch te ver-
laetene in den groeten en zwaren lasten ende verdrieten
daer zy inne waren. Oick wy willen dat ghy ende een yege-
lycke ander weet dat alle die viantscap, tweedrachticheyt
ende oorloghe die wy hebben iegen den voirn. coninck van
Vranckryc, spruyt alleenlyc omme die groete oorloghen
ende verdrieten die zyne voorvaders coninghen van Vranck-
ryk gedaen hebben den landen ende ondersaeten van herwaerts over. Ende oick om die landen, steden ende heerlicheyden die hy besit ende onthoud onse voirs. zoone.
Ende, alsoe langhe als een coninck van Vranckryc onse
voirn. zoone zyne landen, steden ende heerlicheyden niet
wedergeven sal, wy en zullen nemmermeer mit hem zyn in
gheenre goede vrede, vrientscap noch eendrachticheyt,
maer altyt in suspicie deene teghen dander. Ten anderen,
het is t'onser kennesse gecommen dat sommighen hebben
gesayt ende uuytgegevenen dat wy de voirn. landen van
herwaerts over verdorven hebben, waeraff die contrarie
waerachtich es, ende willen hier te dier cause eenighe

declaracie gedaen zyn. Ghylieden kent ghenoech dat sommighen ondersaeten van den landen van herwaerts over
hem selven verdorven hebben, tot onsen groeten verdriete
ende onghenuchte, ende hebben altyts gepynt daer teghen
te versiene, ende alle onwil neder te stellene by alle goe-
telycke weghen, 'twelke altemet ons niet en is moeghelyk
geweest : waerby, ende om onsen eere te verwaerne, ende
oick om de welvaert ende beschermenesse van onsen voirn.
zoone ende van onsen anderen landen ende goeden ende
getrouwen ondersaten ende dieneren van den huyse van
Bourgoinden, wy hebben bedwonghen geweest daer te we-
derstaene mit macht, want het is beter verdorven lant dan
verlooren lant; ende, en hadde dat geweest, alle die anderen landen ende goeden ondersaeten waren tot yeuwighen
daghen verlooren ende verdorven, waerby, 'tghene dat wy
daer inne gedaen hebben behoert ons toe gegeven te zyne
tot groeter eere, love ende name, ende niet tot veracht
ende schande. Maer wy mercken wel dat die ghenen die
dat doen ende seggen zyn die ghenen die daeraff genuchte
hebben, ende oick van den beroerten, oirloghen ende ver-
dorffenessen voirscreven, ende wilden wel soucken noch
daghelycx der gelycke weder te doene, ende alle die vyant-
scap ende hatteney die zy tot ons hebben, en is anders
niet dan dat wy altyts ieghen den wille van hemlieden ende
van den Fransoysen wederstaen hebben. Men weet oeck
dat, om die welvaert van onse voirs. landen van herwaerts
over, ende zeder dat wy 'tregiment van dien geordonneert
hebben onse harde lieve neve den hertoghe van Saxssen,
dat wy van dien gheen profyt gehadt en hebben dan twin-
tich duysent gulden, ende en hebben niet meer willen
nemen, ten eynden dat die selve landen des te myn be-
zwaert souden zyn, hoe wel dat wy in groete sorgen ende
pynen waren te vinden penningen om onse onderhoude-
nesse; want onse voirs. alregenedichste here ende vader,

dien God gnadich zy, om die oorloghe die hy voerde ende
dede tegen den voirn. coninck Mathias van Ungeren, als
boven gescreven staet, hy en mochte ons niet helpen noch
bystant doen. Nietmin, duerende der selver tyt, wy hebben
wedergecregen onse harde lieve dochter, ende die graef-
scap van Bourgoinden ende van Charolois, tot onsen eyghen
costen, sonder te hebbene gehadt te dier cause van onse
voirn. landen eenighe hulpe oft somme van penninghen;
wy zyn oick, zedert, gecomen ende hebben ons gevuert in
onse voirn. landen van herwarts over tot onsen eyghen
costen, achterlatende allen onsen groeten ende zwaren
saeken, ende hebben ons gestelt in alle goeden wegen om
weder te cryghene ende te winnen die landen van Gheldren, ende hebben bedwongen here Kaerle van Egmond
ende dien van zynen partyen, in sulker wys dat wy hemlieden bedwongen hebben te doen mit ons een tractaet ende
appoinctement, die was goet, eerlyck ende profytelyck
voer ons, onse voirs. zoone ende onse goeden ende getrouwen ondersaeten ende van allen onsen landen van herwaerts over. Maer, by den toedoene ende bedroegenesse
van den voirn. Fransoysen, doer heer Robrecht van Arem-
borch, den voirs. Kaerle ende zyne medepleghers en hilden
daernae niet den voirs. tractaet; waeromme, wy begonden
weder te doene ende vueren in den voirs. landen van Gheldren nyeuwe oorloghe, in sulker wys, en hadde geweest
die groete haeste die wy doe hadden weder te keeren naer
Ytalyen, om te breken ende hinderen die entreprinsen die
den voirs. coninck van Vranckryc tegen ons hadde, ende
oick om anderen groeten oirsaeken die ons zwaere ende
groeter waren dan die sake van Gheldren, wy souden hebben wederomme gehadt wedergewonnen ende bedwonghen
in onse ghehoirsaemheyt ende wille die voirn. landen van
Gheldren. Voort, om die welvaert van onse voirs. zoone,
wy hadden zoo gebrocht ende gefavoriseert die sake van

den here van Yorck, die ons vrient es, en hadde geweest
die valscheyt, verraderyen ende bedroegenesse die eenighen
hem gedaen hebben, in den welken hy hem betrouwede,
hy soude geweest hebben coninck van Ingelant, mit onse
groete coste; 'twelke soude geweest zyn yeuwelyck vrede
ende sekerheyt voer onse voorn. zoone ende zyne voirs.
landen.

» Oick wy hebben onse voirs. zone ghestelt ende geordonneert in 'tregiment van allen onse voirn. landen, sonder
van dien te hebbene genomen oft onthouden eenigh profyt oft pensioen, hoe wel dat wy, als vader ende mambour
van onse voirn. zoone ende van onsen voirn. landen, zouden
moeghen wel ende rechtelyc gedaen hebben, aengesien
dat wy die selve landen gecregen ende verwaert hebben
mitten zweerde, want, nae rechte, die vader, bewaerende
ende gewinnende mitten zweerde die lande ende goeden
van zyn zoone, mach van dien genyeten der mambournie
ende gebruycken zyne leven lanck. Ende dat meer es wy
zouden wel hebben in den voirn. landen voer ons ende
onse natuerlycken erven, in dit stuck, der keyserlycke
recht ende gerechticheyt. Het is oick eenen yeghelycken
kennlic dat, inden tyt van onser onthoudenesse te Brugghe,
het was ons, in de naeme van allen landen van herwarts
over, gepresenteert dat wy wilden 'tregiment van den voirs.
landen afgaen, soe souden zy ons alle iaren hondert duysent cronen gegeven hebben, des wy ommertoens upgehe-
ven souden hebben den millioen van croonen, ende noch
zouden altyts doen van thien iaeren in thien iaeren. Maer,
om dieswille dat niet en was die eere ende profyt van onse
voirn. zoone, ende dat die sommigen dat deden om te vol-
bringhene heur lic . . . . . den, wille wy en wildens niet
doen, ende hadden noch liever thien waerven alsoe vele
verlooren hebben, dan dat wy souden dat geconsenteert
hebben, ende oick daer duere onse lyff in grote soerge

gebrocht hebben (¹) . . . . . weghen, wy zouden uuyt
gedaen hebben den principaulteyt van onse voirs. zoone,
ende hy soude anders niet behouden hebben dan dinti . .
cien ende niet regierende.

» Wy zyn int iaer LXXXXIIII herwaerts . . . . . persoon, tot onse groete coste ende laste, achterlaetende allen
den keyserlycke saeken, oick die van Ungheren ende van
den huyse van Oistryck. Ende als wy onse voirn. zoone
gevonden hebben in rechten ende . . . . . iaeren om te
regierene, wy hebben hem gheordonneert 'tregiment van
allen onse voirs. landen van herwaerts over, in sulke eere,
preeminencien ende in ghelycken obediencien als onsen
voorvaders die selve ghehouden ende geregeert hebben,
tot zynre groete proffyt, ende van allen onse naecommen-
den erven, ende up alsulke proffyten die niet alsoe groet
en zyn als zy plegen overmits die oorlogen, die welke
nochtans beteren ende wedercommen zullen inden eersten
staeten, sonder alleene de landen die de voirs. coninck van
Vranckryck hem onthoudt, 'twelke wy zyn schuldich geweest, overmits seker tractaet hier voortyts gemaect, die
te laetene in zynre handen om eenighe tyt. Nietmin, ter-
stont daer nae als wy merckden dat die voirs. coninck van
Vranckryc gebroeken hadde die voirs. tractaet, wy deden
een bont ende alyancie mitten ytalycken, ende hebben den
selven gheholpen teghen den voirs. coninck van Vranckryc, in sulker wys dat wy hemlieden quyt gedaen hebben
vanden voirs. fransoysen, in meyninghe oick dat wy van
hemlieden hulpe ende bystant souden hebben om weder te
crygene die landen van onse voirn. zoone, 'twelke oorloghe
heeft geduert, tusschen ons ende die coninghen Kaerle
ende Lodowyck iegenwoirdich van Vranckrycke, drie iae-

---

¹ Il y a à certains endroits des lacunes dans le texte, par suite du
mauvais état de cette lettre.

ren lanck, tot onse groete pyne, coste ende arbeyt, ende
hebben van onze voirs. zoons wege ende zyne voirscrevene
landen alle dese lasten ende moyten verdregen ende geleden. Ende, hoewel wy dese voirs. costen ende pynen gedaen hebben, zoe groete als moeghelyc, ende dat eene
yeghelyck kennlic es, nietmin wy hebben over aller dat
gheleden ende ghehad die meesten ongenuchten ende verdrieten dat moghelyc es, om dieswille dat de gheene die
schuldich waren ons te helpene ende bystant te doen
ieghen den voirs. fransoysen hebben ons gelaeten. Wy
hadden by den middel nochtans van onse harde lieve neve
der hertogh Frederyck van Zaxssen, curfursten, eenighe
hoffung van den paix met den voirs. coninck van Vranckrycke, aengaende die paix van Senlis, 'twelke was vele
beter dan tghene die gemaect es geweest te Parys, hopende
beter te cryghene van onsent wege mitter tyt; maer, om
die nyeumaeren dat de voirs. coninck van Vranckryc
hadde van den ambassandeurs die onse voirs. zoone wilde
aldaer zeynden, onse saeke, die onse voirs. zoone sake es,
was daeromme verdorven. Als wy kennden ende merckden
dat die voirs. coninck van Vranckryc ons willde mit woir-
den in vrede stellen, ende niet mit wercken, twifflende dat
hy gheen goede wille en hadde te doene onse voirs. zoone
syne redene ende dit dat hy hem schuldich was, wy hebben,
om die redenen, upgestelt ende gesonden onsen armeye
ende volck van wapene inden coninckryc van Vranckryc.
Nietmin, die voirn. fransoysen hebben by hueren sub-
tilicheyden ende valscheyden, ende onder texel van den
voirs. nyeuwe tractaet ende paix, ende oick van menighen
belooften die zy ons deden, wederomme doen trecken onse
voirs. armeye; nae der vertreckinge van den welke die
voirs. fransoysen, niet achtende die voirs. tractaet noch
aen haere belooften, hebben beroeft ende beschaidicht den
heere van Vergey, onse maerschaelck van Bourgonden, de

2

welke onse onderdane ende feodal es, ende, by weghe van
oirloghe, zy hebben hem genomen, affgeworpen ende verdorven syne huysen ende sloeten, ende oick geroeft ende
gepillert onsen eyghen landen ende die van onse voirs.
zoone. Waeromme wy stelden wederup, om ons eere te
verwaerne, ende de welvaert van onse voirn. zoone ende
om de bewaernesse ende sekerheyt van onse voirn. landen
ende ondersaeten, eene andere ende nyeuwe armeye ende
groet ghetael van volck van wapene, ende deden die selven
trecken teghen die voirs. fransoysen ende zy lieden uuyt
den velden gedreven, ten eynde, ende oick om te weder-
staene tot hueren valsheyden, ende te commen inder resti-
tucien van den landen boven verclaert, ende aen een goede
ende yeuwich paix. — Ende, hoewel wy om die redenen
groete coste ende schaide gehadt ende gedragen hebben
ende noch daeghelycx verdraegen, de welke zyn ombe-
grypelycken, nietmin wy zyn noch in goede wille daer
inne te continueren ende zoe vele doen dat wy daeraff
zullen hebben ende cryghen eene goede eynde, ter eere
ende proffyt van ons, onse voirs. zoone ende vanden voirn.
huyse van Bourgoinden. By den welcken redenen men mach
wel mercken ende kennen oft wy begheren tproffyt ende
eere van onse voirs. zoone, vanden voirn. huyse van Bourgoinden, van onse voirn. landen van herwaerts over, ende
die welvaert ende prosperiteyt van dien, ende oick dat wy
niet geweest en hebben noch zyn willen discipateur van
den goeden van onse voirs. zoone. Ende men doet ons
groete onrecht sulke te houdene ende reputeren; want wy
willen ende begheren dat onse voirn. zoone vele proffyt van
ons soude hebben, als recht redene ende natuere dat be-
wyset, ende wy en willen van hem anders niet hebben, dan
alleenlyc dobediencien ende liefde als die zoone schuldich
es den vader, oick als Romsch Kueninck ende zyn souverain.
Ende om bat verstaen te gevene onse wille van aldat dat

boven gescreven staet, siende ende merckende die quade
wille ende obstinacien van den voirn. Fransoysen in den
onbehoirlycke onthoudenesse van den landen ende heerlicheyden van onse voirs. zoone. Oick van den voirn.
Kaerle van Egmond, twelke, by den middel van heer Robert van den Marcke, ter begheerte van den voirn. Fransoysen, teghen gegaen ende gebrocken heeft die voirs.
paix, gemaect int iaer LXXXXIIII, als een yeghelyc
kenlic es, waerby hy es wederghevallen in den oirloghe
teghen ons, die noch up huyden duert; ende soe wy zeere
begherende zyn te stellene tot eene goede eyde alle die
punten boven verclaert, ter sekerheyt, eere, proffyt ende
welvaert van allen onsen landen, heerlicheyden ende ondersaeten van herwaerts over, ten eynde dat wy oick daernae zouden moghen volbringhen die goede wille ende
devocien die wy hebben te trecken teghen die Turquen,
yeuwich vyanden van onse heylighe ghelove, ende van onse
voirn. huyse van Oistryck, om dieswille dat die voirs.
landen liggen upte frontyeren van den Torquien, wy zyn
ieghenwoirdelyc herrewaerts gecommen, om te doen ende
setten tot eynde die drie punten hier boven verclaert, te
weten : die saeken van Vranckrycke, van Gheldren ende
van onse vaert in Turquien, van den welken punten ende
saeken wy begheren ende willen dat ghylieden tsamen
malkandere beraemt; ende als onse goeden ende getrouwen ondersaeten ende van onse voirn. zoone, uwen prince
ende natuerlycken heere, oick om Gods wille, den saluyt
van uwen zielen, den feliciteyt der cristianiteyt, ende om
die goede eere ende proffyt van ons, ende ter yeuwiger
sekerheyt van ons alle, ghy wilt ons raiden, hulpen ende
bystant doen, als uwer uperste coninck ende heere, zoo
wel teghen die voirn. Fransoysen, die van Gheldren, om
die wedercryghenesse van onse voirn. landen, ende te com-
mene tot eene goede ende yeuwighen paix, als in onse voirs.

vaert van Turquien, alsoe behoort ende nood zyn sal. Ende
dat doende, mit dat dat ghy doen sult werck van dueghde,
ende den saluyt van uwen zielen, ghy sult doen den yeuwi-
gen sekerheyt van ons, onse voirs. zoone ende van alle
onsen landen, heerlicheyden ende ondersaeten van herwaerts over, waeraff wy zullen ons van u yeuwelyc geobli-
geert houden. Ende, als ghy van ons te doen sult hebben,
wy sullen u bystant doen, teghen allen, van onse propre
persoon ende van allen onsen goeden ende macht, tot uwer
vrede; waerup ghy sult advis ende deliberacioen hebben
ende nemen, om ons daervan antwoird te doen ende ghe-
vene, tot sulke daghe ende plaetse als wy ende onse voirn.
zoone zullen u te kennen geven, waer wy ende onse voirn.
zoone vuegen ende commen zullen, oft onsen ende onse
voirs. zoone gedeputeerden, om t'ontfangene van uluyden
die voirn. antwoirde; 'twelke raidt ende assistancien wy
en begheren van u te hebbene niet anders dan om die
welvaert ende proffyt van onse voirs. zoone ende van u
alle. Ende duerende den tyt van die voirs. dachvaert, eene
yeghelycke van u sal communiqueren mitten anderen van
uwen staet ende condicien dese saeken ende materie, aen
den welken wy oik derghelyc scryven.

» Gegheven in onse stadt van Grave den xxvj^{en} dach in
januario anno LXXXXVIII. »

Au dos :

« Onse lieve ende getrauwe de heere van Castere.

» Lettre du Roy des Romains au Sr de Caestre. »

Les mandataires des provinces refusèrent de
suivre la politique de Maximilien; ils requirent
même l'archiduc Philippe de ne point violer le
dernier traité, attendu, disaient-ils, que ses pays
n'étaient point en état de faire la guerre[1]. Les

---

[1] JUSTE, *Histoire des États-Généraux*, tom. I, p. 38.

villes, en effet, à la suite des guerres incessantes qui désolaient le pays, avaient dû faire de nombreux sacrifices, et elles pouvaient difficilement payer les aides continuelles qu'on leur demandait.

Ce document a déjà été publié dans son texte français [1]; nous reproduisons ici le texte flamand d'après l'exemplaire original adressé au seigneur de Caestre [2]. Les deux textes sont les mêmes, sauf le paragraphe final qui ne se trouve pas dans la lettre écrite en français; cet article ne s'adressait qu'aux membres des États.

Cette rare impression, restée inconnue jusqu'ici, ne porte pas de nom d'imprimeur, mais M. Campbell, auquel cette lettre a été soumise, croit pouvoir l'attribuer avec certitude à Jacques de Breda, imprimeur à Deventer. Les caractères qu'il a employés ressemblent beaucoup à ceux de Richard Paffroet, mais celui-ci a toujours fait usage, pour les caractères de cette dimension, d'une forme particulière pour la lettre *v*, qui permet de distinguer les impressions de ces deux typographes. Ce document est imprimé in-plano sur deux feuilles destinées à être réunies; la reproduction ci-jointe contient la feuille supérieure, elle est de la grandeur de l'original. La date a été ajoutée à la main.

L. S.

---

[1] GACHARD, *Lettres inédites de Maximilien*. Brux., 1852. (Extrait des *Bull. de la Comm. d'histoire*).

[2] Ce seigneur de Caestre était Robert de Thiennes, décédé en 1503, ou bien son fils Jacques, connu sous le nom de seigneur de Caestre, et qui fut toujours un des plus fidèles serviteurs de Maximilien. Cette lettre est conservée dans les archives de la famille de Thiennes.

LE MAIRE DU PALAIS EN AUSTRASIE.

En 559, Clotaire Ier, le cadet des fils de Clovis, avait hérité les royaumes de ses frères, et se trouvait ainsi seul monarque des Franks ; mais étant mort deux années plus tard, ses enfants reprirent le partage, malgré les prétentions de Chilpéric, le troisième d'entre eux, à exercer seul le pouvoir royal. La nation maintint le partage, et Chilpéric dut se contenter du royaume de Soissons ou de Neustrie, car c'est à cette époque que l'usage de cette dénomination se vulgarisa, et trouva son corrélatif dans le mot Austrasie donné au royaume de Metz, qui embrassait la partie orientale du territoire frank. Si cette situation relative permet de déduire le nom d'*oost*, orient, nous ne saurions trouver son contraire dans Neustria, ou Neptrecum, dans lequel *p* nous paraît un *s* mal conformé[1]. La forme de *Ni-oster*, non-est, pour indiquer le couchant, ne peut se

---

[1] La même conformation se reproduit dans Liptinæ pour Listinæ.

justifier par aucun précédent linguistique. Ces dénominations, au surplus, ne sont point exclusives au territoire de l'ancienne Gaule ; le Frioul fut nommé Austria par les Lombards, et le Piémont, qu'ils conquirent par la suite, reçut le nom de Neustria [1]. Nous sommes donc disposés à croire, que le territoire occupé le premier a reçu le nom de *Ou'*(d)*streek*, quand les conquêtes lui donnèrent une extension désignée dès lors par le nom de *Nieustreek*.

Chilpéric commandait à une population chez laquelle l'élément gallo-romain était prépondérant ; de là la tendance de l'opinion à le seconder dans ses tentatives d'unité à la romaine ; tout en menageant les susceptibilités de ses leudes, il marcha résolument dans cette voie à ce qu'il nous semble.

Les rois de Bourgogne avaient établi ou conservé bien des formes de l'administration romaine antérieure. Le *patricius* était le premier ministre de la couronne. Ce poste était confié non à un Bourguignon, mais à un Gallo-romain. Ce fonctionnaire avait dans ses attributions la haute direction de la justice, des finances et des armées. Chilpéric se nomma donc un préfet du palais, *hofmeester*, et choisit le Gallo-romain Mumolus pour remplir des fonctions analogues à celles du patricius de Bourgogne. Mumolus ayant été tué par ordre du roi, il fut remplacé par le Frank

---

[1] MALTE-BRUN, *Géogr. univ.*, tome I, p. 144. Citant MURATORI, tome I, p. 72.

Landerik, que l'on regarde comme le premier maire du palais en Neustrie.

L'institution des maires du palais est-elle d'origine romaine ou d'origine germanique? Les comentateurs se sont divisés sur cette question, et cela était naturel dès l'instant où ils ne tenaient pas compte des modifications successives résultant des diverses transformations de la société politique. Si nous nous enquerrons du besoin populaire auquel cette institution dut répondre, nous arrivons à entrevoir qu'elle est provenue d'éléments mixtes remontant à l'époque romaine. D'une part, autorité nécessaire aux Franks auxiliaires de l'empire ; d'autre part, dignité conférée par l'empereur à un premier ministre. Celle-ci existant, il était dans l'ordre des choses que le chef d'auxiliaires devenus indispensables à la couronne, finit par s'en emparer. Tel fut le rôle que Bonicius, chef des Franks au service des Césars en 328, se préparait à remplir, et qu'exécutèrent son fils Sylvanus après Magnentius, et une foule d'autres jusqu'en 394 [1]. La qualité de *Comes domesticus* qu'ils se firent attribuer, favorisa l'ambition de Magnentius et de Sylvanus, qui en vinrent à revêtir la pourpre impériale.

Ce chef des auxiliaires franks était le protecteur naturel de chacun de ses compatriotes en face de l'empire romain, et pour répondre à l'exigence de cette position, sa personne devait

---

[1] Confr. B. DUMORTIER, son discours au congrès d'Arras, 29 août 1853.

demeurer plus abordable que celle des empereurs d'abord, que celle des rois mérovingiens ensuite[1]. Considérée à ce point de vue, on peut dire que la fonction remonte à l'époque romaine, bien qu'elle ne soit pas d'institution romaine. On peut également appliquer à cette époque l'opinion de Chateaubriand, qui dans le maire du palais voit le général élu parmi les plus braves que mentionne Tacite[2]; mais la qualité de maire n'était pas inhérente à cette élection militaire ; de tous les maires du palais, Pepin de Herstal et Charles-Martel sont les seuls qui aient conduit les armées au combat. Quelle pouvait donc être cette qualité spéciale? Le nom peut-être nous l'apprendra.

Les chroniqueurs latins écrivent MAIOR pour maire; c'est là évidemment la traduction du *son* et non de l'*idée*. Maire est un mot d'origine germanique. On l'orthographie *Meyer* en allemand; en flamand *meier*, mais antérieurement *maer*, manière de le prononcer dont usent encore les Campinois (*de mâr*, le maire[3]). Ce nom nous semble contracté de MANER, celui qui avertit, qui fait une sommation, d'où l'ancienne forme *manen*, pour assigner, semoncer[4]. On sait que par la pa-

[1] Confr. M. LESBROUSSART, *Causes de l'agrandissement de la famille Pepin*, p. 10 (M. d. l'A., 1790, p. 212), p. 20 (222), note.

[2] *Études hist.*, tome III, pp. 21 et 217.

[3] Serait—ce une désignation nationale du *centenarius*, qui présidait aux plaids locaux (capit a° 801)? Confr. WARNKŒNIG, *La Flandre et ses institutions*, tome II, pp. 149 à 164.

[4] J. PEPPE, *Dissert. sur la Loi salique*, p. 47. — GÉRARD, *Lettre II sur l'Histoire de Belgique*, dans le tome II de la *Revue trimestrielle*, p. 56.

role l'*n* s'élide facilement entre deux voyelles, et rien d'étonnant que des latins aient écrit maior pour mayer. Maior domi a été traduit en allemand par *Hoffmeyer*, et en flamand très-souvent par *hofmeester*, littéralement maître d'hôtel, *drossaert*, Dapifer, sénéchal; sous cette dénomination on a reconnu l'existence de cet officier à la cour des Mérovingiens [1] aussi longtemps que l'histoire ne mentionne pas de *Maior domi*, d'où l'on est fondé à conclure que ce dernier a été pourvu des mêmes fonctions.

Il est manifeste que le sénéchal exerçait une certaine police sur l'intérieur des habitations royales, et il est plausible que pour certains actes les leudes du roi ressortissaient à sa juridiction. Il en a été de même chez nous beaucoup plus tard, quant aux attributions du prévôt-général de l'hôtel de S. M., charge créée par Charles-Quint [2].

Une position semblable donnait certainement beaucoup d'influence politique, mais ce ne fut ni sous Chlotaire Ier, ni sous Chilpéric que son action put être remarquée. Il fallait un concours de circonstances alors encore imprévues, pour gratifier le *hofmeester* de l'illustration que l'histoire reconnaît aux maires du palais. Les discordes de Frédégonde et de Brunehaut furent l'occasion qui amena l'épanouissement de cette puissance.

Sigebert n'avait point un maire du palais, mais

[1] Warnkœnig et Gérard, *Hist. des Carolingiens*, tome I, p. 85.
[2] Neny, *Mém. sur les Pays-Bas autrichiens*, tome II, p. 140.

bien un *hofmeester* nommé Charegissel, qu'on accusait d'avoir interprété faussement des testaments, de manière à être entré en partage des successions. Cette accusation implique l'idée que des fonctions judiciaires étaient attribuées au poste qu'il occupait. Lui et Sigebert ayant été tués à Vitry en 575 [1], et les Austrasiens ayant ramené chez eux Childebert, fils mineur de Sigebert, un maire du palais fut élu par les grands. Le choix désigna d'abord Chroden, qui déclina cet honneur à cause de ses liens de parenté avec les plus puissants du royaume, ce qui ne lui permettait pas de les soumettre à la discipline ou de les envoyer au supplice [2]. Il leur recommanda Goghe, son disciple, qui alors fut élu, et Chroden alla lui en porter la nouvelle en lui remettant le *bracile* ou *brassart* qui était l'insigne de sa dignité.

Goghe fut tué par ordre de Brunehaut en 581 et remplacé par Wandelin. Mais depuis 587 jusqu'en 612 les conjurations des *Optimates* d'Austrasie, les guerres de Brunehaut, les intrigues de Protadius, maire du royaume de Bourgogne et amant de la reine, contribuèrent à accroître les attributions politiques d'un ministre qui devenait représentant de l'esprit national. Il est à remarquer qu'en 540, le roi d'Austrasie avait pour ministres trois Gallo-romains, et qu'à la mort du roi en 547, les Franks tuèrent le chef des finances

---

[1] GREG. TURON., lib. IV, cap. 52.
[2] FREDEG, *Ep.*, cap. 71. *Nec quempiam interficere.*

Parthénius, l'un d'eux [1] qui voulait les soumettre aux contributions. La lutte entre les deux jurisprudences, la romaine et la salique, ne fut pas sans résultat sur l'autorité qu'atteignirent les maires du palais en Austrasie.

La défaite de Brunehaut eut pour conséquence de mettre à la tête de chacun des royaumes franks un maire du palais désigné par le vœu national. Chlotaire II confirma Warnachaire dans la mairie de Bourgogne et le déclara inamovible [2], Radon fut investi des mêmes fonctions en Austrasie, et en Neustrie Gondoland avait succédé à Landeric. Ainsi les trois royaumes, bien que réunis sous un même sceptre, dit Gérard, conservaient une sorte d'autonomie, chacun étant gouverné séparément par son majordome particulier [3]. Mais ce fut sous Dagobert que la puissance de ces fonctionnaires devint prépondérante, lorsque, étant à la tête de la faction des grands, ils furent imposés au roi, et que celui-ci se vit obligé de prendre l'homme que les optimates lui désignaient. Alors seulement les maires devinrent les intermédiaires entre les rois et les leudes, communiquant à ceux-ci les ordres du prince, et au prince les demandes de ces derniers. Jusqu'à Chlotaire II le maire, plutôt de fait que de droit, était l'homme le plus influent de la Cour. Il n'avait d'autres fonctions légales que celle de sé-

---

[1] Les deux autres étaient Astereolus et Secundinus. GREG. TUR., lib. I, c. 1.

[2] GÉRARD, *Franks d'Austrasie,* tome I, p. 314.

[3] GÉRARD, *Franks d'Austrasie,* tome I, p. 315.

néchal, mais par sa haute position il était à même de prendre une part active aux affaires politiques[1].

Par la suite, et tant que les Carolingiens tinrent leur résidence en Austrasie ou Lotharingie, les populations de ce pays ne sentirent point la nécessité d'un second chef, mais lorsque les rois allèrent résider au-delà des frontières, le besoin se manifesta de nouveau, et la dignité de duc bénéficiaire y donna satisfaction. La nation veut que ses chefs soient accessibles et abordables en tout temps. La qualité ducale étant échue à un comte de Louvain, qui la rendit héréditaire dans sa maison, les chroniqueurs du douzième siècle, sous l'impression du besoin de la présence du prince chez son peuple, n'hésitèrent pas à remonter aux maires du palais, pour trouver en eux les premiers ducs de Lothier et de Brabant. Ils ne tenaient point compte qu'avant l'an 1028 aucune fonction ou aucun office n'était héréditaire dans l'ancienne Austrasie.

Nous avons dit que la lutte entre le droit salique et le droit romain ne fut pas sans résultat quant à l'importance qu'atteignirent nos maires du palais. Que l'on parcourt le texte du décret de Childebert, de l'an 595, et l'on verra que la réaction est complète contre les lois frankes. Aussi les nouvelles dispositions ne durent guère trouver d'application, et Charlemagne, né et élevé en Austrasie, bon juge donc des dispositions applicables à ses compatriotes, révoqua celles de Chil-

[1] WARNKŒNIG et GÉRARD, Carolingiens, tome I, p. 90.

debert et rétablit dans sa *Lex emendata* le système des compositions, à peu près tel qu'il existait à l'origine de la monarchie. Dans l'intervalle, la position du maire en face de la couronne, lui imposait l'obligation de défendre le droit national contre les innovations que l'on tentait d'introduire. Les circonstances ayant imposé ce rôle au maire du palais d'Austrasie, l'ambition de Pépin le Bref, soutenu par l'opinion, le poussa à gravir les marches du trône; et une dynastie nouvelle gouverna l'empire des Franks.

C. VAN DER ELST.

NOTES

SUR

LE PROJET DE RESTAURATION DE LA MOSAÏQUE
DANS LA COUPOLE DU DÔME D'AIX-LA-CHAPELLE.

I.

Charlemagne, fondateur de l'Empire chrétien d'Occident, est l'un de ces héros dont le nom s'immortalise dans tout l'éclat de la renommée. L'annaliste admire son génie, le juriste étudie ses institutions, l'homme politique s'étonne de sa puissance, le poëte chante ses exploits et l'Église l'admet aux honneurs de son culte.

Ce n'est pas un mince éloge que l'accord unanime des hommes et des temps, dans le tribut de louanges qui vient rehausser l'éclat de la couronne du puissant Empereur. Le moyen-âge, dont il avait posé les assises politiques sur les principes immortels de la vérité catholique, a largement payé sa dette de reconnaissance au fondateur des gouvernements chrétiens en Europe. Lorsque vint avec la renaissance du *Beau* payen dans toutes ses manifestations, le déchirement de l'unité religieuse et politique de l'Occident, il est certes remarquable que la gloire du nom de Charlemagne demeura rayonnante au milieu des innovations et des bouleversements. Notre siècle de progrès lui-même, n'a pu se défendre d'élever, au milieu d'une de nos grandes villes, un nouveau monument en témoignage de l'admiration et de la reconnaissance des peuples.

Comment s'étonner de la gloire si populaire du premier empereur de Germanie? Les masses sont accessibles aux nobles idées de religion et de courage, et y demeurent obstinément fidèles; la valeur militaire leur paraît plus belle que les triomphes de la science, et les lauriers du vainqueur sont plus enviables à leurs yeux que les palmes académiques; la foi est connue et aimée du peuple, car elle le console, l'élève et le défend. L'épée et l'évangile ont tour à tour subjugué le monde : sur l'une repose la domination matérielle, l'autre commande aux âmes : l'union de ces deux grandes forces devint le lien qui réunit sous le sceptre de Charlemagne les vaincus et les vainqueurs, les farouches Germains et les Romains dégénérés, la civilisation latine et la barbarie des peuples naissants. Appuyée sur ces bases, l'œuvre carolingienne s'est affermie dans le cours de sept siècles, et la postérité a ratifié par un assentiment unanime l'acclamation du peuple romain, au jour où le diadème impérial fut placé sur le front du nouvel Auguste : *Carolo piissimo, Augusto, a Deo coronato, magno et pacifico imperatori.*

II.

Parmi les souvenirs qui consacrent cette grande mémoire, la basilique d'Aix-la-Chapelle, centre de l'action religieuse sous le règne du grand Empereur et sa dernière demeure ici-bas, est encore aujourd'hui le plus vivant et le plus grandiose.

Les sources thermales d'*Aquisgranum* et sa situation topographique au cœur du jeune empire, avaient inspiré au fils de Pepin, comme jadis au fondateur de Constantinople, le désir de créer une capitale digne de lui. Le premier monument de la nouvelle cité impériale devait être le palais consacré au Roi des rois et à sa divine Mère, et Charlemagne résolut de l'élever avec une magnificence où se reflètaient à la fois sa haute piété et la puissance créatrice de son génie.

L'octogone carolingien d'Aix compte parmi les monuments archéologiques de premier ordre. Son plan original, ses vastes proportions, l'élévation des étages superposés, les dimensions de la coupole en font une des œuvres les plus importantes de l'architecture chrétienne. Elle est d'ailleurs trop appréciée par les amis de l'art pour que nous nous arrêtions à en faire l'éloge. Il suffira de rappeler que son impérial auteur, pour rendre l'église palatine digne de lui, digne surtout de Celui à qui elle était destinée, y employa les dépouilles des édifices les plus somptueux de son empire, et n'hésita pas à faire venir des pays méridionaux les architectes les plus experts et les plus habiles artistes.

3

III.

Dans ses fréquents voyages en Italie, l'Empereur n'avait pas été sans admirer le puissant effet décoratif, la richesse de coloration, la beauté ornementale des mosaïques si remarquables que les successeurs de Constantin, secondant la généreuse piété des Pontifes romains, avaient répandues dans les basiliques de Rome, de Ravenne et d'autres cités transalpines. C'est ce qui lui inspira, sans doute, le désir d'employer dans la nouvelle basilique d'Aix, un genre de décoration si digne de sa pieuse munificence.

L'histoire nous a conservé le souvenir des démarches que Charlemagne fit auprès du pape Adrien III, son ami, pour obtenir de lui des mosaïques et des marbres arrachés aux monuments abandonnés de Ravenne et destinés à l'embellissement de l'église de la nouvelle capitale [1]. Nous connaissons aussi par les Annales d'Eginhard et d'autres écrivains, les principaux sujets représentés en mosaïque ou en peinture sur les parois et dans la coupole de ce *merveilleux* dôme, dont le pape Léon III célébra la dédicace en 803.

Parmi les témoignages historiques que nous avons trouvés à cet égard, nous croyons devoir reproduire les deux suivants, qui se rapportent tout spécialement au sujet de notre étude.

[1] Dom BOUQUET, *Recueil des historiens des Gaules*, t. V, p. 282. — BARONIUS, *Annales eccles.*, édit. 1612, t. IX, p. 456.

Le premier est d'un témoin oculaire, le prévôt
A. Beeck, qui dans son *Histoire d'Aix-la-Chapelle*,
publiée en 1620, s'exprime ainsi : « Il est bon
» d'observer que l'édifice fut autrefois revêtu et
» décoré de toutes parts à l'intérieur, de tableaux
» en mosaïque, exécutés en couleurs variées et
» symboliques, et représentant les faits rapportés
» dans l'ancienne et la nouvelle Loi : ce qui
» semble confirmer, vaguement il est vrai, cette
» supposition, c'est l'arcade du vestibule près
» de la porte de la Louve, ce sont aussi les
» chanfreins de quelques fenêtres, mais plus par-
» ticulièrement la surface concave de la coupole
» triomphale où s'élève la tour principale de la
» basilique qui surmonte la grande couronne ar-
» dente. Dans cette coupole, du côté de l'Orient,
» se trouve représenté un trône et sur ce trône est
» assis dans l'éclat de la majesté divine, le Christ
» Sauveur revêtu d'un pluvial sacré ou de la
» longue chlamyde; c'est ainsi qu'Il est aussi figuré
» à Rome, la capitale du monde, dans les basili-
» ques de Saint-Jean de Latran, de Saint-Sabas et
» dans d'autres très-anciennes églises. Autour du
» trône on voit quatre animaux, le premier res-
» semble à un lion majestueux, le second à un
» veau; le troisième à une figure d'homme, et le
» quatrième représente un aigle aux ailes éployées.
» Des étoiles d'or brillent tout à l'entour.

» Sous l'image du Sauveur est placé le
» Chrisme divin dont les empereurs or-
» naient leurs bannières, les chrétiens
» leurs anneaux, etc...

» Il y a en outre, vingt-quatre vieillards qui
» s'étant levés de leurs siéges, s'avancent vers le
» Rédempteur assis sur son trône, et lui offrent
» leurs couronnes. Voilà ce qui existe encore au-
» jourd'hui en mosaïque.... Il reste fort peu de
» vestiges des anciens pavements du Monasterium
» inférieur et supérieur, qui avaient été faits en
» marqueterie de marbre, de telle sorte que les
» dessins d'en bas correspondissent à ceux d'en
» haut [1]. »

D'autres éclaircissements nous sont donnés dans
l'ouvrage qu'un prélat romain, Jean Ciampini,
publia à la fin du XVIIe siècle sur les monuments
décorés de mosaïques. Ce traité en deux volumes in-folio, est resté, malgré la déplorable
incorrection des gravures qui l'accompagnent,
une source précieuse de renseignements pour
l'archéologue.

Les recherches du prélat romain ont eu surtout
pour objet les mosaïques de Ravenne, de Venise,
mais plus particulièrement celles de la capitale du
monde chrétien. Il a négligé ou peut-être ignoré
l'existence des mosaïques de Constantinople, de
Milan, de la Sicile, etc.; et quant à celle du dôme
d'Aix-la-Chapelle, il avoue qu'il en fait la description d'après les renseignements qui lui ont été
donnés par un membre du chapitre, le doyen Van-
derlingen : il ne l'avait pas vue et c'est sans doute
à cette circonstance qu'il faut attribuer en grande
partie, les erreurs qui se sont glissées dans sa

---

[1] A Beeck, *Aquis granum*, p. 50 (traduction).

notice sur le monument Carolingien. Nonobstant
ses imperfections, ce travail contient des détails
intéressants dont il convient que nous fassions
mention.

Après avoir parlé de la forme octogonale de
l'édifice, des deux étages d'ambulacres qui entou-
rent le dôme central et qui sont ornés d'autels,
des colonnes en marbres précieux et variés, des
trois portes qui facilitent l'entrée, etc., Ciampini
s'exprime ainsi [1] : « Les colonnes supportent la
» lanterne du dôme que rehausse l'éclat de la
» mosaïque : on y a représenté un ciel d'or semé
» d'étoiles écarlates : au milieu de ces étoiles, du
» côté du chœur, on voit l'image de Notre Seigneur
» Jésus-Christ assis sur un trône ; sa tête est en-
» tourée d'un nimbe d'or dans lequel est figuré
» l'auguste emblème de la croix : de la main gau-
» che le Christ tient un livre, sa main droite est
» levée dans le geste de la bénédiction : une tuni-
» que longue enveloppe tout le corps et une toge
» (paludamentum) de couleur rouge, fixée par une
» agrafe gemmée, la recouvre. Des deux côtés
» auprès des épaules, un ange agile montre un
» livre ouvert. Du milieu de la voûte sortent
» comme des rayons de lumière qui s'épanouissent
» autour de la tête du Sauveur. Le trône est placé
» au centre d'une auréole formée de cinq nuances
» distinctes, la plus rapprochée du trône est blan-
» châtre (albiculus), la seconde azurée (venetus), la

---

[1] *Ciamp. Vet. mon.*, II, pp. 184 et suiv.

» troisième verdâtre *(thalassinus)*, la quatrième
» violacée *(violaceus)*, et la cinquième pourprée
» *(jantinus)*.

» Le sujet représenté se rapporte évidem-
» ment au texte du chapitre IV de l'Apocalypse :
« Sedes posita erat in cœlo, et supra sedem se-
» dens et qui sedebat, similis erat aspectui lapi-
» dis jaspidis et sardinis : et iris erat in circuitu
» sedis, similis visioni smaragdinæ. Et in cir-
» cuitu sedis sedilia viginti quatuor : et super
» thronos viginti quatuor seniores sedentes, cir-
» cumamicti vestimentis albis, et in capitibus
» eorum coronæ aureæ, etc. [1], qui procedebant
» ante thronum et adorabant viventem in sæcula
» sæculorum, et mittebant coronas suas ante
» thronum, dicentes, Dignus es Domine Deus
» noster accipere gloriam, et honorem, et virtu-
» tem : quia tu creasti omnia : et propter vo-
» luntatem tuam erant, et creata sunt. » Les
» personnages placés autour de la coupole mon-
» trent bien clairement l'intention qu'a eue l'ar-
» tiste de représenter la vision apocalyptique. En
» effet, s'étant levés de leurs siéges, ils offrent
» leurs couronnes et sont habillés de vêtements
» blancs. »

« Mais pourquoi, » ajoute Ciampini, en faisant
allusion à la gravure qui accompagne sa notice,
« pourquoi ne s'y trouve-t-il représenté que sept

---

[1] Ciampini remplace par cet etc. les versets du texte sacré qui
se rapportent aux emblèmes évangelistiques autour du trône de
Dieu.

» figures au lieu de douze? » Et après s'être posé
cette étrange question, oubliant ce qu'il avait dit
de la vision de saint Jean, il s'élance dans une
longue dissertation qui a pour but de démontrer
que les personnages pourraient bien être les douze
Apôtres du Sauveur. L'auteur continue ensuite :
« Les vêtements blancs des vieillards sont le sym-
» bôle de la vie pure et intègre, de la félicité
» éternelle et de la joie qui est l'apanage des
» élus. Leurs couronnes figurent la victoire qu'ils
» ont remportée par leur persévérant courage
» sur les mauvais esprits. Au bas de la frise *(sub-*
» *tus zophorum)*, aux pieds du Sauveur, on a en-
» core exécuté en mosaïque le monogramme du
» Christ..., etc. »

Les observations que nous présenterons plus
loin feront comprendre le motif qui nous a porté
à reproduire d'une manière aussi complète la description de Ciampini ; nous aurons alors l'occasion
de montrer les points d'analogie, mais aussi les
dissemblances notables qui la distinguent de celle
qu'a donnée le prévôt Beeck. Ces rapprochements
ont exercé une influence déterminante sur plusieurs détails importants dans la composition de
nos cartons.

IV.

Depuis l'époque où Beeck et Ciampini avaient
décrit la mosaïque carolingienne, de déplorables
changements avaient été apportés dans la décoration du dôme d'Aix-la-Chapelle. Cédant au

mauvais goût qui régna en maître pendant le XVIII° siècle, le Chapitre résolut de procéder à la « rémodernisation » du vénérable édifice, et la précieuse mosaïque dut céder la place à des motifs décoratifs du goût le plus équivoque, qu'un artiste italien exécuta en plâtrage vers 1725 [1]. — Il ne resta plus de la magnifique ornementation de la coupole que les descriptions des écrivains que nous avons cités, descriptions incomplètes, il est vrai, mais qui suffisent à faire mesurer l'immense dommage réalisé par le vandalisme néopayen.

Aujourd'hui, grâce aux constants efforts d'un membre du Chapitre dont les connaissances et les travaux sont si estimés de tous les amis de l'archéologie, Mgr le Dr Bock, le monument carolingien reprend avec sa physionomie primitive, le caractère grandiose et religieux que lui avait donné son glorieux fondateur.

Le Chapitre d'Aix-la-Chapelle, désirant s'éclairer sur la meilleure manière de restaurer le grand édifice confié à sa sollicitude, forma en 1869 un jury international, dont j'eus l'honneur de faire partie conjointement avec plusieurs artistes et archéologues éminents [2].

Ce jury eut à examiner d'abord deux projets présentés pour la restauration de la coupole, les-

---

[1] Mgr BARBIER DE MONTAULT, Le Dôme d'Aix-la-Chapelle (Extrait des Annales archéologiques, publiées par DIDRON).

[2] Le jury se composait de MM. de Salzenberg (Prusse); de Surigny (France); Barbier de Montault (Rome); Schmidt (Autriche); Parker (Angleterre); Visconti (Italie); Béthune (Belgique).

quels ne lui paraissant pas entièrement satisfaisants, ne furent pas acceptés. Dans le rapport qu'il rédigea à cette occasion, le jury crut bien faire d'engager le Chapitre à enlever d'abord les ornements en plâtrage dont on avait couvert le vénérable édifice. Le conseil donné fut pris en considération, et on se mit de suite à l'œuvre pour faire disparaître les extravagantes rocailles, les génies pompadouriens et tous leurs étranges accessoires.

Plusieurs membres du jury furent alors convoqués de nouveau : ils furent satisfaits de retrouver la construction carolingienne en bon état de conservation, et furent également frappés de voir la simplicité majestueuse de l'architecture, rendue à sa primitive beauté. Les piliers et les arceaux sont, en effet, formés par des assises de pierres de grande et de moyenne dimension, d'une solidité complète ; le plat des murs et les voûtes sont maçonnés en pierres irrégulières d'une très-grande dureté et d'un petit échantillon, à l'exception toutefois de la voûte de la coupole, pour laquelle on a employé des matériaux spéciaux, joignant à une résistance suffisante le mérite d'une légèreté remarquable. On vit sur le crépissage des voûtes et des murs quelques traces d'anciennes peintures décoratives, mais tellement dégradées qu'il était en général, difficile d'en constater l'âge et impossible d'en saisir le plan d'ensemble.

Dans la calotte de la coupole, les traits étant çà et là moins frustes qu'ailleurs, permirent de retrouver la silhouette de quelques figures et de constater leurs proportions : elles se rapportaient évidemment à la grande scène apocalyptique que Charlemagne avait fait représenter en mosaïque et dont la tradition populaire n'avait pas perdu le souvenir.

Mes honorables collègues du jury, après avoir examiné ces-intéressantes découvertes, voulurent bien m'engager avec instance, à en faire l'objet d'une étude approfondie et la base du projet de la restauration désirée. Une proposition aussi inattendue et aussi grave ne fut pas, on le comprend, acceptée sans hésitation.

Ayant pourtant pris la détermination de tenter la tâche difficile qu'on m'offrait avec tant de bienveillance, je fis à l'échelle de $1/24^{me}$ un dessin en aquarelle pour la recomposition de la mosaïque dans la voûte de la coupole. A ma grande surprise, ce projet reçut bientôt non seulement l'approbation du Chapitre d'Aix-la-Chapelle, mais encore celle du *Karlsverein* [1] et des autorités ministérielles de Berlin. Je fus alors chargé de préparer les cartons en grandeur d'exécution.

Quelque temps après mon retour d'un voyage qui avait pour but spécial l'étude de l'art de la mosaïque en Sicile et en Italie, quand les deux premiers cartons allaient être commencés, je crus qu'il était opportun de rédiger un mémoire

---

[1] Association formée à l'instar du *Domverein* qui a contribué si efficacement, par son active coopération, à fournir les ressources nécessaires pour la restauration de la cathédrale de Cologne.

dans lequel seraient exposés et commentés les résultats des recherches relatives à la mosaïque carolingienne. Cette notice a été insérée dans les *Bulletins de la Gilde de Saint-Thomas et de Saint-Luc*.

Les cartons furent achevés au commencement de 1873; je m'étais efforcé, en dessinant ces compositions, d'y rappeler aussi fidèlement que possible les données caractéristiques qui se retrouvent dans les mosaïques contemporaines de Charlemagne existant en Italie, et spécialement à la cathédrale de Milan et dans les églises de Sainte-Praxède, de Sainte-Croix, de Saint-Zénon, etc., à Rome.

Le motif qui m'avait amené à choisir un style où, à côté de réminiscences sensibles de l'art antique, se réflètent des indices évidents de la décadence artistique qui suivit l'invasion des peuples barbares, sera facilement apprécié des amis de l'archéologie : l'artiste appelé à restaurer un monument, c'est-à-dire à le rétablir dans son état primitif, doit s'inspirer avant tout de la pensée de son devancier et se substituer pour ainsi dire, à l'auteur dans l'achèvement ou le rétablissement du travail interrompu ou dégradé. Pour atteindre ce but, quelles meilleures leçons que celles puisées dans des monuments similaires et contemporains? Alors même que les données ainsi recueillies ne concorderaient pas avec les règles de l'esthétique ou de la technique moderne, ne faut-il pas, avant tout, se garder de tomber dans cet éclectisme qui dépare une œuvre ancienne, en lui enlevant à jamais son cachet primitif et sa valeur originale?

D'autres considérations, néanmoins, guidèrent le jury chargé de procéder, au mois de juin 1873, à la réception des cartons exposés dans la coupole du dôme d'Aix-la-Chapelle. Les délégués, tout en exprimant leur satisfaction quant à l'ordonnance générale et à l'effet de coloration, formulèrent le vœu que, sur les bases du premier projet, de nouvelles études fussent faites en s'inspirant, dans la conception des formes, des types fournis par les plus belles mosaïques de l'antiquité chrétienne, plutôt que des modèles empruntés à une époque de décadence artistique. « La commission insiste d'autant plus vivement sur ce point, continue le rapporteur, qu'elle nourrit l'espérance de voir que l'exécution de mosaïques dans la coupole du dôme donnera le signal de la résurrection de l'art de la mosaïque en Allemagne, et que ce mouvement serait entravé, si les mosaïques placées dans la coupole étaient en opposition directe avec les tendances artistiques de l'école moderne. »

Ensuite des conclusions du jury, d'amicales et pressantes instances furent faites pour me déterminer à remanier la composition, en prenant pour guide les mosaïques qui datent de l'époque la plus remarquable dans l'histoire de cette branche de l'art, du règne de l'empereur Justinien. Les anciennes basiliques de Rome et de Ravenne, et celle de Sainte-Sophie à Constantinople devaient fournir les renseignements les plus précieux et les plus abondants pour ce travail.

Ce nouvel essai, interrompu à l'automne de 1874 par un évènement bien douloureux, vient d'être achevé et se trouve maintenant soumis à l'approbation des autorités allemandes.

Il me reste, avant de terminer, à dire quelques mots du plan général suivi dans la composition de ces dessins.

V.

Les deux écrivains dont nous avons rapporté le témoignage, s'accordent pour nous indiquer la scène représentée dans la coupole du dôme d'Aix-la-Chapelle. Elle rappelle la vision apocalyptique de saint Jean, qui aperçut dans le ciel la majesté de Dieu, dans l'éclat de la gloire éternelle, entourée de vingt-quatre vieillards, vêtus de blanc, qui lui offrent des couronnes en se prosternant devant elle [1].

Il est difficile de ne pas être frappé du profond sentiment symbolique qui a déterminé le choix de ce sujet, qui s'adaptait d'ailleurs, avec une convenance parfaite à la forme octogonale de la construction. Le temple où le peuple catholique s'assemble, ne doit-il pas, par la disposition et l'ornementation de ses diverses parties, donner un enseignement perpétuel des devoirs du chrétien ici-bas et de la récompense qui l'attend là haut? Les parois

[1] Cf. le texte de saint Jean (*Apoc.*, ch. IV), rapporté par Ciampini.

décorées de peintures et de tapisseries, les baies ornées de brillantes verrières, les retables, les ambons couverts de sculptures et de riches ornements rappelleront les épreuves et les vertus de glorieux champions de la foi qui, après avoir combattu comme nous sur la terre, ont conquis la couronne; au-dessus de nos têtes, dans les compartiments de la voûte, symbole des régions célestes, apparaîtra l'image de la divinité, dominant les générations qui passent à ses pieds et recevant l'hommage de leurs chefs, des anciens, qui lui offrent l'emblème de leur puissance et symbolisent par la candeur de leurs vêtements, la vertu sans tache qui mène à la possession de l'éternelle félicité.

Ces grandes leçons du symbolisme chrétien étaient comprises dans les siècles de foi; il ne faut donc pas s'étonner de retrouver des scènes comme celle que présentait la coupole d'Aix-la-Chapelle, reproduites dans la voûte de l'abside ou aux côtés de l'arc triomphal des basiliques chrétiennes qui nous ont été conservées. Les églises de Rome, de Ravenne, de Constantinople, etc., offrent à cet égard des spécimens qui furent d'un puissant secours dans l'exécution des nouveaux cartons demandés.

La paroi orientale de l'octogone, dominant l'entrée du sanctuaire, se trouvait naturellement désignée pour recevoir la partie centrale de la scène apocalyptique. — Au milieu se détache la figure colossale du Christ, dont les gigantesques proportions nous ont été approximativé-

ment indiquées par une ligne de contour d'environ 3 mètres de diamètre, retrouvée sur l'ancien
crépissage et qui ne peut se rapporter qu'à l'auréole entourant le trône. Le Sauveur, dans le
geste de la bénédiction, est vêtu d'une toge
ornée du laticlave et d'une longue chlamyde de
pourpre jetée sur l'épaule sans être retenue
par une fibule, conformément à l'observation de
Mgr Barbier de Montault. Il tient de la main
gauche un livre ouvert où sont inscrites les paroles : *Ego sum via, veritas et vita;* les pieds sont
découverts, suivant la règle traditionnelle et reposent sur un *scabellum*, dont les détails, ainsi
que ceux du trône, sont inspirés de la mosaïque
absidale de Sainte-Sophie de Constantinople ;
quant à l'auréole, les teintes indiquées par Ciampini ont été suivies : une riche couronne est placée dans la zone supérieure de l'*umbella*, au-dessus
de la tête du Sauveur.

Aux pieds de l'image de la Majesté divine
dans la partie inférieure des panneaux, sont
placés les vingt-quatre vieillards. C'est surtout
en ce qui concerne ces figures que les fragments de peinture primitive, découverts sous le
plâtrage des voûtes, ont apporté des renseignements précis et importants. Le plus considérable de ces fragments représentait l'extrémité
de la barbe d'un personnage, avec une partie
de l'épaule et du bras soutenant une couronne.
Les détails y sont tracés d'une manière très-
sommaire au moyen de tons blancs, noirs et
rouges et semblent n'avoir été exécutés que pour

servir de guide aux mosaïstes, qui devaient les recouvrir de ces petits cubes d'émail et d'or, dont on a retrouvé de nombreux spécimens épars dans le crépissage.

A l'aide de ces éléments, on était fixé non seulement sur la hauteur à laquelle devaient être placés les personnages, mais encore sur leurs dimensions relatives ; car en rapportant les proportions des fragments retrouvés à celles de la stature humaine et en tenant compte de la position oblique des figures et de leur attitude inclinée, on est arrivé à donner à chacune d'elles une hauteur de 3 mètres.

Tout en conservant à peu près la même pose pour tous les vieillards, afin de maintenir dans l'ensemble un grand aspect monumental, il devait être permis, afin d'éviter la monotonie, de varier leurs silhouettes et le jet des draperies, ainsi que les tons de leurs vêtements blancs.

Si l'on compare le projet actuel avec la gravure si défectueuse de l'ouvrage de Ciampini, on remarquera des différences très-notables. A l'exemple de presque toutes les mosaïques Justiniennes, les vieillards s'avancent sur un terrain émaillé de fleurs et de verdure, symbole de la vie de l'homme sur la terre, et ils sont chaussés de sandales ; à l'égard de ce dernier détail, nous pourrions citer des pages de l'auteur romain dont nous avons *de visu* constaté l'inexactitude. Une modification plus importante, qui corrige une ajoute inexplicable du dessinateur de Ciampini, est l'absence dans les nouveaux cartons, de

siéges à haut dossier placés près des vieillards :
Mgr Barbier de Montault[1] avait déjà conçu des
doutes sur la réalité de ces cathèdres, et nous
avons pu nous convaincre de leur absence dans
l'œuvre carolingienne, d'abord par l'impossibilité
de trouver, dans les panneaux de l'octogone,
l'espace nécessaire pour les placer, étant donnée
la dimension des personnages ; ensuite parce que
les tons jaunes indiqués sur le crépissage et qui
marquaient au mosaïste l'emplacement des cubes
d'or du fond, n'étaient nulle part interrompus
entre les figures, là où auraient dû se trouver
les siéges ; l'effet de vingt-quatre assises, inter-
coupant la surface dorée sur laquelle les silhouettes et les draperies blanches ressortent si har-
monieusement, eut d'ailleurs été désagréable et
nuisible à l'aspect grandiose de la composition ;
nous avons dû nous persuader ainsi, que les
siéges indiqués dans la gravure des *Vetera monumenta*, n'ont pas existé dans l'œuvre qu'il s'agit
de rétablir.

Nous avons encore abandonné les indications
de Ciampini en dessinant, conformément aux
monuments anciens, les vieillards tenant leur
diadème dans les deux mains couvertes par les
plis du vêtement.

Leur costume se compose d'une longue tu-
nique « talaris » et de la toge ornée de *clavi*
de pourpre.

Il était difficile de déterminer si, dans les

[1] *Le dôme d'Aix-la-Chapelle*, p. 25.

4

fragments de peinture relevés sur le crépissage, les draperies qui recouvrent les mains appartiennent à la toge ou à un voile séparé, « sudarium. » L'impossibilité de fixer le sens des lettres ou sigles qu'on trouve dans les anciens modèles sur la partie flottante des vêtements, m'a empêché aussi de les reproduire servilement, quoique ce détail eût contribué à donner au travail ce cachet archéologique qu'on aime à retrouver dans une œuvre de restauration consciencieuse.

Le fond de la grande scène apocalyptique est formé d'innombrables cubes d'or et parsemé d'étoiles, dont on a retrouvé les traces dans les parois de la coupole; le prévôt Beeck nous apprend que ces étoiles étaient rouges, Ciampini dit qu'elles étaient d'or. Un modèle ancien, qui existe dans la mosaïque de l'église de Saint-Étienne-le-Rond à Rome, a permis de résoudre heureusement cette difficulté, en dessinant les rais d'or des étoiles dans des orbes rouges semblables à ceux découverts dans le crépissage. Le fond d'or est encore entrecoupé par les figures des animaux evangélistiques, représentés dans quatre pans de l'octogone, à la hauteur de l'image du Christ; enfin du centre de la coupole partent des rayons aux couleurs variées, disposés en forme d'*umbella*, suivant les renseignements de Ciampini.

Le travail de la mosaïque sera exécuté sous la direction d'un des plus habiles artistes de Rome.

Au moment d'achever cette étude sur la restauration de la mosaïque d'Aix-la-Chapelle, je voudrais pouvoir m'excuser auprès de mes lecteurs d'avoir dû les entretenir trop souvent de mes opinions et de mon travail dans cette notice, que d'amicales instances ont seules pu me décider à écrire.

La tâche que j'ai acceptée vis-à-vis du chapitre d'Aix-la-Chapelle est bien lourde et presque téméraire : ma bonne volonté la rendra, je l'espère, moins indigne de sa haute destination. J'aurai réussi si ce travail contribue, même dans la plus modeste mesure, à l'embellissement de la maison de Dieu.

BETHUNE-D'YDEWALLE.

Février 1876.

L'EXPOSITION GÉNÉRALE

DES

BEAUX-ARTS A BRUXELLES,

EN 1875.

Rien n'est plus facile que de découvrir les défauts des œuvres d'art. Pour peu que l'on soit doué d'un peu de gaîté, l'on brode de fines railleries sur ce thème, et l'on fait un passable *salonnier,* capable de suffire aux modestes exigences des revues hebdomadaires. Mais ce n'est là que la vingtième partie de la critique vraie. Voir les qualités des œuvres devient déjà une tâche bien autrement difficile et sousentend un esprit pénétrant, juste, assuré et appuyé contre une science et une érudition laborieusement acquises. Le comble de l'art est de trouver l'auteur ou l'artiste à l'état embryonnaire et de prédire ce qu'il deviendra un jour; de ramasser la chrysalide informe et d'annoncer avec assurance si elle ne donnera qu'un papillon vulgaire ou si elle est appelée à donner le jour au plus noble ornement des airs.

— Mais des critiques pareils ne se rencontrent pas !

— Mais si ! — Cherchez et vous trouverez.

Un exemple !

Un ami intime de jeunesse, Don Toribio Pacheco, venait de publier une thèse. Il avait dix-huit ans et devait défendre ses propositions devant une université belge — université bien provinciale pour des yeux parisiens ! Il envoya sa thèse à l'*Illustration* française. Il n'y était recommandé par personne ! Péruvien, son nom était inconnu en Europe. Le mot de *thèse* devait prédisposer à l'indifférence : l'œuvre d'un étudiant ! Que peut-elle renfermer ! Quelques idées des professeurs plus ou moins bien digérées ! — Ce ne fut pas l'avis de M. Léon de Wailly entre les mains de qui cette thèse de quelques pages tomba. Il lut, relut, apprécia et prédit au jeune universitaire (en faisant un pompeux éloge de son élucubration) un très-brillant avenir.

Ceci se passait en 1849.

Tout se vérifia à la lettre. Pacheco devint un journaliste d'une haute réputation au Pérou : la polémique le conduisit aux Chambres, puis au ministère, il joua un rôle considérable dans de graves événements et mourut à trente-deux ans, laissant d'unanimes regrets. On a élevé une statue à l'homme de génie si soudainement enlevé, et les députés ont voté une somme considérable pour l'instruction et l'éducation de ses enfants demeurés sans fortune.

Je regrette, M. de Wailly, que vous ne soyez

plus de ce monde! Cette nouvelle viendrait ré-
compenser une action noble, généreuse, dévouée
à la science, et elle apporterait sa part de triomphe
au critique si judicieux, si bon prophète et pardessus tout si soucieux de ses devoirs, même les
plus humbles.

Voilà mes opinions en fait de critique. Je ne
sais si je parviens à les pratiquer comme je le
voudrais.

Le lecteur ne doit point s'étonner s'il ne rencontre dans le cours de ces quelques pages, que
peu de ces noms qui par leur notoriété semblent
inviter ses regards curieux. Je ne me suis occupé
des réputations acquises que lorsqu'elles avaient
modifié ou perfectionné leur manière. Les déca-
dences, je ne les constate jamais : elles proviennent ordinairement de causes qui ne dépendent
point de la volonté de ceux chez lesquels elles se
produisent. Loin de morigéner ces infortunés,
il faut les plaindre. Karr écrivit sur l'album de
Mlle Falcon, l'immortelle cantatrice qui avait brusquement perdu la voix : « Souvenir, regret, espérance ! » Quand je cite un nom célèbre en dehors
des changements de genre ou de faire, c'est que
l'artiste n'a que peu exposé jusqu'ici en Belgique
et nécessite par là même une mention spéciale.

Si je devais prendre à partie tous les peintres
exposants, ce serait non plus un article sur une
exposition triennale, mais en quelque sorte une
étude complète sur l'état de la peinture en Europe.
Je ferais un livre, un traité, et non quelques
pages de critique.

Puisque j'écris dans un recueil belge, je par-
lerai d'abord de la Belgique. C'est bien juste,
puisque les expositions ont été fondées pour développer et encourager les beaux-arts, chez nous,
d'abord.

M. HERMANS expose le tableau le plus *discuté*
du salon. C'est un honneur que le mérite seul
est appelé à récolter. J'engageais M. Hermans à
répondre lui-même. Il me répliqua avec infiniment de tact et de sens : « Plus tard, beaucoup
plus tard ! » — Sa toile expose quelques viveurs
sortant du *Café Riche à l'aube*, juste au moment
où les ouvriers se rendent à leur ouvrage. Con-
traste ! vous voyez cela d'ici : orgie et satiété,
sobriété d'autre part ; gaspillage du temps, cette
money de la vie ; son emploi fructueux et sain
chez l'homme de peine, et puis l'opposition des
couleurs dans les étoffes des demi-mondaines et
des ouvrières. Les tonalités coloristes (je ne parle
pas du sujet) semblent scinder le tableau en deux,
et chacune des deux parties paraît demander un
complément dans la même gamme : les bons vivants et les bien vivants. — Ensuite un tableau
de genre demande-t-il d'aussi grandes proportions? — Pourquoi pas, me direz-vous? — Parce
que ce n'est pas passé dans l'usage! Parce que
l'œil n'y est pas fait ! — Ce n'est pas une raison !
— C'est possible !

En somme, ce tableau est un des événements
du salon. Il est inventé et composé : composé surtout avec un rare bonheur! Il y a des détails mer-

C'est M. Cluysenaar bien certainement dont j'implorerais le pinceau si j'avais des bébés sous la main. Son portrait d'enfant (vocation) est une vraie composition. L'enfant a crayonné des dessins sur la muraille. Vernet nous disait un jour qu'on ne pourrait pas imaginer des dessins de ce genre : qu'il fallait aller les copier sur les murs quand on en avait besoin. — *Sub judice lis est!*

Transporterai-je dans le domaine de l'art une expression appliquée au parlement, et dirai-je que Mlle Beernaert a fait un tableau-ministre *(Aux pieds des dunes)?*. Mlle Beernaert n'est plus un amateur! On achète ses paysages comme on achète les *Fruits* de Mme de Penaranda de Franchimont, comme on achètera à Mlle Bellefroid ce *Fumeur* rebarbatif bien fait pour servir de repoussoir à la beauté du peintre.

Pourquoi M. Alma Tadema ne cherche-t-il pas à corriger le seul défaut qui lui reste : peindre trop en tas, ne pas assez séparer les objets les uns des autres, ne pas suffisamment obéir à la loi des distances, ne pas les isoler complétement par la valeur des tons? Il a triomphé cependant de cette ancienne habitude dans sa toile qui renferme un certain nombre de personnages.

C'était aussi le défaut de feu le baron Leys, qui, comme M. Tadema, a porté si haut le drapeau artistique belge.

Mme Collart prend rang parmi les premiers paysagistes de notre pays. M. Gambart possède un de ses chefs-d'œuvre dans sa villa d'Alsa.

Peinture forte, sûre, naturelle et toujours élégante.

Notons une véritable résurrection opérée par M. Tuerlinckx : le portrait de Mme ***, peinte après décès. C'est un miracle.... artistique! Quelle charmante expression M. Tuerlinckx a su donner à son portrait de Mlle Sl...! Ce peintre se distingue par le mouvement, l'action qu'il sait imprimer à ses modèles! Qualité rarissime!

M. Cogen (Félix). Une femme de pêcheur attendant son mari (*Sur les bords du Zuiderzée*). Toile d'une haute distinction.

M. Achenbach (André) nous représente le port d'Ostende. C'est cela! Trop cela! car l'eau limoneuse, purée rousse, n'y manque même pas. Trop de couleur locale! Montrer Ostende, c'est très-bien, mais :

« C'est par son beau côté qu'il nous la faut montrer ! »

M. Achenbach est un artiste fort apprécié en Belgique : il a exposé souvent et est presque naturalisé chez nous.

M. Verwée. Superbe attelage hollandais.

M. Verlat. *Mendiants à Jérusalem*, acquis par le roi, qui a la main heureuse.

M. Tschaggeny (Ch.). Nous croyons que M. Tschaggeny aurait bien fait de montrer une flamme dans son tableau intitulé : *Au feu!* Le spectateur ne se rend pas assez vite compte de la cause des reflets rougeâtres qui se produisent dans l'écurie.

M. De Haas. Toujours en progrès ! Le seul tableau qu'il a envoyé est une véritable merveille. Il est peint dans des proportions plus larges que ne le sont les toiles ordinaires du maître. M. De Haas communique la vie à tout ce qu'il touche : son pinceau fait marcher le bétail, circuler l'air, fumer le marais, scintiller et couler l'onde ! Contemplez pendant quelque temps cette reproduction poétique de la nature et l'illusion finit par être complète ! Les musées se disputeront un jour les œuvres de M. De Haas comme ils le font aujourd'hui pour les Paul Potter !

M. Cap. Remarquons son : *En troisième*.

M. Bakkerkorff, le peintre des vieilles femmes. Il faut un talent bien extraordinaire pour intéresser avec des septuagénaires et des octogénaires. C'est pourtant la merveille qu'accomplit ce peintre, et sans beaucoup d'efforts ; car il se borne à les faire causer entre elles et à leur faire boire l'invariable tasse de thé hollandaise.

Pourquoi M. le lieutenant-général comte Capiaumont n'a-t-il rien envoyé à l'exposition, lui qui sait prouver que le maniement de l'épée n'a rien d'incompatible avec celui du pinceau ? Il a fait un portrait de sa fille, Mᵐᵉ Saqueleu, qui y aurait figuré avec honneur !

M. Bouvier. Ses eaux restent trop à l'état d'ébauche. Les grands effets y sont, mais l'eau a mille reflets détaillés qui en font un monde de couleurs et de lumières. C'est cette magie du ciel se jouant sur les ondes qui fait de la mer un des spectacles les plus attachants qui soient au monde.

M. BRILLOIN. Grande puissance de tons. Notons surtout ses *vieux papiers*.

M. WAUTERS. Un enfant avec un cerceau en mains. Dessin remarquable, couleurs un peu terne. Le tout rappelle le faire de M. Duran; et pourtant M. Wauters a un faire à lui qui vaut bien celui des autres !

M. WEBER. L'ordre relatif qui existe au milieu du plus grand désordre des eaux pendant un ouragan est fort bien exprimé dans la *Plage d'Ostende*. Il y a là une bien grande difficulté vaincue.

M. DE NAYER. Fruits et accessoires. Excellente peinture. Vigueur. Sûreté.

Ce qui nous manque parfois à nous autres Belges, c'est l'invention. C'est notre péché capital. Nous ne songeons pas assez que l'exécution n'est rien une fois que le sujet est bien conçu; mais que pour y arriver il faut mettre deux fois plus de temps à imaginer son sujet qu'à le rendre par le ciseau ou par la brosse. C'était la méthode de Rubens. Ce grand maître disait souvent en se frappant le front : « Quand mon tableau est là, je le considère comme fini ! »

Ensuite nos types manquent assez souvent de distinction. Cependant les beaux et nobles visages se rencontrent en Belgique ! Le pays wallon entre autre, a conservé des types latins de la plus grande pureté. Cherchez... pas longtemps ! et vous trouverez !

Je l'ai écrit plusieurs fois déjà, et je le répète encore. Le seul rémède contre les défauts que je signale réside dans l'*italianisation* de notre musée. Gardons nos réserves pour acheter les œuvres des maîtres ultramontains : Carrache, le Parmesan, Guide, Titien, Giorgion, Palma, Pordenone, del Sarto, Corrége, Romain, Volterre, Bassan, Tintoret, Allori et *tutti stessi*. Je ne parle pas des Raphaël, qui ne sont plus à vendre. Nous formerons l'œil de nos artistes qui n'ont point conquis le prix de Rome et qui n'en valent souvent pas moins pour cela. Ils s'inspireront, eux, les fils de la couleur, aux élucubrations des plus grands dessinateurs qui aient jamais existé, et ils deviendront des artistes *complets* en apprenant à tenir et manier le crayon comme la brosse.

L'école de Milan est représentée par deux hommes qui ont hérité de la grâce et de l'esprit des vieux Florentins et Parmesans. La *Tête de cortége* de M. BIANCHI constitue une esquisse digne de la brosse de Michel-Ange : surtout son maître de cérémonies qui se croit toute l'importance d'un général d'armée, et qui prend les enfants de chœur pour de vieux grenadiers. — Le vieux sujet des enfants gourmands est rajeuni par la mise en scène si espiègle et si réjouissante de M. ZUCCOLI. Son dessin est frappé au coin d'une exquise correction.

Passons à l'Allemagne.

Le peintre allemand à sensation, le roi du salon pour ce pays a été M. GUSTAVE RICHTER, le mari de Mlle Meyerbeer, fort belle personne et mère d'un des plus jolis bébés d'outre-Rhin (n° 1005). Le même enfant reparaît dans les bras de M. Richter peint par lui-même (n° 1006). Le portrait de la princesse C.... est une véritable splendeur aristocratique : galbe, carnation, hauteur native, finesse d'expression, pose, pieds, mains, tout y concourt à la plus haute distinction du type.

Mr Richter se sert de cadres *cherchés*. C'est un noir mélangé d'or qui paraît sale, et nuit à l'effet de la peinture.

On pourrait reprocher à M. Richter ce qu'en argot on nomme de la peinture *soufflée*. Les chairs n'ont pas assez de fermeté et ne laissent pas deviner les muscles qui les soutiennent. En revanche les lois de la tonalité sont fort bien comprises : l'harmonie est peut-être le caractère distinctif du talent du célèbre peintre.

M. VOLKHART. *Après la séance*. Deux personnages restés seuls ; des chaises vides, de vieilles tentures. Un chef-d'œuvre de difficultés vaincues. Il y a dans ce cadre une variété de noir à désespérer le plus fort coloriste. C'est tout bonnement admirable. De l'avis des meilleurs connaisseurs depuis dix ans, on n'a rien vu d'aussi puissamment étudié comme tons.

M. SALENTIN. Étude très-variée de physionomies dans l'*Enterrement à la campagne*.

M. MUCKE (CARL). *Bonheur domestique*. La mère et l'enfant forment à eux seuls déjà une ravissante composition. — Excellente couleur.

M. Muller (Carl). *Sainte Famille*. Si ce n'est pas tout-à-fait une sainte Famille, si l'idéal n'est pas réalisé à nos yeux, c'est du moins une *famille sainte*.

Le cachet divin manque peut-être, mais le tableau est impregné de piété douce, onctueuse, pénétrante. La peinture est fort belle, très-étudiée, très-sage, suffisamment colorée. M. Muller mérite en tous points la grande réputation dont il jouit en Allemagne. Ses tableaux y sont extrêmement recherchés.

M. Ittenbach. Trop d'archaïsme. Profond sentiment religieux (madone). Couleur distinguée. Pas assez de relief.

M. Lasch. *Arrestation d'un franc tireur*. Composition pleine d'un sentiment dramatique réel. Belle couleur.

M. Giron. Un peintre dont Genève a droit d'être fière. Son *Intérieur Savoyard* mérite le succès qu'il a eu.

Il y a là un chat contemplant un enfant au berceau qui a eu un succès populaire. Le félin regarde avec toute cette gravité, ce calme, cette fixité naïve et cette grâce souveraine qui distingue sa race.

M. Burnier. Eaux du Rhin largement traitées.

M. De Bochman. Une scène de village pendant la messe. Très-réussie au double point de vue de la couleur et du dessin.

M. Seeldrayers. *La convalescente*. Deux religieuses : l'une malade, l'autre soignant sa compagne. Tableau remarquablement composé surtout.

L'école allemande contemporaine s'est débarrassée de cette idéalité mystique, de ces extases du quinzième ciel de l'objectif et du subjectif qui la rendaient incompréhensible au vulgaire... sens commun. Certaines compositions de Cornelius ne se comprennent qu'au moyen d'une lecture attentive du livret d'explication. Je ne parle pas de ses imitateurs. Il faut avoir le peintre lui-même à côté de soi pour saisir le sens du tableau, et encore pourrait-il répondre comme l'auteur de la *Messiade :* « Je l'ai compris quand je l'ai composé! Maintenant que le feu de l'inspiration n'y est plus, je ne me rappelle plus bien moi-même! »

Cette école pêche souvent encore par trop d'archaïsme. Pourquoi, par amour du temps passé, placer des madones dans un paysage des bords du Rhin?

Si Raphaël et les anciens peintres mettaient des paysages européens dans leurs sujets de Terre sainte, c'est que l'Orient leur était inconnu. Aujourd'hui que les voyages sont faciles, que les gravures et les photographies pullulent, que l'archéologie a fait des progrès immenses, il n'est plus permis de peindre à l'encontre de l'histoire et de la géographie, croyons-nous, quelqu'enamouré que l'on soit du passé. Autant refuser de prendre des actions de la banque d'Angleterre, parce qu'elles n'existaient pas sous Charles Ier!

Nous ne saurions assez louer le coloris allemand qui est sobre, limpide, rarement empâté et presque toujours juste.

Un mot sur les *Anglais*.

Les Anglais n'ont guère au Salon que leur représentant... *politique* : M. LUMLEY, qui expose un portrait fort ressemblant, ce qui est la première vertu d'un portrait. Quant à la couleur, nous n'en dirons rien, n'ayant plus vu l'original du portrait depuis bien des années.

Une *Gineth* de M. INGRAM, statue de jeune femme dans un fauteuil ayant le corps renversé. Morceau superbe d'exécution et qui fait le plus grand honneur à l'École anglaise. C'est pur comme un marbre grec antique et grâcieux comme du Sansovino. J'ignore si M. Ingram a obtenu une distinction honorifique à la dernière distribution des récompenses, mais à coup sûr il vient en première ligne de mérite.

Au tour de la Hollande.

M. BLOMMERS. Un enfant, hissé par sa mère, examine des pigeons dans une corbeille suspendue. — Joli! joli! joli! dirait Suzon dans son célèbre couplet. M. Blommers est aussi bon coloriste que dessinateur!

M. VAN HEEMSKERK. Vue du *Zuiderzée!* J'espère qu'on ne le dessèchera pas, puisqu'il fournit d'aussi bons tableaux! Travail consciencieux, énergique et vrai; richesse de tons.

Au tour de la France à présent.

M. H. SCHLESINGER. Nous n'avons rien de cet excellent peintre au Musée. Nous aurions dû acheter son *Colombier*, peuplé de pigeons si réussis, traités avec tant d'art. La jeune fille qui pousse sa tête à la fenêtre, est une des plus adorables créatures qu'on puisse imaginer : candeur, fraîcheur, finesse pleins la physionomie.

M. Brunet. Bon tableau de chasse : *Avant la curée*.

M. Detaille. Voyez son *Régiment qui passe!* C'est une idée neuve : c'est ce qui a fait le succès du tableau. L'exécution est parfaite comme une photographie. Il manque peut-être un peu d'entrain et de gaîté dans cette légion de gamins qui accompagne la troupe. Vous me direz qu'il a neigé, et que le froid dispose à la mélancolie... quand on est à l'air! — N'importe! Sait-on ce que c'est que le froid avant dix-huit ans?

M. Duran. J'ai parlé de lui plus haut.

M. Falguière. Les *Lutteurs*. Œuvre d'un peintre plein de promesse. Le sujet, malheureusement, a été si souvent traité, qu'il n'intéresse plus assez. Les attitudes sont fort nature. Quant à la peinture, elle nous semble trop s'en tenir à l'ébauche : nous voudrions un peu plus de lignes; plus de précision.

M. Goupil (Jules). *En 1795*. Portrait d'une beauté d'alors dans le costume excentrique qu'on sait. C'est une miniature de 2 mètres de haut. La peinture est si fine, si délicate, que le mot de miniature vient de suite à la pensée. J'aime mieux les tableaux de genre de M. Goupil qui lui ont valu une si légitime réputation. Son *Accord difficile*, par exemple, où il y a moins de difficultés vaincues peut-être, est un des plus charmants tableaux du Salon.

M. PABST nous donne une *Mariée en Alsace*. Les gens du métier remarqueront de suite l'extrême variété des *blancs* : il y a là dans cette collection d'étoffes un vrai tour de force de coloriste. Le sujet est très-sympathique : le tableau renferme sept ou huit jeunes filles, parmi lesquelles on aurait bien de la peine à choisir une femme, tant leurs beautés réciproques se font concurrence.

M. HARZÉ, dont nous avons été le premier à prédire les succès, croyons-nous, après avoir vu de ses statuettes exposées à Liége à la devanture d'un magasin près Saint-Denis. — M. Harzé entre parfaitement dans la pensée de Molière : personne jusqu'ici n'a traduit la célèbre scène du *Bourgeois gentilhomme* comme lui. Il est profond observateur et rend sa pensée comme s'il photographiait l'image qu'il a créée en lui. Aussi ses œuvres resteront comme des modèles d'esprit et d'intarissable verve.

M. MIGNON. Excellent buste de Mgr de Mérode, cet homme de cœur, d'énergie incomparable qui a tenu en échec les ennemis de la papauté, armés d'innombrables bayonnettes, conduits avec une astuce infinie! Alors que lui, ministre des armes et confident de Pie IX, il n'avait à leur opposer que la vigueur prodigieuse des ressources de son génie ! Cette lutte inégale restera comme une des actions extraordinaires de l'histoire, et produira ses fruits à l'heure marquée par Dieu !

En somme, l'exposition de Bruxelles a mis en

relief plusieurs talents nouveaux; elle a permis de constater certaines transformations heureuses chez des artistes qui ne faisaient que promettre encore ou qui semblaient dérogés; et elle a procuré à la digne phalange qui succède à l'ancienne et immortelle école flamande l'occasion de se comparer aux artistes des autres pays, d'étudier leurs procédés, de se perfectionner au contact d'idées et d'inspirations nouvelles, et d'arriver au moyen du libre échange, ce tout-puissant véhicule des civilisations contemporaines, à toucher aux frontières mêmes du Vrai et du Beau.

JULES NOLLÉE DE NODUWEZ.

VARIÉTÉS.

DROITS ET PRÉROGATIVES DE L'ABBAYE DE SAINT-PIERRE LEZ-GAND SUR LE MARCHÉ AU POISSON [1]. — *Jurisdictie ende vermoghen op de aude vischmarct in Gendt.* — *Exploiten by die van Gendt daer op gedaen door den onderbailliu.*

1. « Jonckheer Claude Maes, onderballiu der stadt Gend, hadde op den 28 janry 1678, ter interventie van twee schepenen van der keure, huyszoukinge gedaen ten huyse van Hercules van Loo woonende int *Loock* aen de vischmarct, op de heerlyckhede van Ste Pieters, doende aldaer calaigne ende uythaelinghe van eenigh gheldt, tot quaet verclaers van welcke, als zynde ghedaen op dese heerlyckhede den heere Proost concludeerde by requeste in den raede van Vlaenderen gepresenteert den 25 febry 1678, mitsgaeders dat het uytgehaelt gelt soude overgelevert worden aen den Bailliu van Ste Pieters ofte aldaer ter greffie geconsigneert; de verweerders hun hebbende laeten versteken van antwoorde, is den heere Proost by sententie van den 8 juny 1678 geadmitteert tot preuve, de verweerders daer over geroepen.

[1] Archives de l'État à Gand, fonds de l'abbaye de Saint-Pierre, MS. no 559, pp. 25 et suiv.

2. » Op den 30 maerte 1654 was door den Bailliu van de vischmarct op dese heerlyckhede aengeslaegen ende ghecallaignieert *vyf en dertigh elbutten en dertigh versche salmen,* ter oorzaeke den voors. visch alhier hadde vernacht ende ghetransporteert wierdt sonder alvooren vercaevelt te syn ofte danof een derde ghelaeten tot consumptie van de insetenen uyt wysens de ordonnantien politique op het uytvoeren van de visch van daeten 11 maerte 1651, ende 27 feb^{ry} 1636 par copie nevens requeste van den heere Proost gevougt. De welcke hy den 31 maerte 1654 presenteerde in den raede van Vlaenderen daer by hy conclucludeerde tot decretement van de gedaen callaigne als wel ende ten rechte gedaen mitsgaeders ten laste van Jan de Stoppelaere, proprietaris van de voors. visch, ende Philippus de Waeghenaere, syne borghe over de provisioneele slaeckinge op notte prysie tot alzulcke penen ende boeten als by de voors. ordonnantien ghecommineert.

» Naer antwoorde van de betrockene proponerende den oorlof van hove, presenteerden schepenen van der keure op den 6 meye 1654 in den Raede requeste daerby concluderende ten eynde den heere Proost syn betreck soude laeten vaeren, hem onverleth de zaeke voor hun te vervolgen ende taenvaerden over den Bailliu van de vischmarct om dieswille tsynen laste ten daeghe van de ghedaen calaigne tot quaed verclaers van dien requeste was ghepresenteert ende daerop geconsenteert de provisioneele slaeckinge en transport op notte prysye ende suffisanten seker synde alsoo by middel van dien gesaisiert van de kennisse van de zaecke die hun oock andersins soude competeren uyt de reserve by de ordonnantie politique gedaen, ende ten surpluse synde de competente rechters van alle questien ende geschillen ter causen van de assysen van de stadt, ende insgelycx van de gonne resulterende uyt de ordonnantien ende statuten politiq.

„ Het gonne den heere Proost ontkende waer te syn als wanneer de calaigne ghedaen wierdt buyten hun district ende op een ander territoir, gelyck gedaen was op Ste Pieters, als wanneer hy selfs gerechten in possessie was danof by syne schepenen de kennisse te nemen, ten tweeden seyde dat den principaelen en syne borghe hun te rechte hadden gheadvoueert voor den raede, ten derden dat hier questie was tusschen twee heeren, ende meer ander exceptien etc., waer op partyen voorts geprocedeert syn.

» (Daer en wordt geene sententie ghevonden). „

Exploict by princelycken officier gedaen op de aude vischmarct, jurisdictie van Ste Pieters.

« Guillaume Martel, princelycken officier der stadt Gendt, op den 21 juny 1698 uyt crachte van het octroy verleent aen de brauwers, sommatie gedaen hebbende ten huyze van Jan Thysebaert, woonende op de aude vischmarct in den kelder onder Picardien, jurisdictie van Ste Pieters, lichte den heere Proost t'synen laste commissie van complainte troubel de fait, als by dit exploict getroubleert synde in syne possessie van op de aude vischmarct syne heerlyckhede alle acten van justicie door syne officieren te doen exerceren.

» Den verweerdere ontkende eenige sommatie gedaen thebben in de wooninghe van Jan Thysebaert, ende op s'heerschers juridictie (welckers antwoorde en duplique niet gevonden en syn).

» De zaecke gereguleert synde ter preuve, heeft den heer Proost geexhibeert diversche acten dat de questieuse plaetse is heerelyckheid van Ste Pieters, ende dat de exploiten aldaer gedaen door vremde officieren syn verclaert nul; item, beleedt syne officieren deposer de exer-

citie van justitie altyd aldaer door hun gedaen te syn,
ende voorders den gesommeerden met syne huysvrouwe
getuygende dat de sommatie aen hem was gedaen
comende van de trappen. Den verweerdere trachtende al
't selve te illuderen, seyde dat de sommatie by hem gedaen
gegeven was in handen van den voorschrevenen Thysebaert
staende op den bovensten trap van den kelder ende alzoo
op straete ende buyten s'h^{rs} jurisdictie.

» By sententie van den 19 x^{ber} 1704 alhier in originale,
is den heerschere gemainteneert in de possessie van ter
exclusie van verw^{er} door syne officieren op syne heerlyckhede gelegen op de aude vischmart te exerceren alle soor-
ten van justitie met interdictie aen den verweerdere, etc.,
ende condemnatie in de costen.

L'abbé ayant résolu de réunir le bailliage de la seigneurie du marché aux Poissons, à Gand, à celui de Saint-
Pierre, le prieur y installe le bailli après y avoir fait acte
de juridiction, en élevant la verge de justice, et avoir
constaté les limites :

« By desen zy kennelick eenyeghelick hoe dat myn
heerw. heere mynen heere de Prelaet van S. Pieters
clooster neffens Ghendt goet ghevonden hebbende dat van
nu voorts aen die baillivage van den Vischmaert binnen
Ghendt (alwaer hy vermoghen heeft van hooghe, middele
eñ leeghe justitie), zoude gheadministreert werden by den
bailliu van de roede van zyne heerlicheyt van S. Pieters
neffens Ghent, principaellick regart genomen hebbende,
dat van alle aude tyden, alle saken zoo criminele als
civile op de voorn. Vischmaert voorgecommen synde, voor
schepenen van S. Pieters ghedecideert zyn gheweest, soo
ist dat d'heerw. heere Damp Gerardt Rym, proost van
't voors. clooster, die zelve resolutie van mynheere den
Prelaet te kennen ghegheven hebbende aen Jonch^{r} Albrecht
Steensel, bailliu der voors. heerlicheyt van S. Pieters, den

zelven gheleet heeft tot op de voors. Vischmaert binnen
Ghendt, gheaccompagneert met dheeren Pieter De Wulf
eñ Arnault Van Malsen, schepenen van S. Pieters voors.,
midtsgaders Lieven Van de Walle eñ Guillaume de Kesele,
officiers, up den 4^{den} september 1620, eñ naer dat zylieden
te saemen ghevisiteert hadden de limiten eñ palsteenen,
staende op de voors. Vischmaert, gheteekent met drye slue-
tels, zoo heeft myn voors. heere de Proost in zyn handt ghenomen de roede van justitie, eñ die zelve overghelevert
an den voors. bailliu, eñ dat openbaerlyck op de vulle
straete, eñ ten aensien van veele omstaende luyden, hem
stellende alzoo in de possessie eñ exercitie van baillivage
van de Vischmaert voors., waer naer den voorn. Van
Steensel houdende de voors. roede gherecht in zyn handt,
heeft de selve overghegheven aen Paesschier Gerolfs aldaer
mede present, den zelven alzoo maeckende zynen luyte-
nant bailliu, waer naer de zelve roede ghestelt is gheweest ten huyse van . . . . . . Boschaert, wesende eene
van de huysen staende op de jurisdictie van den Vischmaert voors. in teecken van possessie van de jurisdictie
den voors. heere prelaet aldaer competerende. Waer naer
de voors. heere proost, bailliu eñ schepenen met huerl.
gheselschap vertrocken zyn over de Coorenaert der voors.
stede, recht naer S. Pieters, zonder van yemant eenich
belet ofte obstacle vernomen te hebben. Ende op dat van
al 't gune voors. is in toecommende tyde moghe blycken,
zoo is daer van ghemaect dese jeghenwordighe acte, onderteekent by den voorn. proost eñ schepenen daer over ghe-
staen hebbende, Gerardus Rym, proost van S. Pieters,
Arnoult Van Malsen, P. De Wulf ¹. »

---

¹ Acte du 4 septembre 1620. — Archives de l'État à Gand, fonds
de l'abbaye de Saint-Pierre, *Zwarten boek,* p. 163.

Ordonnance du prévôt de l'abbaye au sujet des réunions des voisinages, confréries, etc. [1]. — « Alsoo men by dagelyksche experiencie bevindt datter menighvuldighe ongeregeltheden, wulpsheden en andere schandaelen binnen deser heerelichede ghepleght worden door het houden van vergaederinghen van diversche ghebuerten, confrerien en guldens eñ andere versaemende persoonen, commende van buiten deser heerelichede in diversche herberghen binnen dese heerelichede, de selve stellen gheheel in roere, soo by daeghe, als by nachte, selfs niet vierende de sondaeghen, nochte H. daeghen met de goddelycke diensten, maer op de selve eñ geduerende de selve goddelycksche diensten loopende lanx de straeten met trommelen, fluyten eñ andere instrumenten, ghemascheerde eñ andere verkeerde kleederen, alof de feestdaeghen waeren, die van eertyds de heydenen eñ ongeloovighe hielden van den afgodt Bacchus, alles contrarie eñ vilipendentie van plaecaeten eñ diversche ordonnantien politicq op het fait van dies ghemaneert, om waer in te voorsien eñ remedieren, soo ist dat wy Damp Emilianus Cruicke, presbiter ende proost van de exempte abdye van Sinte-Pieters nevens Ghendt, by desen wel hebben willen verbieden, dat geen weerden ofte taverniers binnen dese onse heerelichede en sullen admitteren in hemlieder huysen eñ taberne eenighe vergaederinghen van gebeurten, gildens ofte confrerien van de insetenen der stadt van Gent, op pyne van dies contrarie doende eñ bevonden worden de selve themlieden huysen gheadmitteert thebben, te verbeuren eene boete van 10 guldens, voor d'eerste reyse, de tweede reyse 20 guldens eñ de derde reyse 30 guldens boven de suspence van thauden van herberghe den tydt van 3 maenden.

[1] Archives de l'État à Gand, fonds de l'abbaye de Saint-Pierre. — Copie.

« Verbieden voorts dat sy niet en sullen aenveerden eenighe verghaederinghen van de ghebuerten, gildens en confrerien deser heerelichede, als by onse consente, ende daertoe de selve van ons prealabel ghevragt versocht hebbende op pyne als vooren.

« Willende eñ bevelende dat de gebuerten, gildens, confrerien deser heerelichede, die by onsen consente sullen mogen vergaederen, hun stillekens sullen hauden sonder eenige ruddessen ofte ongheregeltheden te committeren.

« Ende op dat niemandt hier van ignorantie en pretexeert, sal dese vercondigh worden ten kerckstigghel.

« Actum in onse prosdye den 1sten septembre 1713.

« Onderteekent : E. CRUICKE. »

DÉSIGNATION DE QUELQUES BIENS APPARTENANT A L'ABBAYE ET QUI AVAIENT ÉTÉ INCORPORÉS A LA VILLE DE GAND LORS DE LA CONSTRUCTION DES NOUVELLES FORTIFICATIONS [1]. — « Specificatie van diversche partyen by die van Gendt geincorporeert int doen maecken van de fortificatien der zelver stede ende af 't clooster van Sinte-Pieters naer recht en redenen recompensie behoirde te geschieden.

« 1. Eerst hebben zy tzelve clooster afgenomen ende ontvremt een partye meersch tusschen het bollewerk staende op Sint-Lievens Veste ende d'oude Schelde, de zelve geemployeert hebben in de nieuwe delfvynghe.

« 2. Item heeft tvoornoemde clooster gehad staende

[1] Même fonds.

aen de *Speye ter Plaeten*, twee huysen die om de fortificatie van de zelve stede afgebroken zyn geweest ende het materiel uten dien vercogt ten profyte van de voorn. stede.

« 3. Item nog eene andere partye meersch, neffens de zelve Speye, wylent gebruykt by Jan Rooman insgelycks in de fortificatie van de stede geemployeert.

« 4. Item twee bunderen lants die geemployeert zyn in het bollewerk neffens de Heuverpoorte, eertyds in pachte gehouden by Gheeraert Wansele voor 60 sch. gr. sjaers.

« 5. Item eene partye lands toebehoorende de almoessenye van tvoornoemde clooster ende uyt tbollewerk aen de Heuverpoorte ende de vesten van dien gemaekt zyn.

« 6. Item is notoir dat tot de fortificatie ende verciersel van de Keyzerpoorte geemployeert zyn geweest diversche materiaelen, zoo van arduyn ende stukken als yzere banden, gekommen uyt tvoorzeyde clooster.

« 7. Zoo oock insgelycks notoir is dat 't arduyn verbezigt aen de Heuverpoorte, met meer ander materialen zoo van steen als hout ende yzer, gecommen is vuyt het voorz. klooster ende de kercke van dien die van Gendt met de principaele huysyngen afgebroken.

« 8. De palissaden van de Schelde tot de Leye op de vesten, de brugghe aen Crooveldens bollewerk, de brugghe aen de Byloke, de stakytsels in de Leye, ende meer andere plaetsen zyn ook meest alle gemaekt met het hout gecommen uyt de bosschen van 't voornoemde clooster. Thuys van 't corps de guarde aen 't voorn. bollewerk op 't Eeckhout, met de reste van 't metswerk voor t'selve bollewerk ende ook 't gone voor 't Orangen bollewerk, zyn ook meest gemaekt van de stoffe ende materiaelen van 't voorz. clooster, zoo ook 't voorz. huys staet op den grond van 't voorz. clooster.

« 9. De voorn. van Gend hebben bovendien doen ruineren 't casteel van Swynaerde, ende de materiaelen van dien geappliqueert ten profyte van de voorz. stad by vercoopinge en andersins.

« 10. Het nieuwe stadhuys deser stede, emmers tgone dat daer aen van nieuws gemaeckt is geweest geduerende de voorleden troublen, is ook meest gemaekt met het arduyn, schalien, voetsteenen, pilaeren, houtten en andere materiaelen van 't voorz. clooster.

« 11. Bovendien hebben de voorn. van Gendt gedaen vercoopen menigte van opgaende eecken in de bosschen van 't zelve clooster tot Saffelaere, d'af de voorn. kercke nu grootelycks van doen heeft.

« 12. Zoo de voornoemde stede ook gheprofiteert heeft groote quantiteyt van loot gecommen van de kercke van tvoorn. clooster, volgens rekeningen daer af gedaen by Jan Verloren, Joos Triest, etc., van alle welke partyen 't voorn. clooster wel behoorde by de voorn. stede gerecompenseert te zyn.

« 13. Ten anderen hebben ook in vele quartieren afgenomen de cave van particuliere gehouden ende sorteren onder de heerlyckhede van Lede 't clooster toebehoorende als aen de Kyzerpoorte, daer zy het bollewerk voor de zelve staende opgemaekt hebben. Item daer zy de nieuwe veste gedolven hebben van de zelve poorte tot Sinte-Lievens poorte. Item de bollewerken van Sinte-Lievens poorte ende op de vesten van de zelve.

« 14. Ter cause van welcke aldaer dus gheappliqueert zynde aen de voorn. stede, de zelve stede gehouden is ten minsten te stellen een stervelyck laet ende te betaelen de heerelycke rente toecommende d'almoessenie van 't voorn. clooster daer uyt gegaen hebbende bedragende jaerlycks.

« 15. Zoo de voorn. stede heeft nog geincorporeert zekeren lochtynck thende van de Meulestraete, wylent beseten by Wm Van der Neste, daer op dat staet de carte ter plaeten daer op de prosdie van 't voorn. clooster competerende jaerlycks een chyns rente van ii sch. gr.

« 16. Item ter cause van den dam aen de voorn. Speye ter plaeten by de stede ook gheincorporeert. xii d^{rs} p. 's jaers. Item iii sch. p. 's jaers veragterd zynde 't zedert den jaere XV^c LXXVI, ter cause van de cheyns ende uytnemingen buyten de Heuverpoorte van wylent Pr Haeck.

« 17. Item vi sch. par. van ghelycke cheynse van Lieven Van de Voorde op lii roeden lands gegaen in tvoorn. bollewerk.

« 18. Bovendien verstaen dat myn heeren van de weth der voorz. stede hemlieden syn aendragende zeker partye land, wesende een pleyntien, afgenomen van den lochting van Lieven Damast, tusschen de Schelde ende de vesten ende bollewerk van desen daer aen gemaekt, 't welck zy jonck. van Betz overgelaeten zouden hebben daer op de voorn. prostdye van ouden tyde met de reste van den zelven lochting gecompeteerd heeft eene rente van twee cappoenen 's jaers, by den welken de voorn. stede gehouden is te stellen een stervfelyke laet, ende 't zelve pleyntien van bollewerk te houden van 't voorn. clooster met laste van de voorn. rente, behoudens heurl. gerand op de proprietarissen van den reste van den zelven lochting.

« Ende dat nog boven alle de meubelen ende catheylen van 't zelve clooster, die vercogt ende geprofiteert zyn geweest by de voorz. stede, zoo men by de rekeningen daer af zynde zal kunnen beursen, zoo ook de zelve stede geprofiteert heeft van 't incommen van de goederingen van 't zelve cloostere, ende daer af alhier geen questie is, maer alleenelyck van de partyen hier voren gespecifieert, daer af de stad nog gegenwoordelyk is profiterende ende jouisserende. »

Ruelles aujourd'hui supprimées dans le quartier Saint-Pierre [1]. — « Jacob Metsaert van syn huys ende stede staende Sinte-Pieters beneden de Neercautere, op den houck van de *Leybrughstaete*, naerst de Vrauwe straete, toebehoorende Jacob Morssaerde een paer handschoen sjaers.

« Sanders van Sinte-Pieters over het afstoppen ende innemen van het *vuyl* steeghsken, aen den brant het welke maer en plaght met een ghelendt ghesloten te wesen, I cappoen sjaers, die bezet is op de stede die jeghens den raeme in de Bagatte straete staet.

« Heer Boudin De Smet prbre, over eenen ganck beginnende van syn huys staende in *Eyermans stege*, toebehoorende Sinte-Nicasius aultaer in onse voors. kercke, omme ter Schelden te comen, XVIII penn. sjaers.

« Signor Jacques De Vriese, van eenen voet erfve in *t Waterstraetken* nousts over Sinte-Catheline cappelle, ende te stellen een ghemetst brughken over de gracht met een poorte ende de greppe te overdecken ende calsien, oncost het clooster II gr. sjaers.

« De stede *Ten Brant* staende in de *Dweerstraete,* nu wesende vier woonsten ende steden gelden jaerl. aen dese prostie XLIX sch.

« Jor Guill. Damas, fs jor Jooris, over het innemen van het *Hoornstraetken*, wesende een waterstraetken op de Nieuwstraete, treckende tot de Schelde tusschen syne huysen, met obligatie in tyde van brant tselve te openen, XX gr. tjaers.

« Den selven jor Guill. Damas, fs jo' Jooris, over het innemen van het *Bellestraetken*, loopende van de Nieuwstraete naer de Corte cleye, XX gr. tjaers, met laste van de *Corte cleye* te calsieden dese warf alleene, ende daer

---

[1] Même fonds, *Cheynsboek,* 1421-1732.

toe te employeren de calsien uyt het selve Bellegancxken ghenomen.

« Frans De Mey f° Lievens, van in te nemen seker plaetsken groot 70 voeten ende breet ontrent 7 voeten, besluytende het *Lisabeth straethen* vooren uytcommende in de Bagatterstraete, ende paelende het voors. plaetsken aen den huyse van de selve proprietaris, VI gr. tjaers.

« Geeraert Verplaetsen heeft een uytnemynghe op den noort houck van *Sinte-Gillis straete* ende oost de Palepelstraete, voor I sch. tjaers. »

ÉMILE VARENBERGH.

HISTOIRE ET CARTULAIRE DE L'ABBAYE DE FLINES, par M. l'abbé HAUTCŒUR, 3 vol. in-8°. Paris, Dumoulin; Bruxelles, Decq, 1875. — L'abbaye de Flines est un des monastères les plus considérables de la Flandre. M. l'abbé Hautcœur, aujourd'hui recteur de l'université catholique de Lille, s'est attaché à faire connaître ses annales, et après avoir publié en deux volumes un cartulaire qui comprend 1070 chartes ou documents, de 1200 à 1630, — dont 352 du XIII° siècle, — sans compter un appendice des plus importants, il a écrit l'histoire de l'abbaye; c'est une œuvre considérable et qui sera d'une haute valeur pour l'étude du monarchisme en France, et particulièrement dans les provinces du nord.

En 1294, Marguerite de Flandre, dont le père, après avoir été élevé par un coup de fortune sur le trône impérial de Constantinople, était tombé au bout de quelques mois au pouvoir des Bulgares, fonda une abbaye

6

de femmes à Orchies. Elle avait eu à subir elle-même de cruelles épreuves ; elle fut mariée à Bouchard d'Avesnes, dont elle ignorait l'engagement dans les ordres sacrés comme sous-diacre et qui la traita avec la plus injuste dureté. Le pape valida cependant le mariage quant à ses suites — il en était né deux enfants — à cause de l'absolue bonne foi de Marguerite, mais celle-ci quitta son indigne époux (1221) et chercha désormais du côté de Dieu les consolations qu'elle ne pouvait plus demander à la terre. Elle multiplia les bonnes œuvres et les fondations : ce furent les Cistersiennes qu'elle appela à Orchies et le nouveau monastère reçut le nom de l'Honneur-Notre-Dame. Au bout de peu d'années il fut transféré dans une plaine bordée de bois et de marais entre Flines et Bastien ; ce changement eut lieu en 1257 ; la comtesse Marguerite comptait alors une de ses filles parmi les religieuses. Les aumônes abondèrent et l'abbaye prit un puissant développement, à ce point qu'en 1270 le nombre des sœurs dépassait cent cinquante, chiffre fréquemment atteint dans les siècles postérieurs. Plusieurs des principales familles nobles du pays avaient des membres à Flines : Marie de Dampierre y donnait l'exemple d'une admirable vertu, et Marguerite de Brienne ne lui cédait en rien. Mais par dessus toute brillait alors Imanie, fille du comte de Looz, qui devint abbesse de Flines et dont la haute piété et les actes remarquables lui ont mérité le titre de bienheureuse. Nous ne pouvons malheureusement dans cette rapide étude nous arrêter autant que nous le souhaiterions, mais il nous en coûte véritablement de ne pouvoir faire connaître en détail à nos lecteurs ces saintes femmes, dont M. l'abbé Hautcœur s'est fait avec tant d'équité le consciencieux historien.

Marguerite de Flandre voulut, avant de mourir, assister à la dédicace de l'église de son monastère (28 mai 1279), et elle saisit cette occasion pour faire de larges libéralités, qu'elle augmenta encore par son testament, dressé peu de jours avant sa mort, arrivée à Gand le 10 février 1280. Les travaux d'agrandissement continuèrent en même temps que s'accroissaient les propriétés du monastère; mais les guerres de Philippe-le-Bel et du comte de Flandre causèrent deux fois le pillage de l'abbaye. Il en fut heureusement autrement pendant la longue et sanglante lutte des XIVe et XVe siècles : des deux côtés les souverains accordèrent une égale protection aux religieuses de Flines, et ils tinrent sérieusement la main à ce que leurs lettres de sauvegarde fussent strictement observées. L'abbaye put de la sorte traverser paisiblement ces pénibles années; elle s'enrichit même notablement par d'incessantes libéralités et l'on put terminer les bâtiments conçus d'après un plan véritablement grandiose. Mais une réaction fâcheuse se fit sentir après les guerres : les constructions, exécutées sans doute hâtivement, se délabrèrent rapidement, et les religieuses se ressentirent elles-mêmes de ce mouvement général des esprits qui dès la fin du XVe siècle, minait sérieusement le monachisme en Occident. Des âmes vaillantes se trouvèrent heureusement à la traverse pour arrêter cette désorganisation, qui pouvait en quelques semaines détruire une institution déjà tant de fois séculaire. La réforme fut promptement introduite dans les monastères cisterciens des Pays-Bas : Flines s'y associa avec empressement en 1506, et l'honneur du succès revient à l'abbesse Jeanne de Boubais, qui se consacra avec un infatigable courage à cette œuvre de reconstitution morale, en dépit des traverses qu'elle rencontra et des oppositions qu'elle eût à vaincre : il y avait alors à Flines 57 religieuses de chœur et 50 converses. Jacqueline de Lalaing continua avec non moins de succès l'œuvre de la mère de Boubais : elle montra en outre un goût éclairé pour les arts et provoqua plusieurs travaux importants, sans oublier le magnifique missel à miniatures qu'elle fit faire pour elle par plusieurs des artistes les plus estimés des Flandres.

Mad. de Lalaing — morte le 26 février 1561 — fut la dernière abbesse élue. Les religieuses durent se soumettre au nouveau régime, comme elles se soumirent à la nouvelle discipline, introduite suivant la décision du concile de Trente, mais avec des restrictions qui, spéciales aux monastères de cette région, en adoucissaient beaucoup le caractère.

Le XVIe siècle fut moins calme pour l'abbaye que les siècles précédents. La peste d'abord éprouva cruellement Flines; puis les troubles des Pays-Bas semèrent l'épouvante dans toute cette contrée; les gueux menacèrent même le monastère et pendant assez longtemps les religieuses durent se retirer dans leur refuge de Douai. Mais une ère nouvelle semble s'ouvrir : le nombre des habitants du monastère remonta rapidement à 150, et au milieu du XVIIe siècle, Flines sagement gouverné par des abbesses d'une haute distinction, avait repris complétement son importance. En 1630 l'abbaye avait acheté la seigneurie du Bourg, que Philippe IV voulait engager avec quelques autres domaines pour se procurer des fonds. Malheureusement les guerres avec la France eurent trop longtemps la Flandre alors pour théâtre : il fallut encore une fois abandonner Flines pour Douai; quand on y rentra, les fermiers étaient ruinés, les revenus dérisoires, et on dut engager jusqu'aux gobelets d'argent qui servaient à l'usage personnel des religieuses, pour se procurer de quoi vivre le plus modestement possible. Les choses en arrivèrent même à ce point, que la ruine complète parut inévitable : les créanciers se montrèrent impitoyables. Un emprunt permit de conjurer le premier danger. La conquête française n'améliora pas la situation immédiatement; cependant peu à peu les religieuses obtinrent quelques avantages de Louis XIV, et à la fin du siècle leur détresse avait fait place à une prospérité assez satisfaisante pour permettre en 1695 la restauration de l'église et quelques importants travaux. La sage administration de la mère Placide Ricard acheva de tout rétablir, et en 1755 le monastère était complétement restauré.

La révolution française éprouva Flines comme tous les autres établissements ecclésiastiques. Les religieuses furent chassées et l'abbaye disparut sous la pioche des démollisseurs.

Les religieuses durent se disperser, mais toutes demeurèrent fidèles à leurs vœux et conservèrent le secret espoir de pouvoir se réunir un jour après la fin de la tempête. En 1814 celles qui vivaient encore se rassemblèrent autour de la mère de Comblémont et demandèrent l'autorisation de s'installer dans l'ancienne maison-refuge de Saint-Vaast, à Douai, pour y fonder un pensionnat. Il y eut de rudes épreuves à surmonter, mais la persévérance des religieuses en triompha et aujourd'hui les dames de Flines sont à la tête d'une maison d'éducation considérable justement appréciée, et dont dépend le cours normal des institutrices du département du Nord. Le couvent est considérable et on y a recueilli toutes les épaves de l'abbaye qui ont pu être découvertes.

Nous venons de résumer brièvement les annales de cette grande abbaye. Mais nous n'avons pu donner qu'une idée bien imparfaite du travail de M. l'abbé Hautcœur. Son œuvre est considérable et constitue l'une des études historiques les plus importantes et les mieux faites pour l'histoire monastique des Flandres.

E. DE BARTHÉLEMY.

CHRONIQUE.

CHRONIQUES DE DOUAI, recueillies et mises en ordre par le Président Tailliar, 2 vol. parus in-8°. Douai, Dechristé, 1875. — Nous signalons avec plaisir une œuvre considérable et d'un haut intérêt pour l'histoire du nord de la France et du sud de la Belgique. Sous un titre véritablement modeste, M. Tailliar, président de chambre à la Cour d'appel de Douai, a publié une histoire très-complète de cette ville en s'appuyant exclusivement sur des documents dont un grand nombre sont inédits. Dans une introduction qui remplit les deux tiers du premier volume, M. Tailliar résume l'histoire de Douai jusque dans les dernières années du XIIe siècle. Les chroniques commencent à la mort du comte de Flandre Philippe d'Alsace (1191) : elles sont partagées en cinq parties : la première s'étend depuis cette époque jusques à l'avénement de la maison de Bourgogne en 1354 ; la seconde jusqu'au traité de Cambrai, en 1529, qui céda Douai à l'empereur ; la troisième jusqu'à la mort de Philippe II, roi d'Espagne, en 1598; la quatrième jusqu'à la rentrée des Français à Douai, en 1667; la dernière se termine à la révolution de 89.

Dans l'Introduction, M. Tailliar écrit véritablement un récit historique : mais dans la chronique, il cite les documents avec de courtes réflexions, sans discussion ni commentaire, en exposant seulement les faits avec beaucoup de détail, de clarté et de précision.

Il serait à désirer que chaque ville eût rencontré un chroniqueur aussi érudit et aussi patient que M. le Président Tailliar. Ce recueil de documents si habilement quoique si simplement mis en œuvre, trace un tableau d'une rare vérité. Les chroniques, on le devine du reste, ne concernent pas seulement Douai, mais intéressent très-directement toute la Flandre.

Le tome second s'arrête à la fin de la quatrième partie. La dernière formera à elle seule un volume qui paraîtra prochainement.

E. DE BARTHÉLEMY.

LE MONUMENT D'OBERAMMERGAU EN BAVIÈRE. — Le 15 octobre de l'année dernière a été inauguré à Oberammergau le monument donné à cette commune par le roi Louis, en souvenir de la représentation de la Passion à laquelle il avait assisté en 1871. Cette commune est la dernière localité de l'Allemagne dans laquelle s'est conservé l'usage de représenter la Passion de N.-S.; cette représentation a lieu tous les deux ans, les acteurs sont des gens de la localité même.

Le monument offert par le roi Louis représente le Christ sur la croix, ayant d'un côté la Vierge Marie, de l'autre l'apôtre saint Jean; ce groupe taillé dans le marbre fut confié au ciseau de Halbig, de Munich, et demanda quatre années de travail ; conçu dans de grandes proportions, ce groupe est haut d'environ 12 1/2 mètres; placé aujourd'hui dans une contrée pittoresque, il attire l'attention des touristes et il restera comme un souvenir d'une ancienne coutume qui s'était conservée jusqu'à nos jours.

LE MUSÉE ARCHÉOLOGIQUE ET LA GAZETTE ARCHÉOLOGIQUE. — Nous avons à signaler l'apparition de deux recueils archéologiques. Le *Musée archéologique*, qui est publié sous la direction d'un érudit bien connu, M. A. de Caix de Saint-Aymour, moins exclusif que la *Revue archéologique* ou la *Gazette des Beaux-Arts*, a tout à la fois un caractère artistique et archéologique. Le premier numéro, de format in-8, forme un cahier de 100 pages, et chaque trimestre il doit en paraître un semblable. Le texte est orné de cinq belles gravures, plus un nombre assez considérable de planches plus petites, intercalées dans le texte. Nous signalerons spécialement un article de M. Boban, le possesseur de l'une des plus riches collections d'antiquités américaines qui existent en Europe, relatif à certaines terres cuites trouvées dans le sud du Mexique. Elles reproduisent des types humains à crâne déformé, et par suite méritent d'être signalées à l'attention des savants. L'on sait effectivement quel rôle important joue, dans l'ethnographie et même l'histoire des races du nouveau monde, cette question des déformations artificielles des os du front.

La *Gazette archéologique*, consacrée aux monuments de l'antiquité figurée, est publiée par MM. le baron de Witte et François Lenormant. Le public des amateurs, des artistes et des antiquaires s'applaudira de posséder désormais un recueil où seront traitées avec une autorité exceptionnelle et un luxe rare les questions concernant l'antiquité figurée, grecque et romaine, de toute espèce, de tout âge (marbres, bronzes, terres cuites, peintures murales, vases peints, pierres gravées. bijoux). Nous aurons enfin une publication à comparer l'*Archœologische Zeitung,* fondée et dirigée avec éclat pendant vingt-cinq ans par M. Ed. Gerhard; mais on prétend la dépasser sous le rapport de l'art et dans l'exécution des planches. Le premier numéro donne à cet égard les meilleures espérances. La première planche contient la tête du fronton occidental du Parthénon; la seconde, deux plaques d'or où sont représentés Dionysos et Silène; la troisième et la quatrième, un vase peint sur lequel on a figuré l'initié, Dyonisos et deux satyres; la cinquième, une peinture murale : Aphrodite et Myrtil. Une mention est due à l'éditeur, M. A. Lévy, qui est venu spontanément proposer à M. Fr. Lenormant de se charger de cette publication périodique, d'en faire les frais qui sont considérables, et de ne rien négliger pour rendre aussi splendide que possible la *Gazette archéologique.*

(*Polybiblion*).

LES MONNAIES DES ÉGYPTIENS. — M. Chabas, correspondant de l'Académie des inscriptions, a lu récemment à cette Académie un mémoire sur les mesures de longueur et les poids usités chez les anciens Égyptiens. Dans un nouveau mémoire, il s'occupe des monnaies employées chez ce peuple.

Aussi haut qu'on peut remonter dans l'antiquité égyptienne, c'est-à-dire entre quarante et cinquante siècles avant notre ère, on voit figurer sur les monuments de l'ancien empire des scènes qui indiquent une organisation avancée du commerce, et qui supposent l'existence d'un numéraire pour la commodité des achats. Plus tard, on rencontre la mention de monnaies de bronze, d'argent et d'or; la monnnie consiste soit en anneaux, soit en disques percés d'un trou au milieu, conformément à l'usage des Chinois.

On se sert du poids nommé *outen* (équivalent, suivant l'estimation de Chabas, à 91 grammes), pour la désignation des valeurs monétaires des divers métaux précieux.

Il y a, en bronze (le bronze est la monnaie courante), l'outen, le demi-outen, le quart d'outen ; il y a, en argent, l'outen et une autre monnaie inférieure, paraissant jouer le rôle d'unité spéciale, laquelle possède ses subdivisions propres ; il y a, en or, une pièce correspondante à cette unité de l'argent et dont le nom hiéroglyphique n'est pas encore déterminé, et une pièce de très-petite dimension, du poids de 7 décigrammes, mentionnée sur des monuments de Napata (Éthiopie) et n'ayant peut-être pas cours en Égypte. Nos musées ne possèdent aucun objet que l'on puisse considérer comme ayant servi de monnaie aux temps pharaoniques.

M. Chabas a eu l'occasion de citer, dans son travail, un curieux papyrus hiératique découvert et publié par M. Auguste Mariette, qui renferme une note de fournitures faites par un négociant à divers marchands au détail. Les objets livrés consistent en quartiers de bœuf et de veau, en salaisons, en vins. Leur prix est évalué en pièces d'or et d'argent, dont nous ne pouvons encore déterminer le nom hiéroglyphique et la valeur.

Un détail de ce compte nous révèle le rapport de l'or à l'argent en ce temps-là, c'est-à-dire vers l'époque des Ramessides (environ dix-sept siècles avant notre ère). Trois pièces d'or valaient cinq pièces d'argent du même poids. Aujourd'hui, chez nous, l'or, sous même poids, vaut dix-sept fois plus que l'argent. Ce dernier métal était beaucoup plus précieux chez les Égyptiens que chez nous.

UNE MONNAIE GRECQUE. — L'on vient de faire, en Bohême, une découverte archéologique du plus grand intérêt.

En creusant un puits à Opatowitz, près de Roth-Javenitz, on a trouvé, à la profondeur de quelques mètres, une pièce de monnaie du temps du roi Lysimaque. Elle est d'un beau travail et fort peu usée.

Sur une des faces, la tête de Lysimaque ressort nettement et est exécutée très-finement.

Sur l'autre face est représentée une figure assise de Pallas : la main gauche est appuyée sur un bouclier, la droite désigne une figure ailée qui se trouve sur le premier plan et qui représente la déesse de la Victoire (Nikè).

En exergue sur cette même face, on lit distinctement : *Basileus Lysimachos*, c'est-à-dire roi Lysimaque. Lysimaque était un des généraux d'Alexandre le Grand ; il devint, à la mort de son maître, gouverneur de la Thrace ; dix ans plus tard environ, il prit le titre de roi, conquit une grande partie de l'Asie-Mineure et finalement la Macédoine elle-même. Il mourut en l'an 281 avant Jésus-Christ. La pièce de monnaie qui vient d'être découverte remonte donc à plus de deux mille ans, elle est une des plus anciennes et des plus rares monnaies qui aient été trouvées en Bohême.

Elle répond à la description d'autres monnaies de Lysimaque qui sont considérées comme les plus belles parmi les monnaies grecques. La seule chose qui manque est une petite tête de lion, probablement effacée, qui ordinairement orne le bouclier de Pallas sur les monnaies lysimachiennes. La précieuse trouvaille a été donnée au musée de Prague par le pasteur de Roth-Javenitz, M. Josl.

ARMES ROMAINES. — Les membres du congrès de géographie se sont réunis dernièrement à Saint-Germain, dans les salles du Musée historique, pour assister à des expériences intéressantes sur les armes de jet en usage dans l'antiquité. On a commencé par la manœuvre des armes les plus simples, qui sont le javelot, lance légère que les romains lançaient au moyen d'un système de cordelette de cuir, et le pilum, sorte de harpon avec lequel on saisissait l'ennemi pour l'attirer, ce qui jetait un grand désordre dans les rangs.

Les petites machines de guerre ont été expérimentées ensuite ; ce sont l'onagre et les balistes : les unes et les autres reposent sur la propriété d'élasticité acquise aux cordes soumises à une forte torsion. Si au centre du système on place un levier, comme cela se voit dans la scie ordinaire des bûcherons, si ce levier est disposé pour recevoir des projectiles, l'usage de l'instrument est aisé à comprendre. Un treuil renverse en arrière le levier en imprimant aux cordes de la machine une torsion considérable ; on charge le levier des projectiles que l'on veut lancer, puis on l'abandonne à lui-même.

Les résultats suivants ont été obtenus dans des expériences antérieures par M. Abel Mestre, directeur des ateliers du Musée :

Armes romaines lancées à la main.

Pilum, poids 0,790; distance atteinte : 20 à 30 m.

Javelot avec *amentum*, poids 0,205; distance atteinte : 65 m.

Kestre, poids 0,130; distance atteinte : 70 m.

Machines.

Onagre, boulet en pierre d'un poids de 1,550; distance atteinte :
100 m.

Idem, d'un poids de 0,920; distance atteinte : 120 m.

Idem,	»	0,615;	»	160 m.
Baliste petite, trait pesant 0,250; distance atteinte : 160 m.
Idem moyenne,	»	0,230;	»	125 m.
Idem,	»	0,085;	»	160 m.
Idem grande,	»	0,780;	»	150 m.
Idem,	»	0,230;	»	260 m.
Idem,	»	0,085;	»	310 m.

L'Hôtel de Busleyden a Malines. — On met la dernière main à
l'œuvre pour la restauration d'un des plus remarquables monuments de notre pays. L'ancien hôtel de Busleyden divisé en deux
corps de bâtiments dont les façades principales font face aux rues
des Vaches et de St-Jean à Malines est aujourd'hui occupé, le premier par le Mont de Piété et le second par l'Académie de musique.

Le terrain de ce vaste immeuble fut acquis en 1494 par François
de Busleyden, précepteur du prince Philippe, père de l'empereur
Charles-Quint, qui devint plus tard archevêque de Besançon et le
reste lui vint d'un don que lui fit la ville en 1496.

Ce fut un de ses frères héritiers, Jérôme de Busleyden, prévôt de
l'église d'Aire, conseiller au grand conseil à Malines, chanoine à
Bruxelles, à Malines et à Cambrai et fondateur du collége des Trois
langues à Louvain, qui fit construire ce magnifique hôtel; le travail
commencé en 1503 fut terminé en 1507.

Cette propriété fut vendue en 1518 par les héritiers de Jérôme à
Jacqueline de Boulogne qui la céda plus tard à Charles duc d'Arenberg et d'Aerschot. Elle prit alors le nom d'hôtel d'Arenberg.

Enfin en 1619 elle appartenait à Jeanne Rovelesca, dame de Pranst
et de Millegem, épouse de Théodore de Fourneaux dit Cruyken-
borch, seigneur de Vrix Cappelle et conseiller des princes Albert et
Isabelle qui la vendit le 23 mars de la même année à Wenceslas Co-
bergher super-intendant général des Pays-Bas, pour y établir le
Mont de piété actuel.

Ce monument, construit dans le style néo-ogival, a reçu à différentes époques, des changements assez importants. Dans la par-

tie faisant face à la rue Saint-Jean existe une galerie composée d'arcatures ogivales posées sur des colonnes cylindriques ; au premier étage se trouve une seconde galerie semblable, mais avec des balustrades de style flamboyant et le bâtiment est surmonté d'une tourelle de trente mètres de hauteur dont la balustrade a disparu en 1813, mais qui sera, pensons-nous, rétablie. Elle a reçu en 1864 une première restauration et le travail vient d'être complété par le rétablissement du mur de clôture avec créneaux dans son état primitif. Une grille en fer forgé et d'un travail artistique très-réussi vient d'y être placée et permet au public d'admirer cette belle œuvre d'architecture.

Dans une salle de ce corps de bâtiment existe une grande cheminée surmontée d'un dais de style ogival et d'ornements blasonnés et dans la salle à manger on remarque des peintures à fresques attribuées à Jean de Maubeuge et représentant le festin de Balthazar, le Zodiaque, etc. Ces œuvres d'art ont besoin d'une restauration immédiate et ont déjà attiré l'attention de la Commission royale des monuments.

Comme il est dit plus haut, l'ancien hôtel de Busleyden qui a subi au siècle dernier des changements, va être complétement rétabli dans son style primitif et le plan de ce beau travail qui attirera l'attention des amateurs d'art architectural et des nombreux étrangers qui visiteront Malines est dû à M. Louckx, architecte de la ville. L'administration du Mont de piété, qui en a ordonné l'exécution, a suivi toutes les phases de cette importante restauration de concert avec M. Dellafaille, l'intelligent directeur de cet établissement.

ADOPTION DU CALENDRIER GRÉGORIEN EN ÉGYPTE. — Le vice-roi d'Égypte a résolu de mettre en vigueur dans ses États le calendrier grégorien. On sait que ce calendrier a été appliqué sous le pontificat de Grégoire XIII, dont il porte le nom, au mois d'octobre de l'année 1582. Il remplaça dans le monde chrétien le calendrier de Julien, qui avait remplacé celui de Jules César. Ce calendrier divisait bien l'année en 365 jours, auxquels on ajoutait tous les quatre ans un jour dit bissextile. Mais l'année julienne se trouvant trop longue d'environ 10 ou 12 secondes, donnait une erreur d'un jour en 134 ans.

En 1582, après une expérience du calendrier de Jules César, qui avait duré plus de 1,500 ans, l'année se trouva en retard sur le cours des astres. Grégoire XIII fit donc retrancher d'un seul coup 10 jours de l'année courante, si bien que le 5 du mois d'octobre 1582 fut compté pour le 15, et afin de rester d'accord avec les astres, on décida de supprimer ce qu'il y avait dans le calendrier romain, ou mieux dans l'année julienne ; on convint qu'à l'avenir on retrancherait ce qu'il y avait de trop dans cette année julienne, c'est-à-dire un jour en 134 ans ; que trois des années séculaires qui, d'après le calendrier julien, devaient être bissextiles, seraient communes, et que dans la quatrième seulement on intercalerait un jour supplémentaire.

C'est cette réforme qui est connue sous le nom de grégorienne.

Elle est aujourd'hui universellement adoptée, sauf en Russie et en Grèce, où le calendrier julien est encore en vigueur. Ce calendrier est actuellement en retard de 12 jours sur le calendrier grégorien.

On sait que le calendrier actuellement en vigueur en Égypte est celui qui a pour point de départ la fuite de Mahomet, obligé d'abandonner la Mecque en 622 après Jésus-Christ.

Le calendrier musulman est réglé non sur les mouvements du soleil, mais sur ceux de la lune. L'année est composée de 12 mois de 30 et de 29 jours alternativement, si bien qu'il y a des années de 350 et de 355 jours. Du reste, dans le monde des affaires, le calendrier grégorien est presque universellement adopté.

ACQUISITIONS DU BRITISH MUSEUM. — Nous trouvons dans l'*Academy* une longue notice sur les acquisitions du *British Museum* pendant 1874, nous en citerons les articles les plus intéressants :

Imprimés. Divers ouvrages de Shakespeare ou sur Shakespeare d'une très-grande rareté. — Un récit en latin, inconnu des bibliographes, de l'entrevue de Henri VIII et de François Ier au camp du Drap-d'Or, en juin 1520 (une version française existe dans le *Grenville-Library*). — Une collection d'ouvrages anglais fort rares des XVe, XVIe et XVIIe siècles. — Plus de 500 volumes de la bibliothèque de linguistique de M. Burgaud des Marests, concernant surtout la langue basque. — Une collection considérable de journaux, pamphlets, livres, caricatures, illustrations de la dernière révolution espagnole (1870-1874). — Plusieurs centaines de volumes de musique allemande, française, italienne et russe.

Cartes. Des cartes géographiques de la plus grande rareté, entre autres : une carte de l'Allemagne gravée sur cuivre, publiée à Eichstatt-en-Bavière, en 1491 ; sa légende indique qu'elle n'est, malgré sa date ancienne, que la copie d'une autre carte, aujourd'hui perdue, dressé par le cardinal Nicolas Krebs, surnommé *Cusanus*, qui mourut en 1464.

Manuscrits. 49 volumes des correspondances de Christophe, vicomte Hatton et de Daniel Linch, deuxième comte de Nothingham, secrétaire d'État sous le règne de la reine Anne. — Un grand nombre d'ouvrages manuscrits, en langue arabe, hébraïque, syriaque, persane, japonaise, pali, parmi lesquels : Le canon d'Avicenne de l'an 733 de l'hégire (1333 de J.-C.) ; une copie du Coran sur vélin, du treizième siècle, un discours sur les six jours de la création en syriaque ; un journal de la mission japonaise en Europe, un curieux ouvrage bouddhiste écrit sur feuille de palmier en langue pali et en caractères cambodgiens ; une collection de dessins sur la mythologie des Hindous, avec texte explicatif, etc.

(Polybiblion).

Prix d'un tableau : 380,000 francs (trois cent quatre-vingt mille francs). — On lit dans une correspondance parisienne :

Une des curiosités de la semaine, c'est l'exposition dans les salons de M. Petit, expert, du tableau de Meissonnier représentant : *une Charge de cavalerie.* Cette toile, qui a figuré à Vienne, a coûté à Meissonnier plusieurs années de travail. Elle résume au plus haut degré toutes les qualités de l'artiste : finesse inouïe de l'œil, sûreté de la main, justesse et profondeur de l'observation, tour de force de l'exécution. C'est une merveille de fortune. Elle pèche par l'ensemble. Ces cavaliers, ces chevaux, qui, sur une étendue d'un mètre cinquante, fondent sur vous avec une vigueur irrésistible, sont autant de figurines et forment autant de groupes où le regard peut se plonger pendant des heures entières et découvrir sans cesse des réalités vivantes de geste, d'expression, de tempérament.

Il n'y a peut-être pas au monde un autre œil que celui de Meissonnier qui serait assez subtil pour voir dans la nature ce qu'il a mis dans son tableau. Il n'y a peut-être pas non plus de main aussi experte que la sienne, qui aurait donné à tant de chevaux leur structure, leur élan et leur mouvement : à tant d'hommes, leurs physionomies, leurs gestes, leurs regards, leurs cris, leurs armes, leurs uniformes, leurs galons, leurs buffletteries, leurs passe-poils. Tout y est. Mais tout, c'est quelquefois trop, quand l'intensité déborde de chaque détail. L'ensemble de la scène échappe au spectateur où le laisse froid et fatigué, parce qu'il ne peut embrasser cette œuvre complexe d'épisodes dans une impression qui lui en rende l'unité.

Ce tableau de Meissonnier est, je crois, le tableau qui ait atteint le plus haut prix d'une œuvre d'art de notre temps. M. Richard Wallace, qui en avait vu l'esquisse dans l'atelier de Meissonnier, l'avait acheté 200,000 francs. Le temps s'écoulant, le riche amateur s'était refroidi, et M. Petit, expert, le prenant au mot, avait repris son marché. Or, M. Petit a revendu la même toile à un Américain, M. Stewart, pour 300,000 francs. De plus, il a stipulé qu'au gré de l'artiste, ce tableau devrait figurer à l'Exposition. Notez qu'aux Etats-Unis, au tarif de douane où sont les objets importés d'Europe, l'entrée d'un tableau de 300,000 francs représente un premier supplément de 40,000 francs. Sa rentrée en Amérique, dans le cas où il serait exporté pour venir au salon des beaux-arts, représenterait une seconde cotisation de 40,000 francs. Le tout a été consenti sans discussion. Le total pour l'acquéreur est donc de 380,000 fr. Cherchez dans vos souvenirs, et dites si vous connaissez un tableau aussi richement payé.

Esquisse de Rubens. — La collection de S. M. le roi des Belges vient de s'enrichir d'une esquisse de Rubens. Déjà le cabinet de tableaux du roi possédait une esquisse célèbre de Rubens, provenant de la collection Patureau, première pensée du magnifique tableau du Musée d'Anvers : *Sainte Thérèse implorant le Christ pour les âmes du purgatoire*. L'esquisse dont le roi vient de faire l'acquisition représente : *le Christ triomphant de la mort et du péché*. Elle est la dernière de la fameuse suite exécutée par Rubens pour servir de modèles aux tapisseries du comte d'Olivarès.

Le Musée de Madrid possède toute la suite, sauf cette dernière esquisse, enlevée sous le premier empire à la fin de la guerre d'Espagne, et vendue au marchand anglais Emerson. L'esquisse est devenue ensuite la propriété du marquis de Camden ; puis elle a fait partie de la célèbre collection Bredel, dont la vente a eu lieu à Londres il n'y a pas longtemps. Le dimanche 29 août, le roi ayant réuni à sa table, au palais de Bruxelles, les membres de la commission de l'exposition des beaux-arts, leur a fait les honneurs de sa nouvelle acquisition, qui a été admirée de tous les convives.

LES FOSSILES DE DURFORT. — Il y a quelques années, un paléontologue, M. P. Casalis de Fondouce, en passant sur le chemin qui conduit de Sumène à Durfort, dans le département du Gard, vit poindre à la surface du sol un objet qu'on aurait pu prendre de loin pour un tronc d'arbre coupé un peu au-dessus de terre. Il était formé de couches concentriques qui se détachaient facilement, mais on se rendait compte aussitôt que celles-ci n'étaient pas du bois, mais bien de la pierre ; ce n'était pas non plus un arbre fossilisé. M. Casalis constata qu'il était en présence d'une dent d'éléphant fossile de grande dimension. Le sol de l'Europe méridionale est plein de restes semblables, et l'on peut voir au Muséum de Paris un fragment de défense d'éléphant trouvé en Italie au siècle dernier et qui a presque le volume du corps d'un homme : elle a dû appartenir à un animal gigantesque.

M. Casalis, en examinant sa trouvaille, reconnut qu'il devait probablement y avoir en cet endroit le squelette entier de l'animal, dont la défense recourbée en haut surgissait du sol. Le gisement lui parut mériter d'être exploré avec soin, et l'administration du Muséum, sur la proposition de M. le professeur Gervais, fit la dépense des fouilles. Le travail a été continué pendant une partie de 1873, 1874 et 1875, sous la direction de M. Casalis qui n'a épargné aucune fatigue pour le mener à bonne fin. Comme les os s'effritaient et menaçaient de tomber en poussière à mesure qu'on les tirait du sol, un mouleur fut envoyé de Paris à Durfort pour les stéariner. M. Gervais se rendit lui même à deux reprises différentes sur le lieu des fouilles et fut juge des résultats que l'on devait en attendre.

Le terrain où gisent les ossements est un dépôt formé jadis par des eaux douces. On y rencontre des débris d'animaux et de végétaux. Parmi les premiers figurent, à côté de l'éléphant, le rhinocéros, l'hippopotame, le cerf et le bœuf, ainsi qu'un animal qui pourrait bien être un chien ou un loup. Il faut signaler aussi un poisson voisin de notre meunier et diverses coquilles terrestres ou fluviales. Les végétaux sont représentés par quelques troncs d'arbre et par des feuilles, précieux en ce qu'ils nous donnent le paysage de cette

partie de la France au moment où elle était hantée par ces grands
animaux dont l'homme a perdu le souvenir ou qu'il n'a peut-être
jamais vus dans cette région : ce sont des hêtres, des chênes, des
pins.

Mais le plus grand intérêt du gisement de Durfort, c'est que
plusieurs des squelettes des animaux qui y ont été découverts sont
entiers ou à peu près entiers, ce qui tient à ce qu'ils proviennent
sans doute de sujets ayant succombé à la place même où l'on trouve
leurs débris engloutis dans la vase. Aussi plusieurs des espèces citées
plus haut sont-elles représentées chacune par plusieurs individus,
et il y a tels de ces individus dont les squelettes, malgré l'altération
que la marne a produite sur eux ou le tassement qu'ils ont éprouvé,
sont susceptibles d'être montés à la manière des squelettes que l'on
fait avec les animaux vivants. Il en est ainsi pour un hippopotame
et pour trois squelettes d'éléphants. Un de ceux-ci est déjà en préparation au Muséum, et ce gigantesque animal n'aura pas moins de
cinq mètres de haut.

TOMBEAUX ÉTRUSQUES. — A l'arsenal militaire de Bologne, on a
trouvé, en creusant une fosse pour la conduite des eaux, cinq tombeaux étrusques renfermant des objets précieux, très-importants
pour l'histoire primitive de Bologne et de l'Etrurie, parce qu'ils
attestent l'état florissant de cette région dans l'antiquité.

On a procédé aux fouilles méthodiquement et sur une grande
échelle. De nouveaux tombeaux ayant été découverts, outre ceux
qui l'avaient été en 1874, on a pu mieux déterminer la nature et
l'extension de la nécropole bolonaise.

Parmi ces tombeaux, il y en avait un fort curieux construit en
pierre sèche, genre de construction déjà usité dans plusieurs endroits de l'Etrurie circumpadane et dans les caveaux de la char-
treuse de Bologne. Il paraît qu'à cette époque c'était un système
adopté pour les sépultures les plus riches.

On y trouva beaucoup d'objets intéressants, bien que cassés par
le poids de la terre. Il y avait une foule de vases en terre cuite de
couleur brunâtre, mais on en voyait un fait en argile rosée et peint
avec des lignes horizontales de couleur violacée au-dessus desquelles étaient tracées d'autres lignes verticales. Il est évident que
la fabrication de ce dernier vase était toute différente de celle des
autres trouvés en grand nombre.

7

Tandis que ces derniers appartiennent à l'industrie locale, le premier est le résultat de l'importation. On en trouve dans l'Asie-Mineure et dans les îles de l'archipel grec, et on les considère comme des vases orientaux.

La présence de ce spécimen à Bologne prouve que cette ville, dans les temps les plus reculés, avait des relations commerciales avec les peuples navigateurs de l'Orient, dont les produits lui arrivaient par le trafic qu'en faisait la ville de Spina, située sur la côte de l'Adriatique, à l'embouchure du Pô, près de l'actuel Porto Primaro.

Les rapports commerciaux entre Falsina et Spina et par l'entremise de celle-ci avec l'Orient, étaient déjà soupçonnés par les savants ; mais jusqu'ici aucun monument n'avait pu l'attester.

Aujourd'hui, grâce aux fragments du vase peint trouvé dans l'arsenal de Bologne, il n'y a plus de doute sur cette question.

Tableaux de Bernard De Ryckere. — M. Alfred Michiels, dans le tome VI de l'*Histoire de la peinture flamande,* et M. le baron Kervyn de Volkaersbeke dans son intéressante notice sur *les Pourbus,* parlent d'un magnifique tableau représentant *la Descente du Saint-Esprit,* peint par François Pourbus, et qui se trouve à l'église paroissiale de Saint-Martin, à Courtrai.

Ce tableau, un des meilleurs de l'École flamande du XVIe siècle, n'est nullement de Pourbus, mais l'œuvre d'un enfant de Courtrai, Bernard De Ryckere.

Dans le 3e volume de l'*Histoire de la ville de Courtrai* (p. 94), on trouve l'acte, passé devant les échevins de cette ville, le 21 octobre 1585, entre les marguilliers de l'église de Saint-Martin et l'artiste, par lequel ce dernier s'engage à peindre, de son mieux, le tryptique, moyennant la somme de 200 florins, monnaie de Flandre.

Bernard De Ryckere, qui s'était établi à Anvers, où il fut admis en 1561 comme membre de la gilde de Saint-Luc, a peint plusieurs autres tableaux de mérite, entre autres : *Moïse, le Déluge, le Christ portant sa croix* (pour l'autel de la gilde des « Kruisbroeders, » dans sa ville natale), *la Tentation de Saint-Antoine, la Justice,* le *Portrait de Martin della Faille,* seigneur de Nevele, et de son épouse *Sybille Stecher,* le *Portrait de Gabriel Stydelin,* etc. Il mourut à Anvers le 1er janvier 1590, dans sa maison *den Swarten Ruyter,* laissant de sa femme, Marie Boots, quatre garçons et deux filles.

Bernard De Ryckere, très-estimé de ses contemporains, mérite une place distinguée dans la galerie de nos peintres du XVIᵉ siècle.

Fr. D. P.

GESCHIEDENIS DER STAD AALST, PAR FRANS DE POTTER ET JAN BROECKAERT. — L'histoire de la ville et du pays d'Alost, par les féconds auteurs de l'histoire des communes de la Flandre Orientale, compte aujourd'hui quatre livraisons, formant deux forts volumes et demi avec planches. Nous avons, dans un volume précédent du *Messager*, rendu compte de la première partie du premier volume; occupons-nous un instant du reste.

La seconde partie du premier volume, qui s'occupe des règlements de police et des institutions judiciaires d'Alost, contient en outre des pièces justificatives au nombre de vingt-et-une, entre autres le tonlieu de la Dendre au XIIᵉ siècle, la charte de privilèges octroyée à Alost par Philippe d'Alsace, la keure d'Alost de 1330, et une liste des pèlerinages auxquels pouvaient être condamnés les coupables.

Dans le second volume nous trouvons d'abord l'organisation féodale d'Alost, une notice sur la population et les principales familles de la ville et sur la maison de ville, puis une étude détaillée des gildes anciennes et modernes, ainsi que des corps de métiers; cette partie est certes à notre avis la plus intéressante, celle où l'on se familiarise le mieux avec les vieilles institutions populaires de l'ancienne cité alostoise. Parmi les pièces justificatives de ce volume nous remarquons spécialement trois keures des tisserands de laine avec leurs suppléments, et la keure des foulons.

La première partie du troisième volume contient l'histoire des établissements d'instruction publique, des établissements de bienfaisance avec leurs droits et prérogatives, entre autres la gabelle, qui formait le plus clair des revenus de l'hôpital de Notre-Dame, et enfin les églises et chapelles, avec la description et l'histoire de la belle église de Saint-Martin.

L'histoire d'Alost, qui sera complétée par les couvents et autres institutions religieuses, un récit des événements dont cette ville a été le théâtre, spécialement au temps des gueux, la biographie de tous les hommes remarquables qui y ont vu le jour, et enfin les légendes de la contrée, formera un des plus beaux joyaux de la couronne littéraire de nos deux jeunes et infatigables écrivains flamands, dont le bagage historique est déjà si considérable.

EMILE V.

L'IMPRIMERIE POLYGLOTTE DE SAINT-JEAN-l'ÉVANGÉLISTE, A TOURNAI. — Il serait impossible de méconnaître le retour chaque jour plus sensible de l'art religieux, dans ses diverses branches, vers les saines traditions des belles époques du moyen-âge. Ce goût des antiquités, cette admiration pour les œuvres gracieuses et pleines de sentiment chrétien de nos ancêtres, n'est plus enfermé dans le cabinet de quelque amateur isolé, ou restreint à un petit cercle d'archéologues passionnés. Quels progrès la science archéologique a faits depuis vingt-cinq ans ! Encouragée par la faveur de l'opinion publique, elle n'a cessé de gagner des adeptes fervents, non seulement dans le monde artistique et lettré, mais dans toutes les classes de la société; le clergé s'inspire chaque jour davantage des vraies notions de l'art chrétien et national; le peuple voit avec plaisir renaître les monuments qui lui redisent les pages les plus célèbres de nos annales; le *dilettantisme* même s'en est mêlé; il est bien porté de posséder une teinte de science archéologique et le goût des objets anciens a envahi les salons au point de porter ces antiquailles à des prix fabuleux, et de donner naissance à une véritable industrie, celle des FABRICANTS D'ANTIQUITÉS.

Mais le côté sérieux et vraiment fécond de cette *renaissance* chrétienne et nationale, est la préoccupation, aujourd'hui générale, de rendre à nos anciens monuments avec leur aspect primitif, l'éclat et la beauté de leur vieille ornementation; nos hôtels-de-ville, trop longtemps victimes des modes classiques et des innovations pseudogrecques, se dépouillent de leur enveloppe hétérogène pour reprendre les riches et sévères décorations que leur avaient données leurs remuants propriétaires du XVᵉ siècle; dans nos églises, littéralement *massacrées* depuis trois cents ans par les admirateurs des formes athéniennes et romaines, les frises de stuc, les chapiteaux corinthiens, les frontons classiques, les autels à portique ont fait place à des objets plus en rapport avec la conception de l'œuvre primitive et incontestablement plus dignes de traduire l'idée religieuse, qui doit dominer toute la décoration de l'édifice sacré.

Pour réaliser cette rénovation des monuments du moyen-âge, toute une pléiade d'artistes a surgi, qui, en consacrant à l'étude des chefs-d'œuvre de leurs devanciers leur talent et leur vie, ont repris la chaîne des traditions interrompue depuis trois siècles, et décorent nos anciens édifices de travaux où l'on sent revivre les inspirations artistiques et le sentiment religieux des anciens maîtres ; des architectes consciencieux ont voué leurs soins à remettre ces édifices dans leur beauté originale ; des peintres, des sculpteurs, des verriers, des orfèvres, des brodeurs, des dinandiers, formés à l'école du moyen-âge, ne cessent d'orner les parois, les autels, les fenêtres, les sacristies de nos églises de productions dignes à la fois des monuments qui les possèdent et de leur destination sacrée. Il n'est presque plus une branche de l'art qui ne compte, parmi les propagateurs de l'École *gothique*, des représentants qui s'efforcent, dans leur sphère respective, de remettre en honneur les traditions glorieuses de notre ancienne Ecole nationale.

L'institution dont nous dirons quelques mots aujourd'hui, s'est inspirée de ces idées pour donner à l'art de l'imprimerie, et spécialement à l'impression des livres liturgiques, ce cachet de perfection et ce sentiment religieux qui font trop souvent défaut dans les travaux typographiques contemporains.

Fondé à Tournai depuis trois ans, l'établissement de Saint-Jean l'Évangéliste a déjà produit plusieurs volumes, vrais bijoux de l'art qu'illustrèrent jadis les Alde, les Estienne, les Plantin, les Elzevier. Nous avons vu paraître successivement l'*Imitation de Jésus-Christ*, en latin, puis en français ; l'*Office de la Sainte-Vierge*, avec rubriques en latin, en français, en italien, en flamand, et dans divers formats ; les *Officia propria passionis*, et l'on annonce la publication prochaine d'un bréviaire et d'un missel. Rien n'a coûté aux zélés promoteurs de l'entreprise, MM. Desclée, Lefebvre et Cie, pour donner à ces ouvrages un caractère vraiment artistique et élégant. Leur établissement est monté dans de vastes proportions : vingt presses mues par la vapeur, une bibliothèque où viennent se réunir les chefs-d'œuvre typographiques du XVe et du XVIe siècle, des ateliers pour la gravure et la reliure, des collections de *types* qui offrent ce que l'Angleterre, la France et l'Allemagne produisent de plus parfait, la collaboration de savants liturgistes pour la préparation des éditions, et d'artistes éprouvés pour la partie artistique, tout contribue à assurer à l'entreprise un succès aussi mérité que constant.

Que l'on examine ces volumes et l'on verra quelle distance sépare les œuvres de l'imprimerie Saint-Jean de ces productions vulgaires et quelquefois même triviales, qu'on nous donne comme livres de prières ; la pureté des caractères Elzeviriens, l'élégance des lettrines, le charme de l'impression à deux couleurs, la beauté du papier, l'aspect si religieux et si soigné de nombreuses têtes-de-page et d'admirables vignettes, la perfection des reliures et des feuilles-de-garde imitées ou inspirées des gracieux modèles du XVe siècle, tout dans ces livres mérite l'attention des amateurs et justifie les augustes encouragements et l'approbation unanime qui accueillent les beaux travaux des fondateurs de l'imprimerie de Saint-Jean l'Évangéliste.

Qu'ils persévèrent dans cette noble voie : qu'ils s'efforcent de maintenir et de justifier leur généreuse initiative de rendre à la typographie religieuse le caractère de piété et de perfection qui doit lui appartenir : le succès leur demeurera, plus fécond encore que dans leurs premiers essais, et ils auront bien mérité de l'art et de la religion.

J. J.

RESTES D'ANIMAUX DÉCOUVERTS DANS LA VALLÉE DE LA TAMISE. — Une collection géologique des plus intéressantes pour les Anglais en particulier, et en général pour le monde savant, vient d'être réunie au British Museum. Elle consiste en séries de restes d'éléphants, de rhinocéros, de daims et de bœufs, découverts dans la vallée de la Tamise, dans les marais d'Ilford, près de Stratford, pendant les trente dernières années, et qui a d'abord et jusqu'ici formé la collection privée de sir Antonio Brady de Stratford-le-Point. La nature et la valeur de cette collection ressortiront des renseignements suivants : elle renferme les restes de non moins de cent éléphants, retirés tous d'Ilford. Ces restes appartiennent à deux espèces distinctes : l'*elephas primigenius* ou mammouth et l'*elephas antiquus,* celui-ci plus méridional que l'autre. Les squelettes de chaque espèce sont représentés par de très-beaux échantillons, et la collection des dents et des mâchoires indique des éléphants de tous les âges et de toutes les dimensions ; on y trouve depuis les dents de lait du jeune éléphant jusqu'aux dernières molaires des patriarches des troupeaux, molaires si usées qu'elles devaient être devenues inutiles pour le broiement de la nourriture.

Un trait caractéristique parmi les éléphants d'Ilford consiste dans le petit nombre des plaques des dernières dents molaires, plaques qui n'ont jamais dépassé le chiffre de 19 ou 20, au lieu d'atteindre, comme les autres espèces, celui de 24, 26 et même 28. Les plus grandes dents ont 19 pouces de longueur. Le visiteur ne peut manquer d'être surpris à la vue des défenses singulièrement longues et contournées en spirales des mammouths adultes d'Ilford, et si différentes des défenses courtes et presque droites des éléphants qui vivent de nos jours. La plus longue des défenses de la collection mesure 9 pieds. Néanmoins, il résulte de l'inspection de ces restes, que les éléphants de la vallée de la Tamise appartiennent plutôt à une petite race qu'à une espèce de grande taille.

Les rhinoceros sont représentés par 86 spécimens appartenant à trois espèces différentes, qui se distinguent par le caractère ou l'absence de la cloison osseuse du nez. Ces trois espèces sont le *rhinoceros megarinus*, le *rhinoceros leptorhinus* et le *rhinoceros tichorhinus*. Le dernier nommé est comme le mammouth, revêtu d'une toison, la période à laquelle il appartient étant vraisemblablement celle de l'âge de glace. Le lion d'Angleterre, que la science géologique d'aujourd'hui a démontré n'être pas un mythe, est représenté par une mâchoire inférieure et une phalange du pied gauche de devant. Sur le côté de la rivière qui touche au comté de Kent, à Erith et à Crayford, cinq dents canines du lion de caverne ont été trouvées ; mais celles-ci font encore partie d'une collection particulière à Belvédère.

« La collection Brady comprend aussi l'hippopotame de la vallée de la Tamise, dont on a trouvé les traces à Grays aussi bien qu'à Ilford. Les ruminants, tels que le cerf, le bison et le bœuf, constituent presque la moitié de la collection et comptent non moins de 500 spécimens ; parmi ceux-ci, on remarque 7 spécimens du grand élan irlandais, *megaceros herbenicus*, et 50 de l'ours rouge.

» A en juger d'après les restes, il semble que les plus grands animaux de la vallée de la Tamise aient eu plus à souffrir des eaux et du temps que les espèces plus petites et plus rapides. Comment se fait-il qu'Ilford et d'autres lieux soient devenus comme les cimetières de ces animaux ? Voici l'explication qu'on en donne : si l'on pouvait reconstituer les contours de la Tamise tels qu'ils existaient dans les temps pleistoceniques, on découvrirait sans doute qu'Ilford, Erith, Grays, etc., marquent les points où se trouvaient d'anciennes baies formées par le *débouchement* des vallées latérales, et donnaient naissance elles-mêmes à des barres contre lesquelles les carcasses flottantes des animaux terrestres venaient s'arrêter, pour couler au bout d'un certain temps et s'enterrer dans la vase. Depuis que la Tamise a abandonné ses anciens bords, son premier lit a été envahi par les hommes, et c'est ainsi que les fouilles nous révèlent aujourd'hui ses richesses géologiques. »

ANTIQUITÉS AMÉRICAINES. — L'*Alta California* donne des détails très-intéressants au point de vue archéologique sur des ruines récemment découvertes par la Compagnie du canal de Montezuma, dans la vallée de Pueblo, sur la frontière californienne du Nouveau-Mexique. Les travaux d'irrigation de ces contrées si fertiles durent depuis plus de deux années, et pendant leur cours les ingénieurs ont passé au-dessus de plusieurs villes détruites, les unes à peine recouvertes de couches de coquillages amoncelées depuis des siècles, les autres montrant leurs murs couverts d'une épaisse végétation. Ces villes portent toutes les traces de l'incendie ; leurs murs debout sont en blocs de pierre. Des ustensiles de cuisine, des vases, des urnes de terre ont été également découverts au milieu d'ossements humains calcinés. Ce sont sans doute les restes des habitants ensevelis dans leurs demeures ; on a cependant trouvé des urnes renfermant des cendres, montrant que la crémation des morts se pratiquait chez ces nations éteintes.

Des haches, des couteaux en pierre dure ont été trouvés en grande quantité, mais nulle part trace d'objet en métal. Plusieurs vases en terre dure et épaisse, marqués de lignes jaunes, ont été apportés à San Francisco.

Les études de ces ruines ne permettraient pas de placer l'état de civilisation de ces peuples à un degré plus élevé que celui des Astecs découverts par Fernand Cortez ; il est probable qu'ils ont dû appartenir à quelques branches d'Indiens détruits par les guerres civiles, avant l'arrivée des Espagnols.

ARCHIVES DU BUREAU DE BIENFAISANCE DE GAND. — Dans son rapport annuel à la ville, le Bureau de bienfaisance fait connaître qu'il a procédé au triage et au classement de ses archives anciennes et qu'il a fait dresser un inventaire de tous les documents qu'elles renferment.

Cet inventaire comprend 4,189 articles divisés en huit séries, savoir :

1º Les pièces et registres de l'ancienne chambre des pauvres ; 2º les pièces de la ci-devant table des pauvres de la paroisse de Saint-Bavon ; 3º de Saint-Pierre ; 4º de Saint-Michel ; 5º de Saint-Nicolas ; 6º de Saint-Sauveur ; 7º de Saint-Jacques ; 8º de Saint-Martin.

« Nous avons adopté ce mode de classement, dit le Bureau de bienfaisance, pour faciliter les recherches.

» Notre dépôt contient plusieurs documents très-intéressants. Nous signalerons entre autres : le registre manuscrit « der vrye temmerliede binnen Ghend, » avec dessins coloriés, 1423 ; le registre manuscrit intitulé : « Dyt syn de ghiften ende aelmoesenen gheghecen bi der ghemeender neeringhe van den tycwevers, » 1486 ; les registres des rentes de la table du Saint-Esprit de l'église de Saint-Nicolas des années 1265 à 1344 ; les listes des rentes de la même table, de 1292 à 1352 ; les comptes des dépenses de la même table de 1311 à 1355 ; les comptes de la même de 1361 à 1397 ; l'acte de vente d'une ferme « die leghet an de Mude, » avril 1266 ; l'acte de vente d'une ferme « die leghet an de Mudestrate tuscen der Crucen, » etc., avril 1266. »

VENTE DE GRAVURES. — On vient de vendre à Londres la belle collection de gravures à l'eau-forte et d'estampes de feu M. Georges Vaughan. Voici les prix des plus belles :

Albert Durer : Adam et Ève, 1,150 fr. ; la Nativité, 625 ; la Passion, 650 ; le Crucifiement (petite gravure circulaire), 775 ; l'Enfant prodigue, 1,525 ; la Vierge et l'Enfant Jésus, avec un moine, 750 ; Saint Jérôme dans sa cellule, 625 ; Saint Jérôme dans le désert, 625 ; Quatre femmes, 850 ; la Dame et le Gentleman à la promenade, 1,125 ; le Chevalier et la Mort, 1,525 ; la Cotte d'armes et la tête de mort, 1,250.

David jouant devant Saül, par Lucas van Leyden, 625 ; Saint Jacques combattant les Sarrasins, par Schœngauer, 2,425 ; la Femme prise en adultère, attribué au même, 750 ; le Tournoi, par M. Zagel, 625.

Marc-Antoine Raimondi et son école : *le Massacre des Innocents,* 1,850 ; *Notre Sauveur chez Simon le Pharisien,* 1,450 ; *la Descente de croix,* 1,600 ; *Saint Paul prêchant à Athènes,* 1,925 ; *la Vierge au palmier,* 1,050 ; *le Martyre de saint Laurent* (état rare, avec deux fourche, mais un peu gâtée), 1,200 ; *Sainte Cécile,* 1,378 ; *le Martyre de sainte Félicité* (avec marge), 2,875 ; *Didon,* 700 ; *Alexandre et les œuvres d'Homère* (avec grande marge), 3,350 ; *le Triomphe de Titus,* 1,600 ; *le Mont-Parnasse,* 925 ; *Faune dansant avec deux femmes* (légèrement endommagé), 926 ; *Jupiter et Cupidon,* 575 ; *Mercure,* 1,175 ; *l'Homme et la Femme aux Boules,* 1,575 ; *les Femmes avec les signes du Zodiaque,* 875 ; *la Cassolette,* 675.

Œuvres de Rembrandt : *Rembrant se penchant sur le seuil d'une porte,* 775 ; *les Anges apparaissant aux bergers* (quatrième état), 800 ; *la Fuite en Egypte* (second état), 750 ; *le Christ prêchant,* 750 ; *le Christ guérissant un malade* (second état), 2,025 ; *Notre-Seigneur devant Pilate* (second état), 4,150 ; *le Crucifiement* (premier état), 1,825 ; *l'Ecce Homo,* 2,175 ; *la Descente de croix* (second état), 1,820 ; *Saint Gérôme* (second état), 1,200 ; *Saint François* (second état), 1,200 ; *Jason et Céruse* (premier état avec marge), 1,000 ; *une Femme tenant un arc,* 750 ; *les trois Cottages* (premier état), 1,050 ; *Paysage avec animaux,* 1,275 ; *Renier Anseloo* (second état), 825 ; *John Lutma,* 2,875 ; *John Asselyn* (premier état), 1,750 ; *Ephraïm Bonus* (second état), 2,500 ; *Utenbogardus* (troisième état), 750 ; *John Cornelius Sylvius,* 2,250 ; *le Peseur d'or* (second état), 625 ; *la Fiancée juive* (quatrième état), 800 ; *Young Haaring* (premier état), sur papier du Japon, 8,250.

Cette vente a produit 122,250 fr.

Une lettre de Rubens a propos de gravures de ses tableaux. — Nous empruntons au journal *le Précurseur d'Anvers* la lettre suivante de Rubens, dont l'original est, croyons-nous, en italien et faisait, si nous ne nous trompons, partie il y a une vingtaine d'années, de la collection d'autographes de feu l'avocat Moyson, à Gand.

Cette lettre, datée d'Anvers le 16 juin 1622, est adressée au pensionnaire Pierre Van Veen, à la Haye (neveu d'Otto Vœnius ?) et porte entre autres :

« J'ai tardé si longtemps de répondre à votre seigneurie à cause « de quelques empêchements de voyage et autres. Maintenant je

« vois par votre très chère du 12 mai, quelles sont les gravures qui
« vous manquent. Ce qui me fâche, c'est qu'il y en a fort peu. Nous
« n'avons depuis quelques années par la nonchalance de mon graveur,
« mais quelque peu qu'il y ait, je vous les enverrai bien volontiers.
« Ce sont : Un Saint-François qui reçoit les stigmates ; il est
« gravé quelque peu grossièrement, c'est le premier essai. Le retour
« d'Egypte de la Vierge avec son fils Jésus ; une petite Madone qui
« baise l'enfant, celle-là me paraît bien ; et encore une Suzanne que
« j'estime des meilleures. Et une grande image de la chute de
« Lucifer, qui n'a pas mal réussi. Et encore la sortie de Loth avec
« sa femme et ses filles de Sodome. Cette gravure fut faite au com-
« mencement qu'il était venu chez moi. J'ai encore une bataille des
« Amazones en six feuilles, il leur manque quelques jours de tra-
« vail, mais je ne puis les arracher des mains de cet homme, bien
« qu'il soit payé depuis trois ans. Je voudrais pouvoir vous les en-
« voyer avec les autres, mais il y a peu d'apparence que ce serait
« sous peu. J'ai encore publié un livre d'architecture : les plus
« beaux palais de Gênes de quelques soixante-dix feuilles avec les
« plans ; je ne sais s'il vous ferait plaisir ; il me serait agréable
« d'avoir là-dessus votre avis. Veuillez aussi donner des ordres à
« quelque batelier ou messager de vos amis à qui je pourrais les re-
« mettre, autrement le port serait trop élevé.
« J'ai vu avec plaisir que vous avez découvert le secret de des-
« siner sur cuivre sur fond blanc, peut-être avez-vous une methode
« meilleure, ou, comme je m'imagine, vous faites comme faisait
« Adam Elsheimer pour graver à l'eau-forte ; il enduisait sa planche
« de cuivre d'une pâte blanche et puis gravait avec une aiguille
« jusque sur le cuivre qui, de sa nature, est un peu rougeâtre, et il
« obtenait un dessin pareil à celui qu'on ferait au crayon rouge sur
« papier blanc. Je ne me rappelle pas les ingrédiens de cette pâte,
« quoiqu'il me l'ait communiqué amicalement. J'apprends que
« M. Octave Van Veen, votre frère, a fait imprimer un petit
« ouvrage anonyme sur la théorie universelle ou un autre sujet
« semblable, je désirerais beaucoup de le voir et si vous voulez me
« le communiquer, car vous devez sans doute en avoir un exem-
« plaire, je l'aurais pour très agréable et le recevrais en donnant ma
« parole *d'homme de bien* de garder cette faveur sous le plus grand
« secret et de n'en parler à homme qui vive, si cela est nécessaire.

« Et pour finir je vous baise les mains de tout cœur, et prie le ciel
• de vous accorder toute espèce de bonheur et de contentement.
« De Votre Seigneurie très illustre :
« Serviteur affectueux
« PIÉTRO PAULO RUBENS. »

LA BIBLIOTHÈQUE PLANTINIENNE DÉJA CÉLÈBRE EN 1644. — Louis
Jacob, de Châlon, carme, dans son ouvrage : *Traicté des plus belles
bibliothèques publiques et particulières qui ont été et qui sont à présent dans le monde*, Paris, 1644, cite la bibliothèque Plantinienne
parmi les plus importantes collections de livres existant alors à Anvers, p. 352-353 : « Christophe Plantin, natif de Tours, vivra éternel-
« lement dans la mémoire des gens de lettres pour avoir perfec-
« tionné en son temps l'art de l'imprimerie, et pour avoir dressé
« une bibliothèque, qui est conservée par Balthasar Moret, son
« neveu. Visitur et ibidem, dit Ant. Sanderus en sa Dissertation
« parénétique de la bibliothèque de Gand, Plantiniana apud Baltha-
« zarem Moretun Christophori Plantini ex filia nepotem, quæ uti
« optimis Plantinianæ editionis auctoribus, sic et aliis adgenuinam
« eorumdem auctorum lectinem hauriendam libris instructa est. »

CHANSON SUR LA PRISE DE NAMUR, 1692. — Nous avons cru intéressant de recueillir cette pièce de vers inédite, qui se trouve dans
le volumineux recueil dit de Maurepas, à la bibliothéque de la rue
Richelieu, tome VII, f⁰ 917. Nous la reproduisons avec les notes
existant dans l'original, nous contentant de rappeler qu'il s'agit ici
de la prise de cette ville par Louis XIV en 1692.

E. DE B.

SUR LA PRISE DES VILLE ET CHATEAU DE NAMUR.

Berger et bergère allant,
Ah qu'il y va gayement,
Mener leurs troupeaux à Dinan,
Tout du long de la Rivière [1],
Ah qu'il y va ma bergère,
Ah qu'il y va gayement.

[1] L'auteur entend la rivière de Meuse ou celle de Sambre, qui se
joignent toutes deux à Namur.

Mener leurs troupeaux à Dinan
Ah qu'il y va, etc.
Se disoit chemin faisant,
Tout du long, etc.

Se disoit chemin faisant,
Ah qu'il y va, etc.
Guillaume [1] sur sa grand jument,
Tout le long, etc.

Guillaume sur sa grand jument,
Ah qu'il y va, etc.
Vient avec un grand armement,
Tout le long, etc.

Vient avec un grand armement,
Ah qu'il y va, etc.
Secourir le pais flamand,   •
Tout le long, etc.

Secourir le pais flamand,
Ah qu'il y va, etc.
Devant Namur le Roy [2] l'attend
Tout le long, etc.

Devant Namur le Roy l'attend,
Ah qu'il y va, etc.
Et Luxembourg en fait autant;
Tout le long, etc.

Et Luxembourg [3] en fait autant,
Ah qu'il y va, etc.
S'il peut chasser Louis le Grand,
Tout le long, etc.

[1] Le prince d'Orange.
[2] Le roy de France.
[3] Le duc de Luxembourg.

S'il peut chasser Louis le Grand,
Ah qu'il y va, etc.,
Je lui donneray un merle blanc,
Tout le long, etc.

Je lui donneray un merle blanc,
Ah qu'il y va, etc.
La dessus un homme courant
Tout le long, etc.

La dessus un homme courant
Ah qu'il y va, etc.
Leur a dit en les abordant
Tout le long, etc.

Leur a dit en les abordant,
Ah qu'il y va, etc.
Namur est pris asseurement,
Tout le long, etc.

Namur est pris asseurement,
Ah qu'il y va, etc.
Et Guillaume a perdu son temps,
Tout le long, etc.

Et Guillaume a perdu son temps,
Ah qu'il y va, etc.
Notre Roy revient triomphant,
Tout le long, etc.

Notre Roy revient triomphant,
Ah qu'il y va, etc.
Allons nous en dancant, chantant,
Tout le long, etc.

Sur la prise de la ville et chateau de Namur.

Les Francois ont donc pris Namur
Malgré la force de son mur,
En dépit d'Orange et Bavière,
Lere la, lere lanlère,
Lere la, lere lan la.

Si cent mille hommes n'avoient veu,
Comme à Louis il s'est rendu,
On n'eut jamais cru cette histoire.
Lere la, lere lanlère,
Lere la, lere lanla.

Académie royale des Sciences, des Lettres et des Beaux-Arts de Belgique. — Classe des Beaux-Arts. — *Programme de concours pour 1876.*
Sujets littéraires.

Première question. — « Rechercher les origines de l'école musicale belge. Démontrer jusqu'à quel point les plus anciens maîtres de cette école se rattachent aux déchanteurs français et anglais du XIIe, du XIIIe et du XIVe siècle. »

Deuxième question. — « Faire l'histoire de la céramique au point de vue de l'art, dans nos provinces, depuis l'époque romaine jusqu'au XVIIIe siècle. »

Troisième question. — « Faire l'histoire de l'école de gravure sous Rubens. »

Donner un aperçu historique sur les éditeurs des produits de cette école et sur l'exploitation commerciale contemporaine qui fut faite de ces gravures dans tous les pays.

Quatrième question. — « Déterminer les caractères de l'architecture flamande du XVIe et du XVIIe siècle. Indiquer les édifices des Pays-Bas dans lesquels ces caractères se rencontrent. Donner l'analyse de ces édifices. »

La valeur des médailles d'or, présentées comme prix pour chacune de ces questions, est de *mille francs* pour la première et pour la quatrième, et de *huit cents francs* pour la deuxième et pour la troisième.

SUJETS D'ART APPLIQUÉ.

Musique. — « On demande la composition d'une messe solennelle, à quatre voix mixtes, pour le jour de Pâques, avec la prose *Victimæ paschali* et l'offertoire du jour. »

Le compositeur tâchera de ne pas dépasser la durée normale du service religieux.

La messe devra être entièrement inédite.

Architecture. — « L'Académie demande un projet de pont monumental, en pierre, à placer sur un fleuve de 100 mètres de largeur. »

Les concurrents pourront faire emploi de statues, de niches, de galeries et d'arcs de triomphe.

Le projet comprendra les abords du pont, avec rampes décorées conduisant au fleuve.

Les artistes produiront le plan, la coupe et l'élévation à l'échelle de 1 centimètre pour 1 mètre.

Les partitions et les plans destinés au concours devront être remis au secrétariat de l'Académie avant le 1 septembre 1876.

Un prix de *mille francs*, attribué à chacun des sujets précités, sera décerné à l'auteur de l'œuvre couronnée.

L'Académie n'acceptera que des travaux complétement terminés ; les manuscrits et les plans devront être soigneusement achevés.

Le manuscrit de la partition musicale et une reproduction du projet d'architecture deviendront la propriété de l'Académie.

ACADÉMIE D'ARCHÉOLOGIE DE BELGIQUE. — *Concours de 1877*. — *Premier sujet*. Prix : 500 francs. « Une question archéologique ou historique relative à l'ancien comté de Flandre. »

Le choix du sujet est abandonné à l'auteur.

Deuxième sujet. Prix : 500 francs, fondé par le Congrès international de Géographie d'Anvers. « L'histoire de la vie et des ouvrages d'Abraham Ortelius. »

Indépendamment de ces prix, l'Académie décernera à chaque auteur couronné une médaille de vermeil et lui donnera 50 exemplaires de son mémoire.

Les mémoires devront être rédigés en français ; ils seront adressés *francs de port* au Secrétariat général, 22, rue Conscience, à Anvers, avant le 1er avril 1877.

QUELQUES SCEAUX

DU DIOCÈSE DE GAND [1].

Le 17 février 1628, l'abbé de Saint-Pierre réorganisa le service des six chapellenies fondées dans l'église de Saint-Jacques. A cet acte important [2], le prélat appendit un grand scel en cire rouge, dont la matrice, à en juger par les fragments de l'empreinte, était un vrai chef-d'œuvre. Malheureusement on ne distingue que le tiers inférieur du champ, partagé horizontalement en deux sections et verticalement en trois compartiments. Dans les niches supérieures, nous remarquons à dextre saint Paul, debout, tenant de la main droite l'épée nue, la pointe abaissée vers le sol, à senestre et au milieu deux autres personnages drapés, mais méconnaissables dans leurs attributs, probablement saint Pierre et saint Benoît, comme dans le sceau conventuel, dont nous parlerons plus loin. Dans le bas, nous voyons l'abbé tête nue, en costume pontifical, à genoux, les mains jointes, la

[1] Voir année 1875, pp. 352 et suiv.
[2] *Archives de l'église de Saint-Jacques*, carton III, n° 200.

8

crosse serrée dans le bras droit, le corps tourné vers la droite du champ. La niche qui l'encadre est flanquée de deux écussons; celui de droite est effacé, celui de gauche est aux armoiries du prélat. L'exergue latéral porte à droite le chiffre 16, première partie du millésime. L'empreinte, de forme ovale, mesure 0^m,075 sur 0^m,052.

Comme primat des Bénédictins belges, l'abbé de Saint-Pierre adopta au XVIIe siècle le scel que nous reproduisons (Planche III, fig. 1). Dans une niche fort simple, à bordure échancrée, posée entre deux vases à fleurs sur une console à feuillages, saint Benoît est représenté assis, la tête nue et nimbée, le corps largement drapé dans le costume choral des moines. Le saint fondateur tient des deux mains sur les genoux un livre ouvert, le texte tourné à l'extérieur. La légende est double et porte à l'intérieur du champ, entre deux filets et en grands caractères, SANCTVS BENEDICTVS ; à l'exergue : SIGILL : R^MI. PRÆSIDIS MONAST. EXEMP-TORV. ORDINIS D. BENEDICTI IN BELGIO. Le diamètre est de 0^m,044.

2° *Sceaux des dignitaires subalternes*. On rencontre peu de souvenirs sphragistiques des titulaires inférieurs des abbayes ; d'abord parce que l'usage d'un scel administratif leur fut longtemps interdit par la discipline monastique, ensuite parce que, le plus souvent, il se servirent du sceau conventuel ou abbatial pour munir les actes qu'ils passaient comme délégués de la communauté ou du prélat. C'est ainsi que, le 6 juin 1386, le prieur Jean De Rike employa le sceau du couvent pour

1.

3.

2.

4.

POURBIEN

vidimer un acte du 1ᵉʳ mai 1336 par lequel, devant
les échevins du métier d'Axel, Jean Adelisen vendit à Simon Van Mirabeele une rente annuelle de
dix livres parisis.

La figure 2 reproduit le scel du dernier prévôt
de Saint-Pierre. Il porte l'écusson aux trois clefs
d'argent sur fond de gueules, armes de l'abbaye,
avec l'inscription bien simple : PRÆPOSITUS S PETRI
JUXTA GANDAVUM. Le champ orbiculaire bordé d'un
grénetis a 0ᵐ,044 de diamètre.

A cause de l'étendue de sa juridiction territoriale, la cour féodale de Saint-Pierre fut divisée
en deux bancs, la haute cour et la basse. De la
première proviennent les deux empreintes figurées
aux nᵒˢ 3 et 4. L'une est ovale au module de 0ᵐ,040
sur 0ᵐ,045. Dans le champ est posée la cigogne
traditionnelle, tenant à senestre la crosse abbatiale
à laquelle est appendu l'écu du couvent. L'inscription, serrée entre deux grénetis doublés de filets,
porte séparés par des globules les termes S. SUPER :
CURIÆ FEUDALIS MONAS. S PETRI JUXTA GANDA.

Dans le second sceau, d'origine plus moderne,
l'écusson surmonté d'une couronne et posé sur un
tertre, a pour supports deux cigognes tenant dans
le bec, l'une la clef de la juridiction ecclésiastique, l'autre le glaive de la puissance séculière. Au-
dessus de la couronne brille la mitre primatiale
entre la crosse et l'épée, passant en sautoir derrière l'écu. L'exergue porte la devise abbatiale :
POUR BIEN, et dans le pourtour se lit la même
légende que dans le sceau précédent. La bordure
se compose d'un grénetis doublé d'un filet. L'empreinte est orbiculaire au diamètre de 0ᵐ,044.

3° *Sceaux conventuels.* La figure 1 de la planche IV reproduit la plus ancienne empreinte que nous ayons rencontrée du scel de l'abbaye. Elle représente un demi-œuf en cire d'un brun rougeâtre et est appendue par deux queues de cuir blanc à une charte de 1170, par laquelle l'abbé Hugues I, de concert avec ses confrères de Saint-Bavon et de Saint-Médard, avec l'approbation de l'évêque de Tournai, arrête les droits de sépulture [1].

Dans cette pièce, saint Pierre, en habits pontificaux, la tête à courte chevelure, nue et nimbée, tient de la main droite les deux clefs et dans la gauche un livre fermé. Le patron de l'abbaye occupe un faldisteul très-simple à quatre pieds, dont le peu de grosseur nous semble représenter un ouvrage de ferronnerie. La légende porte en caractères majuscules : SIGILLU. PETRI. APLI. GANDENSIS. ÆCL'E. Le module est de 0^m,075 sur 0^m,050.

Signalons en passant la singulière orthographe de ÆCL'E, abbréviation de *ecclesiæ*, et le terme *apostoli* employé comme synonyme de *patroni*.

Le même sceau servit à munir un acte datant du mois d'octobre 1250, par lequel l'abbé et son couvent approuvent un échange de terres fait à Moerkerke, entre l'abbaye du Nouveau-Bois et dame Heila, assistée de son époux Hugues, fils du chevalier Henri. Ici l'empreinte sigillaire, en cire brune, est plate à l'avers, légèrement convexe au revers, dans lequel est imprimé le contre-scel reproduit figure 2.

---

[1] *Archives de la cathédrale, fonds de l'abbaye,* carton 5, n° 39.

PL. IV.

1.

2.

3.

4.

J. B. Lavant del.

P. Allaert sculp.

Dans le champ de celui-ci sont posées en pal, mais accouplées les deux clefs symboliques. L'épigraphe ne comprend que les deux mots : CLAVIS SIGILLI, séparés par des croix grecques et encadrés par deux filets. Ce contre-scel mesure 0ᵐ,045 sur 0ᵐ,025.

Avec les mêmes attributs, mais la tête barbue et sans nimbe, est figuré le saint patron dans le sceau conventuel, employé par le prieur Jean De Rike, dans l'acte de 1386, mentionné plus haut. Le faldisteul porte un coussin posé sur des traverses se recourbant en feuillages. Un dragon forme la console. A l'entour du grénetis qui borde le champ, nous distinguons, en caractères du XIIIᵉ siècle, VENTUS SCI PETRI GANDE [1]. (Fig. 3).

La même matrice servit à sceller, le 17 avril 1602, l'acte par lequel l'abbé Colomban Vrancx autorise la construction des bâtiments du Nouveau-Bois au *Pré vert*.

Enfin en 1698, l'abbaye adopta le scel orbiculaire au diamètre de 0ᵐ,044, dont la riche exécution semble réfléter l'état florissant du monastère à la fin du XVIIᵉ siècle. Nous y voyons, dans la niche du milieu saint Pierre, assis, la tiare en tête, en habits pontificaux, la main droite appuyée sur un livre, de la gauche tenant les clefs. Dans les niches latérales sont figurés à droite saint Paul, tête nue, avec le livre et l'épée; à gauche saint Benoît, patron de tout l'ordre, en grand costume

---

[1] *Archives de la cathédrale, fonds des Chartreux*, carton 4, nº 150.

choral, la tête nue et tenant la crosse de la main gauche. Les armoiries du monastère avec la couronne princière, les deux cigognes et la devise : *Pour bien,* occupent le bas du champ, dont les segments latéraux portent le millésime 1698. Entre deux grénetis doublés d'un filet, on lit : CONVENTUS S. PETRI JUXTA GANDAVUM (fig. 4).

(Pour être continué).

L'abbé J. B. LAVAUT.

RÉMINISCENCES MODERNES

DES

RITES MORTUAIRES DE L'ANTIQUITÉ,

PRINCIPALEMENT

DANS LE HAINAUT ET DANS L'ENTRE-SAMBRE-ET-MEUSE.

INTRODUCTION.

Pour le rapport sur les fouilles du cimetière antique de Strée, j'avais préparé quelques lignes se rapportant au sujet que je traite aujourd'hui. C'était une simple note sur deux pratiques superstitieuses relatives aux cérémonies funéraires; la première était un souvenir de la *Naule* ou denier à Caron, dans les Ardennes; la seconde concernait les petites croix plantées le long des chemins, dans le pays de Tournay, en commémoration des morts. Je croyais m'en tenir là, mais comptais sans l'abondance de la matière. Un fait se joignit à un autre, une découverte en appela de nouvelles, et le tout forma bientôt un faisceau, mais un faisceau de notes indépendantes l'une de l'autre. Voilà ce qui explique le décousu des pages qui suivent. Elles ne devait être en effet dans le principe que quelques observations jetées sans ordre. En présence de leur grand nombre, j'ai été amené à les retrancher du rapport dont elles faisaient partie, et à les classer le plus naturellemeut que j'ai pu. Toutefois, elles sont toujours restées des notes détachées. Je les ai réunies en trois paragraphes : 1° *Obsèques du défunt* ou *Derniers soins de l'amitié, séparation, départ*; 2° *Pratiques consécutives aux obsèques* ou *Adieux des proches*; 3° *Culte des morts et des mânes* ou *Croyance à une autre vie, souvenirs mortuaires religieux*.

Nous savons que le sujet n'est pas neuf. Les mœurs comparatives anciennes et modernes de nos populations ont été traitées d'une manière générale par Schayes, Raepsaet, Moke, Reinsberg, Des Roches, etc. Mais il y a beaucoup à faire encore, et les cérémonies mortuaires, qui sont si importantes, n'ont même été qu'effleurées.

En s'établissant en Belgique, le christianisme fut souvent impuissant à détruire certaines cérémonies du rite payen [1]; il fut parfois obligé d'adopter ces cérémonies en les modifiant et d'en changer la signification. Il avait affaire en effet à des populations « qui ont conservé à peu près intacte, à travers la suite des siècles, la manière de vivre de leurs ancêtres et qui n'ont dévié, presqu'en rien, des coutumes de leurs pères, » comme le dit HUYTTENS dans ses *Études sur les*

---

[1] C'est ce qu'on remarque aussi ailleurs. En 1130 seulement, les marteaux de Thor furent bannis de l'église d'Upsal sur l'ordre du roi, que le peuple traita, pour ce fait, d'*impie voleur d'église*.

mœurs, le langage et les superstitions de nos ancêtres les Ménapiens. M. VAN BEMMEL, dans la *Patria Belgica,* fait aussi remarquer « la persistance du caractère primitif et la permanence des usages » de nos populations.

Mais ces assertions, vraies pour les siècles antiques, ne le sont plus pour nos mœurs du XIX⁰ siècle; et nous pensons que dans la voie que nous indiquons, il faut se hâter si l'on veut parvenir à quelque chose d'un peu complet, car les anciennes mœurs s'en vont et s'éteignent vite au temps où nous vivons. Les villes ont perdu dès longtemps les usages du bon vieux temps. Les villages seuls, plus simples, en ont conservé une partie, et c'est là seulement que l'on peut espérer de recueillir quelques traditions et quelques observations. Ne nous faisons pas illusion, notre civilisation, les larges facilités de communication et de transport aident puissamment et rapidement au déplacement, au mélange, à l'unification des populations et des races. Les usages locaux, même dans les campagnes, se modifient, s'éteignent et disparaissent, parce que les populations des localités ne se perpétuent plus, immobiles avec leurs usages anciens; leur esprit et leurs mœurs propres changent au contact de nouveaux habitants étrangers qui ne tiennent pas à ces usages locaux et entraînent les gens du pays à les négliger. Le chemin de fer et le télégraphe qui passent leur niveau sur l'industrie universelle, finiront aussi par le passer sur les mœurs du monde entier.

OBSÈQUES DU DÉFUNT.

Derniers soins du cadavre. — Partout et toujours la vraie amitié survit même à la mort et prodigue ses soins aux restes de l'ami qui abandonne la terre.

D'abord la déclaration de décès est d'origine romaine.

Chez beaucoup de peuples de l'antiquité, le corps des défunts était l'objet de soins spéciaux. On le lavait et l'oignait de divers onguents, aromates et huiles. A Rome c'était un embaumement. Nous nous contentons aujourd'hui de lui fermer les yeux et de soigneusement le laver.

Je ne sais si je dois citer l'usage peu connu, répandu dans les Ardennes belges, de cacheter de cire le nombril du mort aussitôt après le trépas. Cette précaution empêche, croit-on, le cadavre de se vider avant l'inhumation. Peut-être est-il bon de constater cette habitude, bien que je n'y puisse rattacher aucune tradition. Quelque autre pourra le faire [1]. Nous verrons qu'ailleurs on laisse couler, avec le cierge bénit, quelques gouttes de cire en forme de croix protectrice sur le cercueil.

---

[1] Ne serait-ce pas là, se demande M. Van der Elst, un symbole de l'*individualité* de l'âme du défunt ?

Exposition du mort. — L'amitié ne se contente pas de regrets isolés ; il lui est doux de constater, d'exciter même les regrets d'autres personnes. De là l'origine de l'exposition du mort.

L'usage d'exposer les morts sur un lit de parade et de les faire veiller par les parents et par les serviteurs, nous vient des Romains. Les détails et le luxe de cette cérémonie funéraire, sont même restés à peu près identiques. Les Germains exposaient aussi leurs morts. Près du lit de repos l'on place aujourd'hui un vase d'eau bénite et une branche de buis. Les Romains mettaient sur les morts du buis, du cyprès, de l'if et d'autres plantes funéraires, dont les feuilles, persistant l'hiver, étaient l'emblème de la vie dans la mort. A côté se trouvait l'eau lustrale dont s'aspergeait chaque visiteur, et l'autel où l'on brûlait de l'encens.

Le savant Hauzeur, notre regretté collègue, faisait un jour à notre ami, M. C. Van der Elst, cette remarque caractéristique, que la forme spéciale des réservoirs à l'eau bénite, employés encore aujourd'hui dans le Luxembourg près du lit mortuaire, est complétement identique avec celle des petits godets dits *vases à parfums,* trouvés dans les sépultures belgo-romaines. Y aurait-il similitude de destination et s'agirait-il d'eau lustrale mise dans les tombes antiques ?

Dans le Borinage et dans le pays de Liége, on ne peut conserver le défunt chez soi. Il est transporté à l'église où il passe la nuit sous la garde d'un proche parent. Devrait-on voir là un reste de

Cortége funèbre. — Les adieux sont finis, il faut se séparer de l'ami défunt. On le fait avec *pompe*.

Le cortége funèbre fut usité à toutes les époques jusqu'à nos jours. Chez toutes les nations du monde, le défunt était conduit à sa dernière demeure par ses parents et ses amis. Les pleurs et les regrets étaient naturellement de ce cortége. On aimait même à en faire parade. Les Gaulois et les Celtes les transformaient en hurlements sauvages et les Romains, ainsi que d'autres peuples y joignaient de la musique et payaient des pleureuses.

Les pleureuses mortuaires romaines, nommées *præficæ*, se sont continuées jusqu'à nos jours dans plusieurs parties de la Belgique. En certaines localités, elles se couvrent d'un voile. Plusieurs communes de notre arrondissement ont encore aujourd'hui des pleureuses, nous pouvons citer Binche, Froid-Chapelle, etc., etc. Il y a cent ans cet usage était commun dans le pays, et en 1750 cette naïve parade de la douleur et du regret des morts se pratiquait à Charleroi. Nous avons publié une pièce officielle qui en fait foi [1]. Quant à l'*hexaphore* ou litière portée par six hommes, laquelle était à Rome le corbillard des riches, ne la trouve-t-on pas dans la civière moderne, qui à Charleroi comme ailleurs est une espèce de char funèbre [2].

C'est un usage des Romains de porter au cortége

[1] Voir *Collection des actes de Charleroi*, 3ᵉ fasc., p. 19 et 20.
[2] Ibid., p. 109.

du noble et du guerrier ses armes renversées et ses insignes d'honneur, ses armoiries. Comme nous, ils se servaient d'eau lustrale pendant la cérémonie.

La torche mortuaire, *funale,* est d'origine bien antique, et a même donné son nom aux funérailles (*funus*), qui ne pouvaient d'abord se faire que la nuit. Nous avons nos cierges et nos flambeaux qui accompagnent le cortége funéraire. Dans le pays wallon, un grand nombre d'enfants, portant des cierges, forment la haie devant le corps du défunt. Ces cierges devenaient anciennement la propriété du porteur, qui aujourd'hui reçoit au lieu de cela un salaire.

Ailleurs, les cierges sont remplacés par des flambeaux et les enfants par des vieillards ou des pauvres. Nous en dirons un mot plus loin.

Les luminaires tiennent beaucoup de place dans nos cortéges funèbres et dans plusieurs provinces, pendant le *service* du mort, les assistants tenaient en main, il y a peu d'années encore, de petits cierges allumés, nommées *coupons,* distribuées pendant l'office et que chacun déposait près de l'autel en allant à l'offrande. Il serait curieux de retrouver l'origine et la cause de cet usage.

———

La paille sous les pieds du mort et du cortége. — Dans l'Entre-Sambre-et-Meuse, dans la Basse-Sambre, dans le pays de Wavre, etc., on sème pour le cortége de la paille le long du chemin, depuis la maison mortuaire jusqu'à l'église et au cimetière. Celle-ci est ensuite abandonnée aux pauvres. Cela se fait quelquefois sur une longueur de plus d'une demi-lieue et les riches se font honneur d'en semer une grande quantité, parfois plus d'un pied d'épaisseur.

De nos jours encore, dans certaines villes de Flandre, et notamment à Gand, lors des funérailles riches, on jonche l'église de paille que les pauvres emportent ensuite. Devrait-on voir en tout cela une simple forme de l'aumône mortuaire aux pauvres? Nous avons peine à le croire et il doit y avoir là-dessous un souvenir et une signification de mœurs ou de culte antique qui nous échappe.

Un archéologue, M. Van Dessel, m'écrivait un jour les mots suivants :

« Je vous signale une autre habitude bien plus singulière du côté d'Arschot, à Wrechter notamment et aussi dans la province d'Anvers ; lorsqu'on porte le cercueil à l'église sur une charette, celui-ci repose sur de petites bottes de paille, que l'on décharge en route à des endroits différents du chemin que l'on suit avec le cadavre. » Ces bottes remplaceraient-elles la paille dont nous venons de parler ou serait-ce une modification de l'usage de dresser un tas de paille contre la maison mortuaire, usage que nous citerons plus loin.

—

La pelletée de terre sur la tombe. — Une dernière marque d'affection est la pelletée de terre jetée pieusement sur le cercueil par les parents et par les amis. C'est encore un usage que nous ont transmis les Romains et les Gaulois et qui date d'ailleurs de la plus haute antiquité. Dès l'époque de la pierre brute, l'homme préhistorique avait la même habitude. Chacun venait jeter une pierre sur la tombe des morts. Je me contenterai sur ce point de citer Boucher de Perthes : « Il est évident pour moi que les points où se trouvent ces milliers de silex brisés ou travaillés étaient des lieux consacrés aux dieux et aux morts. Là s'était arrêtée une peuplade ou une armée pour quelque grande cérémonie funéraire, et chacun avait jeté dans la fosse ou la tranchée ouverte pour ce dépôt un *ex-voto* [1], ordinairement fait à la hâte... Peut-être chaque survenant en jetait-il plusieurs, car il est des places où l'encombrement des silex indiquerait une foule bien considérable. Il est donc vraisemblable que chaque guerrier, chaque survenant ou chaque dévôt y taillait lui-même la pierre qu'il jetait ou déposait dans le champ consacré [2]. »

« Il est des terrains, ceux que j'ai nommés celtiques, où j'en ai vu retirer par brouettées pour ferrer la route voisine... J'ai expliqué ceci par le passage d'une armée dont chaque guerrier se serait cru obligé de jeter une de ces pierres plus ou moins travaillées sur la sépulture d'un chef [3]. »

Cet usage funéraire se perpétua. En Grèce et à Rome on avait soin, en passant, de jeter sur les sépultures qu'on rencontrait une pierre ou une poignée de poussière. Sophocle et Sénèque, par-

---

[1] Mot impropre ici, employé pour *souvenir*.
[2] Voir BOUCHER DE PERTHES, *Antiquités celtiques et antédiluviennes*, tome II, p. 428 et 429.
[3] Ibid., tome II, p. 29.

A Rome aussi les cérémonies funèbres étaient suivies de la *purification de la famille*, par des fumigations de soufre et divers moyens ordonnés par les rites mortuaires.

PRATIQUES CONSÉCUTIVES AUX OBSÈQUES.

Incinération de la paillasse du défunt. — L'antiquité entassait dans les tombes et sur le bûcher une grande quantité d'objets que l'on voulait, par ce moyen, envoyer en l'autre monde pour la plus grande utilité du défunt. C'était en effet la preuve la plus complète de la croyance en une autre vie. Les auteurs latins parlent de mobiliers entiers d'une richesse inouïe jetés ainsi au bûcher, dans la tombe et même sur la voie publique, en l'honneur de morts de distinction.

Ce bûcher, cette combustion, cette crémation ont laissé dans nos mœurs une trace remarquable, malgré l'influence de la religion chrétienne. Brûler les corps n'est plus dans nos usages et, quoi qu'on fasse, on ne pourra nous ramener à ce procédé; mais dans un grand nombre de localités de la Belgique, pendant la messe d'enterrement, autant que possible, on brûle plus ou moins solennellement à défaut du mort, ce qui n'entre plus dans nos mœurs, la paillasse qui lui a servi, mais la paillasse seule et non le matelas, bien que ce fût celui-ci qui eût été en contact avec le corps. Si le lit mortuaire n'avait pas de paillasse, on en brûle une quand même. Les amis s'informent du lieu de cette opération pour y dire une prière en faveur du défunt, chaque fois qu'ils passeront à proximité de cet endroit. Le plus souvent on choisit un croisement de chemin ou un carrefour, lieux dédiés de temps immémorial à la sorcellerie. Ne pourrait-on attribuer à ces pratiques l'intention superstitieuse d'en préserver les morts? La paillasse est du reste certainement un symbole. C'était la couchette primitive de l'homme, et ce souvenir, appliqué au rite mortuaire, est analogue au dépôt d'un silex dans le cercueil des Lapons en souvenir des instruments de pierre primitifs [1].

Ailleurs, ce flambage de la paillasse a revêtu une autre forme, qui rappelle d'une manière plus directe le bûcher funéraire antique. Dans la Flandre occidentale, spécialement du côté d'Ypres et de Poperinghe, on a l'habitude, nous écrit M. Varenbergh, d'entasser des bottes de paille devant la maison mortuaire, et comme le bûcher antique le tas est d'autant plus grand que le défunt est plus riche : c'est parfois presqu'une meule. Dans plusieurs localités cette paille est brûlée, mais en général on la distribue aux pauvres. Il semble donc que cet usage dérive des mêmes idées que l'emploi de la paille sous les pieds du cortége funèbre.

Le repas mortuaire. — Chaque peuple ancien eut ses repas d'adieu qui précédaient ou suivaient les funérailles. Dès l'âge de la pierre, on constate

---

[1] Voir DELACROIX. *Dictionnaire des cultes*, tome II, p. 188.

la pratique de ce repas sur la pierre devant la grotte mortuaire.

Les Romains avaient leurs *silicernia* ou festins des mânes. Ces repas étaient doubles : celui des vivants et celui des morts. On respectait celui-ci, on le plaçait sur un plat ou *patelle* que l'on déposait sur la pierre même du monument sépulcral; mais après la cérémonie, cette nourriture devenait la part des pauvres et des vieillards.

Malgré la défense des *Capitulaires de Charlemagne* [1], malgré les peines fulminées par les Conciles, ces repas sur la tombe des défunts et dans lesquels on leur réservait une part, étaient encore ên usage à l'époque carlovingienne, où ils portaient le nom de *dadsisas* [2]. Les siècles ni la religion n'ont pu faire disparaître cet usage et chacun sait qu'aujourd'hui les obsèques sont généralement suivies dans nos contrées du repas funéraire, offert dans la maison du mort, aux parents et aux amis qui l'ont conduit à sa dernière demeure. On distribue, en outre, aux pauvres, pour la part du défunt, des pains et d'autres aliments. Dans certaines familles, on réserve même parfois, à la table du festin, la place et le couvert de celui qui n'est plus.

L'usage était encore naguère, dans ces dîners, de prélever de chaque met la portion du mort et d'en faire don aux pauvres. C'est vraiment les

---

[1] V. *Cap. VI, 197 in* HEINECCIUS. *Corpus juris Germanorum,* p. 1551.

[2] Voir les *Rubriques du concile des Estinnes (Leptinæ)*, dans SCHAYES, *La Belgique,* etc.

Ferales romaines. C'était aussi la part du festin mise dans les tombes belgo-romaines et dont nous retrouvons les indices dans nos fouilles de cimetières.

Ces repas funèbres se renouvelaient à des époques périodiques, chez les Romains neuf jours, chez les Germains trois jours, huit jours, ou trente jours après les obsèques, sans préjudice des offrandes réitérées de mets déposés sur les tombeaux. Chaque année ce festin était renouvelé le 22 février. On y joignait certaines cérémonies auprès de la tombe. « Désespérant de supprimer ces coutumes, dit Schayes, Charlemagne ordonna de les consacrer en y joignant des prières et des messes. » De là, nos messes de services, de huitaines, de trentaines, de quarantaines, etc., et surtout nos messes d'années, souvent accompagnées de repas, au moins dans le pays wallon.

Danses mortuaires. — Les funérailles étaient, dans l'antiquité, souvent accompagnées de jeux, de combats et de danses en l'honneur du mort.

Voici un fait remarquable dont je dois la connaissance à notre collègue le docteur Miot. Dans le pays de Beaumont et Chimai, coin de terre rempli de souvenirs romains, s'il en est, et notamment au village de Froid-Chapelle, où ne manquent pas les mêmes souvenirs, le repas funéraire est accompagné de danses en face de la maison mortuaire.

Dans d'autres parties du Hainaut, comme dans le pays de Beaumont, aux environs de Binche, à

Vellereille-le-Brayeux, dans le pays de Tournai, à Stambruges, quand il s'agit de l'enterrement d'un jeune homme ou d'une jeune fille, les jeunes gens portent le corps, les jeunes filles tiennent les coins du drap mortuaire. Après la cérémonie, tous vont dîner ensemble et le soir on se réunit pour danser sur la place publique ou dans une salle, selon la saison et le temps. A Charleroi, l'argent donné aux porteurs par la famille du mort faisait les frais de la fête.

Voilà, sans doute, une réminiscence des danses et des jeux que les Romains de l'antiquité exécutaient en face de la tombe des défunts, jeux qui furent proscrits par le christianisme et qui cependant, comme bien des usages, laissèrent des traces ineffaçables dans diverses parties du pays.

———

Monuments et souvenirs tumulaires le long des chemins. — Tout ce qui précède se rapporte aux cérémonies mortuaires proprement dites. Quant à la tombe elle-même et au lieu d'inhumation, j'ai rencontré dernièrement dans le pays de Tournay une habitude fort intéressante au point de vue archéologique.

On sait qu'à l'époque où la loi était complétement désintéressée des cérémonies funèbres, et ne s'occupait pas du lieu du repos mortuaire, les Romains, libres de déposer leurs urnes où ils le voulaient, avaient pris l'habitude de border les routes de leurs tombes, pour appeler sur les morts le souvenir des passants ; ces lieux devenaient dès lors sacrés et étaient mis hors du commerce par la loi. Diverses voies de Rome en font foi. Témoins la *Voie Appienne*, le *Chemin des Latins*, celui de *Tivoli*, etc. Toutefois la loi des Douze-Tables défendait de mettre ces tombeaux dans l'intérieur des villes. Dans la Gaule même, où l'on finit par avoir des cimetières communs, l'usage de placer les tombes isolées le long des chemins subsista pour l'aristocratie. Aujourd'hui encore en Belgique, quand on rencontre une sépulture romaine seule, elle se trouve le long d'une route antique.

On y lisait souvent les mots : « Aspice, viator, » ou « cerne, viator. »

C'était un avertissement à celui qui passait et un appel à sa piété au culte des mânes. Les Romains pratiquaient sincèrement le souvenir des morts et le respect des tombeaux. Les sépultures étaient chez eux l'objet de soins assidus et attentifs et d'un entretien pieux. On les ornait, comme chez nous, de fleurs, de verdure, d'ornements et l'on y allait pleurer et prier.

De longs siècles plus tard, quand les lois et la religion vinrent régulariser les inhumations au nom de l'hygiène, force fut de réunir tous les morts dans des champs ou des monuments communs, destinés à la sépulture. Mais la loi n'interdit pas de placer le long des chemins un souvenir commémoratif de chaque mort, en vue d'appeler l'attention des passants, et cette habitude se continue aujourd'hui encore dans l'arrondissement de Tournai. Je l'ai constatée en parcourant les communes suivantes : Deux-Acren, Ghoy, Ever-

becq, Flobecq, Wodecq, Wannebecq, La Hamaïde,
Audenghien, Buissenal, Frasnes, Ellignies-lez-
Frasnes, Anvaing, Saint-Sauveur, Watripont,
Russeignies, Renaix (en Flandre), Rebaix, Ostiche,
Papignies, Isières, Bouvignies, Mainvault, Ol-
lignies; c'est-à-dire tout le pays compris entre
Russeignies, Watripont, Anvaing, Ellignies,
Frasnes, Buissenal, Mainvault, Bouvignies, Re-
baix, Isières, Ollignies, Deux-Acren, Everbecq et
Renaix. Je ne doute pas que l'usage dont je vais
parler ne s'étende encore dans la partie sud de la
Flandre orientale, si riche aussi en souvenirs
romains, mais je n'ai pas eu occasion de vérifier
cette induction au-delà de Renaix.

Dans cette contrée j'ai trouvé partout, le long
des chemins, les souvenirs mortuaires sous forme
de petites croix noires avec épitaphes blanches,
attachées aux murs, aux arbres, mais surtout réunies en grand nombre sur les murailles des chapelles qui bordent les routes, à chaque carrefour
et à chaque agglomération de maisons. « C'est un
souvenir que nous donnons à nos morts, me disait
une bonne vieille à la tête branlante, et il est
consolant de penser que même loin du cimetière
où notre corps sera déposé, les voyageurs nous
donneront une prière et, sur le chemin, feront le
signe de la croix en passant et récitant à notre
intention un pieux *requiem* sur l'endroit même où
notre paillasse a été brûlée. » Nous devons ajouter, d'après ce qu'on nous a dit à Deux-Acren,
que ces croix se placent précisément près de
l'endroit affecté par l'autorité au flambage des

paillasses dans chaque hameau ou groupe d'habitations. L'autorité locale de certains villages affecte en effet, pour l'ustion des paillasses, des endroits spéciaux.

Cette coutume s'est perpétuée aussi dans le Brabant. Voici à ce propos ce que m'écrivait M. Van Dessel, qui habite les environs de Vilvorde : « En réponse à votre P. S., je m'empresse de vous faire savoir qu'en Brabant (du moins dans nos environs), nous trouvons le long des chemins, surtout aux croisements, de petites croix en bois. Ces croix sont placées là par les parents ou amis des défunts. On en trouve parfois une dizaine ensemble. Elles se placent d'habitude à l'endroit où l'on a brûlé la paille du lit du mort. »

C'est aussi au lieu d'ustion de la paillasse que des souvenirs analogues se mettent dans une partie de la province de Namur, notamment dans tout le canton de Fosses. Mais là les croix sont simplement en torchettes de paille attachées à un bâton fiché en terre. Il s'ensuit que ce souvenir économique est fort éphémère. Cet usage s'étend encore dans le Brabant wallon vers Sart-Dames-Avelines, etc., où le lieu d'ustion de la paillasse se marque par une croix de paille attachée à un arbre.

Dans la Flandre-Orientale, surtout au nord de Gand, nous dit l'honorable M. Varenbergh, on met devant la maison mortuaire, au bord de la rue, deux faisceaux de paille en croix, retenus au milieu par une grosse pierre. Quand le défunt était un célibataire, la grosse pierre est entourée de fleurs. Cet avertissement pour ceux qui passent tient lieu du tas do paille élevé contre la maison mortuaire. Dans certaines villes le progrès a changé cette croix, trop simple et trop primitive, en une grande croix de bois noir, garnie d'argent, appartenant généralement à l'église, et dressée contre le mur de la maison [1].

Nous avons vu plusieurs fois cette croix accompagner les draperies dont était garnie, comme chez les Romains, la porte de la maison mortuaire, et le tout faisait partie de l'entreprise des pompes funèbres.

Dans d'autres contrées, l'usage des croix le long des chemins est bien moins fréquent; il est pratiqué seulement pour marquer le lieu d'une *mort accidentelle*. Hors ce cas encore, quand il s'agit de certaines personnes aisées et pieuses, la modeste croix de bois est transformée en une chapelle commémorative, dédiée à la vierge.

Cette manière de se souvenir des morts est certes un usage touchant et foncièrement religieux, mais il est remarquable que l'idée première en ait été puisée dans l'antiquité et que ce soit un reste du paganisme.

———

Le deuil. — Je ne dirai rien du deuil : tous les peuples l'ont porté plus ou moins longtemps pour leurs morts, chacun selon ses mœurs ; l'un en se rasant, l'autre en laissant croître sa barbe et affec-

———

[1] En France, à Douai et aux environs, cette croix, dressée contre la muraille, est simplement une croix en paille.

tant de négliger tout soin de propreté; les uns en se couvrant d'habits blancs, bleus foncés, rouges, bruns-roux ou noirs, etc. Le voile surtout joua à cet égard un grand rôle dès l'antiquité.

CULTE DES MORTS ET DES MANES.

Offrandes aux mânes. — Le principe d'une autre vie a créé, partout où il exista, un culte des morts et des âmes. Ce culte, compliqué et différent chez les peuples Celtique, Gaulois, Germain, Franc ou Romain, laissa en Belgique des pratiques de diverse origine et de diverse nature.

Dans beaucoup de localités et jusqu'à ces dernières années à Beaumont, entre autres, un certain nombre de pauvres portaient aux convois funèbres de grands flambeaux qui restaient leur propriété après la cérémonie. Ils avaient en outre droit à recevoir un certain nombre de pains à la maison mortuaire. Nous avons vu que cette distribution de vivres et surtout de pains aux pauvres dans la maison du défunt, est encore à peu près générale en Belgique. Ces pains remplacent les provisions que l'antiquité offrait sur la tombe des morts pour les aider à entreprendre le long voyage. A Rome aussi les pauvres et les vieillards avaient leur part dans ces repas.

Aurélius, évêque de Carthage, en proscrivant les repas funèbres, avait ordonné que l'argent destiné à ces repas, serait donné aux pauvres.

Du reste, le culte catholique a encore conservé lui-même une réminiscence de ces offrandes aux mânes des défunts. L'Offrande de l'Office des morts en est encore un reste. Je rappellerai d'ailleurs que l'on conserva longtemps l'habitude de mettre pour les pauvres le pain et le vin sur les tombes. Cet usage continue à se pratiquer dans diverses localités de France.

Aux environs de Stavelot on dépose encore, pendant la nuit de Noël, des aliments sur les tombes des cimetières. Il est vrai que les Ardennes furent la partie de Belgique la plus complétement *romanisée* et celle qui conserve le plus de souvenirs de cette époque. Nous en avons vu un exemple bien plus remarquable encore en nous occupant du denier à Caron.

Ce qui précède constitue véritablement les offrandes de mets aux mânes des défunts faites sur les tombeaux et les bûchers dans l'antiquité romaine.

Mais il y a plus fort que cela; à Erpion et autres localités du pays de Beaumont; dans une partie de l'Entre-Sambre et Meuse, à Orez, Ansinelle, et dans les environs; à Loverval et dans les villages voisins, l'offrande de nourritures diverses aux mânes est continuée jusques dans les temples catholiques. Le jour de la fête des morts, et même le dimanche qui précède et celui qui suit, les fidèles apportent sur l'autel des aliments, comme pain, fruits, légumes, choux, carottes, etc., qui au sortir de la messe sont vendus en public en face de l'église, par les soins du clergé. Les fidèles s'empressent de pousser bien haut les enchères, dont le produit est affecté à dire des messes pour le repos des âmes des trépassés. Ce qui n'est pas vendu devient la part des indigents.

Dans certaines paroisses des environs de Gand et de Bruxelles, ces offrandes se font de la même manière, mais abstraction faite de toute idée de mort, et uniquement au profit des pauvres dans le Brabant, et de l'église dans la Flandre.

A Sart-Dame-Avelines, Villers-Perwin et communes voisines, à Marchovelette et autres localités, enfin dans toute une grande circonscription renfermant le sud du Brabant, le nord-est de la province de Namur, et le nord-ouest du Hainaut, c'est le lundi de la fête, dite *ducasse* (*dédicace*), que l'on offre à l'église, à l'intention des morts, des *tartes* et autres nourritures. Tout se passe de la même manière que plus haut. Il y a quelques années, ce même usage existait encore à Froid-Chapelle et dans les environs.

N'est-ce pas ainsi que se faisaient les offrandes mortuaires antiques? Seulement la nécessité de donner une autre signification à des usages indestructibles les a modifiés et en quelque sorte *christianisés*.

———

Le voyage des âmes. —— Nous venons de signaler l'habitude en certains villages de consacrer aux offrandes mortuaires un jour de la *ducasse*. Nous devons faire observer ici qu'à ces offrandes mortuaires du lundi de la fête se joint une autre habitude fort remarquable. Dans les localités citées, ce lundi est nommé jour des *pèlerins* ou des *voyageurs,* et les jeunes gens du village y organisent de longues caravanes de voyageurs, affublés d'une manière plus ou moins grotesque, pour parcourir le village. Ces promenades sont encore usitées dans tout le *Borinage*.

Nous relions entre eux ces offrandes de vivres aux morts et ces similacres de voyage, et nous y voyons une réminiscence d'un ancien usage de la Gaule. Les Gaulois, comme les Grecs[1] et les Romains[2], avaient chaque année de grandes fêtes consacrées solennellement aux morts, et qui correspondaient parfaitement à notre jour des morts ou des âmes.

Les druides avaient concentré tout ce qui se rapportait aux défunts dans la nuit du 1er au 2 novembre[3]. Durant cette nuit mystérieuse, disait-on, les âmes des hommes morts pendant l'année se rassemblaient en face de l'île de *Sain*, dans la *Baie du cap Plogoff*, en Bretagne. C'est de ce lieu, nommé aussi *Baie des âmes*, qu'elles partaient pour les Iles Britanniques[4]. Ce voyage d'outre-mer fait par les âmes, selon le culte druidique, met sur la trace de l'origine des idées magiques de l'antre d'Irlande, connu sous le nom de *Purgatoire Saint-Patrick*[5].

Le peuple préparait des gâteaux pour approvisionner les morts pendant leur traversée.

[1] Pendant le mois *Anthesterion* (mai-avril).
[2] Milieu de février.
[3] HENRI MARTIN, *Histoire de France*, tome I.
[4] PICTET, *Mystères des bardes*, cité par PANCHAUD. *Druidism*, p. 89. — Voir aussi PROCOPIUS, *De bello gothico*.
[5] Note due à notre savant collègue, Mr C. Van der Elst.

Ne retrouve-t-on pas là l'origine de l'usage wallon de faire la veille de la *fête des morts,* 1er novembre, jour de la Toussaint, pendant les vêpres, des *crêpes* ou pains frits à la poële, que l'on nomme vulgairement *votes* [1], *ratons* ou *couques-es-bac.* Les Flamands ont leur préparation dite *koekenbakken* pour faire leur *pannekoeken.* C'est le *gâteau des morts.*

· A Dixmude et environs on fait aussi le *gâteau des morts (zieltjeskoeken).* Il faut, dit le peuple, marmotter un *Pater* en les mangeant, pour tirer une âme du purgatoire [2].

Les aliments pour les morts préparés en *Lithuanie* se nomment *Chautras,* c'est-à-dire *offrande aux morts.* Il paraît que l'Angleterre leur offrait anciennement des gâteaux d'avoine. On met d'ordinaire de l'*épeautre* et de la *bouquette* dans nos *votes* wallonnes et nos *pannekoeken* flamandes [3].

[1] Pain votif???

[2] Voir BUDDINGH, *Feesten en feestyeren,* p. 131.

[3] La *mater noctium* ou réveillon (nuit du 24 au 25 décembre), donnait lieu à de somptueux festins chez les Scandinaves et les autres peuples payens du Nord. On y cuisait des *julkakr (wielkoeken),* gâteaux ronds en forme de roue avec rayons. Cette forme primitive fut nommée par les Latins *gâteaux du diable (duvekakr),* mot dont on a fait un petit juron. Les *julkakr* sont devenus aujourd'hui un gâteau portant une empreinte de l'enfant Jésus : c'est le *printjekoek* des Flamands, *cougnouc* ou *cougnol* des Wallons, et les *simulacra de farina conpersa* du synode de Estinnes, si l'on en croit Schayes.

Le 28 décembre on donne aux enfants de petits *coqs-en-pâte,* percés par une baguette et ornés de deux petites plumes. Un mannequin portant lui-même une plume est parfois enfourché sur ce coq. On le nomme en Flandre *Heintjepek* ou *diablotin,* dénomination qui trahit une origine payenne. Ce diablotin pourrait bien rappeler l'*Ase Freyr,* dont on célébrait la fête à cette époque de l'année.

Les *strennæ* (étrennes) du 1er janvier chez les Romains sont éga-

Les habitants de beaucoup de localités portent des pains et des vivres à bénir à la messe matinale du 3 novembre pour en faire usage. On attribue à ce pain bénit la propriété de se conserver indéfiniment sans altération. Dans certaines communes, cette bénédiction de pains se rapporte à St Hubert et se fait en vue de préserver de la rage ceux qui en mangent.

A Rome, les fêtes des morts étaient les *Férales* [1], qui se célébraient vers le 18 Février. Voici ce qu'en dit Ovide. On verra quelle res-

lement des gâteaux. Ce sont nos *galettes* et nos *pains d'épices*.

Enfin, la *Saint-Valentin* en Angleterre, *Dimanche des brandons* en France, *Dimanche du grand feu* en Belgique, donne aussi lieu à la cuisson de gâteaux. Ce sont en Flandre les *krakelingen* en pâte soufflée et tournée en lacs d'amour. Les Wallons les remplacent par les *gauffres*. Quant au *grand feu* lui-même, divertissement du carnaval, on aime encore à l'exécuter dans certains villages des Ardennes et du pays de Beaumont. A Froidchapelle, à Solre-Saint-Gery, etc., les jeunes gens vont avec un chariot chercher des fagots de porte en porte et les conduisent au centre du village et l'on rançonne les passants pour payer la musique de la fête. Le soir les filles sont attelées au chariot de combustibles qu'elles mènent au sommet de la montagne (le *Crochet* à Froidchapelle). Alors commencent des jeux dont les gens mariés sont bannis, et les jeunes filles sont forcées de faire ce qu'on nomme à Froidchapelle les *Sept sauts*. Quand la fournaise est allumée, ce sont des danses et des rondes échevelées et immorales entre garçons et filles, et celles-ci, moitié de gré, moitié de force, sont à tour de rôle conduites auprès de la flamme, où les jeunes gens les tournent et les retournent sous prétexte de les réchauffer, après leur avoir relevé les jupons par dessus la tête.

A Charleroi on brûlait dans ce feu le *Marloja* *, mannequin compagnon du *Mardi-Gras*, autre mannequin qu'on jetait dans la Sambre, après une promenade bruyante dans les rues de la ville, pendant laquelle on les portait sur des civières.

* Nom d'un ancien ivrogne émérite de Charleroi.

[1] De *Ferre dona* porter les offrandes.

semblance il y a entre ces fêtes et nos superstitions wallonnes.

« Est honor et tumulis : animas placate paternas;

. . . .

Parva petunt Manes : . . . .

. . . .

In... mero mollita Ceres, violæque solutæ.
Hæc habeat mediâ testa relicta viâ.
Nec majora veto : sed et his placabilis umbra est :
Adde preces positis et sua verba focis.

. . . .

Nunc anima tenues, et corpora functa sepulcris
Errant; nunc posito pascitur umbra cibo [1]. »

Fast. II.

Nos populations wallonnes ajoutent encore foi à cette promenade des mânes. C'est une croyance fort repandue que le jour des morts, les âmes du purgatoire voyagent sur la surface de la terre pour réclamer des prières ou pour se plaindre de l'oubli où on les a laissées à ce point de vue et même pour reprocher cet oubli à leurs parents. C'est un souvenir des âmes errantes sur les bords du Styx.

Il est remarquable qu'Ovide aussi parle de ces

---

[1] Il est aussi un culte pour la tombe, sachez être agréables aux âmes de vos pères.... Les mânes ne sont pas exigeantes.... Un pain ramolli dans du vin, des violettes éparses dans un vase de terre abandonné au milieu du chemin! On peut faire plus; mais ça suffit pour apaiser les ombres. Ajoutez-y les prières et les paroles convenables devant les brasiers qui leur sont consacrés.... C'est pendant ces jours que les âmes légères et les ombres des défunts vont errer loin de leurs tombeaux et se nourrir des mets qui leur sont offerts.

réclamations, de cette espèce de vengeance des mânes oubliées par leur descendance :

« At quondam, dum longa gerunt pugnacibus armis
    Bella, parentales deseruere dies.
Non impune fuit. . . . .
. . . .
Vix equidem credo : bustis exisse feruntur,
    Et tacitæ questi tempore noctis avi
Perque vias urbis, Latiosque ululasse per agros
    Deformes animas, vulgus inane, ferunt [1]. »

Ibidem.

D. A. VAN BASTELAER.

---

[1] « A une époque de guerres longues et sanglantes, on perdit de vue ces fêtes des mânes paternels, mais ce ne fut point impunément. . . . . On dit, prodige incroyable, que les ombres de nos ancêtres sortirent de leurs tombeaux et firent entendre de lamentables plaintes dans le silence de la nuit. On dit que la troupe lugubre de ces effrayants fantômes fit retentir de ses hurlements les rues de Rome et les campagnes du Latium. »

ÉTUDES

LA FLANDRE IMPÉRIALE.

PREMIÈRE ÉTUDE.

I.

La puissance politique des comtes de Flandre, fondée par le marquis Baudouin Bras de Fer, étendue par ses successeurs, grâce au développement rapide du système féodal, acquit son plein épanouissement au XIe siècle.

Avant cette époque, les domaines de nos comtes ne dépassaient pas les bornes de la France, telles que le traité de Verdun les avait fixées, en assignant au royaume de Charles le Chauve l'Escaut comme limite orientale. Baudouin le Barbu, non content du patrimoine que lui avaient légué ses ancêtres, jeta un regard de convoitise sur les terres voisines de l'empire d'Allemagne, et résolut de pratiquer à leur égard ce qu'en langage moderne on est convenu d'appeler une annexion.

L'histoire de cette entreprise mérite d'être racontée. Elle n'est pas dépourvue d'intérêt et servira à mieux faire comprendre les dissertations dans lesquelles nous allons devoir nous engager tout-à-l'heure.

Le duc de la Basse-Lotharingie, Othon, étant venu à mourir sans laisser d'héritiers directs, sa succession fut revendiquée par son beau-frère Lambert, comte de Louvain, et son neveu Robert II, comte de Namur; mais l'empereur Henri II en disposa en faveur de Godefroid, comte d'Ardenne, fils de Godefroid le Captif et frère d'Herman, comte d'Eenhame.

Furieux de ce qu'il considérait comme une spoliation intolérable, Lambert courut aux armes et entraîna à sa suite Baudouin IV, dit à la belle Barbe, comte de Flandre. Ce dernier ne tarda pas à entrer en campagne et à s'emparer de Valenciennes, d'où il chassa le comte Arnoul, qui tenait cette ville en fief de l'empire.

En vain l'empereur somma-t-il notre comte de comparaître en sa cour pour répondre de ses actes de violence; Baudouin refusa sous prétexte qu'il n'était pas.vassal de l'empereur, mais bien du roi de France. Cette conduite exaspéra le monarque allemand, qui jura de tirer une vengeance éclatante du téméraire assez présomptueux pour le braver ainsi ouvertement. Il réunit donc une armée nombreuse, à laquelle se joignirent les forces du roi de France et du duc de Normandie, et vint mettre le siége devant Valenciennes [1]. Dans

---

[1] BALDÉRIC, *Chron. d'Arras et de Cambrai*, édit. de A. LE GLAY, p. 56 et 189.

la place se trouvait Baudouin, qui se défendit
comme un lion, et fit tant et si bien qu'il força
les princes alliés à se retirer sans coup férir [1].

L'échec humiliant infligé aux armes impériales
ne contribua pas peu à aggraver la situation ; les

[1] Ib. — *Annales elnonenses majores,* apud PERTZ, t. V, p. 12. —
SIGEBERT, apud PERTZ, t. VI, p. 354. — Des écrivains modernes,
KERVYN DE LETTENHOVE, *Hist. de Flandre,* t. I, p. 232; VAN DER
ELST, *Annales de l'Académie d'archéologie de Belgique,* 2e série,
t. VII, p. 202; E. VARENBERGH, *La Flandre et l'empire d'Allemagne,*
dans les mêmes *Annales,* 2e série, t. IX, p. 680, répudiant la version généralement admise, ont soutenu avec l'annaliste MEYER que
le roi de France et le duc de Normandie, loin de venir en aide à
l'empereur, étaient au contraire accourus au secours du comte Baudouin, et que c'est grâce à leur intervention efficace que celui-ci a
pu se maintenir dans Valenciennes. Ils interprètent le passage de
SIGEBERT : « Quod castrum Valentianas, situm in marcha Franciae
et Lotharingiae, Balduinus comes Flandrensium invaserat, imperator Henricus obsidet, concurrentibus ad auxilium ejus Roberto,
rege Francorum, et Richardo, comite Nortmannorum, » dans ce
sens que le mot *ejus* se rapporterait ici à Balduinus et non pas à
Henricus. Ce raisonnement aurait quelque poids si un témoignage
plus décisif encore que celui de Sigebert, dont on essaie en vain de
dénaturer le texte, ne venait corroborer l'opinion vulgaire. BALDE-
RIC, chantre de Térouane, écrivain du XIe siècle, et qui a fourni à
Sigebert la plupart des renseignements relatifs à cette époque,
assure de la manière la plus formelle que Baudouin fut assiégé dans
Valenciennes par l'Empereur d'Allemagne, Robert, roi de France,
et Richard, duc de Normandie : « Rex [Henricus] itaque, paucis
post diebus, multitudine suorum principum fultus, immo etiam cum
Rotberto, rege Karlensium, sed et pariter cum Richardo, duce Ro-
tomagensium, idem castellum [Valentianense] cum indignatione
aggressus, super Balduinum irruit, sed. . . . frustrata spe, nihil
proficiens in sua remeavit. » (BALDERIC, p. 189). Il peut paraître
prodigieux qu'un simple comte de Flandre osât tenir tête à deux
grands monarques et à un prince coalisés, mais l'histoire de ce temps
n'est-elle pas remplie de faits analogues ? L'autorité de MEYER, très-
respectable sans doute, ne saurait prévaloir contre celle des auteurs
anciens, c'est pourquoi on nous permettra d'accorder la préférence
aux récits de ces derniers.

excitations d'Erluin, évêque de Cambrai, ennemi
personnel de Baudouin, et que celui-ci avait menacé
de son courroux pour avoir provoqué la première
invasion, achevèrent de l'envenimer. En 1007,
Henri reparut en Flandre, ravagea le pays d'une
manière cruelle, brûlant et saccageant tout sur
son passage, et emmenant les principaux habitants prisonniers ; il pénétra jusque dans la ville
de Gand, où il déploya une grande rigueur [1]. Baudouin, effrayé des suites de son obstination, songea
enfin à se soumettre. Il offrit des ôtages et rendit
Valenciennes. Cependant, peu de temps après,
s'étant trouvé dans le cas de pouvoir rendre un
signalé service à l'empereur, en l'aidant à étouffer
une rébellion de puissants vassaux, il en reçut
l'investiture de ladite ville [2], qui devint ainsi le
premier domaine que les comtes de Flandre obtinrent en fief des empereurs d'Allemagne. C'est
en effet de cette époque que datent les relations
de la Flandre avec l'empire sous le rapport féodal.
Vers 1011, Baudouin reçut aussi en fief les îles

---

[1] « Henricus imperator, qui de obsidione Valentianensi inefficax
redierat, contra Balduinum profectus, castrum Gandavum invadit,
et depopulata terra, aliquot Flandrensium primores capit. » SIGE-
BERT, apud PERTZ, t. VI, p. 354. — « Ubi sane tam diu demoratus
est, donec videlicet rex, coacto multo milite, castrum Gandavum,
ad devastandam terram invadit. » BALDERIC, p. 190. — « Hoc anno
(1007) facta incursio hostilis exercitus Henrici regis in Gandavo,
14° kal. septemb. » VAN DE PUTTE, Annales Sancti-Petri Blandiniensis, p. 9 et p. 174. — ANNALISTA SAXO, ad annum 1007, p. 405.
— IPERIUS, Chronicon Sancti-Bertini, apud MARTÈNE, Thesaurus
anecdotorum, t. III, p. 570.
[2] SIGEBERT, apud PERTZ, t. VI, p. 354. — BALDERIC, p. 190. —
IPERIUS, apud MARTÈNE, t. III, p. 570.

.le la Zélande [1]. Nous verrons tout-à-l'heure ce qu'il faut entendre par cette expression.

Il est assez étrange de voir en 1020 l'empereur faire une seconde expédition hostile contre la ville de Gand [2]. Une pareille démonstration ne s'explique que par les menées de notre comte, à qui la réussite de ses précédentes entreprises avait sans doute inspiré la soif des conquêtes.

La fortune croissante d'un voisin non moins ambitieux que lui commençait d'ailleurs à porter

[1] « Tandem Balduinus magna necessitate coactus humili supplicatione veniam impetrat, et non longe post per manus Regis miles effectus Walckorn et Valencinam praenominatam urbem in beneficium adipiscitur. » DITMARUS MERSBURGENSIS, apud LEIBNITZ, *Scriptores rerum Brunsvicarum*, t. I, p. 383. — « Postea imperator seditione suorum coactus, Valentianas Balduino beneficiavit, ut sibi contra motus suorum auxilio esset. Postea ei etiam Walachras addidit. » SIGEBERTUS, ad annum 1007, apud PERTZ, t. VI, p. 354. — KLUIT, t. I, pars II, p. 186, assigne à l'inféodation de l'île de Walcheren la date de 1018, mais cet événement doit être antérieur de plusieurs années. En effet, BALDERIC, qui raconte avec force détails les faits et gestes de l'évêque Gérard II, assure que lorsque celui-ci eut été promu au siége de Cambrai et d'Arras, en remplacement d'Erluin, il se rendit à Nimègue, pour y être ordonné prêtre en présence de l'empereur, emmenant avec lui, entre autres, le comte Baudouin, qui reçut à cette occasion de Henri II l'investiture de l'île de Walcheren (BALDERIC, p. 245). Gérard revint ensuite à Cambrai, mais quelque temps après, il alla rejoindre l'empereur, qui l'engagea à profiter de la réunion des prélats qui devait avoir lieu à Bamberg, à l'occasion de la dédicace de la cathédrale de cette ville, mais Gérard préféra se faire sacrer à Reims. Nous le voyons ensuite assister au siége de Metz, à la bataille de Hoegaerden (1013), au synode de Conflans; rétablir la paix entre Lambert de Louvain et le duc Godefroid II (1015), etc. En combinant ces divers faits, on voit que l'investiture de la Zélande doit être fixée en 1011 ou 1012.

[2] « Anno 1020. Secunda incursio hostilis exercitus regis Henrici in Gandavo, nonis augusti. » VAN DE PUTTE, *Annales*, p. 9 et p. 175. — *Corpus chronicorum Flandriae*, t. I, p. 446 et 542. — THIELRODE, édit. VAN LOKEREN, p. 206.

ombrage à Baudouin. Regnier V, comte de Hainaut, dont le père était parvenu à récupérer le Hainaut sur Godefroid le Captif, était devenu, par suite de son mariage avec la petite-fille de Godefroid et l'entrée de son beau-père Herman dans l'abbaye de Verdun, maître de l'ancien comté de Boussu, mieux connu sous le nom de comté d'Eenhame ou pays d'Alost, c'est-à-dire de tout le territoire compris entre l'Escaut et la Dendre. Cet accroissement considérable des possessions du prince hennuyer n'était pas sans danger pour la Flandre, qu'il menaçait d'étouffer de ce côté. Baudouin y vit dans tous les cas une entrave mise à ses rêves politiques. Il n'hésita pas à se jeter sur le Brabant, s'empara de la place forte d'Eenhame et la livra aux flammes [1].

Encouragé par ces succès et prêtant l'oreille aux suggestions du duc de la Basse-Lotharingie, Baudouin de Lille, fils et successeur de Baudouin le Barbu, conçut le projet hardi de réunir tout le Hainaut à la Flandre. De son château d'Audenarde, récemment érigé, il lança ses troupes sur l'empire et eut bientôt en sa possession tout le pays d'Eenhame jusqu'à la Dendre [2]. Ces dissensions durèrent, avec des chances diverses, jusqu'en 1049.

---

[1] SIGEBERTI *Auctarium Affligemense,* apud PERTZ, t. VI, p. 899. — *Chronicon Aquicinctinum,* apud DOM BOUQUET, t. XI, p. 364. — MEYER, ad annum 1034. — *Corpus chronicorum Flandriae,* t. I, p. 546.

[2] « Anno 1046, instinctu Godefridi comes Flandrensium Balduinus contra imperatorem rebellat. » SIGEBERT, apud PERTZ, t. VI, p. 358. — « Apud Aldenardam castellum constituit per quod everso per Eham castello, Bracbantum usque fluvium Teneram de regno

Les historiens du Hainaut racontent que vers ce temps les comtes de Flandre et de Hainaut jetèrent les bases d'un arrangement, qui fut confirmé en 1048 par Wazon, évêque de Liége, et aux termes duquel Baudouin reçut en partage la partie flamande du Hainaut, tandis que la partie wallonne et le comté de Valenciennes furent adjugés à Herman de Saxe, époux de la fameuse Richilde de Hainaut [1].

Baudouin se réconcilia peu après avec l'empereur. Il alla le trouver à Aix-la-Chapelle et en obtint la confirmation de ses conquêtes en Zélande et en Brabant, à charge, pour lui et ses successeurs, de les tenir en fief de l'empire (1049) [2].

La guerre ne tarda pas à se rallumer. Herman, comte de Hainaut, étant passé de vie à trépas, Baudouin pénétra dans ce pays et força la comtesse Richilde à épouser son fils aîné Baudouin dit de Mons.

Henri III occupait alors le trône de Germanie. Irrité au dernier des points du mépris qu'on affectait pour sa suzeraineté, il fondit sur la Flandre, se rendit maître de plusieurs villes et répandit partout la consternation. Baudouin, de son côté, ligué avec le duc Godefroid, son ancien

Lothariensi sibi usurpavit. » *Genealogia comitum Flandriae,* apud MARTÈNE et DURAND, *Thesaurus,* t. III, p. 380. — *Corpus chronicorum Flandriae,* t. I, p. 46 et 275-276.

[1] DE REIFFENBERG, *Histoire du comté de Hainaut,* t. I, p. 141-142 — *Gesta episcopum Leodiensium,* dans l'*Amplissima collectio,* t. IV, p. 875.

[2] MEYER, ad annum 1049. — D'OUDEGHERST, lib. I, ch. XXXIX. — *Corpus chronicorum Flandriae,* t. I, p. 553.

allié, envahit les terres de l'empire, où il exerça de cruelles représailles [1].

Un événement inattendu changea la face des choses : l'empereur Henri III mourut en 1056. Comme son fils et héritier était encore au berceau, l'impératrice-régente, de l'avis des grands du royaume, résolut de conclure la paix. Les préliminaires en furent réglés à Tournay et l'acte fut solennellement proclamé dans un synode à Cologne en 1056. L'année suivante, Baudouin se rendit à la cour et fut admis avec tout le cérémonial d'usage à la prestation d'hommage pour les pays qu'il avait conquis, et qu'on appela depuis la Flandre impériale [2].

II.

Quelles étaient en réalité les contrées du chef desquelles Baudouin V fut admis à foi et hommage en 1057; en d'autres termes : que faut-il entendre par l'expression *Flandre impériale?* Tel est le problème dont nous nous proposons de rechercher la solution.

Sigebert, moine de Gembloux, presque contemporain des événements qu'il retrace dans sa pré-

---

[1] IPERIUS, apud MARTÈNE, t. III, p. 576 et 577. — SIGEBERT, ad annum 1054. — BALDERIC, p. 386.

[2] ALBERICI *Chronicon,* apud DOM BOUQUET, t. XI, p. 356. — *Genealogia comitum Flandriae,* apud MARTÈNE, t. III, p. 381. — IPERIUS, *ibidem.* p. 577. — JOANNES A LEYDE, *Chronicon belgicum,* apud KLUIT, t. I, pars II, p. 67-68. — MEYER, ad annum 1057. — D'OUDEGHERST, ch. XL. — VAN DE PUTTE, *Annales,* p. 9.

cieuse chronique, est très-sobre de détails sur les faits qu'il nous importerait le plus de connaître. Il se borne à rapporter d'une manière sommaire qu'en 1057, grâce à l'intervention du pape Victor, la paix fut rétablie entre l'empereur et Baudouin.

Iperius est le premier qui projette un peu de lumière sur ce point. « Par cette paix, dit-il, Baudouin obtint tout le pays qu'il avait conquis au-delà de la Dendre, avec le comté d'Alost, les Quatre-Métiers et les cinq îles de la Zélande [1].

Jean de Leyde, auteur du XIIIe siècle, dans son *Chronicon Belgicum,* nomme le *comitatus Bogronensis (id est Aelst et Audenaerden)* avec ses dépendances, les Quatre-Métiers, Walcheren et la terre de l'Escaut [2].

Meyer, qui n'a pu que commenter les textes de ses devanciers, c'est-à-dire des sources dont la plupart existent encore, ajoute, nous ne savons sur la foi de quelle autorité, aux possessions déjà nommées la forteresse de Gand [3].

Ainsi qu'on le remarquera, dans aucun de ces récits anciens, ni même dans Meyer, il n'est fait mention du terroir de Waes, que tous nos historiens modernes, adoptant en cette matière l'opinion de Kluit, rangent parmi les fiefs concédés en 1057.

Cette opinion est-elle fondée? L'examen de la question conduit à rechercher quelles étaient au

---

[1] IPERIUS, apud MARTÈNE, t. III, p. 577.
[2] JOANNES A LEIDIS, *Chronicon belgicum,* apud KLUIT, t. I, pars II, p. 68.
[3] MEYER, ad annum 1057.

nord et au nord-est les limites du comté de Flandre.

Les auteurs prétendent que vers le milieu du Xe siècle, sous le règne du comte Arnoul le Vieux, une guerre sanglante éclata entre Louis d'Outre-mer, roi de France, et Othon le Grand, empereur d'Allemagne, à la suite de laquelle ce dernier se rendit maître d'un territoire situé sur la rive gauche de l'Escaut et comprenant les Quatre-Métiers, le pays de Waes, le pays d'Overschelde, les îles occidentales de la Zélande et le pays d'Alost. Pour la défense de cette contrée, appelée d'après lui *Ottingen*, il fit bâtir près de Gand, sur un domaine de l'abbaye de Saint-Bavon, un châ-teau fort, dont il confia la garde à un seigneur allemand du nom de Wichman, de la famille royale Billung de Saxe, à qui il remit en fief tout ce ter-ritoire ; ensuite il fit creuser, à partir du nouveau château, un fossé large et profond se dirigeant vers Bouchaute, pour aboutir au Hont ou bras occidental de l'Escaut.

On serait apparemment fort embarrassé de pro-duire une preuve quelconque à l'appui de ce pré-tendu démembrement du royaume de France.

Nous reconnaissons volontiers que dès le milieu du Xe siècle, et sans doute bien avant, les îles occidentales de la Zélande faisaient partie de l'apanage des empereurs d'Allemagne, mais on n'en saurait dire autant des autres cantons qui nous occupent.

Nous croyons, au contraire, pouvoir poser en fait qu'avant le milieu du XIe siècle, les empereurs d'Allemagne ne possédaient pas un pouce de terrain sur la rive neustrienne de l'Escaut, c'est-àdire dans le pays de Waes, les Quatre-Métiers (partie méridionale), le pays de Termonde (partie septentrionale) et la châtellenie de Gand.

On conçoit que nous ne nous hasarderions pas à émettre une opinion aussi formelle, en opposition avec le sentiment des historiens les plus autorisés de la Flandre, si nous n'avions l'espoir fondé de la faire prévaloir par la production de preuves irrécusables.

Et d'abord, d'où conste-t-il que les empereurs ou rois de Germanie auraient jadis exercé une autorité quelconque sur les pays énumérés plus haut? C'est en vain que l'on interroge les pièces diplomatiques. Une lecture attentive de ces actes fait naître la conviction que lesdites contrées ne furent jamais distraites de la suzeraineté de la couronne de France et du domaine des comtes de Flandre.

N'est-ce pas le roi de France qui, en 870, fait donation à l'abbaye de Saint-Pierre du village de Tamise[1]? Qui rend ce bien en 942 à l'abbaye, après qu'il lui eût été ravi à la suite d'événements calamiteux? Arnoul le Vieux, comte de Flandre [2]. Qui est-ce qui approuve cette restitution en 951? Louis d'Outremer, roi de France [3]. Qui confirme en 964 les possessions du même établissement à

---

[1] VAN LOKEREN, *Chartes et documents de l'abbaye de Saint-Pierre*, t. I, p. 20.
[2] *Ibidem*, p. 25.
[3] *Ibidem*, p. 28.

Destelberghen *(Thisla)*, à Tamise, à Bouchaute
(Bocholt), à Belsele *(Bulsele)*, etc.? Lothaire, roi de
France [1]. N'est-ce pas aussi Lothaire qui couvre de
sa protection, en 967, les domaines de l'abbaye
de Saint-Bavon situés à Wondelgem *(Gundingle-
hem)*, à Vromestalle (hameau de Wondelgem), à
Desteldonk *(Thesledung)*, à Sprendonk *(Sperge-
dung*, annexe de Mendonk), à Mendonk même
(Melmedung), à Uytbergen *(Berginna)*, à Haendorp
(Hemthorp, annexe de Calloo), etc. [2]? Enfin, ne
voyons-nous pas le roi de France Henri I, en
1037, prendre sous sa sauvegarde les propriétés
de l'abbaye de Saint-Pierre à Tamise, à Destel-
bergen *(Texla)*, à Baerle, à Landegem, à Hulsterloo *(Hudeslo)*, à Axel, etc. [3], c'est-à-dire dans le
pays de Waes et les Quatre-Métiers?

Jusque bien tard dans le XIᵉ siècle, c'est *toujours*
le roi de France, et *lui seul,* qui accorde l'immunité aux domaines des abbayes de Saint-Pierre et
de Saint-Bavon situés sur la rive gauche de l'Escaut, tout en déclarant en termes exprès que ces
domaines se trouvent dans les limites de son
royaume *(infra regni nostri terminos, infra ditionem
imperii nostri)*. Les empereurs d'Allemagne suivent
maintes fois cet exemple à l'égard des possessions
des mêmes monastères disséminées dans les diverses provinces de leur empire, mais ne nomment
pas un seul village de la rive gauche de l'Escaut [4].

[1] VAN LOKEREN, I, 38, 39.
[2] SERRURE, *Cartulaire de Saint-Bavon,* p. 7.
[3] VAN LOKEREN, I, 84.
[4] Voir, entre autres, les actes des 22 janvier 966. VAN LOKEREN,

On ne soutiendra pas, sans doute, que les moines, sans souci pour l'autorité suprême légitime, invoquaient indifféremment la protection du premier monarque venu, alors que celle du souverain du pays leur était avant tout indispensable. En effet, quels avantages pouvaient-ils retirer de la confirmation donnée par un prince étranger et n'exerçant aucune juridiction sur les lieux où les biens étaient situés? D'un autre côté, en vertu de quel droit le roi de France aurait-il posé un acte de suzeraineté sur le sol de l'empire, et réciproquement l'empereur d'Allemagne sur le territoire du royaume.

Ces raisons et bien d'autres nous donnent la certitude que l'opinion défendue par nous est la seule plausible, la seule vraie.

Les monuments écrits sur lesquels nous basons notre argumentation contiennent, à la vérité, certains passages qui semblent la contredire; ils méritent en conséquence d'être examinés avec soin. On comprend difficilement, par exemple, à quel titre les rois de France, dans certains de leurs diplômes, confirment la possession de biens qui sont situés en dehors des limites de leurs États. Ainsi, Charles le Chauve, par lettres du 11 octobre 864, confirmant les possessions de l'abbaye de Saint-Bavon, nomme entre autres Wormen (*Warminia*, près de Vlierzele), Vlierzele

I, 42; 21 janvier 974. Serrure, 8; 18 janvier 976. Ib., 10; 19 janvier 976. Ib., 11; 28 février 977. Van Lokeren, 47 ; 28 mai 988; Ib., 57; 5 février 1003. Serrure, 14; 4 juillet 1036. Van Lokeren, 82; 28 mai 1040. Ib., 86, et 28 mai 1040. Serrure, 19.

(*Flitheritsala*) et Gyzenzele (*Gisingasule*) dans le
pagus du Brabant[1]; par un autre acte du 22 février 964, le roi de France Lothaire suit les
mêmes errements à l'égard de l'abbaye de Saint-
Pierre, et énumère les possessions de Melle (*Mella*),
Elfen (*Olfna*) et Lede (*Letha*) situées dans le Brabant[2]. Ce fait s'explique, nous semble-t-il, par
l'état d'anarchie au milieu duquel on vivait alors.
Lothaire, aussi bien que son prédécesseur Charles
le Chauve, élevait des prétentions à la Lotharingie. La mort du duc Godefroid (964) lui aura
paru une occasion favorable pour les affirmer et
exercer au moins nominalement les droits régaliens. Quant à Charles le Chauve, on peut dire
de lui que le respect pour la propriété de ses
frères et proches ne constitua jamais une de ses
vertus favorites. Rien d'étonnant dès lors, à ce
que ces deux princes aient montré peu de délicatesse dans leurs procédés et se soient attribué une
autorité anticipative sur des pays qu'ils convoi-
taient, tout en n'y ayant aucun droit.

Il est plus malaisé de démêler l'origine du
pouvoir que le comte de Flandre et son suzerain
le roi de France s'arrogeaient d'ancienne date sur
le domaine de Douchy et de Noyelles en Hainaut[3].
Les auteurs que nous avons consultés ne fournissent aucun indice qui ait pu nous mettre sur
la voie. Peut-être ce bien avait-il été concédé
jadis à charge de certaines obligations féodales

[1] Serrure, 4.
[2] Van Lokeren, I, 38.
[3] Van Lokeren, I, pp. 25, 28, 29, 38, 81 et 84.

par le roi au comte et par celui-ci à l'abbaye de Mont Blandin. Quoiqu'il en soit, les religieux de Saint-Pierre ne négligèrent pas d'aller solliciter la consécration de l'empereur, sous la domination de qui Douchy et Noyelles étaient situés [1].

Les moines de Saint-Bavon agissaient de même dans l'occurrence [2], mais ces religieux ne réclamèrent, ni n'obtinrent jamais la protection des empereurs de Germanie pour leurs immeubles du pays de Waes, des Quatre-Métiers ou du *pagus* de Gand.

Sous ce rapport les chartes des empereurs Conrad II de 1036, de Henri III de 1040, et du roi de France, Henri I, de 1037, portant dénombrement des biens desdits établissements éparpillés dans les différentes provinces de leurs États respectifs sont particulièrement instructives [3]. On n'a qu'à les confronter, et la parfaite logique du système que nous défendons paraîtra à l'abri de toute critique.

Une nouvelle preuve que le pays de Waes ne relevait pas de l'empereur, et n'a par conséquent pu être donné par lui en fief au comte de Flandre, pas plus que la châtellenie de Gand et le soi-disant pays d'Overschelde, se déduit de cette circonstance que les contrées en question ne sont mentionnées ni par Iperius, ni par aucun chroniqueur ancien dans les relations qu'ils nous ont laissées des cérémonies d'investiture antérieures à l'année

[1] Van Lokeren, I, pp. 42, 47, 58, 82 et 86.
[2] Serrure, pp. 12, 14 et 20.
[3] Van Lokeren, I, pp. 82, 86 et 83.

1192. On présume, il est vrai, qu'elles y étaient comprises sous la dénomination générique de Quatre-Métiers, mais une pareille version est inadmissible, attendu que le pays de Waes comme district territorial et administratif propre, existait et était connu bien longtemps avant les quatre *villae*, et qu'il serait absurde de soutenir que ce dernier petit canton, perdu dans les landes, à peine cité dans l'histoire, a imposé son nom au grand *pagus* avoisinant.

Ce qui nous fortifie dans notre manière de voir, c'est que lorsque Baudouin V procéda, en 1063, à Audenarde, au partage de ses États entre ses enfants, et assigna à Robert le Frison les fiefs impériaux, il ne fut question ni du pays de Waes, ni du prétendu pays d'Overschelde. L'annaliste Meyer, qui cite nominativement les contrées cédées, ne parle que des cinq îles de la Zélande, du comté d'Alost, des Quatre-Métiers, ainsi que d'une indemnité en argent [1].

Plus tard, lorsque l'empereur Henri IV en 1096 revendiqua la Flandre impériale comme dévolue à son fisc pour cause de défaut d'hommage de la part de Robert de Jérusalem, les pays de Waes et d'Overschelde ne furent pas mentionnés davantage [2].

La délimitation de la châtellenie du Vieux-Bourg de Gand, empiétant en partie sur la Flandre impériale, telle que celle-ci fut reconnue dans

---

[1] MEYER, ad annum 1063.
[2] MEYER, ad annum 1096.

la suite, et s'étendant en partie au dehors, a aussi une signification que l'on chercherait en vain de méconnaître.

Enfin, on ne démontrera par aucun document digne de foi que le duché de Basse-Lotharingie, érigé en 959 par l'archevêque Brunon et embrassant toute la marche occidentale de l'empire, se soit jamais prolongé sur la rive gauche de l'Escaut.

A ce faisceau de preuves déjà respectable, la diplomatique nous permet d'en ajouter une dont la valeur sera certainement appréciée. Personne n'ignore que jusque vers le milieu du douzième siècle, il était d'usage de clôturer les actes publics par l'énoncé du lieu, de la date, de l'indiction, du nom des témoins, de celui du souverain régnant, etc. Or, on ne découvre pas un seul diplôme, daté d'une localité de la rive gauche de l'Escaut, qui indique le règne d'un empereur d'Allemagne. Tous les titres émanés du Mont-Blandin à Gand, par exemple, rappellent invariablement le règne des divers rois de France.

III.

Lorsque le comte Baudouin fut admis à l'hommage en 1049 et en 1057, il obtint, dit-on, en fief de l'empereur, entre autres contrées, les Quatre-Métiers, dénomination sous laquelle, suivant Kluit, il faut aussi comprendre le pays de Waes, lequel ne se rencontre pourtant que bien plus tard dans les relations d'investitures.

Pour pouvoir disposer de ces pays, l'empereur devait donc les avoir acquis, soit par la force des armes, soit en vertu d'un traité, postérieurement à l'année 1040, époque à laquelle nous voyons encore le roi de France y exercer ses droits suzerains.

Conçoit-on qu'un événement aussi considérable n'ait pas laissé de traces dans l'histoire? Le silence des chroniqueurs sur ce point paraît au moins étrange. Voyons si une autre explication n'est pas possible.

L'évêché d'Utrecht, établi au VIIIᵉ siècle sur tout le territoire des anciens Frisons (*pagus Frisonum*), embrassait, indépendamment de la Frise actuelle, de la Hollande, de la Zélande et d'une partie de la Gueldre, une lisière de la Flandre, le long de la rive gauche du Hont ou bras occidental de l'Escaut. La démarcation entre ce diocèse et celui de Tournay ne fut fixée d'une manière stable qu'au XIIIᵉ siècle. En 1070 la confusion était encore telle, que le prélat d'Utrecht éleva des prétentions à l'autorité spirituelle dans la ville de Bruges [1]. D'autres différends de même nature surgirent en 1264 et furent applanis par des arbitres [2]. Cette incertitude dans le bornage d'une contrée toute couverte de marécages, coupée de lagunes, de criques et d'estuaires, peu peuplée, et où les inondations de la mer, à chaque marée haute, occasionnaient des ravages épou-

---

[1] Vredius, *Historia comitum Flandriae*, p. 520.
[2] Warnkœnig, trad. Gheldolf, *Histoire de la Flandre*, t. II, p. 329.

vantables, qui modifiaient sans cesse l'aspect du littoral, s'explique parfaitement. « Rien n'est plus difficile, dit Warnkœnig, que de déterminer les limites du continent de la Flandre vers le nord, à une époque donnée, les eaux ayant tour à tour délaissé et repris leurs alluvions[1]. »

Nul doute ou les Quatre-Métiers, — peut-être dans le principe seulement la partie septentrionale de ce canton, — furent, à cause de cette similitude de constitution physique, adjoints aux *partes maritimae* sur lesquelles l'évêque d'Utrecht exerçait sa juridiction spirituelle. Or, ne peut-on admettre que lorsque les empereurs de la famille de Lothaire eurent été mis en possession des îles zélandaises, leurs prétentions sur les frontières nord-est de la Flandre prirent leur source et trouvèrent leur prétexte précisément dans cette délimitation vague, qui leur permit, les circonstances aidant, de s'approprier un tronçon de l'ancienne Neustrie.

Nous l'avons dit, après le milieu du XIe siècle on ne rencontre plus de vestiges de la domination de la France sur ce coin de la Flandre. Une seule fois, en 1254, nos comtes, dans un moment d'anxiété, reconnaissent la suzeraineté des rois de France à l'égard du pays de Waes, et il paraît que les réclamations que ces derniers firent valoir dans la suite, n'eurent d'autre base que ce fait isolé et tout fortuit[2].

---

[1] Warnkœnig, t. II, p. 11.
[2] Galand, *Mémoire pour servir à l'histoire de Navarre et de*

D'un autre côté, il convient de se demander par quels actes, par quels signes extérieurs s'est révélée la suzeraineté des empereurs d'Allemagne durant cette période de transition. On aurait de la peine à en signaler un seul tant soit peu probant.

Cette situation se modifia, cela est incontestable. Ainsi, à la fin du XIIe siècle, la suzeraineté des empereurs sur le pays de Waes n'est plus un mythe ; de latente elle est devenue tangible ; elle s'est élevée au rang de fait accompli, et n'éveille plus les susceptibilités jalouses de la France. Mais dans l'intervalle de 1040 à 1192 que de bouleversements politiques, que de droits méconnus ou foulés aux pieds, que de changements dans le système social !

A notre avis, la solution de la question qui nous occupe se relie d'une manière intime à la transformation que subit, à la fin du XIIe siècle, la vassalité de la Flandre sous la couronne. Essayons de nous faire comprendre.

Sous le régime du capitulaire de Kiersy (877), qui proclamait l'hérédité des bénéfices et des emplois, les officiers du roi, devenus grands feudataires de la couronne, étaient entrés en jouissance de la souveraineté dans leur domaine respectif. A vrai dire, ils n'exerçaient le pouvoir qu'au nom et à titre de mandataires du prince, mais la sujétion existait plutôt en théorie qu'en

---

Flandre, Preuves, p. 148. — WARNKŒNIG, trad. GHELDOLF, t. II, p. 71 et 83. — WIELANT, *Antiquités de Flandre,* dans le *Corpus chronicorum Flandriae,* t. IV, p. 180 et suivantes.

fait, la plupart des seigneurs se considérant à peu près comme indépendants et affranchis de tous autres devoirs féodaux que de ceux de l'hommage ordinaire.

Cette situation, si dangereuse pour la monarchie, qu'elle menaçait de faire sombrer, dura des siècles.

Dans cette lutte gigantesque entre deux institutions qui portaient chacune en soi un principe vital, le triomphe devait rester à la royauté. Durant le XII° siècle un nouveau mouvement se produit, qui a pour conséquence la concentration du pouvoir entre les mains du suzerain. Les causes en furent multiples et de diverse nature. Parmi les principales nous citerons l'action expansive et absorbante de la dynastie, l'agrandissement du domaine royal, l'émiettement des fiefs, l'extension donnée aux institutions administratives, le pouvoir croissant des communes, leur antagonisme et leur lutte avec la noblesse, l'émancipation graduelle des serfs.

Avant le règne de Philippe-Auguste, nos comtes n'avaient d'autres obligations féodales envers le roi de France que celles de la vassalité simple et régulière : fidélité, assistance au conseil du roi et secours durant quarante jours à la guerre.

L'astucieux Philippe-Auguste prit si adroitement ses mesures, qu'il obligea Baudouin de Constantinople, en 1196, à lui prêter l'hommage lige. Ses successeurs, poursuivant cette ligne de conduite politique, réduisirent par degrés nos comtes à un état d'asservissement de plus en plus marqué, et finirent par exercer une prépondérance réelle et incontestée sur la Flandre. A partir de ce moment il eût été de toute impossibilité aux empereurs d'Allemagne d'usurper une parcelle quelconque de terrain français, sans rencontrer incontinent sur leur chemin une opposition formidable. Mais au siècle précédent la situation était fort différente : les monarques français, encore trop faibles et engagés dans la lutte qu'ils soutenaient contre plusieurs grands vassaux, n'accordaient qu'une attention médiocre à la Flandre, dont les puissants marquis n'étaient rattachés à leur couronne que par un lien peu apparent, et à l'égard desquels ils n'avaient pas encore inauguré cette politique perfidement hostile qui devait faire couler tant de flots de sang dans la suite. Quoi d'étrange que les empereurs, profitant de ce défaut de vigilance, aient reculé peu à peu les bornes mal définies de leur empire, jusqu'à ce qu'ils eussent incorporé tout le pays de Waes? Qui sait d'ailleurs si nos comtes ne prêtèrent pas subrepticement la main à une manœuvre qui, en définitive, devait avoir pour effet de les soustraire pour une partie de leurs domaines à la tutelle menaçante et toujours envahissante de la France?

Un fait qui, s'il était avéré, pourrait avoir puissamment contribué à amener ou du moins à consolider ce résultat, nous est révélé par Meyer. D'après cet historien, le comte Philippe d'Alsace reprit en 1157 le pays de Waes sur les Hollandais, qui le tenaient en fief de nos comtes, et l'annexa à la Flandre impériale. Malheureusement, l'assertion du célèbre annaliste paraît ne pas être tout à fait exacte. Nous renonçons donc à nous en prévaloir, malgré l'appui qu'elle aurait pu, le cas échéant, apporter à notre thèse.

IV.

Les conclusions à déduire de ce qui précède offrent un intérêt qui n'échappera pas à l'attention sagace du lecteur. Elles ouvrent un vaste champ aux appréciations historiques et jettent un jour tout nouveau sur les événements du Xe et du XIe siècle. Pour faire ressortir leur importance il suffira de les mettre en rapport avec l'histoire des comtes et des châtelains de Gand.

Depuis les temps les plus reculés on connaissait la contrée située sur la rive gauche de l'Escaut, et comprenant le pays gisant entre ce fleuve et la Lys, la châtellenie de Gand, le pays de Termonde (partie nord), le pays de Waes et les Quatre-Métiers (partie sud), sous le nom de *pagus* ou *comitatus gandensis*.

Tout porte à croire que le *pagus gandensis* se trouva primitivement gouverné par des comtes particuliers, issus peut-être de la race des comtes de Flandre, et dont Wichman et ses descendants furent les successeurs. Il n'est dit nulle part que Wichman aurait été le premier fonctionnaire de l'espèce[1]; au contraire, déjà sous le règne de

---

[1] Thielrode, en parlant de Wichman, s'exprime ainsi : « Quidam horum comitum Wicmannus nomine. » THIELRODE, édit. VAN LOKEREN, p. 10.

Charles le Chauve on rencontre un comte Ade-
lelme, qui figure en qualité de régisseur ou avoué
de l'abbaye de Saint-Pierre et Saint-Bavon, c'est-
à-dire de la ville primitive de Gand, et que l'on
peut, à juste titre, regarder comme le prédécesseur de Wichman, le *comes Sancti Bavonis*, ainsi
que les chroniques l'appellent.

L'institution des comtes de Gand pourrait donc
avec une quasi-certitude être reculée jusqu'au
temps de Charlemagne ou de Louis le Débonnaire, qui, eux aussi, prenaient le titre de *impe-
ratores Romanorum*. Lors de l'avénement du mar-
quisat de Flandre ces comtes seront devenus,
comme tant d'autres hauts personnages, les sujets
ou, si l'on veut, les hommes des princes flamands.

Hildegarde, fille et héritière de Wichman, ap-
portà le comté de Gand en dot à son époux
Thierry II, comte de Hollande et de Zélande, qui
le transmit à son fils Arnold, décédé en 993. Il
est douteux que Thierry III, fils d'Arnold, ait
retenu le titre de comte de Gand, mais ce que
nous pouvons affirmer, c'est que Thierry III n'eut
aucun fils du nom d'Adalbert, ou du moins que
le gentilhomme de ce nom, dont on a voulu faire
un comte de Gand et la tige des sires d'Alost,
n'est autre que le fils du comte Arnoul de Valenciennes [1].

---

[1] « Carissimus fidelis noster Adelelmus comes, qui et largitu nostro rector monasterii S. Petri et S. Bavonis, quod vocatur Ganth
super fluvium scalth siti, etc. » Acte du 11 octobre 864, dans SER-
RURE, *Cartulaire de Saint-Bavon*, p. 4.

[1] Nous nous sommes étendu longuement sur la généalogie des
comtes de Gand dans le 1er chapitre du tome V de notre ouvrage
De stad en de heerlijkheid van Dendermonde.

Il est incertain si les grands domaines que les comtes de Gand possédaient dans le Listergouw (*pagus Listrigaugensis*), c'est-à-dire dans cette région resserrée entre l'Escaut et la Lys, ainsi qu'au pays de Waes, constituaient le patrimoine propre de ces seigneurs, ou s'ils formaient l'apport dotal de Lutgarde de Flandre, épouse de Wichman. Cette dernière hypothèse nous paraît la plus vraisemblable. Dans tous les cas il est inexact que le pays d'Alost ait appartenu aux comtes de Gand, qui de ce chef auraient reconnu la suzeraineté de l'empire d'Allemagne. Ce que les historiens racontent de la filiation de Wichman, de ses relations avec Othon le Grand, etc., ne doit être accepté que sous toutes réserves, car il est fort probable que le comte Wichman de Gand n'a eu rien de commun avec son homonyme, le seigneur saxon dont parle Widukind dans ses *Res gestae saxonicae* [1]. A notre avis, les savants ont confondu ici de nouveau deux personnages distincts, et attribué à notre comte gantois un rôle qui lui est totalement étranger.

Aux comtes de Gand était confiée la garde du château neuf, dont l'emplacement a donné lieu à tant de controverses de la part des auteurs. En effet, tandis que les uns l'ont cherché à proximité de l'abbaye de Saint-Bavon et les autres au confluent de la Lys et de l'Escaut, d'autres

---

[1] KERVYN DE LETTENHOVE, dans son *Histoire de Flandre*, t. I, p. 196, repousse aussi l'assimilation de Wichman de Gand à Wichman Billung.

encore ont soutenu que ce château n'est pas différent du 's Gravensteen ou château des comtes,
bâti au confluent de la Lieve et de la Lys, au
coin de la place Sainte-Pharaïlde [1]. Ceux qui admettent l'existence à Gand d'un autre château que
le 's Gravensteen, se prévalent d'un passage de
la chronique de Jean van Thielrode, qui n'a évidemment pas le sens qu'ils lui prêtent. Le chapitre VIII de cet ouvrage porte en tête : « De
origine castri Gandensis et oppidi quod situm est
infra Scaldam et Legiam fluvios et de injuria mo-
nasterio Sancti Bavonis illata [2]. » Des mots *quod
situm est infra Scaldam et Legiam fluvios*, on a
voulu inférer la situation d'un prétendu château
neuf, mais on a perdu de vue que Thielrode n'a
nullement eu l'intention de parler de l'origine du
château, mais bien de celle de la ville même
(*portus Heirehem, portus Ganda, oppidum Gandense*). Ou bien le pronom relatif *quod* désigne le
dernier des deux substantifs *castrum* et *oppidum*,
ou bien le mot *castrum* est employé ici comme
synonyme de *oppidum*, c'est-à-dire dans l'accep-
tion de ville fortifiée, entourée de remparts, ceinte
de murs et munie de portes, comme il l'est presque toujours au moyen-âge, et non dans le sens

[1] SUEYRO, *Annales de Flandre*, t. I, p. 49. — GRAMAYE, *Gandavum*, cap. XII et XIII. — KLUIT, *Historia critica comitatus Hollan-
diae et Zeelandiae*, t. I, pars II, p. 176–177. — DE BAST, *Recueil
d'antiquités*, p. 52, et premier supplément, p. 93 et suiv. — DIERICX,
Mémoires sur la ville de Gand, t. I, p. 28. — VAN LOKEREN, *Chronique de Saint-Bavon*, p. 107 et suiv. — LE MÊME, *Histoire de l'abbaye de Saint-Bavon*, p. 25.
[2] THIELRODE, p. 10.

de castel ou donjon (*arx*). Non seulement la construction de la phrase l'indique, mais le contexte du chapitre et surtout les mots qui le terminent, ne laissent aucun doute à cet égard[1].

On remarquera d'ailleurs que Thielrode place explicitement le château de Gand, qu'il désigne toujours sous le nom de *castellum*, aux bords de la Lys[2] à l'endroit où on le trouve depuis les temps les plus reculés, et où il dresse aujourd'hui encore ses hautes tourelles grises.

Nous pourrions invoquer aussi à l'appui de notre opinion les arguments dont A. Van Lokeren fait usage dans son *Histoire de l'abbaye de Saint-Bavon*, p. 25-26, mais nous préférons renvoyer le lecteur à ce savant ouvrage.

Le 's Gravensteen porta d'abord la qualification de château neuf *(novum castellum)*. Suivant Meyer, il existait déjà du temps de Baudouin le Chauve, qui fit ériger, en 912, dans son voisinage, l'église de Sainte-Pharaïlde[3]. Il appartenait donc dès lors aux comtes de Flandre.

Voici une nouvelle difficulté : Thielrode et les autres chroniqueurs de Saint-Bavon affirment que le château neuf fut conquis par nos comtes sur les empereurs d'Allemagne qui le détenaient[4]. Cet événement est raconté comme suit :

---

[1] Hiis scriptis superius diligenter perlectis perspicietis originem oppidi gandensis, quod situm est infra Scaldam et Legiam. » Thielrode, p. 14.

[2] « Castellum quod ad ripas Leie situm est. » Thielrode, p. 10.

[3] Meyer, ad annum 912.

[4] *Corpus chronicorum Flandriae*, t. I, p. 516. — Du Chesne, *His-*

Le comte de Flandre, voulant se rendre maître du château neuf occupé par les troupes impériales, établit son camp à Bouchaute, d'où il harcela journellement l'ennemi. Voyant que ses efforts n'aboutissaient pas, il rassembla ses forces au lieu dit Herehem, qui à cette époque était encore inhabité. Le siége traîna en longueur, et déjà l'on était sur le point de renvoyer les troupes dans leurs foyers, quand un des officiers du comte, nommé Lambert, ayant découvert par hasard que les assiégés n'avaient plus que pour un jour de vivres, vint offrir à son maître de lui livrer la place sans autre effusion de sang. La proposition fut accueillie et le comte promit à Lambert de le nommer châtelain à titre héréditaire s'il réussissait dans son entreprise. Celui-ci réunit ses hommes d'armes et revint planter ses tentes sous les murs de la forteresse, ce qui eut pour effet de jeter un tel découragement parmi les assiégés, qui déjà s'étaient réjouis du départ des Flamands, que voyant tout espoir perdu et pressés par la famine, ils se rendirent à merci. Lambert fut en conséquence investi des fonctions de châtelain héréditaire [1].

Quel était ce comte de Flandre à qui Lambert remit le château de Gand?

Arnoul le Vieux, répond Jean van Thielrode [2]. Du Chesne nomme Baudouin le Barbu et indique

---

toire des maisons de Guines et de Gand, pr., p. 42. — KLUIT, *Codex diplomaticus,* p. 24-25.

[1] THIELRODE, p. 11-12.

[2] IBID., p. 9.

l'année 1006 [1]. Meyer, Marchantius, Lindanus et tous nos historiens nationaux après eux, désignent Baudouin de Lille et croient que le fait se passa en 1046 [2].

Selon Warnkœnig, le château neuf fut plusieurs fois pris et repris dans le cours du XIe siècle, tantôt par les comtes de Flandre, tantôt par les empereurs d'Allemagne [3]. Cette interprétation du texte des chroniques nous paraît hasardée. On lit bien que l'empereur étendit deux fois, en 1007 et en 1020, ses ravages jusque dans la ville de Gand (castrum Gandense), mais il ne s'ensuit pas qu'il se rendit maître du castellum, ni surtout qu'il le garda en son pouvoir. Son apparition dans nos parages ne doit être envisagée que comme une excursion dévastatrice destinée à mettre à la raison un ennemi présomptueux et entreprenant, mais à laquelle toute idée de conquête ou d'annexion était étrangère.

Si un empereur d'Allemagne s'empara du château de Gand, nous estimons que ce fut entre les années 1006 et 1046, vu que la création de la châtellenie de Gand ne semble pas remonter au-delà. Cette occupation temporaire constitua apparemment le titre dont l'empereur se prévalut

---

[1] Du Chesne, Histoire des maisons de Guines, etc., p. 35.

[2] Meyer, ad annum 1046. — Marchantius, Flandriae descriptio, lib. III, p. 386. — Lindanus, De Teneraemonda. p. 186. — Gramaye, Antiquitates, Gandavum, cap. XIII, p. 7. — Sanderus, Flandria illustrata, t. I, p. 99 et 102. — Diericx, Mémoires sur la ville de Gand, t. I, p. 26. — Warnkœnig, trad. Gheldolf, t. I, p. 155.

[3] Warnkœnig, trad. Gheldolf, t. I, p. 1. — De Smet, Recueil de mémoires, t. I, p. 375.

lorsqu'il exigea en 1057, — s'il faut s'en rapporter à Meyer, — l'hommage pour la forteresse de
Gand.

L'hésitation que nous mettons à accueillir l'affir-
mation du célèbre annaliste s'explique par les
raisons alléguées plus haut. Hâtons-nous cependant d'ajouter que le fait d'une inféodation de la
ville de Gand à l'empire d'Allemagne, bien que
dénuée de preuves, ne doit pas être rejetée d'une
manière absolue, seulement il faut l'entendre dans
le sens d'une inféodation secondaire, identique à
celle qui lia les seigneuries de Grammont et de
Bornhem à l'évêché de Liége, nonobstant leur
dépendance effective et antérieure de l'empire,
ainsi que nous le démontrerons dans la suite.

On doit supposer que Lambert ne survécut pas
longtemps à l'exploit qui l'a rendu célèbre. Folcard, son fils, est le premier qui apparaît dans les
pièces authentiques comme châtelain de Gand.
Il vivait encore en 1073 et assista cette année à la
translation des reliques de sainte Pharaïlde.

Lambert II, fils de Folcard, fut associé à la
châtellenie du vivant de son père, ainsi que nous
l'apprend un acte de l'année 1071.

Wenemar, le successeur de Lambert II, fut châtelain de 1088 à 1135. De ses cinq enfants, l'aîné
devint comte de Guines ; le troisième ou, selon
Lambert d'Ardres, le quatrième, Siger ou Sohier,
reçut la châtellenie de Gand après le décès de
Roger de Courtrai, son beau-père, qui l'avait
tenue durant quelques années.

V.

Un fait qui se relie d'une manière intime à notre sujet, est l'histoire du creusement du fameux fossé d'Othon.

Alting, Kluit, De Bast, Diericx, De Bylandt, Warnkœnig et Van Lokeren se sont occupés tour à tour de ce problème historique, sans que l'on puisse dire que la vraie solution ait été trouvée. L'opinion du Dr Warnkœnig, d'après laquelle l'empereur Othon I aurait fait creuser en 949 un canal ou fossé commençant à Gand et se dirigeant par Cluysen et Ertvelde vers Biervliet, pour aboutir à la mer entre Gaternisse et Botersande ou Wevelswale, est aujourd'hui généralement admise [1]. A peu près tous les auteurs font honneur de ce travail à Othon le Grand. Cette opinion est-elle fondée? Nous ne le pensons pas, et Thielrode, le seul chroniqueur ancien qui fasse mention du canal d'Othon, est loin de la confirmer. Il se borne à dire qu'un empereur du nom d'Othon fit creuser le canal pour marquer la séparation de l'empire d'avec le royaume de France. Eh bien, nous prétendons que ce travail ne peut avoir été exécuté que plus de deux siècles et demi après la date qu'on lui assigne, en d'autres termes, que le canal ne fut creusé que sous le règne d'Othon IV, soit entre les années 1198 et 1218. A cette dernière époque l'œuvre d'envahissement volontaire ou in-

---

[1] WARNKŒNIG, trad. GHELDOLF, t. II, p. 17 et suiv.

conscient de la rive gauche de l'Escaut avait acquis assez de consistance, et la suprématie de l'empire sur ce coin de la Flandre s'était ancrée et accentuée d'une manière assez profonde pour ne plus soulever la moindre récrimination de la part de la France. Il est d'ailleurs évident que si Thielrode avait entendu parler d'un des trois premiers Othons, lesquels vivaient plus de deux cents ans avant lui, il n'aurait pas négligé de mentionner leur titre, leur qualification, leur surnom ou du moins l'époque du creusement du fossé. Toute indication de l'espèce était superflue à l'égard d'Othon IV, qui était à proprement dire son contemporain, et dont les faits et gestes vivaient encore dans le souvenir de tous. En effet, comment Thielrode aurait-il pu s'imaginer qu'un jour on se serait avisé d'appliquer ses paroles à un autre qu'à Othon IV? Nous n'avons nulle crainte qu'on vienne nous opposer le texte des chroniques subséquentes de Saint-Bavon, puisqu'il est aujourd'hui reconnu que les compilateurs de ces écrits ont puisé leurs renseignements au sujet du canal d'Othon exclusivement dans l'ouvrage de Thielrode. Jacques Meyer lui-même n'a pas eu d'autre source à sa disposition. Enfin, nous ferons remarquer que le règne d'Othon IV coïncide exactement avec l'époque à laquelle la suzeraineté des

---

[1] « Otto imperator de Scaldi fossatum ante pontem Sancti Jacobi usque in mare extensum a nomine suo Ottingam vocavit, quo regni Francorum et imperii orientalium fines determinavit. » THIELRODE, p. 10. L'église Saint-Jacques, qui a donné son nom au pont, fut bâtie en 1093.

empereurs de Germanie sur le pays de Waes et les autres contrées de la rive gauche de l'Escaut est consignée pour la première fois dans les relations d'hommage.

Arrivé à ce point de notre dissertation, nous croyons devoir nous arrêter un instant pour réduire à sa juste valeur une objection qu'on ne manquera pas de nous faire.

Les historiens Diericx, Warnkœnig, David et Van Lokeren citent un acte de Louis le Débonnaire de l'an 819 [1], lequel place l'abbaye de Saint-Bavon, située sur la rive gauche de l'Escaut, dans le *pagus brachbatensis* [2]. La pièce existe en original aux archives de l'évêché à Gand; son authenticité ne saurait être contestée. Néanmoins, il doit être permis de diriger une légère critique contre son contenu.

Nous ne comprenons pas pourquoi il faudrait reconnaître aux scribes du moyen-âge une infaillibilité, à laquelle les rédacteurs modernes d'actes officiels n'ont aucune prétention. Serait-il donc si surprenant de rencontrer chez eux une incorrection dans la détermination géographique d'une localité, alors surtout que cette localité se trouve aux confins du pays et que le rédacteur du diplôme est loin des lieux qu'il veut désigner et qu'il con-

---

[1] Diericx, *Mémoires sur la ville de Gand*, t. I, p. 490. — Warnkœnig, trad. Gheldolf, t. II, p. 19. — David, *Recherches sur le cours primitif de l'Escaut*, p. 5. — Van Lokeren, *Histoire de l'abbaye de Saint-Bavon*, p. 26.

[2] Serrure, *Cartulaire de Saint-Bavon*, p. 2.

naît peut-être à peine[1]. Les exemples de pareille
confusion ne sont pas rares ; aussi les savants
ont-ils cru depuis longtemps devoir prémunir
contre les aberrations qui en peuvent résulter[2].

A notre sens, le rédacteur de 819 a commis une
erreur palpable en plaçant le monastère de Gand
dans le *pagus brachbatensis*. D'après nos écrivains
les plus compétents, l'organisation territoriale de
ce *pagus* correspondait à l'archidiaconé de Brabant, avant que l'évêque de Cambrai, Nicolas de
Fontaine, ne scindât ce grand district ecclésiastique en 1277[3]. Il embrassait par conséquent
toute la contrée gisant entre l'Escaut et le Rupel
au nord et au levant, la Dyle au couchant, et la
Haine sur une partie de son parcours, au midi.

Les chartes publiées par Miræus, les documents
de l'abbaye de Saint-Pierre du Mont-Blandin, les
écrits du moyen-âge consultés par nous, font
mention d'un nombre infini de villages situés dans
le *pagus brachbatensis,* mais aucun de ces villages
ne se trouve sur la rive gauche de l'Escaut[4]. L'acte
de 819 constitue l'unique exception. Dans aucune
charte antérieure ou postérieure Gand n'est attribué au *pagus* du Brabant. L'idée d'un enclave-
ment ne se présente même pas à l'esprit comme
une hypothèse plausible.

---

[1] L'acte de 819 est daté d'Aix-la-Chapelle. « *Aquisgrani in pa-
latio nostro.* »

[2] BESSELIUS, *Chronicon Gottwicense, prodromus,* p. 530.

[3] DUVIVIER, *Recherches sur le Hainaut ancien,* p. 50.

[4] La liste colligée par nous des localités faisant partie du *pagus
brachbatensis,* a été complétée par M. PIOT, et insérée dans son
Mémoire sur les pagi de la Belgique, p. 90.

Le chanoine David, dans ses *Recherches sur le cours primitif de l'Escaut*, émet l'avis que l'empire d'Allemagne a de tout temps englobé une partie de la rive neustrienne, et afin de mettre son opinion en concordance avec le traité de Verdun de 843, il suppose que le fleuve aura modifié son cours entre le VI⁰ et le IX⁰ siècle. L'ancien lit, dit-il, se dirigeant de Gand vers Biervliet ou Boterswoude, était déjà si ensablé au X⁰ siècle que l'empereur Othon I, voulant tracer à nouveau les limites de son empire, fut obligé de le faire recreuser ou approfondir.

Le même savant, s'autorisant d'un passage de Lindanus, prétend aussi qu'une lisière du Brabant s'étendait à gauche de l'Escaut. Voyons ce que cette assertion a de fondé.

D'après l'historiographe de Termonde, qui suit aveuglément la relation de Campmannus, Charlemagne aurait donné à saint Ludger, abbé de Werden, l'option entre deux monastères, le couvent d'hommes de Lotusa en Brabant, et l'abbaye de femmes de Nivelles[1]. Le fait peut être vrai; néanmoins, ce que personne n'admettra, c'est que Lotusa serait synonyme de Zele, comme Campmannus l'avance. Foppens et Pertz ont depuis longtemps démontré que *Lotusa*, ou plutôt *Lutosa*, est la forme latine antique de Leuze, ville du Hainaut qui faisait en effet partie du *pagus brachbatensis* et où saint Ludger est vénéré encore de nos jours à titre de patron local. L'erreur dans la-

---

[1] LINDANUS, *De Teneraemonda*, p. 135.

quelle Campmannus a versé est imputable à son défaut de notions exactes sur la géographie du moyen-âge, joint à cette circonstance que la paroisse de Zele était également placée sous le patronage de saint Ludger et paraît aussi avoir été cédée par Charlemagne à l'abbaye de Werden [1].

On ne pourrait produire un seul document dans lequel Zele est attribué au Brabant; ce village ressortissait au contraire au pays de Waes, qui avait alors une circonscription plus considérable, ainsi qu'il résulte non seulement de l'étendue de la juridiction de l'ancien doyenné de ce nom, mais encore du polyptique ou état de biens de l'abbaye de Lobbes de l'année 868-869, lequel place le village de Hamme, situé sur la rive droite de la Durme et englobé plus tard dans la seigneurie de Termonde, dans le *pagus Wasiae*.

Le chanoine David, continuant à prendre Lindanus pour guide, cite encore une charte de l'année 1236, par laquelle Jeanne de Constantinople interjette appel auprès de l'archevêque de Reims, afin que l'interdit lancé sur la Flandre n'atteigne pas l'abbaye de Saint-Bavon, située sur terre d'empire [2]. Il parle aussi d'un différend qui s'éleva jadis entre l'abbé de Saint-Bavon et le roi de France, lequel prétendait que l'abbaye se trouvait sur le sol français, différend qui se termina contrairement aux prétentions royales;

---

[1] J. B. Heirman, *Betrekkingen der abdij van Werden met de parochie van Zele*, dans les *Annales du cercle archéologique de Termonde*, 1866, 1re livr., p. 115.

[2] Serrure, *Cartulaire de Saint-Bavon*, p. 197.

seulement il perd de vue que du temps de la comtesse Jeanne, de même qu'à l'époque de ladite contestation, la suzeraineté de l'empire sur cette partie de la Flandre était déjà reconnue et confirmée par l'acte de prestation d'hommage de 1192, ainsi que nous l'avons vu plus haut. L'argumentation du savant chanoine n'a donc pas la portée qu'il a cru lui imprimer et effleure à peine nos propositions.

Marchantius, Lindanus et le comte de Bylandt, de leur côté, ont soutenu que le pays de Waes n'a jamais appartenu à la France[1]; mais, comment ces savants ont-ils pu s'exprimer ainsi en présence du traité de Verdun de 843, qui indique l'Escaut comme ligne séparative entre la France et la Lotharingie, et en présence du témoignage unanime des anciens historiens les plus dignes de foi. Les annales de Saint-Bertin ne nous assurent-elles pas que Lothaire obtint les comtés situés entre le Rhin et l'Escaut, *inter Rhenum et Scaldem in mare decurrentem*[2]? « Parfaitement, » répond le chanoine David, « mais dans cette phrase il y a la moitié de trop, s'il est vrai que l'Escaut de 843 était semblable à l'Escaut actuel. En effet, les mots *in mare decurrentem* constituent un pléo-

---

[1] MARCHANTIUS, p. 29. — LINDANUS, p. 133. — DE BYLANDT, *Commentatio*, p. 165.

[2] « Scaldus fluvius a fonte suo usque ad mare discernit regnum Lothariense a comitatu Flandriae qui est de regno Franciae. » *Flandria generosa*, apud VREDIUS, *Historia comitum Flandriae*, p. 486. — *Genealogia comitum Flandriae*, apud MARTÈNE, *Thesaurus anecdotorum*, t. III, p. 381.

[3] *Annales Bertiniani*, apud DOM BOUQUET, t. VII, p. 62.

nasme, puisque l'Escaut, comme le Rhin et tous les fleuves se déchargent dans la mer. » Ce raisonnement ne prouve rien ou prouve trop ; en effet, l'Escaut s'écoulant vers la mer par la voie d'Anvers ou directement par Biervliet, reste toujours l'Escaut *in mare decurrens;* le détour importe peu. Seulement, ces termes indiquent que l'Escaut servait de limite jusqu'à son embouchure, ce qui n'est plus du tout un pléonasme.

Le docte professeur Kluit va beaucoup plus loin ; il prétend que le lot de Charles le Chauve renfermait aussi les îles occidentales de la Zélande[1], et que l'Escaut dont parle l'acte de partage de 843 n'a conséquemment rien de commun avec le bras occidental connu aujourd'hui sous le nom de Hont, mais doit être entendu du bras oriental du fleuve[2]. Tel est aussi l'avis de Warnkœnig et de Gheldolf[3].

Nous ne pouvons nous rallier à cette manière de voir, et voici pourquoi : Il est certain que dans le partage de 843 on prit pour base, autant que possible, les circonscriptions diocésaines. Celles-ci avaient le double avantage de correspondre à d'anciennes divisions civiles, et d'offrir une délimitation notoire et suffisamment immuable. L'historien allemand Gfrœrer a le premier fait ressortir cette particularité en l'appliquant à l'ensemble du mode de partage[4].

---

[1] Kluit, *Historia critica,* t. I, pars I, p. 171.

[2] Kluit, *De nexu feudali Flandriam inter et Zeelandiam,* cap. I.

[3] Warnkœnig, trad. Gheldolf, t. I, p. 126.

[4] Gfrœrer, *Geschichte der Karolinger vom Tode Ludwigs des Frommen,* t. I, p. 57.

A-t-on dévié de ce principe à l'égard du diocèse d'Utrecht, à raison de la limite naturelle qu'on rencontrait dans le cours de l'Escaut? La chose est possible, mais nous penchons plutôt pour la négative.

Hâtons-nous de dire que le doute n'est permis qu'en ce qui concerne le doyenné des Quatre-Métiers, c'est-à-dire cette partie marécageuse du diocèse qui s'étendait à gauche du Hont et formait pour ainsi dire une enclave de l'Escaut.

Quant aux îles occidentales de la Zélande, elles furent indubitablement adjugées à Lothaire, qui les donna en bénéfice au chef norman Hemming, frère du fameux Hériold [1]. A la mort de Hemming (837), elles passèrent sous la domination de Godfrid, fils de Hériold, connu dans l'histoire pour avoir possédé plusieurs comtés dans le royaume de Lothaire II, et entre autres l'île de Walcheren [2].

Durant les perturbations politiques qui désolèrent l'Europe vers la fin du IXe siècle, la Zélande subit des vicissitudes diverses. Lothaire II étant décédé en 869 sans laisser de postérité légitime, Charles le Chauve s'empara de ses États au préjudice de l'empereur Louis le Germanique, à qui la succession revenait de droit. Cependant, un arrangement intervint; les deux rois se réunirent sur les bords de la Meuse, non loin de Meersen, et un traité y fut conclu, aux termes

[1] DEPPING, *Histoire des expéditions maritimes des Normans*, t. I, p. 108.
[2] *Annales Bertiniani*, ad annum 855.

duquel Charles obtint toute la partie de la Lotharingie qui se trouvait à l'occident de l'Ourthe et de la Meuse, donc aussi la Zélande[1]. Il y annexa plus tard le reste de la Lotharingie.

En 878 le traité de Meersen fut remis en vigueur, et la Lotharingie occidentale tomba en partage à Louis le Bègue, fils de Charles le Chauve[2], qui la tint jusqu'à sa mort. Les grands du royaume appelèrent ensuite au trône de France Louis de Saxe, fils du Germanique; mais ce prince refusa la couronne qu'on lui offrait et n'accepta que la Lotharingie occidentale. Par suite de cet accord la Zélande tout entière fit retour à la Germanie (880).

A Louis de Saxe succéda Charles le Gros, déposé en 887 pour cause d'incapacité. Après lui vint Arnulphe, fils du roi de Bavière, qui érigea la Lotharingie en royaume distinct en faveur de son fils naturel Zwentibold[3]. Les violences et les rapines du nouveau monarque le rendirent si odieux que ses peuples se révoltèrent et offrirent le sceptre à Louis, surnommé l'Enfant, roi de Germanie, fils d'Arnulphe. Ce prince ne vécut que jusqu'en 912. Alors les grands de la Lotharingie élevèrent sur le pavois Charles, dit le Simple, roi de France. Victime de la félonie de quelques vassaux puissants, Charles perdit successivement ses deux couronnes. Henri l'Oiseleur recueillit enfin la Lotharingie et l'annexa définitivement à l'empire germanique.

---

[1] MIRÆUS, t. I, 28. — PERTZ, *Leges*, I, p. 516.
[2] BALUZE, *Capitularia*, II, p. 278. — PERTZ, *Leges*, I, p. 545.
[3] REGINONIS *Chronicon*, apud PERTZ, *Monumenta*, t. II, p. 606.

Il résulte de cet exposé que depuis le traité de Verdun, si l'on fait abstraction de deux périodes très-courtes, savoir de 870 à 880 et de 912 à 925, le Hont ou une ligne au sud de ce bras de mer ne cessa de former la limite entre la France et la Lotharingie.

Inutile de dire que la Zélande occidentale suivit constamment les destinées de ce dernier pays. Tout porte à croire qu'elle resta durant un temps relativement long au pouvoir des Normans, même après la bataille de Louvain (891), qui expulsa ces barbares de l'intérieur de la Belgique.

Par acte du 14 avril 972, l'empereur Othon II concéda, à titre de dot, à sa femme Théophanie, entre autres biens, l'île de Walcheren [1]. Quatre années après il confirma les alleux de l'abbaye de Saint-Bavon de Gand situés dans le *pagus* de l'Escaut au nord de Berg-op-Zoom, dans le Goude-Stroom, dans l'île de Beveland, dans celles de Walcheren et de Borselen, au Diepenhee et dans les autres *pagi* de son empire *(infra regni nostri terminos)* [2]. Il donna en 980 à l'abbaye de Nivelles le ban ou haute juridiction dans les villages de Suisant et Gersicha, localités voisines de l'île de Beveland [3]. Son successeur, Henri II, approuva en 1003 le privilége de 976 cité ci-dessus, délivré en faveur du monastère de Saint-Bavon [4], et par

---

[1] KLUIT, *Codex diplomaticus*, p. 38.
[2] SERRURE, *Cartulaire de Saint-Bavon*, p. 10.
[3] *Revue d'histoire et d'archéologie*, t. III, p. 372. — MIRÆUS, t. I, p. 654.
[4] SERRURE, p. 15.

un autre diplôme de l'an 1005 il abandonna les dîmes de Walcheren à l'abbaye de Saint-Adalbert à Aix-la-Chapelle [1]. On n'a pas oublié à quelle occasion le comte de Flandre Baudouin IV obtint en fief de l'empereur les îles de la Zélande. Nous ajouterons qu'elles furent enlevées à son successeur par les Hollandais et les Impériaux coalisés; que Robert le Frison les reprit en 1053; qu'elles furent ensuite concédées en arrière-fief par les comtes de Flandre à ceux de Hollande, et finalement tenues en fief direct de l'empire par ces derniers. Ces faits n'ont plus besoin de démonstration, ils sont acquis à l'histoire.

En ce qui concerne les Quatre-Métiers, la question est plus difficile à élucider. Si le texte du traité de Verdun était parvenu jusqu'à nous, peut-être y eussions-nous trouvé des indications précieuses à cet égard; malheureusement on ne possède sur les stipulations de cet acte célèbre que les détails beaucoup trop laconiques de Prudentius, le continuateur des Annales de Saint-Bertin, lequel se borne à esquisser en quelques traits rapides les bases de la division adoptée [2]. Les éléments de solution nous font donc complétement défaut. Cependant, il est un fait certain : c'est qu'on ne parviendra jamais à expliquer d'une manière rationnelle l'origine des prétentions des empereurs d'Allemagne sur les Quatre-Métiers et plus

---

[1] LACOMBLET, *Urkundenbuch für die Geschichte des Niederrheins,* p. 88.
[2] DOM BOUQUET, t. VII, p. 62. — PERTZ, *Monumenta,* t. I, p. 440.

tard sur le pays de Waes, si l'on n'admet en principe que le diocèse d'Utrecht dans toute son intégrité fut compris dans le lot de Lothaire.

VII.

Nous ne nous sommes occupé jusqu'ici que des fiefs impériaux de la rive gauche de l'Escaut. Il est temps d'examiner ceux de la rive droite.

Lorsque l'empereur Auguste divisa la Belgique en provinces et celles-ci en cités, la Nervie fut comprise, sous le nom de *civitas cameracensis*, dans la seconde Belgique, dont Reims était la métropole.

Sous les Francs les anciennes divisions se maintinrent sous la dénomination de *pagi*, en thiois *gouwen*. Le *pagus brachbatensis*, subdivision de l'ancienne *civitas cameracensis*, se forma des contrées situées entre l'Escaut, le Rupel, la Dyle et la vallée de la Haine. Le pays d'Alost y était donc enclavé. A la mort de Clovis, le *pagus* du Brabant fut adjugé à Thierry, roi de Metz. Il fut compris plus tard dans l'Austrasie. De Louis le Débonnaire il passa en 843 à Lothaire, un de ses fils. Charles le Chauve en hérita en 870, avec le reste de la Lotharingie occidentale. Ce royaume, après avoir fait l'objet de longues contestations entre les empereurs d'Allemagne et les rois de France, resta annexé à la Germanie. L'empereur Othon Ier en donna l'investiture à son frère Brunon, archevêque de Cologne. Celui-ci partagea en 959 la contrée en deux duchés, la Lotharingie supérieure et la Lotharingie inférieure, dont la dernière renfermait le Brabant.

C'est vers cette époque que le principe de l'hérédité des fonctions et emplois, déposé dans le capitulaire de Kiersy et qui était destiné à opérer une révolution si profonde dans les relations sociales, commença à faire sentir son influence. Bientôt, sur les ruines de la monarchie autoritaire, on verrait le monde féodal se constituer et s'épanouir.

On possède peu de renseignements sur les comtes ou fonctionnaires qui furent institués en Brabant et dont la nomination ou la révocation dépendait entièrement de l'arbitraire du prince.

Il nous est impossible de voir dans les comtes Odelard et Witger autre chose que des gouverneurs temporaires de l'un ou de l'autre canton de l'Austrasie. Ces seigneurs ne nous sont d'ailleurs connus que par les légendes des saintes Berlinde et Gudule.

Dans un diplôme de l'année 908 figure un comte Sigehard, qui avait un gouvernement dans le Hainaut et dans les environs de Liége [1]. Certain comte Egbert ou Herbert possédait en 919 des biens dans le Brabant, à Chièvres et dans le voisinage de Maubeuge [2]. Vers l'an 949 apparaît un comte Amulric [3].

---

[1] MIRÆUS, t. I, p. 34 et 254. *Ibidem*, t. IV, p. 175.
[2] DOM BAUDRY, *Annales de l'abbaye de Saint-Ghislain*, apud DE REIFFENBERG, *Monuments*, t. VIII, p. 272.
[3] BALDERIC, édit. LE GLAY, p. 111.

Cependant, le premier personnage officiel, dont l'existence par rapport à nos contrées repose sur des données historiques sérieuses, est Regnier au Long-Col, comte de Hainaut et de Hesbaie, duc de la Lotharingie, décédé en 916, célèbre par ses exploits contre les Normans [1]. Les auteurs admettent, et à juste titre, qu'il administra aussi le Brabant.

Son fils Regnier II lui succéda et mourut vers 932.

Regnier III, également surnommé au Long-Col, comme son grand-père [4], ne sut pas conserver son patrimoine. L'archevêque Brunon le fit déporter au-delà du Rhin, et donna son comté à un noble nommé Richer, lequel vivait encore en 965 [5].

Nous trouvons alors à la tête du Hainaut et du Brabant Garnier et Renaud, qui furent tués dans un combat contre Regnier et Lambert, les fils de Regnier III [6]. Ceux-ci établirent leur résidence dans le château de Boussu-lez-Saint-Ghislain, d'où ils ravagèrent tous les environs jusqu'à ce que

---

[1] DUDO, *Historia ducum Normannorum,* apud BUTKENS, *Trophées de Brabant,* t. I, pr., p. 12. — ERNST, *Mémoire historique et critique sur les comtes de Hainaut de la première race,* dans les *Bulletins de la Commission royale d'histoire,* 2e série, t. IX, p. 428.

[2] BUTKENS, t. I, p. 34. — DE VADDERE, *Traité de l'origine des ducs et du duché de Brabant,* p. 161. — DES ROCHES, *Epitome historiae Belgicae,* 1, IV, p. 211.

[3] ERNST, p. 460.

[4] DOM LUC D'ACHERY, *Spicilegium,* t. II, p. 761.

[5] SIGEBERT, ad annum 959. — FRODOARD, ad annum 957. — DITMARUS MERSBURGENSIS, p. 411.

[6] SIGEBERT, apud PERTZ, t. VI, p. 351. — BALDERIC, édit. LE GLAY, p. 148. — DOM BAUDRY, apud DE REIFFENBERG, t. VIII, p. 299.

l'empereur Othon II vint en personne avec une nombreuse armée assiéger leur repaire, qu'il prit et livra aux flammes. Les jeunes princes furent envoyés en exil [1].

Nous venons de nommer le château de Boussu. On aurait tort de considérer ce burg comme une forteresse ordinaire; il était, avant sa destruction par l'empereur Othon, le chef-lieu du comté (*comitatus Biesuth*, *comitatus Bizit*), et servait probablement comme Mons de résidence à l'un des deux comtes qui depuis la nomination de Richer, et peut-être avant, avait tenu le pouvoir en mains [2]. Il commandait la contrée située entre

---

[1] « Super Hagnam fluvium castrum Bussud munierunt, ibique satis et super, dum liquit, soevierunt. Hoc autem juvenis imperator audiens, collecto exercitu castellum obsidione clausit, diruit, captosque rebelles in exilium misit. » BALDERIC, p. 148. Voir aussi SIGEBERT, ad annum 973, apud PERTZ, t. VI, p. 351-352. Un acte délivré par l'empereur Othon II, en faveur de l'abbaye de Saint-Bavon, est daté de Boussu (*Bosgut*), le 12 des calendes de février 974 ou 21 janvier 974. SERRURE, *Cartulaire de Saint-Bavon*, p. 9.

[2] Le village de Boussu est très-ancien. Dans une légende de saint Ghislain, composée au IXe ou Xe siècle, ainsi que dans une vie de saint Gérard, rédigée au Xe siècle, il est nommé *Buxutum* (MABILLON, *Acta ordinis santi Benedicti*, t. II, p. 793, et t. V, p. 269); en 945 « villa Buxut super fluvium Haina. » (VAN LOKEREN, t. I, p. 26). Buxutum dans une lettre de l'année 1054 (DUVIVIER, *Recherches sur le Hainaut ancien*, p. 393). Dans un écrit de 1113 on lit : « Villa Haynau quae est Bossut » (PERTZ, t. VII, p. 530); en 1074 « altare de Bussuth (DUVIVIER, p. 416); en 1080 « altare de Bossuth » (IB., p. 429); en 1118 « villa Hornud cum appenditio suo Busud » (DOM BAUDRY, apud DE REIFFENBERG, t. VIII, p. 339. On prétend que sainte Waudru, patronne de Mons, qui vivait en 650, aurait eu une vision dans l'église de Boussu (*Acta SS.*, t. II aprilis, p. 668). Dans ce village existait un antique château, dont le dessin a été publié par M. L. DEVILLERS, dans les *Annales du cercle archéologique de Mons*, t. II, p. 77, d'après un ancien plan figurant le territoire de

l'Escaut et la Dendre et sans doute aussi le vicariat de Bavai. Les villages de Herzele et de Walsegem (dépendance de Baelegem) en faisaient

Saint-Ghislain, Boussu, Hornu et Wasmuel. Cette construction militaire, conçue dans le style roman, pourrait avec certaine apparence de raison, être rapportée à l'époque de l'empereur Othon. Béatrice de Rumigny, dame de Boussu et veuve de Gossuin de Mons, réclama en 1187 et 1188 le droit de faire célébrer le service divin dans la chapelle de son château de Boussu (WATTIER, *Boussu et Boussoit*, dans les *Annales du cercle archéologique de Mons*, t. VIII, p. 87). Un corps d'armée allemand, sous les ordres des comtes de Romont et de Ravenstein, s'empara en 1478 de cette place forte (VINCHANT, *Annales de Hainau*, liv. IV, ch. LI). Le château fut entièrement reconstruit en 1540 (IBID., liv. III, ch. XXV).

Non loin du château de Boussu, sur le territoire adjacent de Hornu, s'étendait une plaine célèbre connue sous le nom de *Cour des quesnes* ou des chênes. C'est là que depuis des temps immémoriaux les comtes de Hainaut tenaient leurs plaids publics *(placita)*. Des assemblées de cette nature y eurent lieu en 985 et 1190. Au XIVe siècle, les échevins de Mons venaient encore à chef au « parlement as quesnes à Hornu » (L. DEVILLERS, *La cour des chênes à Hornu*, dans les *Annales du cercle archéol. de Mons*, t. II, p. 417. — F. HACHEZ, *La cour des chênes à Hornu, ibid.*, t. IV, p. 111). Quand on considère que Boussu formait autrefois une annexe de Hornu *(villa Hornu cum appendicio suo Busud* (DE REIFFENBERG, VIII, 339), n'est-on pas fondé à prétendre que les plaids généraux furent tenus dans cette dernière localité à raison de la résidence habituelle du comte du district, de même que d'autres assemblées publiques se tenaient à Mons, où l'autre comte de Hainaut avait fixé son séjour; et qui oserait affirmer que les dissensions sanglantes qui éclatèrent en 985 entre les Montois et ceux de Hornu ne prirent pas leur origine dans l'antagonisme existant entre les deux chefs-lieux politiques. DOM BAUDRY, p. 302-303, parle de ces divisions d'après RONNERUS, *Liber miraculorum Sancti Ghisleni*, cap. XXII. Une autre preuve de la grande importance du village de Hornu pendant les XIe et XIIe siècles, se déduit de cette circonstance qu'il servait alors de siége à un doyen rural, « S. Seyfridi decani de Hornut. » Actes des années 1073 et 1086; « Altare de sancto Vedasto quod in decanatu de Hornuto prope Bavacum situm est. » Acte de l'année 1159 (DUVIVIER, *Recherches*, p. 415, 446 et 588). Ce siége fut transféré plus tard à Bavai.

partie. Selon toutes les apparences l'origine du comté de Boussu date du gouvernement de Garnier et de Renaud, car il existe des écrits qûi en font mention dès 972, donc avant la bataille de Péronne. Son nom resta en usage même après que le siége du comté eut été transféré depuis plusieurs années à Eenhame [1].

Il suit de ce qui précède que le pays d'Alost faisait partie du comté de Boussu, et se trouvait par conséquent placé sous la domination des princes hennuyers, conjointement avec la partie sud du pays de Termonde.

Garnier et Renaud étant morts, l'administration du Hainaut et de ses dépendances fut confiée à Godefroid le Captif, comte d'Ardenne et de Verdun, et à Arnoul, comte de Valenciennes [2]. Le premier reçut les cantons du Brabant et la ville de Mons, le second la partie occidentale du Hainaut [3]. Ils eurent à se défendre contre les entreprises belliqueuses de Regnier IV et de Lambert [4]. Godefroid fut fait prisonnier par le roi de France en 984 et ne recouvra la liberté qu'en 986 [5]. Il se fit bâtir à Eenhame,

---

[1] « In pago bracbatinse in comitatu Biesuth in loco nuncupato Hersele super fluvium Arpia. » Lettres du 21 août 972. VAN DE PUTTE, *Annales abbatiae sancti Petri Blandiniensis*, p. 106. VAN LOKEREN, I, p. 46. — « In villa Vualsegem, in pago brabantensi in comitatu Bisit cum mancipiis XXIII. » Acte de l'année 1011. *Revue d'histoire et d'archéologie*, t. III, p. 445. — A. WAUTERS, *Table chronol. des chartes et diplômes imprimés*, t. I, p. 452.

[2] BALDERIC, p. 148.

[3] ERNST, *Mémoires sur les comtes de Hainaut*, p. 477. — DUVIVIER, *Recherches*, p. 149.

[4] BALDERIC, p. 149.

[5] SIGEBERT, ad annum 934. — BALDERIC, p. 166. — GERBERTI *Epistolae*, apud DOM BOUQUET, t. IX, p. 284, 290.

sur les bords de l'Escaut, une ville magnifique et y fixa son séjour [1]. Dans l'entretemps Regnier IV, qui s'était réconcilié avec Arnoul de Valenciennes, parvint en 998 à récupérer Mons et successivement tout le Hainaut [2].

Godefroid mourut le 4 septembre vers l'année 1004 [3]. Son fils Herman, aussi appellé Hézelon, lui succéda dans le comté de Verdun et de Dagsbourg et dans le pays d'Alost [4]. Il tint aussi sa résidence habituelle à Eenhame. Mathilde, sa fille, devint la femme de Regnier V de Hainaut, et lui apporta en dot une grande partie du Brabant, à laquelle vint s'adjoindre le château d'Eenhame, lorsque Herman eut renoncé au monde et se fut retiré, vers 1034, dans l'abbaye de Saint-Vannes à Verdun [5]. Par suite de ces événements, le pays d'Alost fit retour au Hainaut.

Nous avons raconté comment le comte de Flandre, jaloux de l'extension que prenaient les do-

[1] BALDERIC, p. 240. — SIGEBERTI Auctarium Affligemense, apud PERTZ, VI, p. 398.

[2] ALBERICI Chronicon, apud DOM BOUQUET, t. X, p. 287.

[3] ERNST, Dissertation historique et critique sur la maison royale des comtes d'Ardennes, dans les Bulletins de la Commission royale d'histoire, t. X, p. 271.

[4] « Hezelo, comes, post mortem ducis (Godefridi Eihamensis), castrum Eiham cum provincia Brabantensi suscepit et diu tenuit. » SIGEBERTI Auctarium Affligemense, apud PERTZ, t. VI, p. 398.

[5] « Alteram quoque filiam tradidit nuptui Reginero Montensi comiti, simul cum tota provincia Brabantensi. Deinde cum omnia sua ad votum ordinasset, relicto in manus Regineri castro et comitatu, apud Verdunum effectus est monachus. » SIGEBERTI Auctarium Affligemense, apud PERTZ, t. VI, p. 399. Par provincia brabantensis, il faut entendre ici le pays situé entre l'Escaut et la Dendre ou pagus brachbatensis minor.

maines de son voisin, se rua sur le château d'Eenhame et s'empara de la partie flamande du Hainaut
(1046). Il institua comme gardiens des marches
conquises ceux d'entre ses chevaliers qui l'avaient
le plus puissamment secondé dans ses projets :
Rodulphe de Gand fut apanagé de la châtellenie
d'Alost, Ringaud de Gand reçut le pays de Termonde, et Folcard de Gand eut pour sa part le
domaine de Bornhem.

A raison de cette annexion le comte devint le
vassal de l'empire d'Allemagne, comme il l'était
déjà pour les îles de la Zélande et les Quatre-
Métiers. Baudouin IV en fit hommage à l'empereur en 1049. C'est ce qu'Iperius nous apprend en
ces termes : « Postmodum in Tornaco per Henri-
cum, Francorum regem, pax facta est inter eos,
sicque comiti Flandriæ remanerent perpetuo et
hereditarie pars illa Brabantiæ, quam ipse Balduinus comes conquisierat ultra Teneram fluvium, et comitatus Alostensis cum terra Quatuor
Officiorum. Insuper in Zelandia quinque insulas
imperator ei superaddidit, cum conditione quod
eas ab imperatore teneret [1]. »

La portion de territoire conquise par Baudouin
au-delà (ultrà) de la Dendre, ne peut, à notre sens,
s'appliquer qu'aux pays de Termonde (partie sud)
et de Bornhem, ainsi qu'à la partie du pays
d'Alost s'étendant sur la rive droite de la rivière

---

[1] IPERIUS, apud MARTÈNE, *Thesaurus anecdotorum*, t. III, p. 577.
— *Corpus chronicorum Flandriae*, t. I, p. 553. — D'OUDEGHERST,
p. 236.

et qui n'était pas comprise dans le comté d'Eenhame.

En 1057 nous voyons le comte Baudouin V recevoir l'investiture des pays d'Alost, des Quatre-Métiers et des îles de la Zélande.

Lors du partage solennel de 1063, Robert le Frison obtint pour sa part dans la succession paternelle les fiefs impériaux, parmi lesquels Jean de Leyden nomme le *comitatus Bogronensis*, « Id est, dit-il, Aelst, Oudenaerden cum suis districtibus [1]. » Robert, après avoir surmonté victorieusement les difficultés que Richilde de Hainaut lui avait suscitées, envoya des légats à Henri IV, à Cologne, pour faire hommage en son nom de la terre d'Alost et des autres terres tenues en fief du roi de Germanie [2]. Il renouvela cet hommage en 1084 entre les mains de l'empereur, qui était alors à Rome [3]. Robert II, son fils, eut des démêlés avec ce même Henri IV, qui voulut lui reprendre les fiefs impériaux, d'abord en 1096, ensuite en 1102; mais il conserva ses droits et fut admis au serment de vasselage en 1103 [4]. De nouvelles hostilités surgirent en 1106 et 1107 entre Henri V et le comte de Flandre, mais celui-ci réussit à se faire confirmer par le traité de Mayence dans la possession des fiefs allemands [5]. L'histoire

[1] JOANNES A LEYDIS, *Chronicon belgicum*, apud KLUIT, t. I, pars II, p. 194. — MEYER, ad annum 1063.

[2] PAULUS, *Dissertatio inauguralis de nexu feudali Flandriam inter et Zeelandiam*, p. 17.

[3] PAULUS, p. 17. — D'OUDEGHERST, p. 326.

[4] MEYER, ad annos 1096 et 1103. — PAULUS, p. 18.

[5] PAULUS, p. 18-19.

ne dit rien de l'investiture de Baudouin VII. Charles le Bon fit hommage en 1126 par l'entremise de délégués [1]. Thierri d'Alsace se rendit personnellement en Allemagne en 1130, ainsi que le prouve un acte de cette année délivré en faveur de l'abbaye d'Afflighem [2].

Parmi toutes ces relations d'hommage, il ne se rencontre aucune mention de Termonde, de Grammont et de Bornhem, d'où Lindanus a cru pouvoir conclure que la seigneurie de Termonde, entre autres, constitua de tout temps un franc alleu. Ce district, dit-il, fut concédé jadis par les empereurs d'Allemagne à la famille de Termonde comme bien de souche absolument libre, et se transmit en cette qualité, quitte et exempt de tout hommage et de toute reconnaissance envers un prince temporel quelconque [3].

Meyer, Wielant et les autres écrivains tant anciens que modernes partagèrent cette manière de voir [4]. D'après eux, la Flandre se composait sous le rapport féodal de trois membres : la Flandre sous la couronne, la Flandre impériale et la seigneurie de Flandre. Le comte devait hommage à l'égard de la première, au roi de France, à l'égard de la seconde à l'empereur d'Allemagne;

[1] Du Chesne, *Histoire des maisons de Guines et de Gand*, pr., p. 69.
[2] A. de Vlaminck, *Cartulaire de Termonde*, I, p. 26.
[3] Lindanus, *De Teneraemonda*, p. 9 et suiv.
[4] Meyer, apud Lindanus, p. 9. — Wielant, *Antiquités de Flandre*, dans le *Corpus chronicorum Flandriae*, t. IV, p. 92. — Marchantius, *Flandriae descriptio*, édit. 1596, p. 30.

la troisième était une propriété franche, obtenue par droit héréditaire des possesseurs allodiaux et sur laquelle le seigneur régnait en suzerain et en souverain, la tenant de Dieu en toute propriété.

Ce phénomène historique étrange en vertu duquel les détenteurs des seigneuries de Termonde, de Grammont et de Bornhem se trouvaient en possession d'un droit plus éminent que celui dont jouissaient nos comtes, droit qui les établissait les égaux des rois, nous engage à entreprendre à ce sujet quelques recherches, dont on trouvera le résultat dans notre seconde étude.

ALPH. DE VLAMINCK.

VARIÉTÉS.

L'ÉGLISE DE N.-D. DE SAINT-PIERRE A GAND, MUSÉE ET ÉGLISE TOUT A LA FOIS. — En l'an XI de la République, le ci-devant oratoire des moines Bénédictins de Saint-Pierre au Mont-Blandin fut rendu au culte catholique. Grâce au savant Van Hulthem, qui avait eu l'heureuse idée de proposer à l'administration de le transformer en musée, en y réunissant les dépouilles opimes des couvents et des abbayes, ce beau monument avait échappé aux entrepreneurs des démolitions sociales du siècle dernier. Mais en rendant le temple à sa destination primitive, qu'allait-on faire du musée? L'Administration préfectorale trouva que le plus simple était de faire part à deux, et le 29 thermidor an XI, le citoyen préfet arrêta que « la partie haute de l'église de la cy-devant abbaye de Saint-Pierre consistant en chœurs et bas-chœurs latéraux » serait mise à la disposition de l'évêque du diocèse de Gand, et que « la partie haute de la dite église sera séparée par des murs de la partie du bas, autrement dite de la nef, laquelle sera affectée au Muséum. »

Les frais de ce vandalisme architectural devaient être supportés exclusivement par les citoyens habitants de l'arrondissement de la succursale de Saint-Pierre, qui avaient réclamé contre l'exiguité de cette succursale.

Pisson fut chargé de faire le devis des frais; le voici textuellement :

« *Devis et détail estimatif des ouvrages à faire pour la*
» *construction de quatre murs de séparation pour par-*
» *tager en deux la ci-devant église de l'abbaye de Saint-*
» *Pierre servant de museum dans la ville de Gand.*

» Savoir :

» Il sera construit un mur de séparation
» dans le grand nef dudit local entre les co-
» lonnes de marbre servant d'entrée au ci-
» devant chœur, de la longueur de 4 mètres
» et de la hauteur de cinq mètres et de l'épais-
» seur d'une brique, ensemble vingt mètres,
» à raison de deux francs soixante-deux cen-
» times par mètre . . . . Fr.   52-40
» Deux portiques faisant les portes latérales
» d'entrée de deux bas nefs, seront bouché et
» maconné de la largeur de deux mètres et de
» la hauteur de quatre mètres et de l'épais-
» seur d'un brique, ensemble pour les deux
» portiques seize mètres, au prix comme
» dessus revient   39-92
» Deux portiques faisant l'entrée aux bas
» nefs seront également bouché et maconné
» de la largeur de trois mètres et de la hau-
» teur de cinq mètres et de l'épaisseur d'un
» brique, ensemble pour les deux portiques
» 30 mètres, au prix comme dessus, ensemble   78-60
» Idem, pour platrage de deux faces des
» dits murs en mortier brun, ensemble 132
» mètres à 81 cent. par mètre faisant . . .   106-92
» Pour peindre lesdits platrages en fresque,
» les couleurs à choisir en minéraux, à raison
» de 18 centimes par mètre   23-76
                                          ──────────
                                          Fr. 301-60

» Le présent état montant à la somme de trois cent un
» francs soixante centimes; fait et rédigé par moi sous-
» signé architecte de la ville de Gand, le 23 thermidor
» an onze. »   « PISSON. »

ÉPHÉMÉRIDES GANTOISES [1]. — « Int jaer 1479 verber-
rende op de Vismarct *het Haenthen* ende *de Maerminne*,
beyde huyzen der heerlicheyt van Ste Pieters, waer inne
verbrande Pieter Verrekin en syn wyf.

» Int jaer 1480 waeren de huysen van Ste Pieters op de
Vischmarct afghebroken die verbrant waeren, beginnende
van in de Corte Munte tot aen den Vleeschuyse ende daer
mede de Vismarct vermeerdert.

» 1483. Den heere van Maldeghem hebbende ghemis-
bruyckt jeghens de stede van Gent, moest stellen de vier
pilaeren op de Vischmarct in dit jaer, stellende op elcken
pilaer eenen leeuw met eene baniere in den clauw, eens-
deels houdende de wapenen van Borgoignen, anderdeels
die van Vranckerycke.

» Int jaer 1484 in hoymaent beswoer den hertooghe
Maximiliaen onse privilegien ende die van Gent.

« Int jaer 1495 was gheconsenteert de vrie marct te
half vasten by hertooghe Philippus tot Ghendt.

» Int jaer 1507 bezwoer vrauw Magriete van Savoyen onse
privilegien in den naem van hertooghe Chaerle, mense maio.

» Int jaer 1511 gaf den keyser Maximiliaen aen die van
Gendt volghende hun privilegien ende uyt der naeme van

---

[1] Archives de l'État à Gand, fonds de l'abbaye de Saint-Pierre.
Ms. n° 524, fol. 24 v°, et Ms. n° 527, p. 4 v°.

jonghen grave daer van hy momboir was, onghehouden te
wesen van sgraeven propere ende niet te verbeuren dan
het lyf ofte de boete van LX ponden, ten waere eenighe
rechten vanden amman staende ghespecificeert int lattoen
op tstadthuys.

» Int jaer 1578, op Ste Bartholemeus dagh in ougste,
in den avont ende inder nacht, wierden afgheworpen de ·
beelden ende aultaeren van de kercken Ste Pieters, St Jans,
Ste Michiels, Ste Niclaes ende alle andere, wordende de
selve vercocht ten prouffite vande stede, wesende alsdan
voorschepen joncheer Jan van Imbieze.

» In tselve jaer den VI^{en} september was den bailliu van
Ste Pieters ende Ste Baefs verlaeten ende alle de heerlicheden met haerlieder præeminentien gheappliqueert
ten prouffitte vande stede van Gendt.

» Den 29^{en} november in den nacht starf joncheer Fer-
dinandus de la Barre, heere van Moscroen, hooghbailliu
van Gent, int Sprincenhof, naer dat hy elf maenden ghevanghen hadde gheweest int selve jaer.

» Den XVII^{en} december ten selven jaere wiert ten thuyne
van schepenhuyse ghepubliceert de religieus vrede ofte
liberteyt, ende wiert de selve den X^{en} maerte noch eens
ghebroken ende de priesters uyt ghejaeght.

» Int beginsel van de maent october 1561, te weten den
14^{en}, was by voorghebodt belast de marct van Ste Pieters,
diemen noempt de clooster marct, te houden op de Cautere
ende uytgheroepen by trompet.

» Joncheer Pieter de Vos, jo^r Pr Cortewyle, Lieven
Heylinck d'oude met meer andere wierden gheauthoriseert
met absoluyt last van weghe die van Gent, omme den
prince van Parme tot Beveren by Antwerpen te gaen
vinden ende met hem . . . . Gent een reconciliatie,
ende eyndelinghe wiert de selve reconciliatie op den

18^{en} septembre 1584 met syne hoogheyt aldaer ghesloten ende gheaccordeert.

» Den 19^{en} september 1584 wiert de reconciliatie op tstadthuys ten thuyne uytghelesen, present den president Richardot ende den audiencier Verheecken, ghedeputeerde van Syne Ma^t, ende heele de wet ende wiert triumphe gheschoten.

» Int jaer 1586, 23^{en} augusti, was Franse Haesaert filius Michiel, vleghelmaker, woonende ontrent de Waelpoorte, te Ste Pieters ghevanghen synde, te Maelte verbrant ende int huyseken zittende onschuldighde syne vader ende moeder, wesende den eersten in den raet by scherp examen ghetortureert ende ghestorven, het faict dat hy ghecommitteert hadde was dat hy de huysvrouw van den greffier van Nevele, den selven op de wacht wesende, den crop inghedouwen hadde ende alsoo vermoort ende thuys ghespolieert.

» Int jaer 1565, den 17^{en} wedemaent, wiert eenen man ghevanghen tot Ledebergh, de welcke sy selven verhynck in de vanghenisse van de meyerie, wesende alsdan meyere van Lede Glaude Goetghebeur, den welcken schepenen deden hanghen in eenen spriet op Lede.

» Int jaer 1566, den 12^{en} juny, wiert Ste Pieters aen den driepickel ghecondemneert onthooft te wesen een schoenlapper, den welcken hem niet voughen en wilde soo dat hy al ligghende onthooft wiert. »

De engelsche Benedictinessen op onse heerlyckheyt senden alle nieuwjaeren een present aen den eerw. h. Prelaet, consisterende gemeynl. in eene borse van zyde en goudt gevlochten, een horlogie quispel oft register, en den eerw.

pr. send hun 10000 pond wissgt uit den comptoir der ael-
moussenye.

Op syn feestach, de selve : banquet, register, liqueurs,
en kregen 1000 p. wiss.

1765. Domin. Cruydt, beeldhouwer, heeft den Salvator
mundi op de cour van tpastoreelhuys van Ons liev. Vrauwe
op St Pieters in steen gecapt voor een pistolle, de welcke
ick aen onsen pastor alias vicarius Pharazyn hebbe gerem-
bourseert, in 7^{ber} 1765. Signé Gudw., abbas.

1758, 15 août, cp^{te} de l'imprimeur Meyer, stadsdrukker.

450 theses gros 2 ¼ bladen.	L. 6.15.0
Voor gemarbereert papier	0.12.0
Voor tvergulde van 200 der selve	0.12.0
Voor plaetdrukken der wapens	0.12.0
Voor plaktittels en plakken	0. 6.0
Betaelt door de pitancie. . .	L. 8.17.0

1764, 21 aug^t. Gedrukt door P. J. De Goesin, 500 theses
door M^r De Clercq, groot 3 bladen, waervan er 200 ver-
gult en de andere niet, gemarbert papier en copere

plaete	Fl. 84. 3
Plakken der tittels	1. 8
Bet. door het groot comptoir. . . .	G. c^t. 85.11

1761, 26 mai. Vins livrés par Toussyn, à Gand :
4 stukken ingrande wyn a 7 pond wiss.

p. stuk.	L. 28.0.00
Voor verschot van rechten	19.0.00
Voor wercken	0.6.10
Voor een flacon champagne verginé . . .	0.7.6
Voor dito rooden.	0.6.00
	Wiss. 48.0.4
	C^t. 56.0.5

*T'stellen van craemen op de aude Vischmerckt, t'afbreken
van een coorden dansers hauten huys aldaer gestelt :*

« Schepenen van der Keure der stadt Ghendt by requeste van den 7 april 1691, concludeerden tot laste van
den heere Prelaet ten fyne hy gecondemneert soude worden promptelyck te doen weiren de craemen by synen
consente gestelt op de aude Vischmerckt voor de herberge
de *Berrie*, met interdictie van in toekomende meer sulckx
te doen, seggende t'selver contrarie te syn aen den accorde
ende transactie ten jaere 1481 gemaeckt tusschen hunne
respectieve voorsaeten (hiervan geene copie bevonden), als
daer expresselyck gestipuleert synde voor ende langx den
voorseyden huyse, ende andere daer nevens staende, geene
cramen, bancken ofte bouteillien te moghen stellen, niet
meer by consente van die van Ste Pieters als van de stadt.

» Den verweerdere concluderende eerst tot oorlof van
hove op pretext dat hy gelicht hadde commissie van con-
plainte ter causen van het faicte weiren van de gelibel-
leerde craemen ende becommen hadde de provisie, ende
mits de h^{rs} seyden de selve commissie gelicht te syn ter
causen van de gedaen weirynge van de craemen gestaen
hebbende tusschen het groot Vleeschhuys ende de herberghen *Picardien* ende de *Berrie,* alwaer den verw. geene
jurisdictie en heeft, ende mits dien de twee questien van
elckanderen verschillende waeren : soo seyde den v^{re} by
duplicque dat het gecitteerde contract hem niet en ab-
steerde uyt reden dat dit aengegaen was op den staet ende
gelegentheyd gelyck die alsdan was ende om altydt alsoo
te blyven, ende geensints niet om als het contract saude
gebrocken worden ende de oorsaecke cesseren gelyck als
nu was geschiedt.

» Tot verstande van dien doet te noteren dat men *ex
actis litis* bemerckt dat het questieus contract was aenge-

gaen ter oorsaecke van de aldaer synde Vischmerct, tot
vermeerderinge van welcke daer by oock geconditionneert
wiert dat door den heere Prelaet saude afghebroken worden de huysen aldaer staende, ende andere nieuwe achter-
waerts sauden gebauwt worden, met reserve van de jurisdictie ende afpaelinge met gewaepende steenen, ende alsoo
die Vischmerct jegenwordig was verleyt, soo concludeerde
den v^{rs} renversairelyck tot schaeden ende intresten, ter
oorsaecke dat daermede de huysen aldaer ghebauwt merc-
kelyck door die verlegginghe waeren vermindert in huere.

» Hangende dese saecke hadde den heere Proost aen
sekeren N. Vollaert, cordedanser, geconsenteert op de
questieuse plaetse te timmeren een hauten huys tot exercitie van het coordedansen.

» Welk huys schepenen van der Keure op den 28 feb^{ry}
1692 door hunne officiers ende andere met branthaecken
faitel. deden aftrecken ende doen afcappen de stylen, tot
quaedt verclaers van welcke den heere proost thunnen
laste concludeerde by requeste in den raede van Vlaenderen gepresenteert den 4 maerte 1692.

» De schepenen van der Keure alleguerden thun den
defensie dat de gebruycksaemhede van die plaetse hun by
het voorengeseyde contract ten onerreusen titel was toe-
gestaen, ende alsoo hadde vermoghen te weiren tgonne
daer op faitel. gestelt.

» In welcke twee saecken geaccumuleert ende tsaemen
gerapporteerd syn by sententie van den 7 april 1694, verleent pointen d'office aen de welcke by partyen voldaen
synde, gediendt contradictien ende solutien, is by sententie
van den 23 juny 1695 verclaert dat op de plaetse ende
grondt van de aude vischmarckt soo verre bestreckt de
heerlyckhede van Sinte Pieters moghen craemen gestelt
woorden, even eens gelyk gedaen op de selve merckt jurisdictie stadt behaudens te observeren de generaele ordon-

nantien politicques by de stadt gemaeckt ende te maecken, ende datter eene passagie blyft jeghens de huysen de abdye competerende met compensatie van de costen ende geenterdiceerd schepenen van de Keure meer t'useren van diergelycke faictelyckheden.

Nopende het recht van het tafelken ter vischmarct op de aude vischmarct.

« Het recht van het tafelken ter vischmart is eene recognitie ofte plaetse ghelt, t'gonne betaelt word over de vischstallen, te weten : 2 grootte s'daeghs, over de craemen met pouillerye, appelen, peiren, groenewaeren, etc., 6 deniers daegs soo op de aude vischmarct als andere mercten staende, t'gonne schepenen van der Keure alle dry jaeren verpachten, daertoe sy eerst by octroy van de magistraet den 6 maerte 1555, voor den tydt van 15 jaeren ende daer naer den 15 april 1662, den 10 x^{ber} 1683, ende den 15 april 1699, g'octroyeert waeren.

» Van welck recht pachter bedeghen synde sekeren Guillaeme Martel, hadde voor schepenen van der Keure ghedaegt de persoonen gestaen hebbende met hunne groenewaeren op de aude vischmarct, op den grondt van de jurisdictie van Ste Pieters tot betaelinge van t'voors. daeghelyckx plaetsghelt ende voorders voor de selve schepenen by requeste van den 30 septembre 1711, betrocken Jan Van Hautte, pachter van diergelyck recht voor het territoir van Sente Pieters op de vischmerkt, ten eynde hy gheinterdiceert worde tvoors. recht voorders aldaer te ontfanghen.

» Den heere Proost meynende in possessie te syn t'selve recht voor soo verre als syn territoir bestreckt te ontfanghen ende daer inne door t'voors. betreck getroubleert

vindende lichtende ten laste van den gemelden stadts-
pachter commissie van complaincte van daeten 5 8^{ber} 1711,
dewelcke in de maent january 1712 ter rolle verthoondt
synde op de provisie van recredentie, wierdt de saecke
gehauden int advys van commissaris ende aen partyen
geord^t te furnieren by advertissement communicatif.

» Waer aen van wederzeyden voldaen synde, wiert by
sententie van den 30 april 1712 de provisie ghevoegt by de
saecke principaele ende haudende de selve over ten principaelen ghecontesteert ende ghesloten beede partyen
geadmitteert tot preuve van de faicten ende vermeten by
hun respectivelyck geposeert. »

Achats de tableaux par l'abbaye de Saint-Pierre
(1779) [1]. — *Rekeninghe raeckende coop, leveringhe ende
retoucheren van schilderyen ten dienste van dExempte
abdye van Ste Pieters nevens Ghent, ghedaen door my*
Philippus Spruyt.

« 7^{ber} 1779. Eerst over leveringhe en coop
van een schilderye verbeeldende den Sabienen
roof, met het vergrooten der selve, de somme
van . . . . L. 10.00.0
  » x^{ber}. Over leveringhe van vyf schilderyen
verbeeldende de vier triomphen van de heylighe kerke, geschildert door eenen *discipel
van Rubens*, ende eene verbeeldende den hey-
lighen Augustinus van het order van den hey-
                A reporter. . . . L. 10.00.0

[1] Archives de l'État à Gand ; fonds de l'abbaye de Saint-Pierre.

Report. . . . L. 10.00.0

lighen Benedictus, predikende het waer gheloove aen de heydenen in Engelandt, geschildert door *Erasmus Quilinus,* de somme van 40.00.0

» Voor retoucheren van eene schilderye verbeeldende den voornoemden heyligen, bekeerende eenen heydenschen conninck in Schotlandt, geschildert door Nicolaes Roose, de somme van 4.00.0

» Voor vergrooten van eene schilderye verbeeldende de triumphe van David en Saul naer het verslaegen van Goliad, geschildert door H. Van Baelen, de somme van 3.10.0

» Jan. 1780. Voor vergrooten van eene schilderye verbeeldende rencontre van Jacob en Esaü, geschildert door Leplad, de somme van 4.00.0

» Hier onder begrepen het leveren van douck, raemen, alle de verven en vernis, etc., bedraegende saeme de somme van . . . . L. 61.10.0

Ce compte porte l'acquit de Spruyt le 11 février 1780.

Debet den Eerweerdigsten heer Prelaet der Exempte abdye van St Pieters aen dheer Spruyt, zoo volgt :

« Alvooren over het schilderen van 7 schilderyen ende leveren der doucken, t'saemen tot L. 66.13.4

» Item, over coop van 1 schilderye geschildert door Duchatel, verbeeldende figueren in een lantschap, met vergrooten der selve, somme van 20.00.0

» Mits^{rs} over het retoucheren van twee

A reporter. . . . L. 20.00.0

Report. . . .	L.	20.00.0

groote schilderyen, verbeeldende de eene de
H. Rosalia met bywerck, geschildert door
Gaspard de Crayer, ende de andere den
H. Aloysius de Gonzagen met bywerk, ge-
schildert door J. Boyermans, tot 6.00.0

» Item, gekuyst ende verdoeckt eene schilderye verbeeldende de Crooninghe Christi,
geschildert door Vanden Heuvel, comt. . .   2.00.0

» Item, betaelt aen den vergulder Panné
voor tvergulden der twee lysten der boven
ghem. groote schilderyen volgens quitt. . .   6.00.0

                                                L.   100.13.4

MÉMOIRE DE CE QUI A ÉTÉ PAYÉ PAR LE PRIEUR ET LES
RELIGIEUX DE St-PIERRE POUR LE TRANSPORT DES ARCHIVES
ET DENIERS DE L'ABBAYE DU TEMPS DES FRANÇAIS (1793) [1].

« Alvoren aen den notaris Bernier over
verschot en taire gedaen op differente
voyagien by acquit van den 26 january 1793.   L.   9.10.11.0

» Item, aen den selven ter causen als
vooren by acquit van 12 febr. 1793 . . .   8.03.00.0

» Item, aen den selven ter causen als
boven by acq. van den 23 maerte 1793 . .   4.13.08.0

» Item, door den eerweerden heer Prior
over drenkgeld gegeven aen eenen domes-
tieq voor het transporteren van penningen   0.14.00.0

                  A reporter. . . .   L.   0.14.00.0

---

[1] Archives de l'État à Gand ; fonds de l'abbaye de Saint-Pierre.

Report. . . .	L.	0.14.00.0

» Item, door den selven over extraord.
devoiren 0.12.00.0

Item, door den selven voor het t'huys-
brengen der selve penningen 0.10.06.0

» Item, door den heer ontfanger De Vos
over het transporteren van papieren. . . 0.08.02.0

» Item, door mynheer Alison ter selver
causen 0.15.09.0

» Item, door mynheer De Vos ter hand
gestelt aen den eerweerden heer prior
vyf en twintig Louis d'or in species om te
geven aen den commandant Sr Désiré
doende in ponden gr. Ct 54.08.10.8

» Item, door den geseyden heer prior
nog ter hand gestelt aen den ges. commandant Sr Désiré tot 49.14.00.0

» Item, door den heer hofmeester betaelt voor gelyke devoir tot. 1.01.00.0

» Item, voor den heer subprior betaelt
voor gelyke devoiren tot 6.08.11.0

L. 137.00.09.8

Émile V...

1676, 17 janvier. — Arrêt du Conseil de Flandre fixant
le salaire de l'exécuteur de hautes œuvres.

« In de saecke hanghende voor myne heeren van den
Raede in Vlaenderen tusschen Mr Jacques baron de Swa-
rez, rudder, heere van Walle, etc., hoochbailliu van den

lande van Waes, heesschere by requeste van den 3^{den} 9bre 1673, ter eender syde, ende M^{ter} Jan Francq, officier crimineel deser stede, verweerder, ter andere. Thof ghehoort 't rapport van commissaris eñ al gesien verclaert dat den rescribent hem moet concenteren, voyagerende om eenighe exploiten te doene metten loon vau eenen gulden over ider myle reysens te peerde ofte te voete op synen cost.

» Item over het stellen van ideren persoon ten thoone, 2 guldens.

» Item voor eene applicatie ordinaire op het scherp examen, die by daeghe ghedaen sal worden 5 guldens, eñ by nachte 8 guldens.

» Item voor ider simpel fustigatie 3 guldens, eñ voor de gonne die ghescieden sal metten bast aen den hals 4 guldens, ende met het brandmerk 6 guldens.

» Item voor elcke executie mette coorde van simpel woelen ofte ophangen, die gedaen sal worden ter plaetse patibulaire, daer den patient sal blyven hanghen, tot 9 guldens eñ elders 7 guldens met het afdoen, eñ van daer moetende ghetransporteert worden naer andere plaetsen om aldaer te blyven hanghen, noch 6 guldens.

» Voor d'executie metten viere woelen eñ het doodt lichaem op het rath te leggen ter plaetse patibulaire ofte wel 't selve tot asschen te verbranden, tot 24 guldens.

» Item voor d'executie van simpel onthalsen, 8 guldens, eñ als het lichaem moet geexposeert worden op een rath ter plaetse patibulaire, 't saemen tot 12 guldens.

» Item over het roybraecken, 't sy met woelen, afsnyden van den hals ofte met het transporteren eñ exposeren van het doode lichaem ter plaetse patibulaire, 't saemen 24 guldens.

» Item soo wanneer den patient soude moeten met gloyende tangen in syn vleesch ghenepen ofte naer de oybraeckinghe opgewipt eñ int vier ghesmeten worden, bovendien noch 6 guldens.

» Item over het vierendeel van het geexecuteert lichaem eñ de vier ghedeelten te hanghen ter plaetsen by sententie geordonneert, 't samen 16 guldens.

» Item voor d'afcappinge van de handt, afsnyden van de ooren, neuse ofte gloyende deurstekinghe van de tonghe, verbranden van boecken eñ scheuren van pampieren, elck 3 guldens boven eenen gulden, soo wanneer het afgecapt member moet ergens genaegelt worden.

» Item als het gebeuren sal dat iemandt syn selven sal hebben verongelukt eñ ter doodt ghebracht eñ dat het doodt lichaem sal moeten gesleept worden ter plaetse patibulaire gehangen worden in een spriet ofte gheleyt op een rath, sal daer vooren aen den rescribent bygheleyt worden tot 9 guldens, eñ voor ideren knecht, in sware executien daer den knecht noodich is, 1 gulden 4 stuyvers 's daeghs, eyndelinghe als den rescribent ter plaetsen een ofte meer daegen sal opgehouden worden sonder te exploiteren, sal hem voor ideren dach by gheleyt worden ten advenante van 4 guldens 's daeghs, allesints sonder iet te moghen vraegen voor de froy coorde gelt gebruyck van syne noodige instrumenten ofte ghereetschap, eñ ordonnerende den rescribent hem naer alle 't gone voorschreven te reguleren, condemneren den heesschere in syne geadscribeerde qualiteyt in de costen van den processe ter tauxatie van den hove.

» Gedaen in de caemer van den voornoompden raede, de 17 january 1676.

» Signé. J. B. MICHEL. »

**1753, 31 octobre. — CIRCULAIRE DE CHARLES DE LORRAINE
AU SUJET DU DROIT D'ASILE.**

« La connoissance et la décision de la question si un
criminel doit jouir du droit d'azile, ont appartenu de tous
tems dans les Pays-Bas, au juge séculier, à l'exclusion du
juge ecclésiastique. Cette jurisprudence fondée sur les
saints canons, ainsi que sur les édits et décrets des princes
souverains a été confirmée par feu l'empereur Charles Six
et par l'impératrice reine, glorieusement régnante; ce qui
vous a été notifié par lettres du comte d'Harrach du
10 avril 1742. Mais comme il est déclaré que l'évêque doit
être requis d'extrader le criminel, réquisition qui dans le
fond n'est qu'une formalité de bienséance et d'attention
pour le caractère épiscopal, puisque si l'ordinaire y ac-
quiesce ou point, le juge séculier n'en est pas moins en
droit de faire tirer le criminel de l'azile où il s'est réfugié;
nous considérons que cette formalité, quoique nullement
essentielle, pourroit servir quelques fois de prétexe aux
ecclésiastiques de refuser aux juges séculiers le libre accès
aux lieux d'immunité, principalement lorsque ces lieux
seroient éloignés de la résidence épiscopale, et que les
juges se voudroient saisir provisionnellement des criminels, pour empêcher qu'en attendant une réponse à leur
réquisition ils ne leur échappent : c'est pourquoi, voulant
pourvoir à ce qu'à la faveur d'un pareil inconvénient les
criminels ne se puissent soustraire par leur évasion deux
justes châtimens qu'ils méritent, nous avons trouvé convenir de déclarer, comme nous déclarons que lorsqu'une
personne coupable d'un crime de la qualité de ceux qui
sont exceptés du privilége de l'immunité locale, se sera
retirée dans un lieu d'azile situé hors de la résidence épiscopale, le magistrat devra s'adresser d'abord à l'évêque
diocésain, pour obtenir la permission de l'en retirer, la-

15

quelle celui-ci ou son vicariat en son absence sera obligé
d'accorder à l'instant même que la demande en aura été
faite lorsqu'elle se fera de bouche, et si elle se fait par
lettres dans l'espace de vint quatre heures après leur
réception, à peine que tout délay ultérieur sera tenu pour
refus et que le magistrat pourra tout de suite faire enlever
le criminel et le mettre en prison ; et afin qu'entretems les
criminels ne puissent s'évader, nous autorisons les magistrats des endroits où l'évêque ne réside point à les
faire arrêter et à s'en saisir par provision, à quel effet,
ils pourront visiter les lieux d'aziles et y faire telles ouvertures et perquisitions qu'ils jugeront nécessaires pour
découvrir les coupables qui y seront refugiés et s'assurer
de leurs personnes. Et comme nous voulons que la présente
disposition ait partout son effet, nous vous ordonnons d'en
informer tous les magistrats de votre ressort, afin qu'aux
occasions elle leur sera de règle et qu'ils s'y conforment
exactement, vous prevenant que nous en avons donné
part aux évêques de ces païs pour leur direction particulière. A tant, etc., de Bruxelles, le 31 octobre 1753 (¹). »

EMILE V...

MARIE DE MÉDICIS DANS LES PAYS-BAS[²]. — La guerre
de Trente ans fut une des grandes préoccupations de
Richelieu, surtout quand elle entra dans ce que l'on appelle la période suédoise, puisqu'en résumé c'était lui qui
dirigeait véritablement en Allemagne l'épée de Gustave-
Adolphe. Le cardinal avait à lutter constamment contre

[¹] Ces divers documents sont tirés des Archives de l'État à Gand,
fonds de l'abbaye de Saint-Pierre.
[²] Un vol. in-8°, par M. le major HENRARD. Paris, Baudry, 1876.

les intrigues des courtisans, les tentatives de rébellion des seigneurs et surtout les hésitations de Louis XIII. La reine-mère le soutint d'abord, mais elle s'alarma promptement de l'amincissement de son influence. Elle avait cru trouver en lui un serviteur dévoué à ses volontés plutôt qu'un ministre indépendant., elle voyait toujours en lui le modeste prêtre qu'elle avait chargé de l'intendance de sa maison. Mais il y avait longtemps que Richelieu avait secoué sa reconnaissance et qu'il prétendait gouverner par lui-même. La brouille éclata à propos de l'affaire de la guerre de Mantoue que la reine aurait absolument voulu empêcher (1630); elle recourut à tous les moyens, jusqu'à entraver l'arrivée de munitions à l'armée; on sait que le roi tomba alors gravement malade à Lyon, et pendant cette crise il promit tout ce que voulut sa mère. Mais revenu à Paris et guéri, Louis se refusa à exécuter ses engagements, et il y eut alors entre Marie et son fils une scène terrible, dans laquelle elle lui adressa cet ultimatum pendant qu'il la suppliait à genoux de renoncer à sa haine : « Mon fils, c'est à vous de voir si vous voulez préférer un valet à votre mère ! » Nul ne doutait à la cour du triomphe de Marie de Médicis et Richelieu lui-même se préparait à s'éloigner. Mais Louis XIII se raidit contre la pression qu'elle voulait exercer. Il se prononça absolument pour son ministre. Ce fut ce que les historiens ont nommé la « Journée des dupes » (11 novembre 1630). Marie, exaspérée et encore plus inquiète, se jetta plus violemment dans le parti de la résistance. « Je me donnerai plutôt au diable, dit-elle, que de ne pas me venger de cet homme-là. » Elle continua dans son emportement sa correspondance avec l'Espagne, en excitant de plus en plus le roi qui se montra bientôt résolu à ne plus garder aucun ménagement envers sa mère. Elle décida même Gaston d'Orléans à une démarche ridiculement menaçante chez le ministre. Le roi n'y tint plus alors et réunit son conseil pour aviser aux mesures urgentes à prendre. Richelieu se prononça pour une extrême sévérité : Louis adopta son avis. La reine douairière fut laissée prisonnière sous la garde du maréchal d'Estrées et le roi lui ordonna ensuite de se retirer à Moulins en lui écrivant : « Le bien de mon estat me commande de me séparer de vous. » Marie perdit la tête et résolut de gagner une ville de la frontière d'où elle put imposer ses conditions; la surveillance avait cessé autour d'elle par l'ordre de Richelieu qui préférait la laisser courir à sa perte, et le 18 juillet 1631 elle s'enfuit à La Capelle, dont le gouverneur lui ferma les portes : elle gagna alors Avesnes, puis Bruxelles.

M. Paul Henrard, après avoir brièvement raconté ces détails, au milieu desquels il publie pas mal de faits nouveaux, ralentit son récit et commence l'histoire jusqu'ici à peu près inconnue du séjour et des intrigues de Marie de Médicis dans les Pays-Bas, jusqu'à sa mort, arrivée le 3 juillet 1642. C'est un travail considérable, très-complet et excessivement intéressant, car M. Henrard élargit singulièrement son cadre, ce dont nous avons grandement à nous féliciter. « C'est moins, dit-il, l'histoire de la fuite et du séjour de Marie de Médicis et de Gaston d'Orléans dans notre pays que celle des événements qui s'y rattachent directement ou indirectement, que nous nous sommes efforcé d'exposer dans ce livre. » M. Henrard a consulté toutes les sources originales auxquelles il pouvait recourir, les mémoires, les publications du temps. Mais c'est dans les riches archives du royaume belge qu'il a pu recueillir de nombreux documents inédits qui donnent une valeur particulière à son ouvrage. On ignore assez complétement, en effet, le détail des intrigues de Marie de Médicis pendant cette triste période de sa vie, et

M. Henrard ne aisse plus rien à apprendre à ce sujet. Nous ne pouvons le suivre dans ce récit, composé avec un grand soin et une méthode parfaite. C'est véritablement un chapitre nouveau et excessivement curieux de l'histoire de France, et M. Henrard s'est acquitté de sa tâche avec un vrai talent.

Jusqu'à la dernière heure Marie de Médicis conserva ses sentiments de haine contre Richelieu et la résolution de ne pas céder. Au mois d'août 1638 la reine quitta à peu près subitement les Pays-Bas; on a cherché au sujet de ce départ les explications les moins fondées : la vérité est que Marie crut que les négociations entamées par sa fille, Henriette d'Angleterre, avaient échoué à cause de sa présence dans les États du roi d'Espagne. Elle se retira d'abord à Spa, dans la principauté de Liége, pays neutre, mais ne pouvant y vivre assez confortablement et redoutant surtout les sympathies des Liégeois pour la France, elle crut plus prudent de gagner l'Angleterre en passant par la Hollande, où elle fut assez bien reçue pour mécontenter vivement Richelieu. Elle arriva à Londres le 5 novembre et fut logée au palais de St-James : elle s'empressa de reprendre les négociations précédemment entamées. Notre ambassadeur eut ordre d'aller immédiatement la voir et de lui recommander une réserve d'autant plus grande que Charles Ier n'était pas autrement ravi de sa nouvelle hôtesse. Elle profita de cette visite pour prendre les engagements les plus complets en vue d'une autorisation de rentrer en France, et Bellièvre les communiqua au roi qui refusa durement, en offrant seulement de servir à la reine une pension annuelle si elle voulait se retirer à Florence. Marie ne se découragea point et elle fit faire une nouvelle tentative par lord Jermyn, ambassadeur extraordinaire envoyé en France à l'occasion de la naissance du dauphin. Cette démarche était trop solennelle pour qu'on ne mit pas aussi quelque solennité dans la réponse. Richelieu déclara à lord Jermyn « que la plus grande joie qu'il put avoir au monde serait de revoir sa bonne maîtresse, » mais il lui opposa les avis unanimement contraires des membres du conseil, et Louis XIII le notifia à l'ambassadeur en termes courtois mais très-nets, qui voulaient dire en réalité qu'il priait le roi d'Angleterre de ne pas se mêler de ce qui ne le regardait pas; qu'il honorait grandement sa mère, mais qu'il se méfiait encore plus d'elle. Cette fois il fallut bien renoncer à toute espérance, et cela fut d'autant plus cruel pour Marie que Charles Ier ne pouvant subvenir à ses besoins, elle tomba bientôt dans une véritable misère et en arriva à faire faire d'humiliantes démarches auprès du cardinal, qui consentit à lui envoyer cent mille livres, et en promettant quatre cent le jour où elle serait installée à Florence. Marie crut possible d'exploiter cette situation, et, pensant sérieusement à se rendre en Italie, réclama les revenus de ses biens non payés depuis son départ. Richelieu trouva cela « impertinent, » et répondit durement qu'il paierait les dettes contractées par elle en France, mais non celles qu'elle avait faites « en lieu où l'on agissoit sous son nom contre l'Estat. »

Bientôt les troubles religieux qui éclatèrent à Londres forcèrent le gouvernement anglais à faire comprendre à la reine que sa propre sécurité l'obligeait à s'éloigner de nouveau. Une assez forte somme lui fut allouée et elle se rendit à Flessingue au mois d'août 1641. Elle gagna ensuite Cologne où elle parut vouloir se fixer. Mais à la fin du printemps suivant elle fut atteinte d'un érysipèle à la tête qui l'emporta en quelques jours.

Nous le répéterons en finissant, nous recommandons le livre de M. Henrard comme un travail historique des plus importants.

E. DE BARTHÉLEMY.

Les tombes d'Omal. — Il n'y a pas si longtemps que même à l'Académie royale de Belgique (*Bull.*, IX, 2º p. 80) on affirmait que les magnifiques tumulus de la Hesbaye liégeoise étaient des tombes celtiques.

Mais le peuple, en dépit des savants, persiste à les appeler des tombes romaines, et le peuple a raison : des fouilles opérées dans les tombes de Walsbetz, d'Avennes, de Celles, de Vaux, de l'Empereur (Moxhe), du Soleil (Embresin), etc., ont démontré l'origine incontestablement romaine de ces monuments funéraires.

Il en est du reste de même dans toutes les parties de notre pays, à l'égard de tous les tumulus de dimensions monumentales, c'est-à-dire ayant plusieurs mètres de hauteur; sont parfaitement romaines : la tombe de Marcinelle, dans le Hainaut, celles de Fresin, de Montenaken (Hemava), de Niel (Tombosch), de Coninxheim, dans le Limbourg, celles de Seron, de Frizet, de Champion et d'Hanret, dans la province de Namur, celles de Saventhem et de Cortil-Noirmont, dans le Brabant, etc., etc.; c'est ce que les fouilles opérées dans ces divers tumulus ont mis en parfaite évidence.

Les seuls tombeaux en terre, gaulois ou germains, qu'on ait trouvés dans notre pays, sont de toutes petites tombelles, constituées de simples renflements du sol, à peine perceptibles et ayant tout au plus, à leur point culminant, 1ᵐ00 ou 1ᵐ50 d'élévation, bien rarement davantage.

Tels sont les cimetières germains de la Campine, explorés à Achel, Neerpelt, Casterlé, etc.

Telle est, d'autre part, la nécropole gauloise, jusqu'ici unique dans notre pays, qui s'est révélée à Louette-Saint-Pierre et Godinne, à la partie méridionale de la province de Namur.

Mais quant aux tumulus romains, les traditions populaires les ornent d'une légende guerrière, qu'il importe de contrôler de plus près.

Est-il vrai, comme on le dit, que ces tumulus, isolés ou groupés, ont été érigés sur autant de champs de batailles, et recouvrent-ils autant de généraux morts dans les combats ?

Une excellente occasion de vérifier ce point se présentait à Omal, où la tradition a même pris un corps par ce vers légendaire, où d'aucuns prétendent trouver l'origine du nom d'Omal :

Omali mali, quo tot periere Romani !

(O mâle localité d'Omal, où tant de Romains sont venus périr !)

Et la tradition ajoute que les quatre tombes à gauche de la chaussée romaine, en allant vers Waremme, sont les tombeaux de quatre fils d'un général romain, qui lui-même repose sous le cinquième tumulus à droite de la chaussée, en face à peu près des autres. Les cinq personnages auraient péri dans le même combat...

Le groupe des tombes d'Omal a, du reste, une grande réputation, même à l'étranger; elles figurent notamment dans les atlas des guerres de Louis XIV, et Élie de Beaumont les a prises comme types de l'immutabilité du niveau des surfaces gazonnées.

Des fouilles nouvelles ont donc été instituées par le gouvernement, propriétaire des tombes, et M. le comte Georges de Looz, qui, depuis plusieurs années déjà, se consacre avec succès à ce genre de recherches, a été chargé de les diriger.

Elles étaient d'autant plus intéressantes à effectuer que précédemment, en 1850, Schayes, le savant conservateur du Musée royal d'antiquités, avait dû abandonner celles qu'il avait commencées, à raison d'éboulements dont ses ouvriers avaient failli devenir les victimes, et qui lui inspirèrent une salutaire frayeur.

M. le comte Georges de Looz, formé par l'expérience qu'il a acquise en des fouilles déjà nombreuses, n'a pas

cru devoir opérer comme Schayes l'avait fait : au lieu de
creuser vers le haut du tumulus un trou descendant obli-
quement vers le centre, et pénétrant même jusqu'à 27 pieds
de profondeur s'il faut en croire les rapports de Schayes ;
— au lieu aussi de ne laisser pour ainsi dire aucun pied-
droit aux voûtes et de donner à celles-ci des proportions
exagérées, M. Georges de Looz examina d'abord si la nature du sol était bien aussi sablonneuse que l'avait dépeinte
son devancier; or, le caractère mouvant qui avait transformé une argile très-compacte et aussi dure à travailler
que n'importe où, en sables disposés à s'ébouler, n'était autre
chose qu'un produit de l'imagination effrayée de Schayes.

Le nouvel explorateur creusa donc tout simplement des
galeries à niveau d'une largeur suffisante pour favoriser le
transport des terres extraites, sans se soucier de donner à
ces galeries un excès de largeur plus favorable à l'aspect
qu'à la sûreté.

Il choisit, parmi les quatre tombes, les deux auxquelles
Schayes n'avait pas touché, ce sur quoi il eut soin d'abord
de consulter non seulement. le rapport peu explicite de
ce dernier, publié dans les Bulletins de l'Académie, mais,
en outre, les notes de M. Hallet, commissaire d'arrondissement, qui avait assisté aux premières fouilles, ainsi que
les souvenirs du bourgmestre d'alors, M. Polet, et des
ouvriers ou de leur famille.

Les tombes qui ont été soumises à un nouvel examen
sont la première et la troisième en allant vers Waremme;
quelques mètres de galerie ont suffi pour aboutir au caveau
de chacune de ces tombes; ce caveau se dessinait en paral-
lélogramme dans le sol, absolument comme dans le plus
grand nombre des tumulus précédemment explorés en
Hesbaye, circonstance qui semble indiquer le synchro-
nisme de toutes ces sépultures. Dans l'une des tombes, ce
caveau avait même 2m20 de profondeur au-dessous du

niveau; la terre se détachait avec facilité des parois, le long desquelles les tilleuls plantés au sommet de chacun des tumulus avaient appliqué le chevelu de leurs racines, et dans cette sorte de murs dénudés on pouvait, après tant de siècles, remarquer encore les traces de la pioche romaine.

A peu de distance du fond, M. le comte de Looz remarqua, à certains côtés du caveau funéraire, une sorte de marche ou de plinthe : cette particularité s'est révélée déjà à la *Bortombe* de Walsbetz, où l'on a constaté également l'existence d'un rebord du sol primitif à 0ᵐ40 du fond (*Bull. des Comm. roy. d'art et d'archéol.*, III, p. 287).

Ce rebord servait sans doute à supporter le couvercle aujourd'hui anéanti, qui, probablement, protégeait le dépôt sépulcral contre les terres jectisses et les éboulis.

La troisième tombe du groupe, explorée d'abord, a fourni, outre des ossements calcinés, différentes poteries brisées, mais pouvant se reconstituer, deux lampes en terre cuite, différents fragments de bronze, boutons, poignées, semblant provenir d'un coffret, un fragment remarquable de cuir où sont imprimées des figures dorées (fragment qui, malheureusement, s'est tout recroquevillé par l'action de l'air), enfin un vase très-important en argent, avec incrustation d'or représentant des personnages dont le contour se reproduit à la paroi intérieure du vase; ces personnages sont d'un charmant dessin qui n'est pas encore reconnaissable partout, mais qui sera étudié de près quand les fragments — le vase est réduit malheureusement en débris — seront nettoyés et rapprochés : à première vue, ce seraient des amours armés de lances et de boucliers.

La tombe du groupe qui se présente la première du côté sud-ouest, fut explorée après l'autre, et a fourni, de son côté, outre des ossements, une sorte de *guttus* ou *gutturnium* (vase à verser goutte à goutte, avec goulot pincé à cette fin), et une jarre, ces deux objets assez semblables à deux objets du dépôt funéraire de Frestu (*Bull.* cité *des Comm. roy. d'art et d'archéol.*, II, p. 158; la trouvaille d'Omal permettra même d'en rectifier la fig. 15, restée incomplète et rétablie hypothétiquement). Une patère en terre cuite enduite d'un engobe mis au pinceau; un vase à onguent de grande dimension, dont la panse est revêtue d'un grènetis pour l'empêcher de glisser dans la main; un vase en terre jaunâtre contenant encore une matière grasse; une ampoule, un chandelier en argent dont la bobèche n'est pas un dé en forme de virole pour contenir la *candela,* mais ressemble à un quadruple harpon pour l'accrocher; enfin, un objet qui mérite toute l'attention, une épée romaine, peut-être même un *parazonium,* c'est-à-dire l'épée courte des généraux, et, sous l'empire, des personnages importants, sans parler des empereurs.

L'épée romaine, on le sait, était extrêmement courte; les collections en possèdent qui ressemblent à des poignards ou à des dagues, plutôt qu'aux longues épées des Gaulois ou de l'âge dit de bronze.

Ce manque de longueur de l'épée romaine est même un des grands arguments à l'appui du caractère *anté romain* des dépôts d'objets étrusques trouvés au nord des Alpes, et de ceux qui ont été découverts à Eygenbilsen, près de Tongres (définitivement classés parmi les trésors étrusques et anté-romains par la Commission de topographie des Gaules); en effet, on a exhumé, dans certains de ces dépôts, de longues épées de bronze ou de fer dont — Lindenschmidt l'a judicieusement fait remarquer — les Romains eussent sévèrement interdit le commerce et l'importation dans les pays où leur domination se serait déjà étendue.

L'épée d'Omal est une épée évidemment romaine; elle a moins de 0.50 c. de longueur, poignée comprise; cette poignée, la garde assez proéminente et le fourreau sont en ivoire, autant qu'on peut en juger d'après un premier examen, nécessairement sommaire; sur le fourreau sont affrontés deux ornements sculptés dans la masse, et destinés apparemment à laisser couler, par un espace ménagé à dessein, le *cinctorium* ou ceinture; ce fourreau, qui ne porte pas d'attaches latérales d'un seul côté, et qui est fait non pas de bois ou de cuir, mais d'une matière recherchée comme l'ivoire, semble plutôt être celui d'un *parazonium* porté à la ceinture que d'une épée (*gladius, semispatha*, etc., etc.), tenue par un baudrier; cette circonstance confirmerait donc la tradition en ce point que l'une des tombes d'Omal, tout au moins, aurait été la sépulture d'un personnage occupant ou ayant occupé un rang distingué dans la hiérarchie militaire de Rome.

Le comte Ouvaroff, dans son *Étude sur les peuples primitifs en Russie,* publiée à Saint-Pétersbourg en 1875, distingue soigneusement les tombeaux élevés après un combat, des tumulus consacrés à des sépultures ordinaires et érigés en temps de paix; les observations qu'il a rassemblées à ce sujet s'appliquent parfaitement aux sépultures d'Omal, où l'on ne remarque pas la moindre trace de précipitation, et où l'on a suivi strictement les coutumes en vigueur pour les autres tombes de la Hesbaye; d'ailleurs la présence d'une arme dans une seule des deux tombes fouillées, est déjà un indice que la seconde au moins est une sépulture purement civile.

Examinons donc si la présence d'une arme et même le grade dans l'armée que pouvait avoir occupé le défunt, sont compatibles avec le caractère civil de tout le groupe des sépultures d'Omal.

Des armes ont été trouvées en d'autres tumulus de la Hesbaye, à Vaux, à Thisnes, à Middelwinde, à Montenaken *(Hemava).* Cependant, on a eu l'occasion de le faire remarquer, ces tombes, peut-être simplement les monuments les plus marquants de cimetières s'étendant à l'entour, se rattachent d'une manière indiscutable aux établissements romains du voisinage (*Bull. des Comm.* cité, V, p. 488); cette démonstration a été faite par la trouvaille d'une paire de petits trépieds très-rares, l'un découvert dans le tumulus de Fresin, l'autre dans les substructions du Petit-Fresin; or, il est impossible de méconnaître l'unité d'usages qui a présidé à toutes ces sépultures, puisque l'une des tombes d'Omal, fouillée par Schayes, a (renseignements fournis par le bourgmestre) produit identiquement le même calice à double coupole que le tumulus de Fresin, tout comme le bassin à double fond découvert, il y a quelques années, dans la sablonnière, tout près du groupe d'Omal, et déposé au Musée de Liége, a eu exactement son pareil dans le même tumulus de Fresin, etc., etc.

Il y a donc lieu de maintenir cette conclusion que les villas des environs (ici celles du *Collia,* à Darion, à proximité d'Omal), ont été occupées par des vétérans des armées romaines établis dans leur pays natal ou émigrés avec des dotations, et que les tumulus sont les sépultures des propriétaires de ces villas.

Il est à regretter qu'il ne soit pas donné jusqu'à présent à M. le comte Georges de Looz de pouvoir fouiller la cinquième tombe, qui appartient à Mᵐᵉ Henri Rey, née baronne de Marches; l'étude de cette tombe isolée, qui paraît être encore intacte, ne manquerait pas d'éclaircir, elle résoudrait peut-être le problème historique qui se pose et commence à peine à se dégager à propos des quatre autres, et ce serait un véritable service à rendre à la science, service auquel le propriétaire attacherait son nom, que de permettre cette exploration, dussent même les objets ne pas aller rejoindre, sur les tablettes du Musée de Bruxelles, le vase d'argent à personnages d'or et le *parazonium* du groupe des quatre tumulus de l'État.

A défaut de cette autorisation, force sera peut-être à

M. le comte Georges de Looz de reprendre, en sous-œuvre, les fouilles de Schayes et de chercher à glaner après lui quelques débris et spécialement quelque monnaie pour fixer la date des sépultures d'Omal.

Jusqu'à présent, en effet, on ne connaît qu'un Néron en or, que le Dr Bovy, l'auteur des *Promenades historiques,* dit avoir été trouvé dans les tombes d'Omal, et une monnaie fruste, prise pour un Adrien par Schayes. Mais tandis que ce dernier croit que d'autres explorateurs l'avaient précédé, conclusion qu'il tire peut-être erronément des terres meubles et des débris du caveau, M. le comte de Looz est bien persuadé, au contraire, que les tombes première et troisième étaient vierges, et dès lors le Néron du Dr Bovy serait suspect et ne pourrait entrer en ligne de compte pour fixer l'âge des tumulus d'Omal.   *(Meuse).*

ÉPITAPHE DE L'EMPEREUR JOSEPH II. — Voici une épitaphe tant soit peu satirique, mais qui n'a jamais servi, du monarque sacristain, retraçant assez bien la carrière de ce prince dont les réformes intempestives et impopulaires faillirent faire perdre à sa maison les Pays-Bas Autrichiens, que l'on considérait non sans raison comme un des plus beaux joyaux de la couronne d'Autriche.

Nous l'avons trouvé également dans les archives de l'abbaye de Saint-Pierre et dans celles de la Cour féodale de Saint-Bavon, dont une partie nous appartient.

Josephus secundus
Invictissimus romanorum imperator
Semper Augustus
Princeps et Dominús omninò singúlaris
Antecessorúm reformator Potens
Successorúm exemplar admirabile.

Arma virumque cano
Qúi nec similem visus est, nec habere seqúentem
Et peregré et domi
Omnibús ubiqúe omnia factús
Expectatio gentiúm,
Amor popúlorúm,
Animorúm magnes,
Orbis stùpor :
Quid? quod?
Divisúm imperiúm cúm jove Cesar habet,
Deús suorúm militum;
Súbditorúm númen,
Ecclesis monarcha,
Pontifex maximus;
Misse ergo jam gladiúm súúm, Petre, in vaginam,
Et, si per me licet, fleas amáre,
Nam
Aústriâ episcopante,
Tolerantiâ Evangeliúm imperante,
Sine te fides regnat
Triúmphat.
Et quod millenis ampliús annis
Allaboratúm est maximé,
Aúspice Josepho
Facili perficitúr negotio
Unúm avile.
In quo dúm congregantúr úniversarúm gentiúm ovicúla
Uniús tandúm aùditur vox Pastoris
Nempe
Imperatoris.

———

Jesus aútem abscondit se, et exivit de Templo.

CHRONIQUE.

Découvertes a Rome. — Dans quelques jours, dit le correspondant du *Times*, à Rome, la municipalité romaine va fournir un magnifique contingent à la liste des trésors de l'art antique déjà connus. Le 1 avril une nouvelle galerie, remplie de statues, de bustes, de bas-reliefs et d'autres sculptures, sera ouverte au public, en même temps qu'une précieuse collection de médailles, de bronzes, de terra-cottas et d'autres objets dont se servaient les Romains.

Tous ces objets ont été découverts dans les excavations pratiquées pour les fondations de la Rome moderne, appropriées aux besoins de la capitale de l'Italie.

Il y a un groupe d'athlètes se composant de quatre statues de grandeur naturelle, dont deux parfaitement conservées. Les deux athlètes sont sur le point de s'élancer pour la course, les coudes serrant les côtés, l'avant-bras formant angle droit, le genou droit incliné en avant, la jambe gauche étendue en arrière, la respiration, comme l'indique le modelé du diaphragme, suspendue pendant qu'ils attendent impatiemment le signal du départ. Les deux autres, malheureusement mutilés et sans tête, sont apparemment des lutteurs.

Il y a encore les restes d'un magnifique groupe demi-colossal d'Hercule enlevant les juments de Diomède. On l'a trouvé fracassé en mille morceaux, et avec une patience infinie, on a retrouvé et remis tous les fragments de l'Hercule, à l'exception du bras gauche et de la main droite; l'un des chevaux a été presqu'entièrement complété par le même procédé; le reste, hélas! n'est qu'une collection de fragments.

Parmi les grandes statues se trouvent celles de deux femmes

admirablement drapées, des muses, dit-on ; mais elles sont d'un caractère trop grandiose pour justifier cette supposition. L'une d'elles est sans tête, l'autre parfaite, à l'exception des mains.

Une statue très-curieuse, grandeur naturelle, est celle d'une vieille chevrière, une espèce de sorcière de soixante-dix ans, portant un chevreuil sous le bras droit, et s'appuyant de la main gauche sur un bâton. La draperie en haillons, qui lui couvre à peine l'extrémité inférieure du corps, s'écarte de l'épaule, exposant la poitrine et le côté, les bras sont nus. C'est une étude anatomique vraiment réaliste de la vieillesse décharnée mais encore vigoureuse.

Les journaux ont déjà parlé de la Vénus de l'Esquilin, des Tritons, du magnifique buste de Commode, du torse de Bacchus et des deux statues que M. Visconti assure être celles de Polymnie et de Terpsichore. Il y a une Minerve, grandeur naturelle ; un Mercure, demi-grandeur ; un Cupidon tirant son arc ; un Silène, un genou en terre pliant sous le poids d'une outre de vin, évidemment l'ornement central d'une fontaine ; il y a des torses nus d'une grande beauté, et des statues de femme, drapées d'une façon si exquise qu'elles sont le désespoir des artistes. Le tout a été trouvé sur le mont Esquilin.

Parmi les œuvres trouvées dans d'autres localités depuis 1871, il y a la charmante petite statue de l'Amour déguisé en Hercule et le grand sarcophage découvert à Vicovaro, orné d'alto-rilievi, représentant la Chasse calédonienne. Puis d'autres sarcophages ; un pied admirable, fragment d'une Vénus colossale de l'ancienne mythologie. Parmi les bustes, il y a des portraits de Plotine, de Faustine aînée, de Manlia Scantilla, la femme de l'infortuné Didius Julianus, et de leur fille, Didia Clara, de Scipion l'Africain, d'Adrien, de Lucius Verus, Valerianus, Licinius, etc.

CHRISTOPHE COLOMB. — Le *Movimento* nous apprend que la Société ouvrière génoise a fait récemment des démarches auprès du ministre des affaires étrangères d'Italie, afin d'obtenir de l'Espagne la restitution des cendres de l'homme qui a révélé tout un hémisphère de notre planète.

On sait que Colomb mourut à Valladolid, dans la Vieille Castille, le 20 mai 1506, pauvre et délaissé, ignorant jusqu'à la fin qu'il avait découvert un continent auquel un de ses compagnons, Americ Vespuce, devait donner son nom. Ses restes, qui avaient été portés

16

à Saint-Domingue en 1536, furent transférés à la Havane en 1795. Ils se trouvent encore dans la cathédrale de cette ville.

La réponse du gouvernement espagnol vient d'être communiquée à la Société ouvrière de Gênes par M. Visconti-Venosta. L'Espagne ne ferait aucune difficulté ; mais il n'en serait pas de même de la Havane, qui aurait vivement protesté contre l'enlèvement des cendres du célèbre navigateur.

Savone, Onegha, Boggisco, Cuccaro, Colognetto, Nervi, Cogoreo et Gênes se disputent l'honneur d'avoir vu naître Christophe Colomb.

Les biographes n'ont pu s'entendre à ce sujet ; le lieu précis, la date exacte de la naissance de l'illustre marin dont le nom reste attaché à l'un des plus grands faits de l'histoire, la découverte du nouveau monde, sont aussi incertains aujourd'hui qu'il y a trois siècles. Gênes, qui lui a érigé un superbe monument en marbre blanc à l'entrée de son port, semble cependant l'emporter sur ses rivales ; c'est elle qui les représente lorsqu'il s'agit de Colomb.

MANUSCRIT EGYPTIEN. — Un manuscrit vieux de trente-quatre siècles, traitant des remèdes et médicaments des anciens Egyptiens, en écriture hiératique, vient d'être publié en Allemagne. C'est dans un tombeau de la nécropole de Thèbes, entre les jambes d'une momie, que le rouleau de papyrus aurait été trouvé. Peut-être ce manuscrit provient-il plutôt de l'espèce de bibliothèque découverte, en 1857, dans la grotte de Dêriel Medinet, non loin du grand temple de Medinet Habou, sur la rive gauche du Nil. Quoi qu'il en soit, on n'a jamais rencontré un papyrus mieux conservé, plus correct, d'une écriture plus pleine et plus régulière ; il ne manque pas une lettre. C'est un vrai livre, avec introduction, table des chapitres et pagination ; les chiffres de celles-ci occupent le haut et le milieu des pages. Enfin on a la preuve que ce manuel médical a servi à quelque praticien, car on y relève des notes et des additions marginales, comme *néfr*, « bon, » d'une main étrangère.

Quant à l'âge du papyrus, on ne s'écartera guère de la vérité en en faisant remonter la copie au seizième siècle avant notre ère, en 1552, sous la dix-huitième dynastie de l'Égypte. Les raisons sur lesquelles repose cette assertion sont tirées 1° dés considérations paléographiques relatives à la forme des chiffres et des lettres ;

2° des noms des rois qui paraissent dans les documents ; 3° du calendrier écrit au dos de la première page.

Ce papyrus est le livre des médicaments, la pharmacologie égyptienne. L'introduction du papyrus annonce que c'est le livre où l'on enseigne « la préparation des médicaments pour toutes les parties du corps d'un patient. » L'ouvrage est aussi appelé « le livre de la guérison de toutes les maladies. » Suivent les paroles à réciter pendant les préparations des médicaments.

Les principaux chapitres sont des traités complets et indépendants. On y distingue des livres sur les médicaments et leur préparation, sur les pommades, les onguents, les liniments et toutes les espèces de drogues appliquées aux maux de l'estomac, des poumons, des reins, du ventre, des nerfs, du cœur, de la tête, de la langue, du nez, des oreilles, des dents, et surtout des yeux ; — contre les fièvres, les cancers, fistules, calculs, escarres, rachitismes, etc. Quelques recettes, comme celles de la reine Schesch, sont simplement destinées à empêcher les cheveux de tomber ou de grisonner, voire à détruire certains insectes et parasites incommodes. Les dieux et les déesses Ra, Schu, Seb, Nut, Tefnut Isis, préparent eux-mêmes plus d'un des médicaments ordonnés ici.

LE DROIT DE MARQUE AU MOYEN-AGE. — L'Académie des inscriptions et belles-lettres avait accordé une mention honorable, dans le concours des antiquités nationales de 1867, à la thèse que M. René de Mas-Latrie avait présentée aux examens de l'École des Chartes sur le droit de marque ou droit de représailles au moyen-âge. Encouragé par ce succès, le jeune érudit a pensé que son travail, accueilli déjà dans la *Bibliothèque de l'École des Chartes*, pouvait être utilement publié de nouveau (*Du droit de marque ou droit de représailles au moyen-age, suivi de pièces justificatives*, nouvelle édition. Paris, Baur, 1875, in-8 de 123 p.). Sans chercher, nous dit-il, à l'étendre en-dehors du bassin de la Méditerranée, il a fait de son mieux pour l'améliorer. Il a trouvé, pour cela, des facilités toutes particulières dans une mission qui lui a été confiée par le ministère de l'Intérieur pour étudier en Italie l'organisation des archives de notaires : il a ainsi pu revoir et compléter les pièces justificatives originales qu'il avait déjà eu l'occasion de recueillir au-delà des Alpes. Il n'a pas manqué non plus de revoir attentivement les collections de la Bibliothèque nationale et des archives nationales, ce qui lui a procuré la découverte de diverses pièces intéressantes. Quelques chapitres ont été développés; dans quelques autres, les renseignements ont été donnés avec plus de précision; en un mot, les observations de M. de Mas-Latrie ont, dans leur ensemble, beaucoup gagné à ces nouvelles recherches, et son mémoire est maintenant irréprochable. Disons, pour ceux qui ne connaissent pas encore cette étude sous sa forme définitive, que l'avertissement, la discussion et les conclusions occupent les cinquante-six premières pages de la brochure, et que les pièces justificatives sont au nombre de vingt-deux, lesquelles s'étendent du 21 février 1246 au 17 mars 1467. M. R. de Mas-Latrie, en prouvant si bien que le droit de marque ou de représailles fut, au moyen-âge et dès le commencement du XIVᵉ siècle, réglementé à peu près partout et soumis à une procédure internationale définie et régulière, et en éclaircissant ainsi une des pages les plus obscures de l'histoire du droit maritime, s'est montré digne d'un nom depuis longtemps cher à l'érudition.

(Polybiblion).

Vente de livres. — Les livres rares et précieux, imprimés et manuscrits, composant la bibliothèque de M. L. de M..., ont été vendus récemment, à l'hôtel Drouot. Cette vente avait attiré une foule de bibliophiles parisiens et étrangers. Nous ne citerons que quelques ouvrages : *la Sainte Bible*, traduite en français, par Lemaistre de Sacy, édition ornée de 300 figures, d'après les dessins de Masillier et Monsiau; Paris, Defer de Maisonneuve et Gay, 1789-1804, 12 vol. gr. in-4, papier vélin, fig. mar. rouge, dos orné, fil., tr. dor. (Capé), adjugée à 24,500 fr. — *Passio Domini nostri Jesu Christi secundum Johannem*, petit in-8, mar. rouge, doublé de vélin blanc, larges dent., tr dor. (Trautz-Bauzonnet), 7,510 fr. — *Heures latines*, petit in-8 réglé, maroquin bl., compart. doublé de vélin, fil., tr. dor. (Trautz-Bauzonnet), 3,050 fr. — *Les diverses poésies du sieur de la Fresnaie Vauquelin*, à Caen, chez Charles Macé, 1512, in-8, mar. bl., dos orné filets dent. (Bauzonnet), 2,300 fr. — *Œuvres diverses du sieur Boileau Despréaux*, avec le *Traité du sublime ou du merveilleux dans le discours*, traduit du grec de Longin; Paris, Denis Thierry, 1701, 2 vol. in-12, réglés, frontispice et figures, mar. citron et reliure ancienne; dernière édition, publiée du vivant de l'auteur; précieux exemplaire aux armes et aux chiffres de Mme de Chamillart, 3,920 fr. — *Le Théâtre de P. Corneille*, revu et corrigé, suivant la copie, imprimé à Paris (Amsterd., Abr. Wolfgank), 1664 à 1676, 4 vol., superbe exemplaire, 4,100 fr. — *La Virginie romaine*, tragédie de M. Le Clerc, suivant la copie imprimée à Paris (Leyde, les Elzevier), 1645, petit in-12, mar. rouge, fil., tranche dor. (Bauzonnet), 5,700 fr. — *L'Intrigue des filoux*, comédie (par l'Estoile), suivant la copie imprimée à Paris (Leyde, les Elzevier), 1649, pet. in-12, dos orné, mar. rouge, fil., tranche dorée (Capé), 3,850 fr. — *Œuvres de Monsieur de Molière*. Paris, Jean Guignard fils, 1666, 2 vol. in-12, 2 front. gravés par Chauveau ; mar. bl. doublé de mar. rouge, dentelé (Trautz-Bauzonnet), 5,700 fr. — *Œuvres de Racine*, Paris, de l'imprimerie de Pierre Didot l'aîné, 1801, 3 vol. in-fol., papier vélin, 57 gravures de Prud'hon, Girodet, Gérard et Chaudet (Capé), 2,150 fr. — *Œuvres de maître François Rabelais*, Amsterdam, 1741, 3 vol. (Padeloup), 6,000 fr. — *Lettres d'une Péruvienne*, par Mme de Graffigny, etc., 1797, in-8 (Courteval), 2,300 fr. — *Contes des Fées*, par Ch. Perrault (en prose), 1781, 2,400 fr. — *Lettres de Mme de Rabutin-Chantal, marquise de Sévigné, à Mme la comtesse de Grignan, sa fille*, 2 tomes en 1 volume, 1726 (Trautz-Bauzonnet), 4,900 fr. — *Les Vies des hommes illustres, grecs et romains*, par Plutarque de Chéronée, translatées du grec en français, par Jacques Amyot. Paris, Vascosan, 1567, 7 vol., 4,100 fr. — *Œuvres complètes de Voltaire*, avec des notes, etc., 72 vol. gr. in-8 (Capé), 3,150 fr. — *Œuvres complètes de Berquin*, Paris, Renouard, 1803, 17 tomes en 19 vol. in-18, 6,999 fr. — *Collection des classiques français*, avec les notes de tous les commentateurs. Paris, Lefevre (imp. de Jules Didot), 1821-1828, 73 vol. (Capé), 7,600 fr. — *Les mœurs des Israélites*, par C. Fleury, abbé de Loc-Dieu. Paris, P. Aubouyn, 1690, 4,900 fr. — *Titi-Livii, Historiarum libri*, 3 tomes en 6 vol. petit in-12, 5,800 fr., etc. — Total de la vente, 508,626 francs.

(*Ibid.*).

Collection des lois étrangères. — Par arrêté de M. le garde des sceaux, ministre de la Justice, en date du 27 mars, inséré au *Journal officiel* du 5 avril, il sera formé au ministère de la justice une collection des lois étrangères. — Un comité, dont les membres sont désignés par le garde des sceaux, est chargé de donner son avis sur le mode de formation de cette collection, et de veiller au classement et à la conservation des documents qui doivent y figurer ; il signale au garde des sceaux les lois étrangères dont il lui paraît utile de publier des traductions.

Par arrêté en date du même jour, ont été nommés membres du comité institué par l'arrêté ci-dessus : MM. Aucoc, président de section au conseil d'État ; Reverchon, avocat général à la cour de cassation ; de Rozière, membre de l'Institut ; Duverger, professeur à la faculté de droit de Paris ; Villefort, sous-directeur au ministère des affaires étrangères ; Dareste, avocat au conseil d'État et à la Cour de cassation ; Templier, avocat à la Cour d'appel de Paris, membre du conseil de l'Ordre ; Picot, juge au tribunal de la Seine ; le secrétaire général du ministère de la justice et des cultes ; le directeur des affaires civiles ; le directeur des affaires criminelles et des grâces. MM. Yvernès, chef du bureau de la statistique, et Gonse, chef du bureau de législation et d'administration, rempliront les fonctions de secrétaires du comité, avec voix consultative.

(Ibid.).

Société des Sciences, des Arts et des Lettres du Hainaut. — Concours de 1876.

I. *Littérature.* — Une pièce de vers sur un sujet puisé dans l'histoire de Belgique.

II. — Une pièce de vers sur un sujet d'actualité.

III. — Une nouvelle en prose.

IV. *Biographie.* — Biographie d'un homme remarquable par ses talents ou par les services qu'il a rendus et appartenant au Hainaut.

V. *Beaux-Arts. — Architecture.* — Étudier l'architecture dans les monuments et les maisons particulières de la ville de Mons, jusqu'à la fin du XVIII° siècle.

VI. *Histoire.* — Établir au moyen de preuves la chronologie des comtes de Hainaut.

VII. — Écrire l'histoire d'une des anciennes villes du Hainaut, excepté Soignies, Péruwelz, Saint-Ghislain et Enghien.

VIII. — Faire l'historique de l'exploitation de la houille dans le Hainaut ou dans une des trois divisions du bassin houiller de cette province.

IX. *Enseignement.* — Examen critique de nos lois et de nos règlements sur l'enseignement primaire.

X. — Même question en ce qui concerne l'enseignement moyen.

XI. — Même question en ce qui concerne l'enseignement supérieur.

XII. — De l'opportunité d'établir des crèches et des écoles gardiennes, et comment doivent-elles être organisées en Belgique pour répondre aux besoins des populations ouvrières.

XIII. *Sciences.* — *Géologie.* — Faire la description d'un groupe de fossiles de Ciply.

XIV. — Indiquer d'une manière précise les matières utiles des terrains tertiaires et quaternaires du Hainaut, au point de vue industriel et agricole, en désignant les lieux de gisement et leurs usages économiques.

XV. *Médecine.* — Quels sont au point de vue du traitement des malades les avantages et les inconvénients des hôpitaux permanents.

XVI. *Agriculture et Horticulture.* — Rechercher les causes naturelles ou physiques de la dégénérescence des graines dans les végétaux cultivés.

XVII. — Rechercher et discuter l'effet utile des divers engrais artificiels ou chimiques, suivant la nature du sol ou des cultures.

XVIII. — Comment la cuscute apparaît-elle dans la grande luzerne? Par quels moyens peut-on prévenir son invasion? Comment peut-on la faire disparaître d'une luzerne infectée?

XIX. — De la sélection des graines et des résultats avantageux qu'on peut en attendre dans l'agriculture et la culture maraîchère.

XX. *Sciences sociales.* — Rechercher pour la province de Hainaut, si la proportion relative des crimes, dans les différentes classes de la société et chez les travailleurs agricoles et industriels, s'est modifiée dans le courant du XIX⁰ siècle et, le cas échant, indiquer les causes de ces modifications.

QUESTIONS PROPOSÉES :

a. *Par le Gouvernement.*

XXI. — Discuter à fond la question de la translation (descente et remonte) des ouvriers dans les mines profondes. Dans quelles conditions doit-elle se faire pour sauvegarder la vie des ouvriers?

b. *Par la députation permanente du Conseil provincial.*

XXII. — Indiquer et décrire, d'une manière générale, le gisement, les caractères et les traitements des divers minerais de fer qui peuvent exister dans la province de Hainaut, et discuter leur valeur.

XXIII. — Indiquer et décrire les réactifs chimiques les moins coûteux et les manipulations les plus simples pour précipiter tous les corps dissous dans les eaux sortant des fabriques de sucre, de noir animal, des divers produits chimiques et des teintureries, de manière qu'il suffise de filtrer les eaux ainsi traitées, pour les obtenir limpides et ne contenant aucune matière organique ou inorganique en dissolution.

Le prix pour chacun de ces sujets est une médaille d'or.

Les Mémoires devront être remis franco, avant le 31 décembre 1876, chez M. le Président de la Société, rue des Compagnons, n° 21, à Mons.

ACADÉMIE DE TOULOUSE. — L'Académie des *Jeux floraux* propose pour le discours en prose de 1877 la question suivante :

« Définir le génie poétique des races du Nord, le comparer à celui
» des races latines et rechercher si la critique allemande est fondée
» à revendiquer pour les premières l'invention et l'originalité litté-
» raires qu'elle refuse aux secondes. »

L'églantine d'or (de 450 francs) est le prix de ce discours.

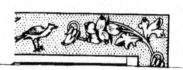

LE MISSEL DE L'ABBAYE D'AVERBODE,

ÉCRIT PAR

FRANÇOIS DE WEERDT, de Malines;

Enluminé, en 1527, par **MARIE VAN BELLE**, de Louvain.

C'est, ainsi qu'on le sait, dans la première moitié du XVe siècle qu'eut lieu la découverte de l'imprimerie, destinée à remplacer la calligraphie. Mais, quoique l'art nouveau produisît dès le principe des œuvres remarquables au point de vue de l'exécution, il ne détrôna pas immédiatement l'art ancien. En Belgique, où la calligraphie avait été portée à un haut degré de perfection, on continua à transcrire des livres jusqu'au commencement du XVIIe siècle, et, lorsque Sanderus visita, en 1658, le prieuré de Saint-Martin, à Louvain, il trouva encore dans les cellules des Cénobites les meubles et outils de l'ancien *Scriptorium* de ce monastère [1].

Les manuscrits belges du XVIe siècle sont souvent très-remarquables au point de vue des illus-

[1] ANT. SANDERUS, *Chorographia sacra Brabantiae*, t. II, p. 120.

trations, parce que des peintres de valeur ne dédaignaient pas d'y prêter le concours de leur talent. Le pays comptait alors non-seulement des calligraphes et des enlumineurs de mérite, mais aussi plusieurs femmes qui étaient parvenues à un haut degré de capacité dans l'art d'orner les livres.

Louis Guicciardini, dans son intéressante *Description des Pays-Bas*, publiée en 1567, a conservé le souvenir de quelques-unes de ces femmes-artistes [1]. Il mentionne avec éloge SUSANNE HORENBOUT, de Gand, qui travailla à la cour de Henri VIII, roi d'Angleterre; CLAIRE DE KEYSER, de la même ville, et ANNE COBBELGIERS, fille de maître Sigier Cobbelgiers, chirurgien de la ville d'Anvers [2]. Cette dernière, qui appartenait à une famille originaire de Pellenberg, lez-Louvain, mourut avant 1562. Le même auteur cite comme vivant à son époque, LIEVINE BYENYNC, de Bruges, fille de l'enlumineur Symon Byenync, laquelle travaillait alors à la cour d'Angleterre; CATHERINE DE HEMSEN, d'Anvers, alors à la cour de la reine de Hongrie, en Espagne; MARIE BESSEMERS, de Malines,

---

[1] LUDOVICO GUICCIARDINI, *Descrittione di tuttii Paesi Bassi altrimenti detti Germania inferiore*. Anversa, 1567, in-fol., pp. 99-100.

[2] Maître Sigier Cobbelgiers était fils de Louis Cobbelgiers, mayeur du monastère de Ghempe, à Pellenberg, et de Mathilde Tscheyns alias Stamelaert, sa seconde femme, fille de Jean et d'Ide vander Poirten. Licencié en médecine, il se fixa à Bréda, où on le trouve établi à la date du 25 août 1522. Il devint ensuite médecin juré de la ville d'Anvers, ainsi qu'il résulte d'un acte des échevins de Louvain du 29 décembre 1564 (2ᵃ); Sigier Cobbelgiers, qui était un célèbre numismate, vivait encore en 1582.

alors veuve du peintre Pierre Cock, d'Alost, et
ANNE SMYTERS, de Gand[1]. Toutes ces femmes ont
laissé des travaux ; mais leurs œuvres sont actuellement dispersées dans les différentes bibliothèques
de l'Europe. A notre avis, il serait extrêmement
intéressant de faire des recherches sur la vie et
les productions de ces compatriotes. Dans le dessein d'engager l'un ou l'autre de nos savants à
entreprendre pareil travail, nous allons publier
quelques renseignements sur une de nos femmes-
artistes du XVIe siècle.

Au commencement du XVIe siècle, l'on recher-
chait avidement les livres de liturgie, écrits sur
très-beau vélin, richement enluminés et ornés de
miniatures. Nos dignitaires ecclésiastiques aussi
bien que nos princes et nos grands seigneurs
tenaient à posséder des livres magnifiques pour
la célébration du service divin. Cette rivalité fe-
sait éclore des œuvres magistrales. C'est à cette
époque qu'on exécuta, en Belgique, des volumes
splendides, tels que les missels et les antiphonai-
res de Marguerite d'Autriche et des abbayes de
Parc et de Gembloux, qu'on admire actuellement à la bibliothèque des ducs de Bourgogne,
à Bruxelles.

En 1526, GÉRARD VAN DER SCHAEFT, prélat de
l'abbaye d'Averbode, chargea François de Weerdt,
de Malines, de la transcription d'un nouveau missel pour servir aux grandes fêtes de l'année et
aux fêtes de l'ordre des Prémontrés. C'était une

[1] L. GUICCIARDINI, *loco cit.*

entreprise notable, ainsi qu'on le verra plus loin. Mais avant de parler de ce travail, il nous paraît utile de donner quelques renseignements sur le dignitaire qui y attacha son nom. A notre sens, celui qui, par une protection intelligente, fait éclore une œuvre remarquable, mérite, dans l'histoire, une place à côté de l'artiste qui le produisit.

Le prélat d'Averbode qui chargea de Weerdt de la transcription de ce missel, était un ecclésiastique d'une haute instruction. Docteur en droit canon, notaire impérial et apostolique près la cour ecclésiastique de Liége, il était bénéficier de l'église de Testelt lorsqu'il prit l'habit de l'ordre de Saint-Norbert, à l'abbaye d'Averbode. Le pape Adrien VI, alors professeur à l'université de Louvain, l'avait pris en grande affection et lui en donna des preuves dès qu'il siégea sur le trône pontifical. Dans sa longue carrière il fit constamment preuve de zèle, de prudence et d'activité. Ami des pauvres, sa générosité ne connaissait d'autres bornes que ses ressources. Cet homme semblait être destiné par la providence pour reléver Averbode qui venait d'être éprouvé par un grand sinistre. Le 25 octobre 1499, à 2 heures de la nuit, pendant que la cloche annonçait les matines, la foudre tomba sur le monastère et occasionna un incendie qui prit immédiatement de vastes proportions. En peu d'instants les flammes se développèrent avec une rapidité effrayante et dévorèrent une grande partie de l'église, du cloître et du dortoir. La bibliothèque, si riche en manuscrits, périt aussi au milieu de leurs tourbillons dévastateurs. Les tableaux, les stalles, les ornements de l'église et les vêtements sacerdotaux furent également réduits en cendres. A cette époque, l'abbaye avait pour chef Barthélemy van den Volgaert, de Bergeyk, respectable vieillard, qui, le cœur brisé par la douleur que lui causa cet événement, survécut à peine une année à cette catastrophe. Il mourut le 20 août 1501. Appelé à la prélature, par la confiance de ses confrères, le 24 août 1501, Gérard van der Schaeft s'appliqua avec la plus louable ardeur à la restauration des édifices de son monastère. Ce travail, on le comprend, l'occupa pendant plusieurs années. Il y employa des architectes connus, Jean van Sallaken, de Diest, et Jean van Couweghem, de Malines [1]. Grâce à son zèle et à son dévouement, son monastère se releva complétement. Mais sa sollicitude ne se borna point à ces travaux de restauration. Ami du beau, il dota son couvent de plusieurs productions artistiques de valeur. En 1513, il chargea le célèbre sculpteur bruxellois, Jean Bormans, de l'exécution de nouvelles stalles pour le chœur de son église. Il fit orner ce temple d'un superbe tabernacle et d'autres objets d'ameublement. Le musée de la porte de Halle, à Bruxelles, renferme un intéressant confessionnal en bois de chêne, richement sculpté, qui porte les armoiries de van der Schaeft. Ce confessionnal provient d'Aver-

[1] Archives de l'abbaye d'Averbode.

bode. Le prélat employa également des peintres, des émailleurs, des brodeurs. Très-instruit, il encouragea par tous les moyens les études théologiques, confiant l'enseignement de l'école de son monastère à un homme capable, Jean Gelaviman, maître ès-sciences et licencié dans les deux droits [1]. On comprend sans peine qu'un tel homme dut accorder une vive sollicitude au rétablissement de la bibliothèque de son monastère. Non-seulement il acheta les meilleures ouvrages imprimés sur la théologie et l'histoire, mais il fit transcrire également des livres d'une utilité reconnue. Déjà en 1510 il avait appelé à son monastère un relieur, Jean Vogels, de Lierre, à l'effet d'enseigner la reliure à quelques religieux, probablement dans le dessein de faire avancer plus rapidement le rétablissement de la biblothèque [2]. Comme cet ouvrier travailla longtemps à Averbode, il est permis d'affirmer que van der Schaeft dota son monastère d'une librairie remarquable. Malheureusement elle fut spoliée plus tard, ainsi qu'on le verra plus loin.

Gérard van der Schaeft, après avoir administré sa communauté pendant 31 ans, mourut au refuge d'Averbode, à Louvain, le 20 juillet 1532; son corps fut rapporté à Averbode et inhumé dans le cloître de son monastère [3].

Nous avons fait remarquer que l'abbé van der

---

[1] Archives de l'abbaye d'Averbode.
[2] Id., id.
[3] Id., id.

Schaeft contracta, en 1526, avec de Weerdt pour la transcription d'un nouveau missel. Ce calligraphe lui était parfaitement connu, ayant travaillé à Averbode en 1508. Il résulte du compte du monastère de cette dernière année que le prélat lui accorda alors, selon l'usage de l'époque, une gratification consistant en 5 aunes de drap pour un vêtement [1]. Van der Schaeft avait employé encore d'autres calligraphes. En 1509 un certain Josse André, de Zomeren, transcrivit pour lui trois processionnaux. Le vélin nécessaire à ces volumes avait été acheté à Diest, où la fabrication du parchemin avait atteint un haut degré de perfection [2]. En confiant à de Weerdt la transcription du nouveau missel, l'abbé affirma qu'il était satisfait du travail que cet artiste avait antérieurement exécuté pour son monastère. Il est probable que le vélin nécessaire au volume fut fourni par l'abbaye.

Le prélat d'Averbode désirait un livre splendide, orné de miniatures, d'initiales historiées et de riches bordures offrant, selon le goût de l'époque, une profusion brillante de fleurs, de fruits et d'insectes. Comme de Weerdt ne s'occupait que de calligraphie, il n'exécuta que le texte du volume, laissant en blanc toutes les parties qui devaient être illustrées. Lorsque son travail était terminé il fallait trouver un artiste capable de

---

[1] « FRANCISCO DE WEERDT scriptori surdo 5 ulnas panni. — Eodem anno solvi in Diest pro uno loto gummi arabici pro scriptore nostro 9 gross. » *Compte de l'abbaye d'Averbode de 1508.*

[2] *Compte de l'abbaye d'Averbode.*

l'enluminer. Il y avait alors à Louvain une femme qui excellait dans l'art d'orner les livres. Cette femme, dont le nom a échappé jusqu'ici aux investigations de tous ceux qui se sont occupés de recherches semblables, s'appelait MARIE VAN BELLE [1] et jouissait d'une certaine réputation. François de Weerdt, qui appréciait le mérite de cette personne, engagea le prélat à lui confier la tâche d'enluminer le missel, affirmant qu'elle avait un talent hors ligne, supérieur à celui d'ADRIEN REYNERI, de Malines, alors très en renom. L'abbé d'Averbode suivit le conseil du calligraphe et, le dernier février 1527, il contracta avec Marie van Belle.

Le prélat actuel d'Averbode, le révérendissime M. LÉOPOLD NELO, en classant les archives de son monastère, a retrouvé le texte du contrat dont nous venons de parler. C'est un instrument public, dressé par notaire. Il eut, en outre, la chance de mettre la main sur un feuillet du manuscrit illustré par l'artiste louvaniste. Connaissant tout l'intérêt que nous inspirent les pièces de cette nature, le digne et savant prélat a bien voulu nous confier les deux documents. En les utilisant au profit de la science, nous nous plaisons à exprimer nos sentiments de gratitude à M. Nelo, qui, soit dit sans blesser sa modestie, accorde aux œuvres d'art un intérêt que nous voudrions voir partagé par tous ceux qui se trouvent à la tête d'établissements religieux.

---

[1] Le texte du contrat porte VAN BEL; mais nous croyons qu'il faut lire VAN BELLE.

Nous avons transcrit avec soin le contrat de 1527 et nous en publions le texte en note [1]. Le

---

[1] « Anno xxvij" ultima februarij, stilo Leodiensi, heeft MARIA VAN BEL, verlichtersse, te Loven wonende, aengenomen, eñ geloeft te meesters pryze, tusschen dit en Pinxteren naistcomende, te illumineren, depingeren eñ te floreren de capiteel groote letteren met letteren van den introitus eñ der collecten van den hoochtyden, die egheen speciael missen en hebben, int missael, gescreven int pergament by FRANCISCUM DE WEERDT, de welck de voirgenoemde Mariam, by den abdt van Everbode, voer een goede meestersse eñ constenersse gepromoveert heeft, alsoe hier naer volgt eñ gelyck haer die gewesen en geteekent zyn.

» Inden yersten sal zy fº primo de letter A van vyf regulen maken eñ depingeren met geheel fingetten, eñ bynnen inde letter sal zy maken coninck David metter herpen, eñ dair voir sal zy hebben . . . . iiij stuyvers.

» Item, fº viij° sal zy maken sonder fignetten, de letter P van zeven regulen, eñ dair inne setten de geboirten ons Heeren, eñ dair voer sal zy hebben . . . . 1 ¹/₂ st.

» Item, fº lxvº met halven oft cortten fignetten, de letter B van vyff regulen, eñ dair inne de heylige Drievoldicheyt, eñ dair aff sal zy hebben . . . . 1 ¹/₂ st.

» Item, fº lxxvij° sonder fignetten, de letter V van vyff regulen, eñ dair inne een doots hoot, voer. . . . . 1 st.

» Item, fº lxxxj° met halven fingetten, de letter V van acht regulen, eñ dair bynnen de verrysenisse ons Heeren, voer eñ om . ij ¹/₂ st.

» Item, fº xciiij° de letter S sonder fingetten, van zess regulen, en dair inne den Heyligen Geest nederdalende tot ons liever Vrouwen eñ den Apostelen, soe verre dair plaetse es, en daer voer . 1 ¹/₂ st.

» Item, fº xcix° met halven fingetten, de letter B van vier regulen, om . . . . 1 ¹/₂ st.

» Item, fº cº sonder fingetten, de letter C van vier regulen, eñ dair inne een cybori metten heyligen Sacrament, eñ daer voer ¹/₂ st.

» Item, fº cxxix° met halven fingetten, de letter D van vier regulen, om . . . . 1 ¹/₂ st.

» Item, fº cxxxv° sonder fingetten, de letter S van vyff regulen, eñ dair inne Maria metten kyndeken, Joseph, Symoen, enz., eñ dair voer eñ om . . . . 1 st.

» Item, fº cxlix° met cortten fingetten, de letter D van vier regulen, eñ dair inne de geboirten van Sᵗ Jan Baptisten, om . . 1 st.

document, écrit sur papier, a beaucoup souffert
de l'humidité. Une partie du bas de la feuille est

» Item, f⁰ cliij° sonder fingetten, de letter G met vier regulen, voer
eñ om . . . . ¹/₂ st.

» Item, f⁰ clxiij° sonder fingetten, de letter G van vier regulen,
om. ¹/₂ st.

• Item, f⁰ clxvj° sonder fingetten, de letter I van vier regulen,
om . . . . ¹/₂ st.

» Item, f⁰ clxvij° sonder fingetten, de letter D van vier regulen,
eñ dair inne Sᵗ Jans Baptisten onthoofdlinge, om . . . . ¹/₂ st.

» Item, f⁰ clxviij° met halven fingetten, de letter G van vier regulen, om . . . . 1 ¹/₂ st.

» Item, f⁰ c.... sonder fingetten, de letter G van vier regulen, eñ
daer voer . . . . ¹/₂ st.

» Item, *te igitur* sal zy constelyck depingeren metter letteren *Can*
eñ een serpente dair inne hangen, rontomme met geheel fingetten
eñ beneden zal zy mynen heeren knielende maken met gevouden
handen op een scabelle, hebbende in zynen arme den staff metten
wapenen dair aen hanghende, eñ beneden neven hem den myter en
in een rolleken gescreven zyn devisie : *ne quid nimis*, en boven oft
bezyden dairt beste pass geven sal, mach zy de wapenen metten staff
noch eens setten.

» Item, voer de floratuer van de introitus letteren van drie regulen, sal zy hebben voir elck hondert viij stuyvers. Ende zy sal vyftich
van den collecten festorum van twee regulen, mynen Heere om nyet
floreren, ende van den anderen dier meer zyn, sal zy hebben gelyck
van de introitus letteren.

» Item, is voirwaerde en ondersproken dat zy dese voirs. capiteel
letteren metten fingetten illumineren, maken en beleggen sal metten
fynsten gemalen goude, en metter bester verwen eñ stoffen die men
vynden oft crygen mach, ende oft zy des nyet en dede ofte de letteren alsoe nyet en maecten gelyck voirscreven steet, soe sal men die
by anderen consteners moegen laten visiteren, eñ vynden die dair
eenich gebreck inne oft dat zy seggen dat Maria voirscreven hair nae
vuytwysen deser voirwaerden nyet gequeten en heeft, soe sal myn
heere nyet meer geven dan de voirs. consteners taxeren eñ seggen
selen. Ende Franciscus de Weerdt voirscreven heeft voer haer ge-
repondeert dat zyt beter oft alsoe goet ....ert als Adrianus Reyneri, te Mechelen, dat. . . . . . en sal dan dmissael dair hy vuyt
scryft. Actum . . . . . . in hospicio Averbodensi, etc. » (Le reste
manque).

tombée en poussière. Cette perte est d'autant plus regrettable que la portion enlevée portait les noms des témoins, les signatures ainsi que l'indication du lieu où l'acte a été rédigé. Il résulte de la pièce que celle-ci a été signée dans l'un des refuges d'Averbode. Comme Marie van Belle habitait Louvain, il est très-probable que cette formalité a eu lieu au refuge que cette abbaye possédait dans la dernière ville et qui était située rue du Canal, coin gauche de la rue du Lombard.

En lisant cette pièce, conçue dans le style naïf de l'époque, on est surpris de voir combien étaient grandes les précautions qu'on prenait jadis lorsqu'il s'agissait d'exécuter une œuvre d'art d'une certaine importance. Les gens de ces époques ne travaillaient pas uniquement pour leur temps; mais pour l'avenir, et ils nous ont laissé des œuvres durables. Selon le contrat, Marie van Belle devait fournir son travail à la Pentecôte de 1527. Elle ne pouvait, par conséquent, consacrer que trois mois à cette œuvre importante, circonstance qui prouve qu'elle dut avoir une grande facilité d'exécution.

Nous allons faire connaître, d'après le contrat, les illustrations qu'elle devait exécuter dans le missel d'Averbode, ainsi que le prix stipulé pour chacune d'elles :

Feuillet 1, vignette entière; dans l'initiale A, *le roi David jouant de la harpe*; prix : 4 sols.

Feuillet 8, sans vignette; dans l'initiale P, *la Naissance du Seigneur*; prix : 1 ½ sol.

Feuillet 65, vignette moyenne; dans l'initiale B, *la Sainte-Trinité;* prix : 1 ½ sol.

Feuillet 77, sans vignette; dans l'initiale V, *une Tête de mort;* prix : 1 sol.

Fueillet 81, vignette moyenne; dans l'initiale V, *la Résurrection du Christ;* prix : 2 ½ sols.

Feuillet 94, sans vignette; dans l'initiale S, *la Pentecôte;* prix : 1 ½ sol.

Feuillet 99, vignette moyenne; l'initiale B, sans sujet; prix : 1 ½ sol.

Feuillet 100, sans vignette; dans l'initiale C, *l'Eucharistie;* prix : 1 ½ sol.

Feuillet 129, vignette moyenne; l'initiale D, sans sujet; prix : 1 ½ sol.

Feuillet 135, sans vignette; dans l'initiale S, *la sainte Famille;* prix : 1 sol.

Feuillet 149, vignette courte; dans l'initiale D, *la Naissance de saint Jean-Baptiste,* second patron de l'église d'Averbode; prix : 1 sol.

Feuillet 153, sans vignette; l'initiale G, sans sujet; prix : ½ sol.

Feuillet 163, sans vignette; l'initiale G, sans sujet; prix : ½ sol.

Feuillet 166, sans vignette; l'initiale I, sans sujet; prix : ½ sol.

Feuillet 167, sans vignette; dans l'initiale D, *la Décollation de saint Jean-Baptiste;* prix : ½ sol.

Feuillet 168, vignette moyenne; l'initiale G, sans sujet; prix : 1 ½ sol.

Feuillet 1.., sans vignette; prix : ½ sol.

La première page du chapitre *Te igitur* devait être enluminée d'une manière splendide, de même que les lettres *Can.* Cette page devait être à vignette entière. Au bas l'artiste devait représenter l'abbé vander Schaeft, agenouillé sur un prie-dieu, les mains jointes, tenant dans le bras la crosse, à laquelle devait être attaché son blason. Sur le sol, à côté du prélat, devait se trouver la mitre et un enroulement portant sa devise : *Ne quid nimis.* Elle pouvait placer une seconde fois les armoiries de l'abbé, surmontées de la crosse, à l'endroit du volume qu'elle trouverait le plus convenable à cet effet.

Pour l'exécution des initiales de trois lignes, elle recevait, par cent, 8 sols. Elle était tenue d'enluminer les 50 initiales des *Collectes*, au prix des autres initiales. L'effigie de l'abbé devait être exécutée gratuitement.

Marie van Belle s'engagea à employer à ce travail l'or moulu le plus fin et les meilleures couleurs qu'elle parviendrait à trouver. Si, après l'achèvement du livre, l'abbé trouvait qu'elle n'eût point satisfait à cette dernière·clause, il pouvait faire examiner le travail par d'autres artistes et le payer à dire d'experts.

Ainsi qu'il a été dit plus haut, le travail devait être achevé à la Pentecôte 1527. François de Weerdt se porta caution pour Marie van Belle, promettant que le travail serait aussi bien enluminé et mieux que le missel orné par Adrien Reyneri, de Malines, qui lui avait servi de modèle dans la transcription du texte.

On ne possède aucun renseignement sur cet Adrien Reyneri qui était, selon de Weerdt, un artiste hors ligne. La bibliothèque publique de Malines possède un splendide volume in-folio, avec notation musicale, orné de riches enluminures et miniatures d'une exécution remarquable [1]. Ce volume, qui appartient à la première moitié du XVIe siècle et qui semble avoir été fait pour Marguerite d'Autriche, est peut-être enluminé par Reyneri. Il serait intéressant de faire quelques recherches sur cet artiste dans les archives de Malines.

Du magnifique missel d'Averbode, il ne reste plus qu'un seul feuillet. Ce feuillet tomba providentiellement dans les mains de feu M. Candide Caenen, à la fin du siècle dernier archiviste de ce monastère, qui le trouva tellement remarquable au point de vue de l'art qu'il jugea utile de le conserver avec soin. C'est grâce à la sollicitude de ce religieux qu'il nous est permis d'apprécier le talent d'une artiste belge, dont la mémoire était complétement effacée et qui mérite à tous égards de vivre dans le souvenir de la postérité.

On ignore le nom de celui qui détruisit le volume. Mais on suppose que cet acte de vandalisme a été commis pendant les guerres du XVIe siècle. A cette malheureuse époque, l'abbaye d'Averbode, située au milieu de la campagne, eut énormément à souffrir. Livrée au pillage et dévastée en 1579, rétablie en 1585, de nouveau ruinée en 1594, elle ne se releva que sous le règne d'Albert et Isabelle. On comprend qu'au milieu de ces événements né-

---

[1] Voy. M. ALEX. PINCHART, *Archives des Arts*, etc., t. I, p. 236.

fastes, la bibliothèque dût éprouver des pertes considérables. L'abbé Nicolas Ambrosii, promulgué en 1635, mort en 1647, appliqua tous ses soins au rétablissement de la librairie de son monastère. Elle fut tellement augmentée par l'abbé Trudon Sallé, élevé à la prélature en 1778, qu'à la fin du XVIIIe siècle on la considérait comme l'une des bibliothèques monastiques les plus remarquables de la Belgique. Mais elle avait perdu les nombreux manuscrits et incunables qui en faisaient jadis le plus bel ornement. Le poëte A. van Boterdael, religieux d'Averbode, mort le.24 mars 1777, déplore la perte de ces vénérables monuments en ces termes :

...... Damnum, irreparabile damnum,
Bibliotheca tulit, periere volumina centum
Scripta manu, ter mille impressa [1].

Le missel dont nous nous occupons était incontestablement un des plus' beaux volumes de la bibliothèque d'Averbode, et sa perte sera éternellement regrettée par les amis des arts.

Le feuillet qui nous reste du missel est celui qui fait l'objet du paragraphe III du contrat. Il est écrit sur un fort et beau vélin. Le texte de l'avers du feuillet est entouré d'un encadrement à fond d'or mat, orné de fleurs, de fruits, d'oiseaux et d'insectes, exécuté avec le plus grand soin et la plus grande délicatesse. L'initiale B contient une

---

[1] AD. HEYLEN, *Historische verhandeling over de Kempen*, 1838, page 186.

miniature en toutes couleurs, représentant *la sainte Trinité*. Dieu le Père, en vêtements pontificaux, tient devant lui Jésus crucifié. Cette vignette est d'un beau caractère et d'un coloris harmonieux. Dans l'encadrement, à gauche de la page, l'artiste a représenté, sous une niche de style ogival fleuri, l'abbé Gérard vander Schaeft. Il porte le costume blanc de son ordre et est agenouillé sur un prie-dieu. Dans l'encadrement, au bas de la page, l'on remarque les armoiries de ce dignitaire, surmontées de la crosse abbatiale. Un enroulement porte la devise : *Ne quid nimis*. Les formes de ses personnages prouvent que Marie van Belle suivait les préceptes de l'école du XVᵉ siècle, à laquelle elle appartenait sans doute par les traditions. Les fleurs, les fruits, les oiseaux et les insectes, étudiés d'après nature, sont d'une grande élégance de dessin et d'une haute délicatesse d'exécution. L'or est appliqué avec adresse et le coloris n'a rien perdu de sa vivacité primitive. Soit qu'on la considère sous le rapport de l'invention et de l'arrangement, soit qu'on l'envisage seulement au point de vue de la grâce et de la délicatesse de la facture, cette page suffit pour immortaliser le nom de Marie van Belle.

Quant au travail de François de Weerdt, il est inférieur à celui de Marie van Belle. C'est une écriture gothique massive, peu élégante et manquant de netteté. Ce calligraphe jouissait cependant d'une certaine réputation. Ambroise van Engelen, prélat de l'abbaye de Parc, le chargea, en 1527, de la transcription d'un nouveau psautier pour son monastère. C'est un volume in-folio, sur vélin très-fort et très-blanc, qui est parvenu jusqu'à nous. Vendu le 28 octobre 1829, avec les autres manuscrits de cette abbaye, il se trouve actuellement à la bibliothèque de Bourgogne, à Bruxelles. L'initiale de la première page du volume est ornée d'une miniature représentant *David chantant les louanges du Seigneur,* que nous envisageons comme l'œuvre de Marie van Belle. A la fin du volume on lit : *Istud psalterium scribi fecit Reverendus et Devotus Pater Dominus* Ambrosius de Angelis, *vigesimus quartus abbas Parchensis. Exaratum est a mendis ad amussim expurgatum per* FRANCISCUM DE WEERT, *anno Verbi incarnati M.D. xxvij. Deo gratias.*

Nous ne connaissons jusqu'ici aucun renseignement généalogique sur Marie van Belle. Nous ignorons l'année de sa naissance et la date de sa mort. Le contrat que nous avons fait connaître nous apprend qu'elle habitait Louvain en 1527. A cette époque l'ancienne capitale du Brabant comptait au nombre de ses citoyens un certain Henri van Belle, époux de Barbe van Gheele, fille de Henri van Gheele et de Barbe de Hane [2]. Mais on ne sait pas si l'artiste appartenait à cette famille, car d'autres personnes portant le même nom vécurent à Louvain dans la première moitié du XVI⁰ siècle. Quoi qu'il en soit nous possédons

---

[1] Bibliothèque de Bourgogne, n° 11556.
[2] Actes des échevins de Louvain du 12 février 1531, 2a; 28 avril 1549, 2a.

un échantillon du talent de la miniaturiste, nous connaissons son nom et l'époque de son existence. Espérons que l'un ou l'autre jour on découvrira les renseignements nécessaires pour rétablir le souvenir de cette compatriote qui, nous le répétons, mérite une place dans l'histoire de l'art.

Ed. van Even.

Louvain, 25 février 1876.

RECHERCHES HISTORIQUES

SUR

LE SOUVERAIN BAILLIAGE DE FLANDRE.

§ 1. *Origine et établissement du souverain bailliage.*

Le règne de Louis de Male compte parmi les périodes calamiteuses de l'histoire de la Flandre. Ce prince, qui ne savait se gouverner lui-même, encore moins gouverner son peuple, avait par ses folles prodigalités, son ineptie et ses mesures malencontreuses semé la zizanie dans le comté. « Il aimait le plaisir, dit M. Leglay, et rien ne lui coûtait pour satisfaire ses passions. Quoique marié à une belle et vertueuse princesse, il avait souvent outragé la fidélité conjugale et on ne lui connaissait pas moins de onze batards, garçons ou filles, élevés, nourris et dotés sur son trésor. Il aimait à se voir entouré d'astrologues, de jongleurs et de baladins de toute espèce. Il faisait venir à grands frais des pays lointains des bêtes rares et curieuses, surtout des singes et des perroquets qu'il affectionnait beaucoup. Il entretenait trois fous et un nain, une multitude de chiens et de faucons. Ses valets n'étaient occupés qu'à composer des mascarades et des divertissements plus ou moins deshonnètes. On conçoit tout ce qu'une telle cour et un tel prince devaient dépenser d'argent ; bien que les revenus de ses domaines fussent considérables, Louis était toujours obéré, toujours aux expédients et les villes de Gand , Bruges et Ipres se virent souvent obligées de lui venir en aide [1].

Une terrible guerre civile s'éleva. Les Flamands, qui naguères, encore unis sous leur glorieuse bannière, marchaient contre l'ennemi commun et se signalaient par leurs exploits, épuisèrent désormais leurs forces et s'entre-déchirèrent dans des luttes fratricides. Pas n'est besoin de dire combien les intérêts de la justice étaient lésés par cet état de choses. Toute sécurité avait disparu et les officiers, chargés de la répression des crimes et des délits, voyaient sans cesse leurs efforts paralysés. Mais si telle était la situation des villes, l'état des campagnes était encore plus déplorable. A la suite des bandes armées se trainaient des essaims de malfaiteurs, de gens sans aveu et de vagabonds qui, sûrs de l'impunité, rençonnaient vainqueurs et vaincus et se livraient aux plus grands excès. Telle était leur audace que l'abbé de Saint-Bavon, Jean III, fut obligé de s'adresser au comte afin de lui demander l'autorisation de pouvoir organiser une police dans le plat pays

---

[1] *Histoire des comtes de Flandre,* t. II, p. 494.

pour veiller à la sûreté publique et arrêter ces malfaiteurs dans les paroisses de Loo-Christi, Seven-Eecken, Mendonck et à Saint-Bavon [1]. Il importait donc d'enrayer le mal; aussi Louis de Male « voyant, au dire de l'Espinois, que par les rébellions les maléfices s'augmentoient journellement, » institua une magistrature nouvelle qui avait pour mission de faire la chasse aux gens de sac et de corde qui infestaient le pays [2].

De l'Espinois assigne à la création de cette charge la date de 1374 [3]. Oudegherst la précise davantage et assure qu'elle fut fondée par lettres patentes du 16 novembre de la même année [4]. Enfin Raepsaet avance qu'il résulte de l'ordonnance de Charles-Quint du 3 janvier 1543 qu'elle fut établie le 16 novembre 1373 [5]. Tous ces auteurs ont versé dans une erreur évidente. Il n'est nullement question de la création de l'office du souverain bailliage dans la prédite ordonnance. D'ailleurs les comptes en rouleaux, conservés aux archives du royaume, démontrent qu'il existait déjà en 1372. Quant à nous, nous pensons que c'est entre 1370 et 1372 qu'il faut rapporter l'origine de l'importante magistrature dont nous nous occupons ici.

Avant son établissement, les receveurs généraux de Flandre avaient dans leurs attributions

---

[1] Van Lokeren, *Histoire de l'abbaye de Saint-Bavon,* p. 134.
[2] *Recherche des antiquités et noblesse de Flandre,* p. 81.
[3] *Ibid.*
[4] *Annales de Flandre,* t. II, 556.
[5] *Œuvres complètes,* t. V, p. 175.

quelques-unes de celles qui furent exercées ensuite par le souverain bailli. Sanderus fait allusion à cette particularité en rapportant la création de la charge « *Primus* (*Ludovicus Maleanus*) *summum rerum criminalium vindicem quem souveranum, hoc est supremum baillivum dixit, separatim instituit* [1] ». En 1370, le chevalier Goswin de Wilde ou Le Sauvaige était encore à la fois officier de justice et officier comptable, tandis que dans le compte, commençant le 27 juin 1372, il s'intitule souverain bailli [2].

Une semblable institution fonctionnait déjà en France depuis l'année 1355. Il est probable que le comte Louis de Male aura calqué la charge de souverain bailli sur celle de commissaire établie par le roi Jean, le 31 janvier 1555 (n. st.), qui avait également pour but la punition des bannis rentrés dans le royaume, des faux monnayeurs, des meurtriers, des voleurs et de tous autres criminels. Des raisons analogues à celles que produit de l'Espinois pour l'établissement du souverain bailliage engagèrent le roi de France à créer un commissaire spécial chargé de faire le procès aux malfaiteurs « qui ont fait au temps passé — dit l'ordonnance du 31 janvier 1355 — et font de jour en jour tant et si grant quantité de granz et énormes malefaçons et ont les susdis malfaiteurs tant et si grant quantité de complices, conforteurs et récepteurs que le peuple de nosdit royaume en a esté et est encore de jour en jour grandement

---

[1] *Flandria illustrata*, l. I, p. 68.
[2] Carton 17, liasse 87 des comptes en rouleaux, aux archives du royaume.

domagiez et grevez [1] ». Des lettres patentes du 8 mai de la même année étendirent les attributions de cet officier de justice en lui permettant de donner grâce et rémission aux coupables, moyennant finance et sous ratification du roi [2].

§ II. *Attributions du souverain bailliage depuis sa création jusqu'au XVIe siècle.*

La charge de souverain bailli était une des plus importantes de la Flandre. Il était réellement, en vertu d'une délégation directe du prince, le grand justicier et le grand juge du comté. On le désignait sous le nom de *Supremus archipretor totius Flandriae*, et par là il fallait entendre non seulement la Flandre, mais encore Tournai et le Tournésis, Lille, Douai et Orchies, Cassel, Anvers, Malines et ses dépendances.

Ses attributions étaient des plus étendues :

1° Il avait mission de veiller sur les bannis de Flandre et s'en référait pour les punir à la sentence des juges qui avaient prononcé le bannissement. Tantôt ils étaient mis à mort, si elle leur interdisait de rentrer dans le pays sous peine de la vie, tantôt ils perdaient simplement un membre, si telle était la sanction de la première condamnation [3]. Les nouveaux crimes, qu'ils auraient

[1] *Ordonnances des rois de France*, l. IV, p. 158.
[2] *Ibid.*, p. 163.
[3] « Item, pour la justice de Heine le Ridder, que edit souverain avoit fait prendre dehors Poperinghes, lequel estoit banny de Flandre III ans par la loy dudit Poperinghes sur ses deux yeux d'estre

commis depuis leur rentrée en Flandre, relevaient également de son tribunal. Le souverain bailli était même armé d'un pouvoir discrétionnaire dans le cas où les premiers juges avaient négligé de comminer la peine sous laquelle il était interdit aux bannis de revenir dans le pays [1].

2. Il arrêtait et punissait les vagabonds. Il serait difficile de se faire une idée de l'audace de ces vauriens. Donnons-en un exemple pris au hasard dans les comptes du souverain bailliage. Il relate l'exécution près de Berghes de deux malfaiteurs, qui, aidés par plusieurs complices, avaient jeté partout la terreur et l'épouvante. C'était au milieu de la nuit que ces truands exerçaient leur coupable industrie, assiégeaient les maisons et extorquaient des « bonnes gens » leur

non prouffitable audit lieu, pour lequel ledit souverain Bailly lui fist crever un eul et de l'aultre eul lui fist grâce par pitié et compassion et affin qu'il ne feust du tout aveugle, etc. » (N° 13515 de l'inventaire des registres des chambres des comptes, 17 septembre 1431 au 7 janvier 1432, n. st.).

[1] « Item, pour la justice de Jehan Hunchs, lequel estoit banny de Flandre par la loy de Gand 11 ans de murdre pour ce que par défence de ladicte loy dehors chevin, en lieu secret il avoit piteusement mourdiz et tollé la vie à Esteve Heuwel, lequel Jehan fu prins dedens son ban en Leaue à l'Escluse et mis prisonnier à le Ague, et pour ce que la congnoissance des bannis appartient audit souverain bailli, il escript au bailli de Leaue et envoya querre ledit prisonnier par ses gens à ladicte Ague et le fist mener auprès Roulers, là où il avoit perpétré ledit fait, lequel estoit très mauvais et énorme fait commiz par ledit Jehan pour cause de certain avoir confisqué pour conspiracion ès commocions de Flandre que ledit Esteve avoit acheté picça aux officiers commis de Monseigneur, pour lequel fait ledit souverain bailli fist copper la teste, etc. (N° 13508 de l'inventaire des registres des chambres des comptes, 8 janvier 1420 (n. st.) au 6 mai de la même année).

argent et leur bien. Dans une hôtellerie où ils avaient bu et mangé, ils enlèvent de force une jeune fille et assouvissent sur elle leurs brutales passions. Une autre fois ils étaient sur le point de commettre un semblable crime quand des voisins, attirés sans doute par les cris de la victime, accourent et les mettent en fuite. Ils déjouèrent souvent les recherches des sergents du souverain bailli, qui, au nombre de douze, les guettaient et les harcelaient activement, et ce ne fut que par leur « grant diligence » que ces courageux agents parvinrent à s'en rendre maîtres [1].

3. En ce qui concerne les autres criminels, son pouvoir ne connaissait pour ainsi dire pas de bornes. Il sévissait contre les meurtriers, les voleurs et en général contre tous les « malfaitteurs et malfaitteresses, » selon leur démérite et l'exigence des cas. Dans les affaires d'une gravité exceptionnelle, il prenait parfois l'avis du Conseil de Flandre. Il agit notamment de cette manière lors d'une émeute arrivée à Courtrai en 1420, « ledit souverain Bailly — lisons-nous dans le compte du souverain bailliage — par l'advis de messires du conseil de Monseigneur se traist audit lieu de Courtrai, prinst lesdis malfaitteurs hors de le église de Saint-Martin d'illec, là où ils avoient prinz leur refuge, par traithé et sans violacion d'icelle église, et les mist ès prisons de ladicte ville, et après ce leur fist copper les testes sur un

---

[1] Nº 13522 de l'inventaire des registres des chambres des comptes, 15 janvier 1587 (n. st.) à pareille date de l'année suivante.

escaffault ou marcié d'icelle ville et mettre le corps aux champs sur reues et leurs testes aux portez comme conspirateurs [1]. »

Cependant il lui était interdit d'arrêter et de condamner les bourgeois de Flandre, qui ne pouvaient être jugés que par le tribunal de leurs échevins. Les villes du comté, si jalouses de leurs priviléges, savaient à l'occasion les défendre contre les empiètements du souverain bailli. Nous n'en voulons d'autre preuve que la sentence du magistrat de Gand, condamnant en 1398 le souverain bailli Jacques de Lichtervelde à un bannissement de cinquante ans pour s'être permis de faire exécuter par le glaive Jean Peresons, leur bourgeois [2].

Il devait également respecter la juridiction ecclésiastique. Gossuin de Wilde ou le Sauvaige, premier souverain bailli de Flandre, ayant puni de mort deux clercs, attira par cet acte de justice un interdit sur le village de Steenkerke et sur plusieurs paroisses voisines. A titre de réparation, l'évêque de Térouane l'obligea à offrir à l'église des cierges et deux figures en cire, revêtues d'un accoutrement complet, emblêmes de ceux qu'il avait indûment justiciés [3].

---

[1] N° 13509 ibid., 6 mai au 16 septembre 1420.

[2] « In dit jaer (1398) was by die van Ghendt ghebannen mer Jacob van Lichterveld, souverein bailliu van Vlaenderen, vyftich jaer uut Vlaenderen, ome dat hi dede onthoofden Jan Peresons, poorter der stede van Ghendt, sonder te bringhene 't zynder poort. » (CANNAERT, *Oude strafrecht van Vlaenderen*, p. 131).

[3] Parties de la restitucion : premiers pour x livres de chiré dont

4. Il recevait les deniers provenant des ventes faites par lui des terres et biens confisqués pour crime de conspiration et de révolte [1].

5. Il percevait également les amendes moyennant lesquelles les criminels bannis de la Flandre obtenaient la permission de continuer à résider dans le pays.

6. Il mettait à exécution les ordres qu'il avait reçus, soit de la part du conseil [2], soit de la part du comte. C'est ainsi qu'il se rendit en 1402 à Lille avec une nombreuse suite, retira des mains de Jean de Lecke, lieutenant du châtelain de Lille, Messire Griffon de Lisques et le transféra au château de Schaeftinghe. Le laconisme du compte dont nous extrayons ces détails a quelque chose d'effrayant : « Item, pour la justice dudit Messire Griffon par le exprès commandement de mon très

on fist candelles . . . . iii l.
Pour ii cottes à vestir les ii figures coustèrent. . . . xxv s.
Pour ii paires de cauches et caprons . . . . xxiiii s.
Pour sorles, wans et faus visages . . . . viii s.
Pour sallaire de ii varlés qui les figures et candelles portèrent au moustier. . . . . xxiiii s.
(Carton **17**, liasse **87**, de la collection des comptes en rouleaux, aux archives du royaume, année 1373).

[1] Les confiscations furent surtout nombreuses après la bataille de Rosebeke.

[2] « Item, pour la justice de Annequin le Rope, prins au chastel de Lille, pour le fait de la mort de feu Pierre Heins et lequel ledit souverain bailli, par le commandement de messires du conseil à Lille, emmena dudit chastel jusque au dehors Menin, à la place où ledit Pierre fut occis, et ilec le jour des aimes, second jour de novembre darain passé, lui fist copper la teste et mettre sur reue. » (N° 13506 de l'inventaire des registres des chambres des comptes, 18 septembre 1402 au 8 janvier 1403, n. st.).

redoubté seigneur, par ses lettres patentes et closes et pour les causes contenues en icelles, ledit Souverain Bailli fist exécuter et enfouyr dedens ledit chastel de Chaeftinghes le nuyt de Noël darrain passé [1]. »

7. Il recevait les accusés à composition lorsque certains indices de non culpabilité militaient en leur faveur. Tel fut entre autres le cas du bailli d'Oudenbourg, accusé en 1388 de malversations dans l'exercice de ses fonctions. Il avait détourné, disait-on, une partie des deniers provenant des confiscations prononcées à charge des rebelles. Mais sa conduite avait été si louable pendant les troubles qui désolèrent la Flandre à cette époque, il avait montré tant d'attachement pour la cause du comte, que le souverain bailli le reçut à composition. Il était du reste de noble extraction et il avait perdu la majeure partie de ses biens au service de son souverain [2].

[1] N° 13506 de l'inventaire des chambres des comptes.
[2] De Dammaerd Destrates, lequel ledit souverain a ehu en calaengue en lui imposant que du temps, lui estant bailli de la ville d'Oudenborch, il avoit receu et levé de part Monseigneur aucunes sommes de deniers, tant de confiscations, d'esmeutes comme d'aucunes compositions dont il n'avoit rendu compte à Monseigneur, ains les avoit fourcelez et détenuz à son prouffit. Et sur ce, luy oy en ses raisons, ne s'en peut bonnement excuser; mais dist que ce qui en estoit avoit esté du temps des guerres et émocions de ceulx de Gand, en remonstrant que en iceluy temps lui convenoit estre en sa baillie pour conforter ses gens et les tenir ensemble, accompaigniez de varlez et gens, à grans frais et sur geages et aveuc le grant perte qu'il avoit ehu par lesdictes guerres, comme de lui meismes avoit esté prins, emmenez et ranchonnez par les Bretons, ses maisons et biens ars et destruit par les rebelles, et se que prez miz à povreté, par lequel il n'estoit puissans d'avoir soutenu les

Le souverain bailli ne pouvait, exercer ce droit d'une manière absolue. « Il ne pourra faire paix ne composer — portent les instructions de Jacques de Lichtervelde, du 4 septembre 1403, — de ceulx qui seront bannis de meurdre villain, d'enfforcier ou de ravir femmes, de feu bouter et de tous autres grans fais et orribles, se ne soit par l'advis et consentement de nous ou des genz ordenez à Lille pour nostre conseil [1]. »

8. Il avait le droit d'accorder des lettres de sauf-conduit pour une fois et pendant l'espace de quarante jours en faveur de ceux qui, étant bannis ou arrêtés à cause de certains méfaits, avaient fait la paix avec leurs adversaires. Toutefois il lui était interdit de les accorder à quiconque était coupable de conspiration contre le souverain ou de violences commises à l'égard de ses officiers dans l'exercice de leurs fonctions : au comte de Flandre seul incombait ce droit qu'il s'était expressément réservé [2].

Le souverain bailli Jean de Comines accorda en 1426, à la demande des échevins d'Audenarde,

---

frais de lui et ses gens sous aultre confort, néantmoins de en tant qu'ilz s'en estoit mebsuz, il supplia d'être receu à gracieuse amendise. Et pour considération des choses dictes et son petit estat d'avoir et qu'il est gentilhomme de bonne anchienne extraction, chargiez de femme et IX petis enfans, ayant prié sur iceulx que de les avoir mis du tout à povreté et pour son bon loial portement envers Monseigneur lui reçu fu à composition par l'advis et conseil du receveur de Flandre, le bailli de Bruges et Pierre Heins, pour IIc livres (No 13505 de l'Inventaire des registres des chambres des comptes, 11 mai au 21 septembre 1388).

[1] Voir Annexe no 1.
[2] Ibid.

des lettres de sauf-conduit en faveur de tout marchand, qui viendrait à la foire de cette ville, ainsi que pour ses biens et marchandises. Il exceptait de cette franchise les bannis, les fugitifs, les ennemis du roi de France, du duc de Bourgogne et du pays de Flandre, et ceux qui s'étaient liés et obligés sur leur corps et leurs biens aux foires de Champagne et de Brie [1].

9. Les haines héréditaires dans les familles étaient un des plus grand fléaux au moyen-âge. Celui qu'un tiers avait menacé avait le droit de le faire paraître en justice pour s'assurer que par la suite il ne troublerait point la paix et n'attenterait point à sa vie. Presque toutes nos anciennes coutumes parlent de titres particuliers qui attestent l'existence d'un usage général dans tout le pays. Mais ici encore le défaut d'une police active avait rendu nécessaire l'intervention du souverain bailli, « se aucun débat se mouvoit — lisons nous dans les instructions de Jacques de Lichtervelde, — entre parties en noz conté et pays dessusdis, nobles ou non nobles, de quelconque estat qu'ilz seront, dont aucuns griefs ou inconvénients se pourroient ensievyr, nous pour obvier à iceulx voulons que nostredit souverain bailli ait povoir, pour et au nom de nous, par lui et ses commis ou députez de faire trièves entre les partis dessusdictes, de les apaisier, et se faire ne le vouldront les ad ce contraindre viguereusement et senz déport, se mestier en soit, tant par prise de corps et arrest

[1] *Audenaerdsche mengelingen*, I, 123.

de leurs biens, comme par toutes autres voies raisonnables, selon que par le grief, qui en pourroit avenir de nécessité sera et que en temps passé en tel cas on en a usé, parquoy noz subgés puissent demourer en bonne paix et que le grief qui en pourroit venir soit destournés et nostre droit y gardé [1]. »

10. Le souverain bailli exerçait sur les sergents et autres officiers du comté de Flandre un droit de surveillance. Il pouvait, s'ils se rendaient coupables d'abus, les suspendre de leurs fonctions et même les remplacer par d'autres [2].

11. Les administrations locales lui étaient subordonnées en tout ce qui était relatif à la juridiction des individus nomades. C'est ainsi que nous voyons le souverain bailli Daniel van Praet donner, en 1482, à la loi d'Oudenbourg des instructions concernant les compagnons étrangers qui couraient la contrée et sur lesquels, disait-il, il fallait avoir l'œil ouvert [3].

Un conflit important s'éleva, en 1393, entre le souverain bailli et l'administration du Franc de Bruges qui revendiquait le droit de mettre en liberté les prisonniers sujets de ce pays, malgré l'opposition du souverain bailli. Après des contestations et des négociations sans nombre, le conseil du comte de Flandre à Lille fut saisi de l'affaire et les échevins du Franc y furent condamnés par défaut le 11 août 1393. Mais cette sentence ne tranchait pas le différend; de nou

---

[1] Annexe n° I.
[2] Ibid.
[3] VAN DE CASTEEL, Chronique d'Oudenbourg.

velles difficultés surgirent à propos d'arrestations et il fallut l'intervention du duc de Bourgogne, Philippe le Hardi, pour rétablir la bonne entente entre les deux autorités. Une députation se rendit en 1397, à Paris, auprès de ce prince, à l'effet de lui exposer ce qu'avait d'arbitraire la conduite du souverain bailli qui avait emprisonné au château de Nieuport et condamné comme coupables d'assassinats deux citoyens du Franc; elle obtint gain de cause et ce dernier fut obligé de délivrer aux échevins du Franc, les personnes qu'il avait indûment arrêtées [1].

La charge de souverain bailli présentait avec les fonctions des baillis des villes, châtellenies et seigneuries des différences notables :

1. Le souverain bailli étendait sa juridiction sur le comté entier, tandis que le pouvoir des baillis était circonscrit dans le territoire d'une ville, d'une châtellenie ou d'une seigneurie ;

2. Le souverain bailli doit être considéré comme le grand justicier de la Flandre; il arrêtait et punissait lui-même les malfaiteurs tandis que les baillis ne pouvaient que poursuivre devant les tribunaux des échevins la punition des criminels dont ils s'étaient emparés [2];

[1] Archives du Conseil de Flandre à Gand. Actes et sentences des années 1389 à 1394, fol. 272.

[2] Marchantius décrit avec beaucoup d'exactitude l'autorité du bailli : les échevins jugent, les baillis exécutent les jugements, ainsi que les arrêtés des échevins et les ordonnances des comtes; les unes appellent devant eux, les autres ont le droit de prise de corps, d'emprisonnement et d'accusation; ceux-là reçoivent des traitements annuels, ceux-ci se paient sur le montant des amendes dont ils ver-

3. Le souverain bailli n'avait pas en général le droit de poursuivre les bourgeois; c'était aux officiers de justice de la localité à agir criminellement contre eux ;

4. Les vagabonds et les bannis ressortissaient à la juridiction du souverain bailli, les baillis au contraire n'actionnaient que les individus ayant résidence fixe ;

5. En ce qui concerne l'ancienneté de l'institution, les baillis existaient en Flandre dès le règne de Baudouin VI, tandis que le souverain bailliage ne fut créé que vers 1372, à l'effet de débarrasser le pays des nombreux malfaiteurs qui, grâce à l'état déplorable dans lequel il se trouvait, obtenaient l'impunité de leurs forfaits et échappaient aux poursuites des officiers ordinaires.

Le souverain bailli appliquait ordinairement les mêmes pénalités que celles qui étaient usitées devant les autres tribunaux. La plupart des grands coupables subissaient la décapitation. Parfois aussi ils étaient étranglés ou brûlés vifs suivant la hiérarchie ou la gradation qu'établissait entre les crimes la jurisprudence pénale d'autrefois. C'est ainsi qu'il fit périr par le feu, en 1464, divers individus de la châtellenie de Bailleul, qui s'étaient rendus coupables du « très énorme et

---

sent l'excédant aux comtes, les premiers sont soumis à un changement annuel ou biennal, le mandat des seconds dure plus longtemps; enfin les échevins considèrent les droits du peuple, les baillis mettent plus de soin à conserver ceux du comte ou des seigneurs pour lesquels ils sont commis, et ils font la semonce en forme aux échevins, afin qu'ils rendent justice.

19

vilain péchié de sodommye [1] ». Le bannissement, la fustigation, l'amende honorable étaient des châtiments réservés à des crimes de moindre importance. Par sentence du 23 mars 1398 (1399 n. st.), prononcée dans le cloître de l'abbaye de Saint-Bavon, il condamna plusieurs individus, coupables d'avoir maltraité un suppôt de ce monastère, à faire des pèlerinages à Saint-André en Écosse, à Notre Dame de Rochemadaure et à Saint-Gilles en Provence [2].

Dans ses exploits, il était assisté de lieutenants et de sergents. En vertu de lettres patentes du 19 août 1384, le souverain bailli Jean de Jumont avait obtenu, pour l'aider en ses fonctions, cinq hommes d'armes et cinq archers [3]. Le nombre de ses agents a varié dans la suite.

Il jouissait d'un traitement de 600 livres parisis. On lui permit en outre vers le milieu du XVe siècle, alors que l'exercice de sa charge donnait lieu à des dépenses très grandes, de percevoir à son profit le quart de toutes les sommes qu'il recevait à titre de son office, à condition « que toutes enquestes, voyages, exécutions, prinses et mises de justice soit à sa charge [4] ».

On n'appelait point des sentences du souverain bailli, parce que l'appel était interdit en matière

---

[1] N° 13518 de l'Inventaire des registres des chambres des comptes, 16 janvier 1464 (n. st.) au 26 mai de la même année.
[2] *Messager des Sciences,* année 1838, p. 101.
[3] De l'Espinoy, p. 82.
[4] N° 13518 de l'Inventaire des registres des chambres des comptes, 1465.

criminelle, mais lorsque l'accusé s'adressait au conseil provincial, celui-ci ordonnait, s'il y avait lieu, qu'il fut sursis à l'instruction, jusqu'à ce que le souverain bailli eut été entendu dans ses explications [1].

§ III. *Le souverain bailliage depuis le XVIe siècle jusqu'à sa suppression.*

En compulsant les comptes des justiciers du XVIe siècle, dit M. Henne, on croit être encore aux plus mauvais temps de cette sombre époque et l'humanité ne s'afflige pas moins de l'énormité des crimes que de l'atrocité des supplices. A chaque page on rencontre des actes d'une brutalité incroyable, des homicides, des viols, des infanticides, des incendies, des brigandages à main armée, de ces crimes qui nous apparaissent comme des monstruosités contre nature et qui alors semblent enracinés dans les mœurs [2].

A l'appui de cette appréciation de l'état moral du XVIe siècle, on n'aurait qu'à citer les comptes du souverain bailliage, celui de 1561 à 1562 notamment ne renseigne pas moins de cent et huit exécutions. Il n'était que trop fréquent, en effet, à cette époque, de voir tomber entre les mains des sergents du souverain bailli des malfaiteurs tels qu'Annekin Vydt et Pierre Handuts, dit Staes-

[1] Art. 8 et 9 de l'instruction du 22 août 1531, pour le Conseil de Flandre.
[2] *Histoire de Charles-Quint*, t. VII, 167.

sin, dont le compte de 1541 à 1542 nous énumère les nombreux forfaits. En compagnie de plusieurs autres « boutefeux, larrons et destrousseurs de chemins », ils avaient partout signalé leur passage par l'incendie, le vol, le meurtre, le pillage et toutes sortes de violences « et telz et semblables inhorme faictz et délictz et aultres messus. » Mais si leurs crimes étaient abominables, la punition qu'en tira le souverain bailli fut terrible. Après les avoir soumis deux fois à la torture, il leur fit couper la main droite. Puis, ils furent brûlés vifs sur le Bourg de Bruges, leurs cadavres pendus au gibet hors de la ville, et pour témoigner qu'ils avaient été à la fois assassins et incendiaires, le souverain bailli y fit attacher deux batons et deux pots de terre, emblèmes des nombreux forfaits dont ils s'étaient rendus coupables contre les personnes et contre la propriété [1].

En 1567, pendant les troubles de religion, une exécution de trois malfaiteurs, ordonnée par Jean de Visch, lieutenant du souverain bailli, excita à Ipres des troubles sérieux. Au moment où l'on allait procéder à la pendaison de Maillart de Honghere, qui avait prêché la nouvelle doctrine à Elverdinghe, les soldats étrangers, de garnison dans cette ville, tirèrent leurs arquebuses sur le peuple et quoiqu'il n'y eût aucune agression de sa part, ils poursuivirent et blessèrent différentes

[1] Nº 15525 de l'Inventaire des registres des chambres des comptes, 1 septembre 1541 au 31 août 1542.

personnes dont quelques-unes furent mortelle-
ment atteintes [1].

Dès le commencement du XVIe siècle, l'usage
introduisit en faveur des accusés, amenés devant
le souverain bailli, une garantie des plus importantes. Avant de rendre sa sentence, il prenait
l'avis des hommes de fief et parfois aussi des « genz
lettrez en droict. » Il n'était pas tenu de s'en
référer à leur opinion, mais il est évident que
dans le cas où il s'en écartait, sa responsabilité
en devenait d'autant plus lourde. Il avait donc
le plus grand intérêt à suivre les règles d'une
stricte justice. Souvent aussi les hommes de fief
assistaient à l'exécution de la sentence.

Vers la même époque, le nombre des vagabonds
s'étant beaucoup accru, un nouveau placard fut
promulgué contre eux [2]. Il prescrivait de les ban-
nir après leur avoir rasé la tête et les avoir fla-
gellés publiquement. Cet édit visait surtout les
Égyptiens, en qui on ne voyait plus que d'obscurs
aventuriers. Ils ne recevaient plus, comme au
siècle précédent, dans les villes de nos provinces
cet accueil si sympathique quand, sous la conduite d'un comte ou d'un duc de la Haute ou de
la Basse Égypte, ils se faisaient passer pour des
gens inspirés, obligés par le pape de courir le
monde pendant sept ans, à l'effet d'obtenir le
pardon de leur apostasie. C'était au souverain
bailli, en vertu de ses fonctions, à leur donner

---

[1] DIEGERICK, *Documents du XVIe siècle*, t. I, p. 129.
[2] *Placards de Flandre*, t. I, p. 1 (22 septembre 1506).

la chasse et à les punir conformément à l'édit précité.

Les sinistres exploits des vagabonds du XVIe siècle, ces devanciers des chauffeurs dont les forfaits légendaires servaient autrefois de thème aux récits des veillées, dépassent en horreur tout ce que les annales du crime renferment de cruautés et d'infâmies. La confession de l'un d'eux nous montre de quelle manière ils procédaient. Caeken Smit, tel était le nom de ce brigand, avoua d'avoir commis avec une bande de malfaiteurs une foule de larcins. Près d'Anvers ils envahissent une maison, garottent les personnes qui s'y trouvent, et font main basse sur tout ce qu'ils rencontrent. Entre Bruges et Gand, ils font subir à un homme et à une femme des tortures atroces. Après les avoir liés, ils versent entre leurs jambes de l'eau bouillante, et comme si ce supplice n'était pas encore assez barbare, ils suspendent le mari la tête en bas et promènent sur son corps des pincettes ardentes pour l'obliger à leur révéler la place de son trésor. En punition de tant de forfaits, Caeken Smit, par sentence du souverain bailli, eut les cheveux brûlés et subit ensuite la décapitation [1].

Le peuple prenait souvent fait et cause en faveur des prisonniers qu'amenait le souverain bailli; parfois même il s'efforçait de les reprendre hors des mains de ses lieutenants et de ses sergents.

---

[1] N° 13525 de l'Inventaire des registres des chambres des comptes, 1 septembre 1541 au 31 août 1542.

D'un autre côté, les délinquants, en passant par les petites villes et autres localités de la Flandre, demandaient à être jugés par le magistrat de ces places, généralement assez enclins à leur accorder grâce ou composition. Un placard en date du 17 octobre 1514, mit fin aux entraves que subissait par là la juridiction du souverain bailli et statua que les criminels arrêtés par lui ne pouvaient lui être enlevés par personne, sous peine arbitraire [1]. Mais comme cet édit pouvait donner lieu à fausse interprétation au détriment des bourgeois qui ne relevaient que du tribunal de leurs échevins, un autre placard du 16 décembre de la même année déclara que le souverain bailli, ayant pris quelques bourgeois de villes ou de places franches et passant sur leur territoire, était tenu, en étant requis, de les livrer à la justice du lieu [2].

Les instructions données au conseil de Flandre, le 22 août 1531, portaient que le souverain bailli et ses officiers devaient obéir aux provisions d'état délivrées par lui et qu'elles subsistaient même moyennant appel jusqu'à décision du grand conseil de Malines [3]. Vers la même époque on comprit qu'il fallait donner à cet officier de justice des garanties d'indépendance, vis-à-vis des autres agents chargés de la répression des crimes et des délits. Il ne pouvait relever que du souverain, de là défense fut faite par un décret du 5 juillet 1543

[1] *Placards de Flandre,* I, 231.
[2] Ibid., I, 233.
[3] Ibid., I, 276, art. VIII et IX.

aux conseillers fiscaux de le poursuivre criminellement sans l'avis préalable du gouvernement [1].

Deux attributions importantes, la répression des abus commis par les officiers du comté et le droit d'intervenir entre les parties pour faire accepter les trèves disparaissent dans les instructions données le 13 janvier 1543, à Ferdinand de la Barre, nommé souverain bailli. C'était la conséquence des réformes qu'avait déjà subies le système répressif ; au fur et à mesure que la justice régulière s'organisait, les attributions du souverain bailli perdaient et en importance et en étendue. Elles étaient pourtant encore bien variées et leur réseau comprenait non seulement la punition des grands crimes mais encore celle des délits : telles étaient entre autres les infractions aux ordonnances sur la vénerie.

Comme grand justicier de la Flandre, le souverain bailli était parfois compris parmi les commissaires ou juges extraordinaires que le gouvernement commettait pour réprimer des crimes ou des désordres d'une gravité exceptionnelle. C'est ainsi que Marguerite de Parme lui enjoignit, par lettres du 13 septembre 1562, de se joindre à quelques membres du conseil de Flandre, qui avec le procureur général devaient se rendre dans la paroisse de Boescepe où se tenaient des prêches et des assemblées de sectaires et de séditieux. Les termes de la missive de la gouvernante nous démontrent combien cet officier de justice était

---

[1] *Placards de Flandre,* V, 1122.

redouté par les malfaiteurs : « nous a semblé nécessaire pour tant mieux et plus seurement procéder, dit-elle, et donner craincte à ceulx qui par cy-après pourroient tacher de faire le semblable de vous comprendre en ladicte commission [1]. » Henri Butsernen et Ghislain Bruges, bourgeois forains d'Ipres, furent condamnés par lesdits commissaires et par les échevins de cette ville à être exécutés par le glaive pour avoir fréquenté les prêches qu'avait tenus Ghislain Damman sur le cimetière de la paroisse de Boescepe, et ils furent en outre condamnés à la confiscation des biens par les commissaires seuls, les échevins d'Ipres, réservant leurs droits et priviléges [2].

Nous avons vu au § précédent qu'il était interdit au souverain bailli de juger et de condamner les bourgeois, si ce n'est en cas de flagrant délit. Les instructions du 23 janvier 1574, 7 octobre 1591 et 8 août 1617 déterminèrent d'une manière exacte la nature de cette défense :

1. Si le délit est commis dans les limites de la juridiction de leur résidence, le souverain bailli devait les livrer à l'officier du lieu ;

2. S'il est commis en dehors de ces limites, il pouvait en connaître. Un procès s'éleva à ce sujet devant le conseil de Flandre en 1603, entre le souverain bailli, d'une part, et les avoués et le magistrat de Bailleul, d'autre part, qui revendiquaient le droit de juger quelques uns de leurs

---

[1] DIEGERICK, *Documents du XVI* siècle*, t. II, p. 253.
[2] DIEGERICK, *Inventaire des chartes et documents de la ville d'Ipres*, t. VI, p. 152.

bourgeois, accusés de complot formé par eux en matière d'imposition, se levant alors dans le comté pour les aides accordés aux archiducs par les ecclésiastiques et quatre membres de Flandre. Ils avaient été arrêtés par le lieutenant du souverain bailli au quartier d'Ipres. Le conseil ordonna à cet officier de continuer la procédure à leur charge et au magistrat de Bailleul de lui restituer ses prisonniers [1].

3. Si l'officier du lieu où le délit a été commis réclame le délinquant, le souverain bailli était tenu de lui en faire la tradition. Toutefois aucune de ces dispositions ne pouvait préjudicier au privilége qu'avaient certaines villes de connaitre exclusivement des crimes et des délits perpétrés par leurs bourgeois.

En vertu des mêmes instructions il était ordonné aux lieutenants de cet officier de lui livrer les vagabonds et autres malfaiteurs qu'ils auraient arrêtés.

Les instructions du 7 octobre 1591 et du 8 août 1617 reconnaissent au souverain bailli le droit de juger les délits qui depuis longtemps étaient restés impunis. En ce cas il n'était plus obligé de livrer les accusés aux autorités qui avaient été compétentes pour les punir et qui ont négligé de sévir contre eux.

Au XVII° siècle la sorcellerie vint encore étendre la juridiction déjà si absorbante du souverain

---

[1] N° 13528 de l'Inventaire des registres des chambres des comptes, 1602-1604.

bailli. On considérait, en effet, les sorciers comme se trouvant en rébellion ouverte et perpétuelle contre la société. Émissaires en quelque sorte de l'esprit du mal, ils étaient, selon la croyance du temps, acharnés à la perte de l'homme et conspiraient sans relâche son malheur. Ce prétendu crime avait donc tous les caractères du flagrant délit et il importait, croyait-on, dans l'intérêt de tous de le châtier avec promptitude et d'une manière exemplaire. C'est ainsi que se justifiait l'intervention du souverain bailli. Mais en cette matière il procédait avec plus de circonspection et de prudence que bien d'autres juges, et ses comptes nous fournissent la preuve que devant son tribunal tous les sorciers n'étaient pas fatalement voués au bûcher.

Tous ne partagèrent pas le malheureux sort de Jeanne Van Hende, qu'il condamna, par sentence du 12 avril 1602, au supplice du feu et à la confiscation de ses biens, comme coupable d'actes de sorcellerie qui lui avaient valu de la part de son diable une récompense de vingt gros. Et que de méfaits n'avait-elle pas dû commettre pour mériter ce maigre salaire ! Le compte du souverain bailli les énumère ; elle avait renié Dieu, abjuré son baptème, s'était rendue au sabbat, avait eu des rapports charnels avec le démon, avait ensorcelé chevaux, vaches et autres animaux, et au moyen d'une poudre infernale, qu'elle tenait du prince des ténèbres, elle avait communiqué à plusieurs personnes un mal étrange [1].

[1] Voir Annexe nᵒ II.

Tels étaient aussi les crimes de Jeanne Verslype, native d'Elverdinghe ; elle s'était trouvée aux assemblées et danses infernales qui se tenaient pendant la nuit près de la ville de Poperinghe, sous la présidence de Satan. Ces entrechats et ses autres équipées lui attirèrent un procès en sorcellerie. Il se termina d'une manière fatale pour elle : convaincue d'avoir participé aux exercices chorégraphiques du diable, le souverain bailli la livra au bûcher et ordonna la confiscation de ses biens [1].

L'année suivante, un imposteur qui prétendait avoir la puissance de désensorceler, grâce au pouvoir magique d'un talisman, reçut un châtiment mieux mérité. Il avait, disait-il, acheté d'un inconnu sur le marché de Dixmude un anneau qui renfermait un diable appelé Ageos, dont les conseils le guidaient dans ses conjurations. Un autre diable, du nom de Tyffele, lui apparaissait aussi, tantôt sous la forme d'un chat, tantôt sous la forme d'un petit homme de la hauteur d'une coudée, accoutré de noir, qui lui révélait ceux qui s'étaient rendus coupables de sorcellerie. Le souverain bailli le condamna, le 29 novembre 1603, à être exposé publiquement sur un échafaud. Les livres contenant les formules de ses conjurations, ainsi que l'anneau magique devaient être brûlés. Il subit en outre la flagellation et fut banni du pays et du comté de Flandre pour un terme de dix ans [2].

[1] Voir Annexe n° II.
[2] Ibid.

Au souverain bailli seul incombait le droit de juger les criminels arrêtés par son office : ses lieutenants étaient ses agents et non ses assesseurs, et il leur était défendu par conséquent de se constituer en tribunal. C'est pour avoir méconnu ce principe que Claude vander Donck, lieutenant particulier au quartier de Bruges et du Franc, fut emprisonné en 1604 par ordre du souverain bailli. Il avait appréhendé plusieurs délinquants, en avait de son autorité relâché quelques-uns et fait exécuter dix par la corde, « sans oncques auparavant avoir riens donné à cognoistre audit souverain bailli, seul juge compétent. » Les archiducs lui firent grâce, par lettres patentes du 20 mars de la même année, de la peine qu'il pouvait avoir encourue de ce chef[1].

Le placard du 1 juillet 1616 détacha du souverain bailliage deux de ses prérogatives essentielles. Il lui fut interdit de donner des lettres de sauf-conduit. L'article 28 du même édit déclara en outre que le droit de donner rémission ou pardon des crimes appartenait au souverain, à l'exclusion de tous officiers de justice. Déjà les instructions, données en 1543 au souverain bailli, avaient singulièrement restreint la portée de ce privilége.

Les magistrats des villes et des châtellenies voyaient d'un œil jaloux l'immense pouvoir du souverain bailli, et par tous les moyens ils cherchaient à l'amoindrir et à lui susciter des entraves.

---

[1] Nº 13528 de l'Inventaire des registres des chambres des comptes, 28 mars 1602 au 28 mars 1604.

En 1616, les grand bailli, bourgmestres, échevins de la ville de Termonde, ainsi que les hommes de fief de la cour féodale voulurent se soustraire à son autorité. Le différend fut porté devant le conseil privé. Le souverain bailli y obtint gain de cause et une sentence du 16 juillet 1616 déclara qu'il pouvait exercer sa charge au pays de Termonde [1].

Le souverain bailli punissait les contraventions aux placards sur les monnaies. Tous les jours ses lieutenants et ses sergents arrêtaient des délinquants en cette matière, mais comme il leur était défendu de connaître d'aucun délit, ils devaient s'en référer à leur chef, de là des lenteurs très préjudiciables aux inculpés. A l'effet d'obvier à cet inconvénient, le souverain bailli Gilles du Faing obtint en faveur de ses subordonnés une extension de pouvoir. Par un décret daté du 14 mars 1625, ils purent désormais, moyennant la présence de deux échevins ou de deux hommes de fief du lieu où les coupables avaient été arrêtés, exercer les fonctions de souverain bailli en ce qui concernait les contraventions aux prédits placards [2].

Cependant la charge de souverain bailli, créée en vue de suppléer à l'insuffisance de la justice ordinaire à une époque où les malfaiteurs étaient innombrables, perdait de jour en jour de son importance. Le décret du 12 juin 1654 lui interdit

[1] *Placards de Flandre*, III, 229.
[2] Voir Annexe n° III.

la connaissance des contraventions aux placards,
à l'exception de celles qui seraient commises contre
les monnaies ou des délits qui depuis longtemps
étaient restés impunis. Son rôle doit désormais con-
sister, d'après le même décret, à « purger et net-
toyer le plat pays des vagabonds, voleurs, oiseulx,
brigands, destrousseurs des chemins et autres
semblables délinquants troublant le repos publicq [1]. »

En 1660, Liévin Behaert, qui sans doute rentrait
dans une des catégories que nous venons d'énu-
mérer, était attrait devant le tribunal du souverain bailli sous l'accusation de sortilége. Comme
il niait sa culpabilité, on eut recours, pour obtenir son aveu, à la plus cruelle des tortures, à
la question du collier. Ce collier était garni de
pointes à l'intérieur et fixé par des cordes aux
quatre coins de la chambre. On le mettait ainsi
au cou du prévenu que l'on faisait asseoir sur un
trépied, les bras liés derrière le dos et les jambes
relevées au moyen d'autres cordes. Il lui était
donc très-difficile, pour ne pas dire impossible, de
se maintenir en équilibre, et le moindre mouvement lui faisait entrer les pointes de fer dans le
cou. « Si la force du mal, disait Wynants (*Observations sur les ordonnances du Conseil de Brabant*,
art. 464, n° 28), lui cause une espèce d'assoupissement, le maître des hautes œuvres a soin de l'en
tirer par un coup ou deux donnés sur les cordes
tendues, qui par leur mouvement serrent le col-

[1] *Placards de Flandre*, III, 232.

lier et font entrer les pointes si avant dans le cou du prévenu que l'assoupissement lui passe d'abord. On le met d'ailleurs à certaine distance d'un petit feu qui l'affaiblit et lui diminue la force et le courage; il n'a sur le corps que la chemise étant assis nu sur la croix, et le maître des hautes œuvres le couvre de son manteau [1].

Au milieu des souffrances de cette infernale épreuve — dans lequel il n'était pas rare de voir succomber les patients — pas n'est besoin de dire que Behaert avoua tout ce qu'on voulut bien lui faire avouer : il fut condamné à un exil de vingt-cinq ans hors du comté de Flandre [2].

Le Conseil privé était compétent pour juger les différends qui s'élevaient au sujet de la juridiction entre le souverain bailli et les particuliers. (Decret du 6 mai 1661 [3]).

A l'époque dont nous nous occupons, le souverain bailli jouissait d'un appointement de 800 liv., à charge d'entretenir un lieutenant général [4]. Les lieutenants particuliers, ordinairement au nombre de huit, recevaient un gage de 50 livres, qui fut porté plus tard à cent florins. Les sergents étaient payés sur les exploits et en tel nombre que la nécessité le requérait. En temps de guerre, de sédition ou de troubles, il pouvait avoir à sa solde des gens armés. (Ordonnances du 23 juillet 1574,

[1] DE BAVAY, *Justice criminelle d'autrefois*, 20.
[2] N° 13531 de l'Inventaire des registres des chambres des comptes, 1660 à 1662.
[3] *Placards de Flandre*, III, 234.
[4] *Placards de Flandre*, II, 281.

7 octobre 1591, 8 août 1617.) Le souverain bailli et ses subordonnés étaient affranchis et exempts de la garde et des logements militaires. (Ordonnance du 22 août 1622.) Ce ne fut qu'en 1673, par patentes du 31 mai, qu'il lui fut donné un assesseur [1].

Depuis quelque temps déjà le souverain bailli, son lieutenant et son assesseur s'étaient arrogé la connaissance des contraventions en matière héraldique, sous prétexte qu'elles n'avaient pas été punies par l'officier compétent. Consulté sur cette question, le Conseil de Flandre avait déclaré « que la correction des contraventions aux placards sur ce emanez est civile et qu'au contraire la connaissance attribuée au souverain bailli de Flandres et des lieutenants des cas surannez n'est autre que des crimes et délicts. » Le Conseil privé se rallia à sa manière de voir, et, par décret du 4 avril 1685, il défendit au souverain bailli et à ses subordonnés, de s'immiscer désormais dans les poursuites des délits commis contre les ordonnances sur la noblesse [2].

L'institution du souverain bailliage cessa de fonctionner au commencement du XVIII⁰ siècle. Dans les dernières années du règne de l'impératrice Marie-Thérèse, lorsqu'on s'occupait déjà des projets d'innovation, que l'empereur Joseph II a tenté d'exécuter, le gouvernement a beaucoup sollicité les châtellenies de Flandre de prendre

---

[1] Voir Annexe n⁰ IV.
[2] N⁰ 985 des liasses du Conseil privé. DE CORTE, Actes dépêchés.
— Voir Annexe n⁰ V.

à leur solde quelques compagnies du drossard de Brabant et de supprimer la maréchaussée particulière que chacune d'elles avait sous ses ordres immédiats, mais il n'a pas réussi dans ses vues sinon dans le pays d'Alost [1].

§ IV. *Notices biographiques sur les souverains baillis* [2].

La charge de souverain bailli a toujours été confiée à des hommes d'un rang élevé; la plupart étaient revêtus de la dignité équestre et quelques-uns d'entre eux ont joué dans les annales de la Flandre un rôle important.

Gossuin De Wilde, alias le Sauvaige, chevalier et conseiller du comte Louis de Male, fut le premier investi de ces fonctions vers 1372. Dès le principe il eut maille à partir avec l'évêque de Térouane à propos de l'exécution de deux clercs. Nous avons rapporté au § II de ce travail à quelle réparation il fut astreint pour cette infraction à la juridiction de l'Église. Il avait auparavant exercé des charges importantes : successivement

[1] RAEPSAET, *Œuvres complètes*, V, 175.
[2] Sources : MS. n° 13042 de la bibliothèque de Bourgogne; registres des chartes aux archives du département du Nord à Lille; comptes du souverain bailliage aux archives du royaume; DE L'ESPINOIS, *Recherches des antiquités et noblesse de Flandre* (nous avons rectifié en plusieurs endroits l'inexactitude de ses assertions); SANDERUS, *Flandria illustrata;* MEYERUS, *Annales Flandriae;* OUDEGHERST, *Annales de Flandre* (édition Lesbroussart); CANNAERT, *Oud strafrecht van Vlaenderen;* RAEPSAET, *Œuvres complètes;* KERVYN DE LETTENHOVE, *Histoire de Flandre* (1ʳᵉ édition); GOETHALS, *Dictionnaire des familles nobles du royaume de Belgique.*

châtelain du château de Bapaume en Artois, receveur général de Flandre, président du Conseil, il fut même commis au gouvernement de ce pays avec les seigneurs d'Axel et d'Escornaix, durant le voyage du comte Louis de Male en France. Il fit partie, en 1371, de la députation qui fut envoyée au roi d'Angleterre, à l'effet d'apaiser ce monarque qui s'était plaint « des grevances, outrages, injuries et domages faitz et commis par aucuns dudit pays de Flandre, tant en personnes, come en niefs, vessaulx, biens et marchandises. » Nous le voyons encore figurer, avec la plupart des chevaliers *leliaerts*, aux funérailles du comte Louis de Male, célébrées en l'église de Saint-Pierre, à Lille.

Son successeur fut Jean de Jumont, seigneur de Merlemont, guerrier redouté pour ses atroces cruautés. Ses lettres patentes étaient datées du 7 août 1384. Il justifia le choix que le comte avait fait de lui en « punissant asprement tous malfaicteurs, » et se signala par sa valeur à la bataille de Rosebeke. Pendant la guerre contre les Gantois il se conduisit d'une manière inhumaine et leur renvoya les prisonniers qu'il avait faits après leur avoir crevé les yeux. Lors de la conclusion de la paix, en exécution du traité qui exigeait que tous les officiers du comté fussent Flamands, il dut cesser, à cause de son origine, les hautes fonctions de souverain bailli et fut nommé gouverneur de la ville et du château de Bapaume.

Après lui, ce fut Jean de la Chapelle, « un très

sage et valeureux chevalier, » qui exerça cette charge (27 janvier 1385). Il devint ensuite conseiller du duc de Bourgogne et mourut, en 1408, dans un combat contre les Liégeois. Le duc Philippe le Hardi l'avait délégué en 1389 pour recevoir le serment de féauté que le comte de Namur devait lui prêter à titre de ses possessions en Flandre.

Gilbert de Leeverghem lui succéda le 10 octobre 1390. Fait prisonnier à la bataille de Nicopoli, il fut du nombre des vingt-quatre chrétiens, parmi lesquels se trouvait Jean de Nevers, que Bajazet épargna. Il accompagna en Occident le sire de Helly, qui avait reçu la mission de porter les lettres de ce prince, réclamant de son père l'intervention la plus prompte en sa faveur. Le duc et la duchesse de Bourgogne le renvoyèrent « présentement avec autres de noz gens — ainsi que s'exprime la commission de Jacques de Lichtervelde, nommé souverain bailli à sa place, — ès parties de Grèce et de Turquie pour la délivrance de nostre très chier filz le conte de Nevers, » et ce fut en revenant de ces pays lointains qu'il mourut dans une terrible tempête.

La charge de souverain bailli fut ensuite confiée, par patentes du 9 février 1396, à Jacques de Lichtervelde. Il avait été bailli de Courtrai, écoutète et châtelain d'Anvers. Il se fit l'instrument odieux des persécutions religieuses et seconda Philippe le Hardi dans ses efforts pour étendre le schisme d'Avignon et pour l'introduire dans les grandes abbayes de la Flandre; il con-

traignit les moines de Tronchiennes à recevoir
un abbé favorable aux clémentins. Toutefois, dit
M. Kervyn, il avait à peine réussi dans sa mission,
lorsqu'il apprit que les religieux de Tronchiennes
avaient confié la chapelle d'Hulsterloo à l'un de
ceux qui, par leur nom et leur famille, semblaient
les plus dévoués au parti urbaniste. Jacques de
Lichtervelde se hâta d'en avertir l'abbé de Prémontré pour que sa médiation le dispensât de
recourir à de nouvelles voies d'intimidation. L'abbé
de Prémontré s'exprimait en ces termes, dans sa
lettre du 13 novembre 1391, aux religieux de
Tronchiennes : « C'est par zèle pour les intérêts
de votre monastère que nous vous engageons à
céder à l'invitation du duc et de son bailli, de
peur qu'il ne vous arrive quelque mal, dans ce
temps où la barque de Pierre est battue par les
flots orageux du schisme; car, comme le dit le
poëte :

> Des grands qu'est la prière? un ordre rigoureux;
> C'est le fer à la main qu'ils expriment leurs vœux.

il faut donc que les prélats, quelque illustres qu'ils
soient, cèdent aux désirs même iniques des princes, afin qu'ils ne soient pas exposés à leur res-
sentiment. » Le chroniqueur ne nous apprend pas
si ces prudentes considérations décidèrent les
cénobites de Tronchiennes à se faire représenter
à Hulsterloo par frère Simon, de Bruges, candidat
du duc de Bourgogne.

Convaincu d'avoir fait mettre un bourgeois de
Gand à mort, au mépris des lois de la commune,

les échevins de cette ville condamnèrent Jacques de Lichtervelde à un exil de cinquante années, peine dont il obtint cependant la rémission. Il mourut dans une expédition contre les infidèles en 1431.

La place de souverain bailli était vacante depuis quelque temps, quand Alexandre Spierinc, écuyer et conseiller du duc de Bourgogne, fut appelé à la desservir, par patentes du 17 février 1402 (n. st.). Il mourut la même année et fut enseveli dans l'église de Coole, près Courtrai.

Il eut pour successeur Montfrant van Esschene, chevalier et chambellan du duc de Bourgogne, qui s'était signalé pendant le siége de la ville d'Audenarde par les Gantois et qui, en 1385, avait rempli les fonctions d'échevin du Franc. Ses lettres patentes sont du 22 avril 1403. Il fut démissionné le 1 octobre de la même année.

Jacques de Lichtervelde, sire de Coolscamp, exerça les fonctions de souverain bailli depuis le 1 octobre 1403 jusqu'au 11 août 1404, jour où il fut déchargé de son office.

Montfrant van Esschene le remplaça du 11 août 1404 au 17 août 1405. A cette date il fut désigné pour faire partie de la chambre nouvellement créée à Audenarde.

Le 10 août 1405 fut appelé à cette haute magistrature Félix, prince de Steenhuyse, chevalier, conseiller et chambellan du duc Jean de Bourgogne. Il remplit aussi les fonctions de commissaire ordinaire pour le renouvellement des lois en Flandre et accompagna son souverain dans son expédition contre les Armagnacs.

Après son décès, Jean de la Clete, seigneur de Commines, obtint la charge de souverain bailli par lettres patentes du 14 mai 1424. Ce fut lui qui exposa aux Gantois les intentions du duc de Bourgogne en ce qui concernait le siége de Calais d'où il voulait expulser les Anglais. Il le fit avec tant de succès et flatta si bien leur amour-propre, que dès le lendemain, par l'organe d'un des secrétaires de la ville, ils vinrent offrir leurs corps et leurs biens pour aider le duc à reconquérir son patrimoine. Pendant le siége il commanda en qualité de capitaine les troupes envoyées par la ville d'Ipres.

Son frère Colart de la Clete lui succéda en 1436. Les Gantois le bannirent de leur ville en haine de la personne du duc, dont il se montra toujours le serviteur fidèle et dévoué. Philippe de Commines, son fils, s'illustra par sa célèbre chronique des événements du règne de Louis XI.

Philippe le Bon nomma ensuite à cette charge, le 8 mars 1453, Josse de Halewyn, chevalier, seigneur de Fiennes, Buggenhout, son conseiller et chambellan. Il fut plusieurs fois ambassadeur, et pendant son absence Gauthier vander Gracht fut chargé de l'interim (16 mai 1465 — 25 décembre 1466).

Thierri de Halewyn le remplaça, et le 25 août 1467 Josse de Halewyn entra de nouveau en fonctions jusqu'en 1472.

Gauthier vander Gracht fut nommé souverain bailli le 6 juin 1472 et Jean de Halewyn le 1 juin de l'année suivante.

Il eut pour successeur Josse de Lalaing, chevalier de la Toison d'or, seigneur de Montigny, conseiller et chambellan du duc de Bourgogne (28 mars 1474). Il commanda à la bataille de Nancy l'aile gauche de l'armée de Charles le Téméraire. Pendant son absence les fonctions de souverain bailli furent exercées par Jean de Dadizeele (Patente du 10 juin 1474) et après lui par Jean de Bourgogne (Patente du 13 juin 1477). Josse de Lalaing desservit ensuite son emploi en personne jusqu'en 1495.

La charge de souverain bailli fut occupée après lui par Jacques de Ghistelles, chevalier, seigneur de la Mote et de Berghe (Patente du 19 mai 1480); par Jean de Guines (16 novembre 1484); par Daniel de Praet dit de Moerkerke (12 avril 1485); par Adrien de Gand dit Vilain, baron de Liedekerke, vicomte de Lembeek (9 juillet 1488).

Des lettres patentes en date du 4 octobre 1512, appelèrent à ces hautes fonctions Jacques de Thiennes dit de Lombize, chevalier et seigneur de Castre. Il s'était déjà distingué dans d'autres magistratures. L'empereur Maximilien lui avait confié en 1501 le bailliage de Gand, charge qu'il occupa jusqu'au 20 avril 1509. Peu de temps après le bailliage de Bruges lui fut accordé par le même empereur, mais son installation rencontra une forte opposition à la cour de Marguerite, gouvernante générale des Pays-Bas. Il fut aussi nommé conseiller et grand chambellan de l'empereur Maximilien et envoyé contre les Frisons avec Jean de Wassenaer, vicomte de Leyden. Cette expédition eut pour résultat la prise de Gorcum et la soumission de toute la province. A son retour il fut établi souverain bailli. Plusieurs fois ambassadeur, notamment en Angleterre et en Danemark, il remit en 1520 au roi Christiern le collier de la Toison d'or. Il commanda ensuite l'armée qui avait pour mission de conquérir la Gueldre, alors sous la domination du prince Charles d'Egmont. Enfin, il fut lieutenant (stadhouder) de Hollande, charge qu'il résigna pour pouvoir se vouer entièrement à ses fonctions de souverain bailli. Il mourut le 28 août 1534 et fut enterré à Rumbeke.

Immédiatement après la mort de Jacques de Thiennes, la reine Marie de Hongrie, gouvernante des Pays-Bas, nomma à cet office Gérard Stragiers (29 août 1534). Il resta en fonctions jusqu'au 30 novembre 1543. Le sire de Bredam fut ensuite titulaire de même emploi.

Ses successeurs furent Ferdinand de la Barre, seigneur de Mouscron (Patente du 13 janvier 1544, n. st.); Charles de Ghistelles (23 janvier 1574, n. st.); Jean de Lichtervelde (18 septembre 1575), qui fut destitué à cause de sa fidélité au roi d'Espagne; Jean van Schoore, nommé le 10 avril 1582 par le duc d'Alençon; Jacques de Langlée, baron de Pecq et beer de Flandre (2 juillet 1590).

La succession de ce dernier fut recueillie par Gilles du Faing, chevalier, baron de Jamoigne, etc. (8 août 1617). Les archiducs l'avaient précédemment employé en diverses ambassades et maintes fois il s'était distingué par son habileté à traiter

des affaires de haute importance. Son fils obtint
après lui la charge de souverain bailli, mais
comme il n'était pas encore en âge de la desservir
par lui-même, Philippe-Albert de Vicq, qui devint
ensuite président du Grand conseil de Malines,
en exerça les fonctions.

Les derniers souverains baillis ' furent : Antoine
Ferdinand Volcaert, seigneur de Welden et de
Sallardinghen, qui mourut le 22 avril 1681. Il fut
remplacé du 21 avril 1678 à la même · date de
l'année suivante par Charles Maes, seigneur de
Nortvelde ; Gaspard-Antoine vander Haghen, avocat au Conseil de Flandre, qui en qualité d'assesseur du souverain bailli, en fit l'intérim du 22 avril
1681 au 22 avril 1683 ; Maximilien van den
Berghe dit de Praet, seigneur dudit lieu, d'Amers-
velde, etc. (1683 à 1703); enfin, Albert Gheys,
dont la patente est du 24 septembre 1704. Son
administration ne fut qu'une longue sinécure. Il
clôt la liste des souverains baillis.

J.-J.-E. Proost.

' Raepsaet avance par erreur que du Faing fut le dernier souverain bailli.

ANNEXE I.

Lettres patentes de souverain bailli en faveur de Jacques de Lichtervelde, seigneur de Coolscamp [1].

4 Septembre 1403.

« Philippe, etc. A tous ceulx qui ces présentes lettres verront, salut. Comme par nos autres lettres patentes et pour les causes contenues en ycelles nous aïons depuis peu de temps en ça, par l'advis de nostre conseil, ordonné, institué et establi en noztre souverain bailli de Flandres nostre amé et féal chevalier et chambellan messire Monferant de Essines, auquel office nous ait grandement et notablement servy, et il soit ainsy que nous aïons voulenté et entencion de l'emploïer en aucunes de nos besoignes dont nous avons afaire de lui, et pour ce soit besoing et necessité de pourveoir audit office de souverain, d'une aultre bonne et notable personne afin que justïce soit gardée, etc., maintenue en nostredit pays de Flandres, savoir faisons que, pour consideracion des bons et aggréables services que nostre amé et féal chevalier, conseillier et chambellan, messire Jaques de Lichteveld, seigneur de Coolscamp, nous a fais longuement et loyaument, confians plainement de sa souffissance, preudommie et bonne diligence, icellui messire Jaques, en deschargant par ces présentes ledit messire Monferant dudit office de souverain pour les causes devantdites, avons fait, ordonné, institué et establi, et par ces mesmes présentes faisons, ordonnons,

---

[1] Nous devons ce document et d'autres renseignements à la complaisance de M. l'abbé Dehaisnes, archiviste général du département du Nord. Qu'il reçoive ici le témoignage de notre reconnaissance, ainsi que M. Piot, archiviste-adjoint aux archives du royaume, M. Pinchart, chef de section au même dépôt, et M. d'Hoop, archiviste de l'État à Gand, qui ont bien voulu nous seconder dans nos recherches.

instituons et establissons nostre souverain bailli de nostre
dit conté et pays de Flandres et de noz villes et terres de
Malines et d'Anvers, des ressors, appartenances et appen-
dences d'iceulx, aux gaiges, drois, prouffis, prérogatives
et émolumens accoustumez tant comme il nous plaira.
Auquel nostredit souverain bailli nous avons donné et
donnons plain povoir, auctorité et mandement espécial,
par ces mesmes présentes, de prendre, saisir et arrester
toutes manières de banniz, malfaitteurs et malfaiteresses,
de les emprisonner, punir ou faire punir et corrigier de
leurs meffaiz selon leurs démérites, de faire adréchement
raisonnable à noz subgés et autres dedens nostre dit pays,
de toutes complaintes, de meffais, tors et tanseries, et les
garder et deffendre de griefs, tanseries et oppressions, et
les tenir et faire tenir et maintenir en leurs drois, si avant
que les cas le requerront, en y gardant nostre droit comme
il appertenra, de requerre, poursuir, calengier, soustenir
et demander partout en nostre dit conté et pays de Flandres ou ailleurs, nostre droit et seignourie en toutes choses
ou pour raison de nous avoir aucun droit, ou que à nostre
seignourie puet touchier, de composer, esploitier et faire
paix par lui seul et par ses lettres, en nostre nom et à nostre
plus grant prouffit, de toutes calaignes de tous fais, bannis
et rachas de testes, des fais et bans advenus ou qui adven-
ront en nostredit conté et pays dessusdit entant que en
nous doivent appartenir, et aussi de vendre et exploitier
toutes fourfaitures à nous confisquées et appartenans, et
de tout ce donner ses lettres soubz son scel, et de recevoir
les deniers qui en venront à nostre prouffit, lesquelx il
nous devra faire bon et en compter trois fois l'an à chacun
compte de noz baillis, sauve ce que il ne pourra faire paix
ne composer de ceulx qui seront bannis de meurdre villain,
d'anfforcier ou de ravir femmes, de feu bouter et de tous
autres grans fais et orribles, se ne soit par l'advis et con-

sentement de nous ou des gens ordonez à Lille pour nostre
conseil, et qu'il puisse donner conduis par ses lettres
de tout bans, calaignes et fais dont paix ou accord sera
entre parties pour une foiz quarante jours durans et non
plus longuement, se ce ne soit par le commandement de
nous ou consentement d'un ou plusieurs de nostre conseil,
et exceptons de ce ceulx qui sont ou seront bannis ou
calengiez pour cause ou soubz umbre de conspiracion ou
esmeute à l'encontre de feu nostre très-chier seigneur et
père le conte de Flandres, cui Dieux pardoient, ou de nous
et aussi ceulx qui auront main mise à aucuns de noz baillis, soubsbaillis, prévosts, escouthétes, conjureurs de noz
hommes ou eschevins, leurs lieuxtenans ou autres de noz
officiers notables faisans leur office ou pour cause d'icellui,
lesquelz nous réservons devers nous, et les deffendons à
nostre dit souverain bailli et tous autres; et qu'il puist
oster et desmettre tous sergens et bériders de leurs offices,
qui ne seront prouffitables pour nous, par le conseil de noz
baillis ou escoutètes des lieux, et instituer et remettre
autres en leurs lieux, abiles et prouffitables pour nous,
ainsi que bon lui semblera. Et se aucun débat se mouvoit
entre parties en noz conté et païs dessusdis, nobles ou non
nobles, de quelconque estat qu'ils seront, dont anciens
griefs ou inconvéniens se pourroient ensiévyr, nous, pour
obvier à iceulx, voulons que nostredit souverain bailli ait
povoir, pour et ou non de nous, par lui ou ses commis ou
députez, de faire trièves entre les parties dessusdictes, de
les apaisier, et se faire ne le voulront, les ad ce contraindre
vigeureusement et senz déport se mestier en soit, tant
par prise de corps et arrest de leurs biens comme par toutes
autres voies raisonnables, selon que par le grief qui en
pourroit avenir de nécessité sera et que en temps passé
en tel cas on en a usé, parquoy noz subgés puissent demourer en bonne paix et que le grief qui en pourroit venir

soit destourné et nostre droit y gardé, et que en cas de nécessité, tant en fait de loy comme autrement, il puist conjurer noz hommes, eschevins et justiciers et par nous, et généralement et espécialement de faire ès choses dessus déclairées, et ce que à iceulx et à fait de souverain bailli se puet dépendre tout ce bon et loyal souverain bailli puet et doit faire et que à son office appertient. Et dés maintenant nous avons prins et prenons ledit messire Jaques, ses députez, ou cas dudit office, ses varlés, familliers, maisnies et biens quelxconques en nostre sauve, seure et espécial garde et proteccion, et les promettons à garder et deffendre, garantir et tenser à tousjours mais envers tous et contre tous de toutes choses faites et exercées ou dit office faisant ainsi que dessus est dit, sans souffrir aucunement que aucuns griefs, dommages ou rancunes leur soient fais ou portez en aucun temps à venir. Si donnons en mandement et commandons estroitement par ces mesmes présentes à tous noz conseilliers, capitaines, baillis, soubsbaillis, escoutétes, gens d'armes, sergens, officiers, justiciers et subgiez quelxconques de nozdiz conté et pays de Flandres, villes, terres et appartenances dessusdictes et à chacun d'eulx que audit messire Jaques, comme souverain bailli, et ses députez ès choses dessusdictes et dépendences d'icelles, son office faisant ilz entendent et obéissent diligemment comme à nous mesmes et senz délay, ne fur ce attendre autre mandement de nous ne d'autruy, de par nous lui prestent et donnent conseil, confort et aide, toutesfois qu'il en aura mestier et il le requiert, senz à laissier ne refuser en aucune manière, sur quanques ilz se pevent meffaire envers nous et sur encourre nostre indignacion. Entesmoing de ce nous avons fait mettre nostre scel à ces présentes. Donné à Meleun-sur-Seinne, le quatrisme jour de septembre l'an de grâce mil cccc et trois. »

(Registre n° 5 des chartres, f. 15, aux archives du département du Nord à Lille).

ANNEXE II.

Les sorciers et sorcières devant le tribunal du souverain bailli de Flandre.

1602—1604.

" Jennette Van Heude, femme de Jean Provost, natyfve de Lynsele, chastellenye de Lille, et au jour de son enprisonnement demeurant à Guyse en Langhemarc, at esté constituée prisonnière en la ville d'Ypre pour s'avoir tellement oubliée que de renier Dieu, abjurer son babtesme, s'estre rendue de la compagnie du diable, et d'avoir eue accoinctance charnelle avec luy, et par son abominable conseil et mauvaise suggestion at ensorcellé, non seullement plusieurs chevauls, vaches, et aultres bestes de plusieurs et diverses personnes, mais aussy par le moyen de certaine poudre, quelle avoit reçeu du diable, faict mourir Jean Vanhee, dict sans chemise. Et rencontrant sur le marché d'Ypre Jacques Vereecke et le poussant du poing sur la poictrine l'at tellement ensorcellé que tousjours depuis la mesme heure auroit esté affligé d'une estrange maladie; ayant de mesme maladie tourmenté la femme et fille de Paul Van Nieukercke, par le moyen de ladite pouldre, meslée en leur breuvage, avecq infinis aultres maulx et pernicieux actes de sorcellerie, pour récompense et sallaire desquels auroit reçeu de son diable a bon compte six pièches de xx g. plus a plain reprins par sa sentence en date du xiie d'apvril 1601, par laquelle at esté condemnée d'estre executée par le feu, déclarant touts ses biens confisquez au proffict de leurs Altesses, deduisant préallablement les despens et mises de justice.

» Jehenne Verslype, natyfve de Elverdynghe, laquelle estant constituée prisonnière par le susdict lieutenant pour avoir cy avant delaissé nostre Créateur Dieu, que, le abjurant et adhérant au diable, avoit eue conversation charnelle avecq luy et de nuict frequentée les assemblées et danses envers les Magdaleines près la ville de Pope-rynghe, ayant pardessus ce ensorcellé la filliette de André de Nuwelaere et aulcunes vaches par le moyen de certaine pouldre, que a cest effect elle avoit reçeu du diable, plus amplement comprins en la sentence donnée à sa charge par le souverain bailly le XIIIe de septembre 1602, après avoir prins advis des lettrés en droict, a esté condempnée d'estre exécutée par le feu, declarant touts ses biens et fiefs, muebles et immuebles confisquez au proffict de leurs Altesses, y deduisant en préallable les mises de justice.

. . . .

. . . .

» Catharyne de Jonckheere, femme de Guillaume de Jaghere, ayant esté constituée prisonnière par le susdict lieutenant pour estre par le commun bruict reputée pour sorcière et véhementement suspectée d'avoir ensorcelé l'enfant de Josse de Jaghere, sa niepce, l'enfant de Josse Lust, Michiel Deconync et ses bestes, ensemble Cathelyne De Vos, femme de Pierre De Coumere, et faict mourir l'enfant de ladicte Cathelyne par le moyen de sadicte sorcellerie, selon qu'il sembloit par les informations tenues à sa charge; lesquelles ayant esté visitées par gentz lettrez en droict et ne les trouvant bastantes pour mettre ladicte prisonnière à torture, consideré qu'elle n'avoit riens voulu confesser, ains le mettoit tout en dénégation, at esté trou-vée incoulpable des faicts à elle imposez, et par ordonnance du souverain bailly de Flandres esté eslargie de prison, soubs promesse et caution d'y retourner toutes et quantes

fois que ad ce requis sera, sub pena convicti, la condempnant ès despends de prison.

. . . .

. . . .

» Lambert Valcke, estant constitué prisonnier, audict
Ypre à cause qu'il se seroit ingeré de user de conjurations
indécentes et défendues, et par le moyen d'icelles guarir
les hommes et bestes ensorcelez, communicquant at cest
effect avec le diable par luy appelle Ageos, le portant
fermé dans un anneau couvert d'un petit voire, qu'il disoit
avoir achapté passé XVII à XVIII mois sur le marché de
la ville de Dixmude d'un certain coureur par le pays, sans
le scavoir dénommer, ny demonstrer, adhibant pleine
créance audict diable, ensemble à un aultre qu'il disoit
nommer Tyffele, lequel estant par luy conjuré de luy
déclarer ceulx qui auroient ensorcelez aulcunes personnes,
s'est pardevant luy presenté quelquefois en forme de chat,
et aultrefois comme un petit homme de la haulteur d'une
coudée, acoustré en noir, luy dénommant ceulx qu'il demandoit scavoir; estant aussy le semblable advenu au
regard du diable Ageos, se confiant si fermement au dire
desdicts diables et le tenant si véritable que pour ce il
engageoit son corps, disant par diverses foix avoir expérimenté ledict diable Ageos, fermé audict anneau, et
tousjours trouvé véritable tout ce qu'il luy avoit dict et
respondu, adjoustant que de tant plus il luy adhiboit foy
parce que celluy ayant vendu ledict anneau avoit affirmé
qu'il y estoit tellement conjuré qu'il n'en polvoit sortir
quand il vouloit, mais ayant une fois failly de la vérité
estoit constrainct d'aller au mesme instant au plus profond de l'enfer, adhérant par telz moyens au diable et luy
donnant pleine et entière créance, nonobstant que par
plusieurs luy avoit esté remonstré qu'il estoit trompeur et
père des mensonges, le souverain bailly de Flandres,

ayant sur ce prins advis, a condempné ledict prisonnier, le xxix de novembre 1603, de publicquement sur un eschauffaut deschirer ses livres, contenants lesdicts conjurations, et les jetter au feu et brusler avec l'anneau, s'il estoit recouvrable, et illecq estre fustigué de verges jusques au sang courant, le bannissant hors du pays et conté de Flandres l'espace de x ans et condempnant ès despends et mises de justice.

» Clayse Shoofs, vefve de Crestiaen Buen, suspectée de sorcellerie par le rapport dudict Lambert Valcke et accusée d'avoir ensorcellée Mynken Buens, trespassée femme de Jacob de Corte, s'estant à ceste cause contre ledict Lambert comme partie formée mis en purge pardevant ledict lieutenant au quartier d'Ypre, le souverain bailly de Flandres, ayant visité ledict procès, veu les informations par sondict lieutenant *ex officio,* tenues ensemble les examens desdicts deux parties, faisant droict en conformité de l'advis sur ce en préallable prins, a déclaré, par sentence du xxvii de novembre 1603, ladicte Clayse Shoofs estre purgée du crime de sorcellerie, à elle imposé par ledict Lambert, et eslargissant icelle de prison a condempné icelluy Lambert Valcke de comparoir pardevant sondict lieutenant et hommes de fief, et illecq en présence de ladicte Clayse (si présent y veult estre) déclarer que à très mauvaise et injuste cause, il l'avoit accusé dudict faict de sorcellerie et de ce estre fort déplaisant, avec interdiction de ne plus faire le semblable, à peine arbitraire, le condempnant au surplus en tels dommages et interestz, que ladicte Clayse ferat apparoir d'avoir supporté à cause de ladicte accusation et ès despends du procès, ce que cedict compteur at icy bien voulu donner à cognoistre. »

(No 13528 des registres des Chambres des comptes, aux archives du royaume).

Annexe III.

Décret de Philippe IV autorisant les lieutenants, sergents et commis du souverain bailli à exercer ses fonctions en matière de contravention aux placards sur les monnaies, moyennant la présence de deux échevins ou de deux hommes de fief du lieu où les coupables auraient été arrêtés.

14 Mars 1625.

« Sur la remonstrance faicte au Roy de la part de messire Gilles du Faing, chevalier, baron de Jamoigne, du conseil de guerre de Sa Majesté et son souverain bailly de Flandres, qu'il seroit seul juge compétent des exploicts et calainges, faictes par ses lieutenants, sergeans et comis, résidens en divers lieux, esloignez de sa demeure, et que faisans iceulx leurs exploicts ils les doivent poursuivre par devant luy, ensemble luy envoyer les procès parinstruictz pour y estre ordonné, de sorte que faisans journellement les calanges à la charge des contraventeurs aux placcarts des monnoyes, ils sont constraincts les constituer prisonniers jusques en deffinitif de la cause et souvent pour choses de petite importance, sans pouvoir sur la recognoissance des contraventeurs de leurs fautes et abus recevoir l'argent ou espèces défendues et confisqués avec le quadruple, ce qui tourne au grand interest desdis calangés, qui doivent tenir prison jusques à ce que les pièces, informacions et examens soyent envoyez au remonstrant et par après renvoyez, nonobstant que souvent ilz désirent d'abandonner voluntairement lesdictes espèces deffendues et payer le quadruple, c'est pourquoy ledit remonstrant a supplié qu'il y soit pourveu de remède convenable. Sadicte Majesté, ce considéré, inclinant à sa requète, a déclairé et déclaire par cestes que ses lieutenans, commis et sergeans pourront, à l'intervention neantmoins et certiffication de deux eschevins ou deux hommes de fiefz du lieu où la calange se fera, recevoir les espèces d'or ou d'argent défendues par lesdis placcarts, que les contraventeurs déclareront de leur gré vouloir abandonner, ensemble le quadruple d'icelles, ou les autres peines statués par les mesmes placcarts, pour après en estre respondu à ceulx de la chambre des comptes à Lille, aggréant sadicte Majesté par ceste ce que par lesdis lieutenans, sergeans et commis peut avoir esté faict en cas semblables, dont s'est désia rendu compte pertinent en ladicte chambre, et ordonne à tous ceulx qu'il appartiendra de se reigler selon ce, car son plaisir est tel. Faict à Bruxelles, 14ᵉ de mars l'an 1625. »

(N° 13,529 des registres des Chambres des comptes, aux archives générales du royaume).

Annexe IV.

Décret du conseil des finances portant création de la charge d'assesseur du souverain bailliage et la conférant, à titre d'essai pour un terme de trois ans, à Antoine Van der Haeghen, avocat au Conseil de Flandre.

31 Mai 1673.

« Comme pour la meilleure conservation des droicts de Sa Majesté et l'expédition des causes et différents qui se traictent au souverain bailliage de Flandres a esté trouvé convenir de commettre et pourveoir un assesseur adjoint au souverain Bailly, ceulx des domaines et finances du Roy, eu sur ce l'advis dudit souverain bailly Anthoine Ferdinand Volcaert, chevalier, seigneur de Weldene, et pour le bon rapport que faict leur at esté de la personne d'Anthoine Van der Haghen, advocat au conseil provincial de Flandres, et de ses sens, preudhommie, idoineté et bonne diligence, ont icelluy Anthoine Van der Haghen, pour et au nom de Sa Majesté, retenu, commis et estably, retiennent, commettent et establissent par cestes assesseur adjoint dudit souverain bailly, luy donnant plein pouvoir, authorité et mandement espécial, pour en ceste qualité luy servir de conseil à la direction de ses calenges, instruction des procès et rendition de ses appointements, ordonnances et sentences, mesme de faire droict et justice pendant que le souverain bailly serat absent de son siége, le tout par forme d'essay pour le terme de trois ans, aux gaiges de deux cents florins par an à commencer le premier de Juing prochain à prendre sur les amendes que par ses debvoirs il ferat entrer, sans pouvoir en cas de courtresse en estre payé ou suppléé des parties du domaine. Sur quoy et de son bien et duement acquittée, icelluy Anthoine Vander Haghen serat tenu de faire et prester le serment deu et pertinent ès mains dudit souverain bailly que lesdis des finances commettent et authorisent à ce par cestes. Faict à Bruxelles au conseil des finances le trente uniesme de may mille six cent septante trois. »

(N° 13532 de l'inventaire des registres des Chambres des comptes, aux archives du royaume).

Annexe V.

Décret du Conseil privé interdisant au souverain bailli, à son lieutenant et à son assesseur, de s'immiscer dans la connaissance des contraventions et délits en matière héraldique, sous prétexte qu'ils sont surannés.

4 Avril 1685.

« Sur la remonstrance faite au roy de la part du roy et héraut d'armes, à titre de Flandre, Falentin, qu'estant informé que le souverain bailly de Flandre, son lieutenant et assesseur depuis quelque temps s'attribuoient la connoissance et judicature des excès et contraventions au placcart de l'an 1616, émané sur le fait de la noblesse, titres et marques d'honneur, soubz prétexte que les excès en seroient surannez et que par deux appointements obtenuz par sondit lieutenant au Conseil de Flandre, le 31 d'octobre et 17 novembre 1681, contre le roy d'armes Vanden Leene, ledit conseil avoit par provision et jusques autre ordonnance tenu en estat et surséance les procédures pardevant luy encommencées seulement au regard des contraventions non surannées, le remontrant, en ayant décharge en seroit rendu plaintif par requête présentée à Sa Majesté le 23 d'octobre 1684, à raison que le 16 article dudit placcart de l'an 1616, les fiscaux de ses conseils et les roys d'armes, chascun par prévention seroient, à l'exclusion de tous autres officiers commis et authorisez pour soigner à l'observance dudit placcart, dresser les calenges et les poursuiure pardevant les conseils de Sa Majesté, à qui la connoissance de telles matières appartiendroit privativement, et partant le remonstrant supplioit très humblement Sa Majesté estre servie d'y pourveoir en faisant cesser ladite nouveauté tant préjudiciable, avecq ordonnance tant audit souverain bailly de Flandre qu'à son lieutenant et assesseur de désister promptement de la poursuite et connoissance des susdites matières héraldiques à telle peine que de raison, Sa Majesté, ce que dit est, considéré et eu sur ce l'advis des présidents et gens de sondit conseil de Flandre, a déclaré, comme elle déclare par cette, qu'il n'appartient pas audit souverain bailly de Flandres, ny à son lieutenant et assesseur de connoître des matières héraldiques, excès et contraventions, (quoyque surannez) aux placcarts sur ce émanez en l'an 1616 et autres, et que parmy ce viennent à cesser les appointements provisionnels par luy obtenus audit conseil de Flandre le 31 octobre et 17 novembre 1681, cy-dessus mentionnez, si ordonne Sa dite Majesté audit souverain bailly, son lieutenant et assesseur de désister promptement de toute ultérieure connoissance des cas et actions que par luy a été intentée et de les remettre au remonstrant par spécification pertinente pour y faire le devoir de son office audit Conseil en Flandre. Fait à Bruxelles, le 4° d'avril 1685.

(Liasse n° 985 des archives du Conseil privé. De Corte. Actes dépêchés, aux archives générales du royaume).

ESSAI

SUR

L'ADMINISTRATION FINANCIÈRE DU RÉGENT DE FRANCE,

PHILIPPE D'ORLÉANS,

AVANT L'EXPÉRIENCE DE JOHN LAW (1715).

Le plus grand embarras que Louis XIV ait laissé à son successeur, dit M. Th. Lavallée, était la situation financière [1].

Les dépenses de la Cour [2], les guerres, une organisation vicieuse du système financier avaient épuisé le trésor, dont la situation, depuis des siècles, n'était déjà guère brillante.

« On sait par un règlement de Sully de 1604, qu'on payait encore en ce moment des rentes créées, en 1375, par Charles V. Après celui-ci, François I emprunta pour porter la guerre en Italie, puis pour payer sa rançon.

---

[1] *Histoire des Français*, t. II, p. 264.

[2] « Connaissez-vous comme moi, disait Colbert au président de Lamoignon, l'homme (Louis XIV) auquel nous avons affaire, sa passion pour la représentation, pour les grandes entreprises, pour tout genre de dépense? » — Cfr. cependant ALBAN DE VILLE-NEUVE, *Histoire de l'économie politique*, p. 328.

» Sully remboursa; mais, après lui, le gouvernement reprit le cours de ses profusions. A la mort de Mazarin, la dette perpétuelle montait en intérêts à 27 $^1/_2$ millions et en capital à 500 millions. Colbert résista longtemps aux emprunts, et lorsqu'il y céda, ce fut encore pour son génie l'occasion de se révéler par les plus habiles mesures.... Toutefois il sut réduire l'arrérage des rentes à 8 millions; mais six ans après sa sortie des affaires, il montait déjà à 11 millions 700 livres [1]. » Nous verrons bientôt qu'à la mort de Louis XIV, la France se trouvait endettée pour 2 milliards 307 millions de livres.

En face d'une situation aussi tendue, le Régent eut recours à des expédients de diverses espèces, tous également peu recommandables, tant au point de vue économique qu'à celui de la justice et de la morale.

Les expériences de Law, spéculations hasardées sur un crédit sans fondement, sont généralement connues : les agissements du gouvernement qui les précèdent, quoique pleins d'intérêt, sont d'ordinaire passés sous silence [2]. J'ai cru faire chose utile de recueillir les renseignements épars dans quelques ouvrages estimés, et d'en faire une analyse succincte présentant les grandes lignes de l'administration financière de Philippe d'Orléans.

———

[1] G. DE PUYNODE, *Dictionnaire de l'économie politique*, verbo *Crédit public*.

[2] M. BLANQUI y fait à peine allusion. M. DE VILLENEUVE est fort incomplet à ce sujet.

Je viens d'avancer qu'à la mort de Louis XIV, la dette publique était de 2,307 millions de livres. Des données différentes sont fournies à ce sujet par les auteurs, et il faut que tout d'abord je justifie le chiffre que j'assigne au passif des finances nationales, il faut que je fasse voir l'importance exacte du mal avant d'étudier les remèdes qu'on a essayés contre lui.

Voici les renseignements que j'ai recueillis, et qu'il nous faudra comparer, pour choisir ou combiner, suivant qu'il semblera nécessaire.

M. le vicomte Alban de Villeneuve constate que le Régent se trouvait en présence « d'une dette publique immense dont le quart était exigible et d'un déficit annuel de près de 77 millions [1]. »

Plus loin, parlant de la Commission du *visa*, le même écrivain nous fait connaître une partie de la dette publique : « On présenta pour 600 millions de billets et titres divers [2]. »

D'après M. Blanqui aîné, « la dette publique s'élevait, à la mort de Louis XIV, à plus de trois milliards et la banqueroute semblait imminente [3]. »

Dans les *Mémoires sur la minorité de Louis XV*, attribués à Massillon, je trouve : « Les deux premiers objets de l'attention du duc d'Orléans furent les finances et les affaires étrangères. »

« On avait proposé de déclarer le roi quitte envers ses sujets de ce qu'il leur devait, et c'eût

[1] *Histoire de l'économie politique*, p. 349.
[2] *Id.*, p. 350.
[3] *Id.*, t. II, p. 54.

été faire aux Français une banqueroute d'environ *dix-huit cent millions* [1]. »

M. Lavallée nous fournit des chiffres quelque peu différents dans la forme : « Les dépenses s'élevaient à 243 millions et les recettes à 186 millions, dont deux années étaient dévorées à l'avance. Il y avait 743 millions de billets exigibles, outre 86 millions de rentes sur l'hôtel-de-ville [2]. »

M. de Puynode ajoute à l'endroit cité : « A la mort de Louis XIV, la dette paraît avoir été de 1,925 millions, ce qui ferait aujourd'hui, en se réglant sur le prix comparé des blés aux deux époques, 3 milliards 82 millions [3]. » L'auteur arrive à ce chiffre en se basant sur les données suivantes : d'après un mémoire du contrôleur général Desmarets, le chiffre de la dette mobile était, en 1708, de 685 millions en principal. D'autre part, on affectait aux rentes constituées sur l'hôtel-de-ville le produit des fermes générales, lesquelles donnaient, en 1709, un rapport de 31 millions et ne pouvaient couvrir que la moitié des rentes. Celles-ci montaient donc à 62,000,000. M. de Puynode suppose (à tort d'après nous), un intérêt de 5 % et arrive ainsi à un capital constitué de 1,240 millions. Y ajoutant les 685 millions dont nous venons de parler, la dette aurait été de 1,925 millions.

M. Courcelle-Seneuil nous dit qu'à l'arrivée de

---

[1] *Mémoires historiques*, 1re série, t. IV, p. 42.
[2] *Histoire des Français*, t. II, p. 264.
[3] *Dictionnaire de l'économie politique*, verbo *Crédit public*.

Law, « la dette immédiatement exigible, sous mille formes diverses, s'élevait à la somme de 785 millions de livres; 64 millions de rentes viagères, perpétuelles ou remboursables à termes fixes, et constituées sur toutes les branches de revenus, représentant un capital de 460,000,000 ; enfin les créations d'offices, augmentations de gages, etc., auraient endetté l'État de 800 millions environ. La dette publique s'élevait ainsi à deux milliards environ de livres, dont 785 millions immédiatement exigibles [1]. »

Voilà certes des données bien disparates et j'avoue que j'ai quelque crainte de ne pas réussir à les analyser convenablement.

Une sérieuse réflexion sur chacun des éléments que je viens d'énoncer et une comparaison raisonnée de toutes les parties que contiennent les passages cités, me conduisent à attacher une grande probabilité au bilan suivant, que j'établis pour le moment de la mort de Louis XIV :

Dette flottante		743,000,000
Dette constituée :		
Montant des rentes . . .	86,000,000	
Capital		1,564,000,000
Total, en capital, de la dette publique.		2,307,000,000
Recettes annuelles.		186,000,000
Dépenses annuelles		243,000,000
Déficit annuel		57,000,000

[1] COURCELLE-SENEUIL, *Dictionnaire de l'économie politique,* verbo *Système.*

Je vais essayer de justifier chacun des chiffres que je viens d'inscrire au bilan du trésor.

Et d'abord, le bilan annuel ne demande pas de longues explications : M. de Villeneuve accuse un déficit de *près de* 77 millions; mais M. Lavallée, plus précis, accuse en recettes et en dépenses, les sommes que j'ai admises.

Je passe à la dette mobile et j'indique mes motifs d'accepter le chiffre de 743 millions : j'ai pour moi l'autorité de M. Lavallée que je ne trouve contredit en ce point par aucun auteur : intrinsèquement d'ailleurs, cette évaluation n'a rien qui puisse étonner. D'après le mémoire de Desmarets, dont j'ai déjà fait mention, la dette mobile était, en 1708, de 685 millions : on comprend aisément qu'avec un déficit de 57 millions par an, cette dette soit majorée, de 1708 à 1715, de 58 millions; que si l'augmentation se trouve être inférieure au chiffre qu'on pourrait supposer, à constater un solde passif aussi considérable sur chaque exercice, il faut prendre en sérieuse considération que la dette constituée s'est développée, ce qui fait supposer une conversion ou un emprunt pour créer des ressources passagères nouvelles.

J'ai dit que la dette constituée pouvait, en 1715, s'évaluer à 1,564 millions.

M. Lavallée [1] nous dit que les rentes étaient de 86 millions, d'autre part nous savons que le régent les réduisait arbitrairement d'un 1/4. M. Courcelle-Seneuil les fait monter, à l'arrivée de Law, à

---

[1] Loc. cit.

64 millions. La concordance de ces trois données nous permet de les considérer comme exactes.

Étant donnés 86 millions de rente, nous arriverons à déterminer avec une grande approximation le capital de la dette. M. de Puynode donne à la dette constituée un montant de 1,240 millions : je ne pourrais admettre cette évaluation. Le même auteur constate, en effet, qu'à la mort de Mazarin le capital de la dette était de 500 et le chiffre annuel des rentes de 27 $1/2$ millions, ce qui correspond à un intérêt de 5 $1/2$ p. $\%$. Or, nous savons par M. de Villeneuve que les billets publics circulaient, en 1715, à 80 $\%$ sous le pair.

Dans une telle situation du crédit public, je pourrais difficilement croire à une baisse de l'intérêt. Pour éviter d'exagérer, je le maintiens au même taux de 5 $1/2$ p. $\%$, ce qui me donne, pour 86 millions de rentes, un capital de 1,564,000,000, appréciation qui concorde d'avantage avec 1,800 millions, chiffre approximatif donné par les Mémoires de Massillon.

Les causes de cette situation obérée peuvent se ramener à trois chefs :

1º L'excès des dépenses. Nous avons dit un mot à ce sujet : nous n'insisterons pas.

2º Le peu de développement de la prospérité publique, à attribuer en grande partie aux préjugés qui restaient appliqués dans la législation : la réglementation de l'industrie et du commerce fleurissait encore et tarissait la source des revenus des caisses publiques en étouffant la concurrence et l'initiative privée [1].

Enfin 3° une organisation vicieuse de la perception des impôts. Ce point mérite quelque attention.

Le revenu de la France provenait de la taille, de la capitation, des vingtièmes, de la gabelle, des aides, des traites, du domaine et du tabac. Les trois premières de ces taxes, qui formaient l'impôt direct du royaume, étaient perçues par des agents du trésor; les cinq autres, sauf quelques-unes d'entre elles dans quelques provinces, mais c'était une exception presque imperceptible, étaient affermées. Celles-ci étaient beaucoup plus odieuses à la population que celles-là, et rapportaient infiniment moins en proportion des sommes qu'elles prélevaient sur les revenus sociaux.

On sait, en effet, que la perception par les fonctionnaires publics ne coûtait guère plus de 6 °/₀ de frais. Au contraire, à l'arrivée de Colbert au pouvoir, 70 °/₀ des contributions affermées passaient au mains des fermiers. A la sortie de Colbert, ce rapport était encore de 35 °/₀; en 1786 de 22 °/₀ [2].

———

Ainsi est terminée la première partie de ma tâche. Je crois avoir établi la situation du trésor.

Restreindre les dépenses et consolider la dette mobile, développer temporairement les impôts

———

[1] Voyez dans JOSEPH DROZ, *Économie politique,* des détails intéressants sur la manière dont s'exécutaient les malheureux règlements sur la fabrication.

[2] P. DE PUYNODE, *Dictionnaire de l'économie politique,* v° *Fermiers généraux,* tom. I, p. 766, *in fine.*

dans une certaine mesure, modifier le système de perception et changer la répartition des charges : tels étaient les moyens de faire face aux obligations urgentes, de restaurer le crédit, de faire plus tard des emprunts nouveaux à un taux inférieur aux anciens et de rembourser les dettes précédentes par d'autres contractées à des conditions moins onéreuses.

Le Régent comprit la nécessité de restreindre les dépenses : il supprima un nombre assez considérable d'offices. C'était en supprimer les charges, mais il n'en remboursa pas le prix d'achat. Le bénéfice que le trésor put faire à cette mesure n'excuse pas son immoralité. D'ailleurs, il augmenta démesurément les gages de certaines fonctions, la solde des troupes, et en même temps, pour se créer une popularité de mauvais aloi, il fit des remises d'impôts. Le bilan de ces dispositions se résume en deux mesures inopportunes détruisant les effets d'une autre malhonnête.

Un second expédient fut la réduction des rentes sur l'hôtel-de-ville. Nous avons vu que ces rentes montaient, lors de la mort de Louis XIV, à 86 millions. M. Lavallée nous apprend que le Régent les réduisit de la moitié ou du quart [1]. M. Courcelle-Seneuil les évalue à 64,000,000 lors de l'arrivée de John Law. Ces chiffres correspondent parfaitement si nous admettons le 1/4 dont parle Lavallée. Cette mesure encore ne fut qu'une simple spoliation.

[1] Loco citato.

Viennent ensuite deux opérations méritant quelque développement : le *visa* et la révision de la fortune des traitants.

1° Le *visa* et les *billets d'État*. — Nous avons vu que la dette mobile montait à l'arrivée du Régent à 743 millions. On s'attacha à en réduire le chiffre et à en consolider le restant. Pour atteindre le premier but, on institua une commission spéciale, qui avait pour mission d'examiner tous les titres de créance, de prononcer leur nullité s'ils étaient trouvés d'origine suspecte et de donner son *visa* à ceux qu'elle jugerait véritables et fondés.

Quelques créanciers, sachant leurs titres d'origine équivoque n'osèrent les présenter ; d'autres avaient leur opinion bien formée sur la solvabilité du trésor et ne se donnèrent pas la peine de se déranger. Enfin, soit par perte de titre, soit par négligence, soit pour tout autre cause, au lieu de 743 millions, il ne fut présenté de créances à la commission du *visa* que pour 596,700,000 livres. L'approbation de cette commission étant une condition *sine quâ non* de payement, la dette exigible fut réduite à ce dernier chiffre.

La commission annula un grand nombre de titres, de telle manière que la dette se réduisit à 359,500,000 livres. C'était une réduction violente de moitié sur la dette exigible. Mesure qui pouvait avoir certain fondement de justice à l'égard des titres faux ; méritant cependant l'animadversion par ses abus et la constitution illégitime d'une partie comme juge de ses contrats.

22

Mais l'État ne pouvait payer la dette réduite, son budget annuel soldant en passif ; on chercha donc le moyen de la constituer. Voici le système imaginé. Les créances consistaient en titres divers : billets, ordonnances, assignations, obligations, etc. On les réduisit en titres uniformes enregistrés à l'hôtel-de-ville, signés par les receveurs de la ville, un député du corps des arts et métiers et le prévôt des marchands, et portant le nom de *billets d'État*. On fit de ces billets pour une somme de 250,000,000 de livres et on les échangea contre les titres anciens montant à 359,000,000 [1].

La dette ainsi constituée au capital de 250 millions, portant intérêt à 4 %, ne fut cependant pas perpétuelle. On imagina un mode de remboursement à terme. Payer positivement était chose impossible à défaut d'actif ; on chercha donc à payer négativement et on permit d'acquitter les impôts en billets d'État.

De cette façon on eut pour termes les perceptions de contributions. Une fois rentrés au trésor, ces billets devaient être brûlés.

Je ne pourrais appliquer d'autre appréciation à ce système que celle de M. Courcelle-Seneuil : « Le *visa* fut une de ces grandes liquidations spoliatrices auxquelles le gouvernement était obligé de recourir chaque fois qu'il se voyait réduit à l'extrémité par le désordre des finances [2]. »

2° *Révision de la fortune des traitants.*

---

[1] *Dictionnaire de l'économie politique*, v° *Système*, t. II, p. 686.
[2] *Dictionnaire de l'économie politique*, v° *Visa*.

Le peuple voyait les financiers de mauvais œil, et le Régent profita de ces dispositions pour faire des profits d'une honnêteté fort douteuse. Je n'ai pas à discuter de renseignements ni à en apporter de nouveaux. M. de Villeneuve a parfaitement esquissé la conduite du gouvernement. Je transcris :

« Une troisième résolution, adoptée par le conseil des finances et dirigée en apparence contre les malversations des traitants, ouvrit la carrière aux injustices les plus monstrueuses et à des violences sans exemple. Ce fut l'établissement d'une *cour de justice*, espèce de commission prévôtale, instituée pour juger les concussions et que l'on fit servir à dépouiller en masse les enrichis. L'édit portait que l'on rechercherait l'origine des fortunes de tous les individus qui avaient traité dans les finances depuis la paix de Ryswick, c'est-à-dire depuis vingt-sept ans. La peine de *mort* et celle du pilori étaient prononcées contre les coupables; la torture était employée dans les interrogatoires; les galères punissaient l'inexactitude ou l'erreur dans la déclaration des fortunes; le cinquième des biens des condamnés étaient acquis aux dénonciateurs; la simple médisance contre ces derniers était punie du dernier supplice; les domestiques étaient autorisés à déposer contre leurs maîtres sous des noms empruntés; on avait en outre, déchaîné contre les publicains enrichis, par les gravures et des pamphlets, les passions et les clameurs de la multitude. Un tel système de terreur, fortifié à son début par des exemples d'une

cruelle sévérité, ne pouvait manquer d'être efficace. Bientôt la chambre ardente devenue inutile,
ne fut plus qu'une menace pour arracher la déclaration des fortunes. Le droit de taxer arbitrairement les enrichis avait été confié à une commission de six membres; on obtint de 4500 personnes
entrées sans fortune dans les finances, l'aveu que
leurs biens s'élevaient à une masse de 800 millions. — Mais le trésor public ne profita que fai-
blement de cette prétendue restitution. La cour
corrompue, qui entourait le Régent, eut une
bonne part de ces dépouilles; elle avait vendu
chèrement son crédit et son intercession aux malheureux traitants, que cherchaient à défendre
leur vie. Du reste, l'opinion populaire ne tarda
pas à se déclarer en faveur des accusés. — L'édit
était si vague que personne ne se croyait à l'abri
de son application; chacun cacha sa fortune; le
numéraire fut enfoui; le travail cessa et la chambre de justice tomba au bout d'un an sous l'animadversion générale [1]. »

3° Enfin, nous nous trouvons devant la *refonte
des monnaies* : c'est la dernière mesure financière
dont nous ayions à nous occuper.

Soit ignorance du principe de la valeur des
monnaies, soit spéculation sur les préjugés, le
Régent ordonna une refonte générale des espèces
métalliques, dans ces conditions, que pour 3 livres

---

[1] *Histoire de l'économie politique*, p. 350-351. Comparez : *Mémoires historiques*. Bruxelles, Cantaerts et Cⁱᵉ, 1827; 1ʳᵉ série, tom. IV,
p. 45 et suiv.

apportées on en frapperait 5, dont 4 pour les particuliers et 1 pour le trésor.

On s'imaginait peut-être avoir augmenté le capital de 2 livres sur trois, en inscrivant le mot *cinq* sur le lingot, qui jadis portait *trois*; mais en réalité on n'avait fait que voler aux particuliers $1/5$ du numéraire (soit 72,000,000) [1] au profit du trésor.

On avait opéré comme suit : les particuliers apportaient 3 sacs de blé, le gouvernement en faisait 5 plus petits, dont il rendait 4 et gardait 1, c'est-à-dire qu'il prenait aux particuliers $3/5$ de grand sac sur 3 sacs apportés.

—

L'histoire financière de la régence avant l'expérience de Law se résume donc en les données suivantes :

Le duc d'Orléans trouve en prenant le pouvoir une dette publique de 2 milliards 307 millions, dont 743 millions exigibles et un déficit annuel de 57 millions.

Pour refaire le trésor, il supprime des offices sans rembourser le prix d'achat; il diminue arbitrairement le chiffre des rentes de la dette constituée;

Il efface de force du grand-livre 450,000,000 de dette flottante, il constitue le reste en une valeur sans crédit (les billets d'État perdirent dans la circulation 80 °/°).

Il viole les baux de perception et se fait rendre

[1] DE VILLENEUVE, p. 350 cité.

de force ce que le gouvernement avait perdu par sa mauvaise organisation.

Enfin, par un semblant d'opération monétaire, il arrache 72 millions aux particuliers.

Ces mesures trahissent une immoralité scandaleuse, une impéritie financière peu commune et rappellent les réformes spoliatrices de Solon, aussi bien que les assignats à cours forcé de la révolution française.

———

Je ne prétends pas avoir apporté de données nouvelles; j'ai recueilli seulement les éléments qui se trouvaient épars dans plusieurs ouvrages. Puissé-je avoir réussi à exposer fidèlement l'histoire financière de ces quelques mois qui ont précédé l'expérience malheureuse de Law.

HERMANN DE BAETS.
Docteur en sciences politiques et administratives.

Gand, Août 1876.

LES COMMENCEMENTS DE LA RÉVOLUTION BRABANÇONNE,

PAR UN MOINE DE L'ABBAYE DE SAINT-PIERRE.

Émilien-François Malingié, moine de l'abbaye de Saint-Pierre au Mont-Blandin à Gand, a laissé un manuscrit en quatre petits volumes in-4°, qui compte parmi les documents historiques les plus précieux pour l'histoire de cette célèbre maison. Il intitule son ouvrage : VERBA DIERUM ou LE LIVRE DES JOURS, *relation de tout ce qui s'est passé de remarquable dans l'abbaye de Saint-Pierre lez-Gand, et des principaux événements arrivés dans les Pays-Bas Autrichiens depuis le 13 août 1779 jusqu'à 1791 inclusivement.*

Malingié était né à Werwicq nord, en Flandre, le 30 octobre 1756, et entra à l'abbaye le 13 août 1779, « à huit heures et demie du matin ; » le 16 août 1785, le prélat Gudwald Seiger en fit son secrétaire et le nomma en même temps vicaire d'Eecke, paroisse à peu de distance de Gand, dont la cure appartenait à l'abbaye ; au mois de mars 1788 il fut fait grand chantre et en 1791 chargé par le dernier abbé, dom Martin van de Velde, d'aller desservir la cure d'Eecke ; il devint ensuite curé de Notre-Dame de Saint-Pierre à Gand en 1803 ; il y resta jusqu'en 1817, époque où il passa comme curé à l'Église de Saint-Nicolas, et mourut en fonctions en 1826.

Le livre de Malingié est, ainsi qu'il le dit lui-même, non seulement un journal intime, mais en même temps une véritable chronique des événements contemporains ; la partie, fort notable, qui concerne la révolution brabançonne est la plus importante. Malingié, du fond de son couvent, assistait avec intérêt à toutes les péripéties de la lutte, se faisait informer de tout, et grâce à sa position de secrétaire du prélat, recevait de première main toutes les nouvelles ; lorsque quelque chose se passait en ville, comme il tenait à en être témoin oculaire, il montait à la tour de l'église, d'où, sans sortir de l'enceinte conventuelle, il voyait et jugeait ; dans ses écrits il se déclare ouvertement Vonckiste.

Nous lui empruntons le récit textuel des commencements de la révolution brabançonne, où il raconte spécialement ce qu'il a vu se passer à Gand ; nous avons trouvé là des détails peu connus qui, croyons-nous, sont de nature à intéresser nos concitoyens et tous les lecteurs du *Messager*.

Émile V....

« .... Je viens de dire que le mécontentement du peuple étoit à son comble ; oui, les infractions multipliées des constitutions (dont la conservation fut si solemnellement jurée par l'empereur) dont les États de toutes les provinces n'en purent obtenir le redressement par les plus respectueuses représentations, excitèrent une indignation parmi toutes les classes du peuple. Il existe déjà à Bruxelles une association secrette, qu'on nomme : *Pro aris et focis*, dont le but est d'exiger le redressement des infractions à la constitution, à mains armées. L'avocat Henri Vandernoot, Bruxellois, qui a toujours vigoureusement protégé les constitutions, s'étoit refugié en Hollande, l'été passé de l'année précédente, pour éviter la poursuite du Gouvernement; plusieurs autres firent de même. A Bruxelles et à Gand se sont formés de comités secrets des plus zélés patriotes. Mr Vandernoot a sollicité et obtenu des dits comités une commission d'agent plénipotentiaire, promettant d'obtenir un appui en troupes du roi de Prusse. Toute la nation belgique met leur confience en lui. M^r l'avocat Vonck de son côté, également zélé, s'étoit retiré au pays de Liége. Ces deux dits avocats, conjointement avec les comités secrets, engagèrent tous les zélés patriotes de s'expatrier et de se rendre ou en Hollande ou au pays de Liége, à Hasselt et ses environs; le nombre de ceux qui se rendent en ces deux pays augmente tous les jours ; Vandernoot, qui se tient à Breda, recrute dans la Hollande autant de monde qu'il peut; Vonck, de son côté, fait de même dans le pays de Liége. Les recrutés et les émigrans non riches sont soldés. Les abbayes de Brabant surtout y contribuèrent beaucoup, ils préfèrent de faire de grands sacrifices que de tout perdre avec leur état par une future sup-

pression. Le but de ce rassemblement des émigrans est de faire une invasion dans le pays,
pendant laquelle toutes les provinces doivent se
soulever, pour ainsi seconder l'invasion en divi-
sant les forces des troupes de l'empereur.

» Mais l'armée patriotique n'avait pas encore
de chef expérimenté pour la conduire. Les comités jettèrent leur vue sur Mr Jean André Vandermersch, né à Menin en 1733, qui vivoit paisiblement en sa campagne de Dadizeele. Cet
homme avait servi sous le roi de France; sa
valeur, qu'il avoit déploiée dans la guerre d'Han-
novere, lui a mérité le grade de lieutenant-colonel
de cavalerie et la croix de Saint-Louis. Il passa
ensuite au service de l'Autriche; il se signala
dans la guerre contre la Prusse. La paix conclue,
il obtint sa retraite avec le grade de colonel; il
espéroit et sollicitoit celui de général-major, mais
il ne l'obtint point; il fut très-mécontent de
l'Autriche, qui récompense peu les Belges en service, à moins qu'ils soient d'une haute extraction. Les chefs donc des comités le pressèrent
vivement de prendre le commandement de l'armée patriotique; il leur observa l'importance et le
danger d'une telle entreprise; il leur demanda de
combien d'hommes l'armée étoit composée; on lui
dit qu'elle étoit forte d'au-delà de 4000 hommes
bien déterminés, remplis de zèle, et que la plus
grande part étoient de bons chasseurs. Mr Vandermersch leur observa qu'il ne pouvoit quitter
le service de l'empereur et se mettre à la tête de
l'armée patriotique, sans préalablement donner

sa démission, pour être délié du serment de fidélité à l'empereur; et qu'en donnant cette démission il seroit privé de sa pension; et qu'en se
mettant à la tête des patriotes, tous ses biens
auroient été confisqués et qu'ainsi, au cas de
revers et de non-réussite, il se trouveroit sans
ressources dans ses vieux jours et rendroit sa
femme et ses enfants malheureux; et que par
conséquent il ne pouvoit pas se résoudre à ac-
quiescer à leur demande. Aussitôt les chefs des
comités partirent à Breda; ils firent part de
l'entrevue qu'ils avoient eue avec Mr Vandermersch. Les abbés des abbayes de Tongerloo et
de Saint-Bernard, qui s'étoient réfugiés dans la
même ville de Breda, signèrent l'acte suivant :
« Wy ondergeteekende prelaeten respectivelyk
» der abdyen van Sint-Bernards ende Tongerloo,
» lidmaeten van den geestelyken staet van Bra-
» bant, in aendacht nemende dat den edelen
» heer Vandermersch, colonel ten dienste van
» Zyne Keyzerlyke Majesteyt, op de interpellatie
» hem gedaen van wegens de representanten van
» het volk van Brabant, van zig te begeven
» onder den dienst van het land ende te verlae-
» ten den genen van Zyne voorzeyde Majesteyt,
» wel heeft willen verclaeren ende verbinden van
» zig onder den lands-dienst te begeven, het niet
» redelyk nog te billig zoude zyn, dat hy blood
» zoude staen ende geëxponeert zoude zyn aen
» het verlies van alle zyne erfgoederen door
» confiscatie der zelve; ende willende zulkx ver-
» hoeden ende hem deswegens geven eene ver-

» zekeringe, verclaeren hun te verbïnden tot
» zynder assurantie, dat zy hem ofte zyne erf-
» genaemen, ingeval van deze gelyke effective
» confiscatie ende finaele nederlaege, gezaement-
» lyk zullen vergoeden de somme van hondert
» duyzend guldens courant brabands geld, waer
» voor zy zullen verbinden hunder abdye goede-
» ren gelegen onder het gebied der zeven neder-
» landsche geunieerde provincie, ende intrest
» gelden ende betaelen volgens den cours alsdan
» gebruyk ende loop hebbende, inganck ne-
» mende van den dag der effective confiscatie,
» alles onder verband ende verbintenisse als naer
» rechten. Gedaen binnen de stad Breda dezen
» sesden october 1700 negen en tachentig. Onder-
» teekent Fr. Benedictus, abt van Sint-Bernards.
» Godefridus, abb. Tong. »

» Les mêmes chefs des comités, munis de cet
acte, se rendirent de nouveau chez Mr Vandermersch et le lui communiquèrent, en le pressant de
vouloir céder au désir de toute la nation et de la
délivrer du joug tyranique de l'empereur; ils lui
assurèrent que l'armée patriotique augmentoit de
jour en jour par des recrus et des émigrans, et que
tous les Belges étoient animés du meilleur esprit
de patriotisme, et qu'il pouvoit être sûr que dans
toutes les villes où il se présenteroit, il auroit
été secondé par les habitans. Vandermersch donc,
mécontent lui-même de l'empereur, comme je
viens de le dire, et aymant sa patrie, assuré en
cas de confiscation et de défaite totale de pouvoir pourvoir à sa femme et à ses enfans moyen-

nant le dit acte des deux abbés (qu'il me communiqua lui-même, comme étant son cousin intime), il céda enfin aux instances de ses concitoyens. Ayant arrangé ses affaires domestiques, il partit pour Breda avec sa femme et ses enfans. Là, hors d'atteinte de toute poursuite personnelle, il envoya sa démission au gouvernement autrichien et puis accepta le commandement de l'armée patriotique. Cette nouvelle fut bientôt répandue dans toutes les provinces et échauffa beaucoup les esprits, et engagea beaucoup de jeunesse à se ranger sous ses drapeaux.

» Mr Vandermersch organisa de suite son armée et concerta avec le comité l'invasion projettée. Il fut résolu de la faire simultanément en Brabant et en Flandre, pour diviser les forces de l'ennemi.

» Le 23 octobre l'armée patriotique se mit en mouvement; un corps d'environ de 1000 hommes, qui se trouvoit dans les environs de Berg-op-zoom, prit la route vers la Flandre, et Vandermersch avec environ 3000 hommes vers le Brabant. Il arriva la nuit à Sundert et de bon matin il partit pour Hoogstraet; un détachement autrichien qui s'y trouva prit la fuite. Le 25 il se dirigea sur Turnhout. Le lendemain il continua sa marche vers Gheel. Mais apprenant par les espions que les Autrichiens marchoient en force pour le combattre, il retourna à Turnhout. Quoique son armée étoit composée de très-bons tirailleurs, cependant elle n'étoit pas disciplinée, n'ayant jamais fait et appris l'exercice; elle étoit sans cavalerie

et sans artillerie, et il n'y avoit point d'officiers
expérimentés sur qui le général pouvoit compter :
son armée donc n'étoit bonne que pour surpren-
dre des villes et s'y tenir, et non pas pour soutenir des batailles rangées : c'est pour cette raison
qu'il retourna à Turnhout, où il prit poste et at-
tendit l'ennemi. Il ordonna des postes avancées,
avec ordre qu'à l'approche des Autrichiens de se
replier vers la ville, sans faire beaucoup de résistance. Il plaça dans l'intérieur de la ville plusieurs pelotons et sur le cimetière le gros de
son armée. Il avoit eu soin de placer dans toutes
les maisons du centre de la ville des hommes.
Enfin les Autrichiens arrivent, les postes avancées des patriotes se retirent dans la ville; l'ennemi, qui avec son artillerie auroit pu brûler
toute la ville, et ainsi débusquer les patriotes
(chose que le général Vandermersch craignoit
fort, et qui pour cette raison avoit ordonné de
faire dans le principe peu de résistance), l'ennemi, dis-je, eut l'imprudence de se précipiter
dans la ville. A peine fut-il avancé qu'il fut assailli de tout côté. Les patriotes vomissoient des
balles des soupiraux des caves, des fenêtres; les
pelottons les accabloient par les petites rues.
L'ennemi, heureusement pour lui, ne put parvenir au cimetière; je dis heureusement pour
lui, car ne sachant pas que le gros de l'armée
s'y trouvoit, il eut été abîmé. Le combat dura
pendant cinq heures, car comme les rues étoient
remplies de chaises, de bancs, de fagots, etc.,
le Autrichiens ont employé beaucoup de temps

pour en débarrasser les rues. Enfin, se voyant criblés de balles, ils s'enfuirent en abandonnant aux patriotes trois pièces de canons. Les patriotes voulurent les poursuivre, mais le général retint leur ardeur, ne voulant pas les exposer en plaine contre un ennemi discipliné, muni de canons et de cavalerie. La perte des patriotes, tant en blessés qu'en tués, ne passoit pas les cent hommes. Plusieurs habitans furent massacrés dans leurs maisons, dont les Autrichiens purent enfoncer les portes. Je n'ai pu savoir la perte de l'ennemi ; elle doit avoir été considérable, car toutes les rues qu'ils avoient passées, étoient jonchées de cadavres.

» Cette victoire fut de suite répandue dans toutes les provinces et fut singulièrement exagérée. Cela a beaucoup échauffé le patriotisme des Belges. Le comité de Breda donna pour cette victoire à Vandermersch le grade de lieutenant-général, n'ayant auparavant que celui de général-major.

. » Après cette bataille, Mr Vandermersch prévoyant que les Autrichiens seroient venu à la charge avec du renfort, envoyat plusieurs postes à la découverte ; lui-même marcha avec son armée à Everbode, feignant de vouloir aller en Flandre. Mais apprenant que l'ennemi venoit de tout côté avec une nombreuse artillerie et de la cavalerie, rétrograda jusqu'à Turnhout ; mais persuadé que les Autrichens n'auroient plus eu l'imprudence de pénétrer dans la ville, mais qu'ils l'auroient embrasé par leur artillerie, ce qui auroit obligé l'armée patriotique de quitter la ville et forcé à un combat en plaine, qui auroit causé leur perte totale; quittèrent Turnhout et se retirèrent à Bar-le-duc. Mais le général patriote, informé que les Autrichiens avancèrent continuellement dans le dessin de leur couper la retraite, retourna pendant la nuit dans la baronnie de Breda, où il étoit in salvo. Cette retraite s'est faite sans perdre aucun homme, quoiqu'ils fussent presque tous entourés de l'ennemi.

» Pendant que les Autrichiens poursuivoient et manœuvroient contre Vandermersch, la colomne patriotique envoyée en Flandre pénétra dans le Pays de Waes jusqu'à St.-Nicolas et Lokeren, sans avoir vu d'ennemi. Ils partirent de ce dernier bourg le 12 de novembre, et marchèrent toute la nuit vers cette ville de Gand, où étant arrivés ils se divisèrent en deux colonnes, dont l'une se porta à la porte de Bruges et l'autre à celle ditte Muyde. Aussitôt ils commencèrent à tirer à 7 $^1/_2$ heures du matin. Sur ce bruit toute la ville fut en commotion; c'étoit vendredi, jour de marché. Je ne puis décrire combien l'allarme étoit grande. Les paysans qui étoient venu avec leurs bestiaux, les pauvres villageois avec leur filé et denrées, etc., etc., tous cherchèrent à se sauver de la ville avec leurs bestiaux et denrées en jettant de hauts cris. Les fripiers, qui avoient déjà étalé leurs marchandises au grand marché, coururent pour les sauver chez eux. Les bourgeois cachèrent leurs meilleurs effets; enfin, c'étoit une bagarre terrible, on n'entendoit que

les cris des femmes et des enfans dans toutes les
rues, courir çà et là chargé chacun avec ce qu'il
avoit de plus précieux; joint à cela le bruit continuel des canons et des fusils, et l'impossibilité
aux étrangers et paysans de sortir de la ville,
dont les portes étoient fermées et gardées par des
détachements autrichiens, tout ceci rendit la ville
dans les angoisses les plus affreuses. On dépavait
des rues entières et on porta les grés aux greniers, pour assommer les Autrichiens qui y pas-
seroient.

» Entretems les patriotes forcèrent les gardes
aux deux dittes portes à se replier, et à huit
heures de matin ils enfoncèrent les mêmes portes
et entrèrent en ville, faisant un feu continuel
contre l'ennemi, dont plusieurs furent tués, et
forcèrent les autres à se replier continuellement
jusqu'à la Place d'arme (Cauter); mais ils en
furent bientôt délogés avec toute la garde qui
s'y trouvoit et joignirent les soldats sur Saint-
Pierre, abandonnant les armes qui se trouvoient
au corps de garde. Les patriotes entrés en ville,
toutes les cloches des églises et des couvents son-
nèrent continuellement l'allarme, excepté sur
Saint-Pierre, à cause de la présence des troupes
autrichiennes.

» Au premier bruit du canon, M^r le Commissaire et ses officiaux, qui étoient en notre abbaye
pour faire l'état des biens, coururent çà et là
comme des hommes perdus et se sauvèrent à la
fin aux jardins des religieux, qui étoient à côté
de l'église.

23

» Au même premier bruit du canon je me rendis au grenier du quartier de l'abbé, pour voir tout ce qui se passeroit; je pouvois de ce grenier découvrir les rues des Femmes et la Nieuwstraete. Je vis d'abord sortir des casernes environ mille hommes, selon que je les ai pu compter; ils se rangèrent en ordre de bataille sur le marché du cloître, vis-à-vis la maison du curé. 50 hommes furent placés au haut de la Nieuw-straete et autant de la rue des Femmes, avec un canon; une garde de six hommes fut envoyée aux pont des Moines, une autre aux portes de Courtray et la Heuver. Deux divisions prirent possession des ponts à Madoue et aux Chaudrons, et y braquèrent du canon. La marche des patriotes étoit si rapide, qu'à neuf heures ils furent déjà avec leurs canons devant les deux dits ponts. La canonade et fusillade se faisoient entendre sans interruption pendant sept heures consécutives. La canonade et fusillade des Autrichiens ne fit aucun effet, car les patriotes ne se tinrent pas au milieu des rues, mais dans les maisons et des coins. Ceux-ci chargèrent leurs petits canons dans les rues collatérales, et les traînant au milieu de la grande rue par des cordes, ils y mirent le feu, mais avec peu d'effet. Enfin les patriotes, furieux de lutter si longtemps, pénètrent dans le couvent des Récolets, et ayant pratiqué des ouvertures par le toit d'ardoises, ils étoient plus à portée de faire feu sur les Autrichiens postés sur le pont. Les autres patriotes grimpèrent sur les toits des maisons de l'autre côté, en entrant par derrière, ils firent également feu sur l'ennemi; par ce moyen les Autrichiens abandonnèrent le pont au Chaudron et se replièrent jusqu'au pilori de notre justice (Spriete). Dans le même temps les Autrichiens postés au pont de Madoue, furent repoussés jusqu'au couvent des Dames angloises, Rue neuve. Il étoit 4 heures de relevée. Les patriotes, qui avoient marché toute la nuit et exténués par les fatigues du combat, qui a duré depuis 7 $\frac{1}{2}$ heures du matin jusqu'à 4 heures de l'après-midi, se retirèrent dans l'intérieur de la ville; ils furent reçus de tous les bourgeois avec une profusion de cœur.

» Pendant le combat les Autrichiens enfoncèrent plusieurs portes des maisons situées dans la Rue neuve, le Spriet et Nedercauter, et enlevèrent les hommes qui s'y trouvoient cachés dans les caves, et quoiqu'ils n'eussent pris aucune part dans la révolte, les soldats les traînèrent aux casernes où ils furent jettés dans des cachots fétides. J'en ai compté jusqu'à 47 individus, parmi lesquels j'ai connu Mr Coppens, prêtre et chartreux, et l'avocat Myttenaere; celui-ci se débattoit comme un diable dans un bénitier; il ne méritoit cependant pas d'être maltraité par les Autrichiens, puisqu'il étoit attaché à l'empereur et à ses principes. Je vis aussi remonter les soldats chargés des pièces de toile, d'étoffes, etc., qu'ils avoient pris dans les maisons forcées. Ce que voyant les susdits officiaux qui, revenus un peu de leur frayeur, étoient également venu au grenier, se frottoient les mains disant : bravo,

bravo. Les soldats eurent aussi l'impudence de violer des femmes, des filles, sous les yeux même de leurs maris et de leurs parents, dont plusieurs reçurent des contusions parce qu'elles se débattoient pour éviter un tel outrage. Après la retraite des patriotes, ces tigres continuèrent leurs désordres jusqu'au soir.

» Une vieille femme de Meulestede, fauxbourg de la porte du Sas, qui se trouvoit dans la ville pour y vendre son filé, se présenta vers le soir à la porte de la ville pour en sortir. Les soldats autrichiens qui s'y trouvoient ayant pitié de sa vieillesse, la laissèrent sortir; mais elle fut bientôt arrêtée par des dragons qui étoient venu pour secourir la garnison de Gand, sans y oser entrer; elle fut conduite auprès Mr Buurne, colonel des dragons, qui se tenoit au dit faubourg; celui-ci l'interrogea sur les événements passés en la ville : elle lui dit qu'à la porte il y avait des soldats autrichiens, mais plus un seul dans la ville, qu'elle avait entendu tirer toute la journée sur Saint-Pierre. Allez donc, lui dit-elle, assister vos confrères, il ne faut pas craindre, personne entendra le bruit de vos chevaux, car j'ai vu toutes les rues dépavées. Cette femme lui dit tout cela avec sa bonhomie rustique, croyant lui dire des choses favorables : elle servit la cause patriotique sans le vouloir, car le colonel, apprenant d'elle que les rues étoient dépavées, crut qu'ils auroient été assommés à coups de grés; c'est pourquoi il ne s'avisa pas d'y entrer comme il en avoit le dessin. Je tiens cette anecdote de mon oncle de Wondelghem, qui étoit venu solliciter Mr de Buurne, son ami, pour qu'il donnât des ordres à ses soldats de ne le pas molester en sa campagne.

» Pendant que les patriotes étoient en prise avec les Autrichiens sur Saint-Pierre, la populace pilla quelques maisons des plus attachés au gouvernement ; de ce nombre furent Mrs Maroux, procureur général ; Pulinx, substitut fiscal ; D'hoop, actuaire des États, dont les meubles furent fracassés et livrés aux flammes.

» Au soir, les soldats s'étant retirés aux casernes, les principaux bourgeois de Saint-Pierre transportèrent en ville ce qu'ils avoient de plus précieux et abandonnèrent leurs maisons.

» Pendant la nuit il y avait des patrouilles bourgeoises pour surveiller les Autrichiens et empêcher la pillage de la part de la populace. Beaucoup de riches, surtout les dames, craignant d'être surpris pendant la nuit, se refugièrent dans les maisonnettes des plus pauvres, mais la nuit se passa sans événements.

» Le lendemain, à sept heures du matin, ·les soldats sortirent des casernes et pillèrent de nouveau, et commirent les mêmes désordres. Mais au même instant le tocsin se fit entendre de toutes les églises et couvents ; le patriotes se rassemblent, auxquels beaucoup de Gantois se joignent, car informés par les fuyards de Saint-Pierre de tous les désordres que les Autrichiens avoient commis, ils s'animèrent tous d'un grand courage pour extirper ces monstres ; ils crioient tout haut : « Courage ! Vaincre ou mourir ! C'est pour nos femmes et filles violées, c'est pour nos propres biens et pour notre vie que nous nous battons. » En jettant ces hauts cris, ils vinrent en foule vers Saint-Pierre vers les 9 ½ heures. Dès le matin je me suis rendu au sommet de la tour de notre abbaye, d'où je pouvois découvrir une grande partie de l'intérieur des casernes, les remparts et le château d'Espagne. Je voulois m'assurer s'il étoit vrais que pendant la nuit il étoit entré par la porte d'Anvers un renfort de 5000 hommes au dit château ; vers les trois heures de l'après-midi de hier j'avois été à la tour, et je ne voyois que quelques hommes ; mais aujourd'hui je vis que le château formilloit de soldats de différents uniformes, je vis que les remparts étoient hérissés de canons qui, à 10 heures, commencèrent à vomir sur la ville et endommagèrent les maisons en face. On tiroit aussi à boulets rouges ; le feu prit à une maison, mais on parvint à l'éteindre. Le matin des bandes de soldats pillioint et ravageoint quelques cantons de la paroisse de Saint-Jacques et de Saint-Sauveur, mais les patriotes, qui s'y étoient rendus en masse, en tuèrent beaucoup et obligèrent les autres à se retirer au château, d'où on tiroit continuellement.

» Vers les 8 ½ heures je vis sortir des casernes par la porte de derrière environ cent hommes, allant par les remparts vers la porte de Saint-Liévin, sans doute dans l'intention de se rendre au château pour voir s'il y avoit du renfort arrivé, et dans ce cas de venir au secours

des casernes. Ils entendoient bien ronfler le canon, mais ils ne pouvoient pas savoir si c'étoient
des canons patriotiques ou des leurs. Vers les
neuf heures je vis cette division de 100 hommes
en prise avec les patriotes aux Vyf-wint-gaet,
qui leur empêchoient le passage par une terrible
fusillade; j'ai resté jusqu'au soir à la tour sans
avoir vu le retour de cette division; si elle a été
tuée ou fait prisonnière, ou si elle est désertée,
je n'en sais rien; le colonel de Lunde, commandant aux casernes, n'en reçut point de nouvelles.
J'ai vu qu'on a tiré aux casernes quelques coups
de canon, sans doute pour annoncer au commandant du château leur détresse; soit que le commandant du château ne l'ait point entendu (ce
qui est très-probable par le bruit du tocsin et
celui des fusils que les patriotes tiroient sur le
château), soit que le commandant n'osât pas affai-
blir ses forces et exposer une divison à sa perte
certaine, les casernes n'en reçurent aucun secours. Les vivres commençoient à y manquer, les
soldats firent signe par les fénêtres aux putaines
de la Dekstraete de leur en porter; je vis qu'elles
le firent, ainsi que de la boisson; les soldats leur
donnoient pour payement des effets qu'ils avoient
pillés. Au matin les Autrichiens avoient pillés
entr'autres l'auberge ayant pour enseigne Saint-
Arnould, vis-à-vis la Verregreppe, et ont massacré l'aubergiste.

» Pendant le reste de la journée il n'y eut rien
de remarquable sur Saint-Pierre, car à 9 $1/2$ heures
du matin les Autrichiens s'étoient retirés aux ca-

sernes à l'approche des patriotes, dont une grande quantité vinrent à l'abbaye pour manger. Notre prieur, homme prudent et prévoyant, fit demander à Mr le commissaire d'Aguillar, ce qu'il convenoit de faire; il répondit : la prudence dicte que vous donniez à manger à tous ceux qui se présenteroient, soit Autrichiens ou patriotes, pour ne pas exposer l'abbaye. Cela suffisoit au prieur pour le couvrir au cas de revers. Toutes les nuits le colonel de Lunden envoya à l'abbaye pour du vin, du pain, des chandelles, que Mr le Prieur les leur fit donner.

» Vers le soir ceux du château firent une sortie et pillèrent quelques maisons voisines, commirent de nouvelles horreurs et puis se rétirèrent. Ainsi se passa la journée du 14, et les patriotes se retirèrent au soir dans l'intérieur de la ville comme hier.

» Le landemain, 15, quelques soldats des casernes parurent sur Saint-Pierre, mais à l'arrivée des patriotes ils se retirèrent à leurs quartiers et n'en sortirent plus. Vers le soir, 250 Courtraisiens sous la conduite de Mr Alyson, fils d'un orphèvre et frère de notre confrère, vinrent bien armés au secours de la ville de Gand. Ce renfort ranima beaucoup le courage des patriotes et résolurent de se rendre maître des casernes. Entretemps les troupes firent une sortie en masse du château, dans le dessin d'extirper tous les patriotes et de massacrer tous ceux qu'ils trouveroient armés. Les patriotes et les habitans, sachant bien qu'il y avoit beaucoup de troupes au château, et prévoyant qu'ils feroient tôt ou tard une tentative, avoient pris leur précaution; ils se placèrent dans les maisons des rues par lesquelles ils prévoyoient qu'ils seroient passé. Chacun des bourgeois avoient fait une provision de grés aux greniers. Les Gantois étoient tellement animés, que plusieurs avoient détaché les ancres des poutres, pour faire tomber les frontispices de leurs maisons sur les soldats. A peine furent-ils dans la première rue, que les patriotes leurs envoyèrent une grêle de balles. Un garçon de 14 ans, ne cannoissant pas le péril, tira au hasard au milieu de la rue un petit canon qu'il tenoit à la main, qu'il avait chargé d'un vieux cloux, dont le général Schroder fut atteint à la cuisse; il ordonna de suite de retourner au château. Je vis cette commotion de la tour, sans savoir alors ce qu'il s'y passoit. Heureux événement! sans quoi une grande partie de la ville auroit pu être massacrée et incendiée.

» Le 16, vers les 9 heures du matin, je vis, étant à la tour, arriver une centaine de patriotes, la pluspart Courtraisiens, se rendant dans la rue des casernes, et tirèrent alternativement avec leurs fusils sur le même quartier. Une heure après le nombre des patriotes s'accrut considérablement, ils pointèrent des petits canons à l'usage des confréries contre les casernes, au même temps qu'ils les fusillèrent. Les Autrichiens tirèrent aussi par les fenêtres, mais de part et d'autre sans aucun effet. A 12 $\frac{1}{2}$ heures les patriotes pillèrent le magasin qui étoit en face des cazernes, il étoit bien fourni. Ils tirèrent par le toit du même magasin, mais également sans effet. A une heure je vis arriver une grosse pièce de canon, qu'on avoit découvert sur les remparts, entre les portes de Saint-Liévin et de Courtray. Les patriotes la promenèrent pendant une heure et demie, ne sachant où la pointer. Enfin ils la placèrent à la cour du marquis de l'Aspieur, qui donne sur les casernes. Il y avoit beaucoup de charbon de bois au marché du cloître appartenant aux marchands; on y fit rougir des pièces de fer pour en charger le canon qu'on tira sur les casernes; il en tomba un morceau dans une mare au milieu des casernes, qui fit bouillonner l'eau; les soldats disoient : Diable, on tire à boulets rouges. (Je tiens ce propos d'eux mêmes.) Au même temps les patriotes avoient mis le feu à la boucherie des casernes y contigue; elle fumoit fort, mais la flamme ne vouloit pas prendre. Cette ditte pièce de canon et la fumée de la boucherie jettèrent l'épouvante parmi les assiégés. Je vis tout-à-coup tous les Autrichiens se ranger en ordre de bataille au milieu des casernes; à cet aspect je tremblois pour les patriotes, me persuadant que les assiégés alloient tenter une sortie. Les patriotes, impatients de voir que la flamme ne voulut pas prendre à la boucherie, vinrent à notre abbaye pour requérir un chariot de fagots pour accélérer l'incendie. Notre confrère De Vinck, directeur des écuries, tâcha de s'excuser en allégant que les cheveaux, étant jeunes et point accoutumés au bruit de l'artillerie, feroient des malheurs; mais ils ne voulurent pas l'écouter, ils chargèrent eux-mêmes le chariot et y attelèrent les chevaux. Mais ils n'étoient pas encore sorti de la cour de l'abbaye, qu'un cris horrible se fit entendre de tous les patriotes, ils crurent que les Autrichiens faisoient une sortie; point de tout, je vis le colonel de Lunden à une fenêtre des casernes élever un mouchoir blanc au bout de son épée et tourner de l'autre main son chapeau, signifiant par ces gestes qu'il se rendoit. (Des témoins auriculaires m'ont assuré qu'il a crié : Vive les patriotes.) Ceux-ci cessèrent du même instant la canonade et fusillade, et s'approchant des casernes on leur ouvrit la porte : ils furent frappés d'effroi voyant au moins 800 hommes armés et rangés en ordre de bataille; les patriotes se crurent trompés, mais leur frayeur cessa, voyant les soldats déposer leurs armes. Le colonel de Lunden demanda aux patriotes : Où est votre commandant? Ils lui répondirent : Nous sommes tous commandants. Le colonel crut mourir de frayeur, se voyant ainsi exposé à la fureur d'une populace dont il avoit exaspéré les esprits en permettant à ses soldats, les jours antérieurs, de piller et de commettre tant de forfaits. Heureusement ils se trouvait parmi les patriotes; (d'après l'invitation du magistrat pour empêcher le pillage et autres désordres) plusieurs religieux des ordres mandians, qui persuadèrent aux patriotes et au peuple de ne faire aucun mal aux soldats, mais de se contenter de les mener prisonniers à leurs couvents. Ils eurent le bonheur de réussir : on se saisit des officiers et soldats qui, traversant les rues, jettèrent en l'air leurs casquettes criant continuellement : Vive les patriotes, les uns pour l'amour de leur patrie, les autres pour éviter le maltraitement; ils furent conduits aux couvents des Augustins, des Dominicains et des Carmes déchaussés. Le colonel de Lunden, en sortant des casernes, pria très-respectueusement les patriotes de vouloir venir prier notre prieur de lui envoyer une voiture; il lui en envoya une de suite où il se plaça, mais la voiture étant à peine passé la rue des Casernes, qu'elle fut arrêtée par d'autres patriotes qui l'arrachèrent de la voiture par les cheveux; il les pria de nouveau en grâce de pouvoir être conduit en voiture, disant que s'il alloit de pieds il seroit mort avant d'être aux Augustins; mais on ne voulut point l'écouter, il lui a falut faire le trajet à pieds; étant parvenu au marché aux Grains, d'autres patriotes qui s'y trouvèrent lui crioient : Chapeau bas! Il l'ôta et les salua, et puis se couvrit; on cria de nouveau : Chapeau bas! Il se découvrit et fit le reste du trajet à tête nue, bien charmé d'avoir arrivé vif aux Augustins; lui et tous les autres officiers doivent la conservation de leur vie aux religieux, car les habitans des maisons sur Saint-Pierre, qui avoient été pillés, etc., voulurent à chaque maison les massacrer.

» On n'eut rien de si empressé que d'ouvrir les portes des cachots aux casernes, pour délivrer les malheureux concitoyens qui y étoient

entassés, dont plusieurs étoient fort malades
faute de vivres, et par l'infection de l'air et par
la crainte. Ainsi se passa la journée du 16. Ma
plume est incapable de décrire la joie que la
prise des casernes causa aux Gantois, surtout
ceux de Saint-Pierre et aux patriotes, qui résolurent de prendre le lendemain le château à l'as-
saut. La conquête des casernes leur avoit fourni
beaucoup d'armes et de canons et inspiré un
nouveau courage. On a trouvé dans les casernes
les 17 petits canons que les Autrichiens avoient
pris aux patriotes dans les journées des 14 et
15. Entretems les personnes sensées ne furent
pas sans inquiétude pour la nuit, craignant que
la garnison du château seroit venu délivrer leurs
confrères prisonniers. Les casernes prises, le comité envoya une lettre au commandant du château pour lui en faire part, le sommant de se
rendre aussi, et le prévenant que s'il faisoit encore tirer à boulets rouges, ils massacreroient en
face du château le colonel et les officiers prisonniers. Le comité fit écrire la même chose par le
même colonel de Lunden. Ceci eut tout son effet,
car l'ennemi ne tira plus que quelques coups.

» Le 17 on fut bien agréablement surpris qu'au
lieu de faire une sortie pour délivrer les prisonniers, de voir à la pointe du jour que toute la
garnison avoit, pendant la nuit, pris la fuite
avec armes et bagage. Ils s'étoient retirés par la
Dam-poorte et celle du Sas. Cette retraite a, à la
faveur de la nuit, causé une grande désertion
parmi les Autrichiens, qui étoient presque tous

Belges. Beaucoup furent arrêtés et conduits à
Gand par les paysans, qui faisoient partout la
patrouille pour leur sûreté; beaucoup de soldats
qui vouloient piller à la campagne, furent tués
par les mêmes patrouilles. Les patriotes prirent
de suite possession du château et y mirent une
forte garnison, et élevèrent des batteries au cas
que l'ennemi auroit reparu. Tous les habitans
rendirent des actions de grâces au Très-Haut
de les avoir délivrés de leur perte entière par
de si faibles moyens; ils s'écrioient avec raison :
Misericordiæ Domini, quia non sumus consumpti
(Thron., 3, 22). En effet, parlant humainement,
toute la ville auroit dû être mise au feu et au
sang; car 900 à 1000 hommes sans expérience et
sans art, sans cavalerie, sans canons, sans officiers expérimentés, sans commandant (car celui
qui les conduisoit prit la fuite à l'entrée de la
ville), forcent deux portes, font reculer de rue
en rue les troupes, assiégent des casernes où se
trouvoient 1000 hommes bien armés et discipli-
nés, ils assiégent, dis-je, les casernes sans ordre
et avec la plus grande confusion et ineptie, les
retiennent dans leur réduit, d'où s'ils eussent
tenté une sortie les patriotes auroient été abi-
més; ils les prennent prisonniers; sur une simple
sommation font prendre la fuite à 5000 bons
guerriers soutenus d'une formidable artillerie, et
font abandonner un fort contre lequel tous les
efforts des patriotes auroient échoués, et d'où
ils pouvoient par leur artillerie forcer toute la
ville à demander grâce et miséricorde; enfin

tous ces événements ininteligibles, dont les fastes de l'histoire ne fournissent point d'exemple, car tout y a été extraordinaire et contre la marche ordinaire des choses humaines. C'est donc bien avec raison que toute la ville de Gand a attribué sa conservation à la main miséricordieuse et toute puissante du Dieu des armées, en aveuglant les généraux ennemis. — Entretemps la révolution de Gand doit servir de leçon aux souverains et généraux, de ne point multiplier leurs ennemis, en sévissant et exerçant des atrocités et des abominations indistinctement contre l'innocent et le coupable, comme ils ont fait dans cette affaire, en enlevant et arrachant des paisibles citoyens de leurs foyers qui, loin de prendre part à la révolte, se tenoient cachés sans armes dans leurs caves; en pillant leurs effets, en violant le sexe, en un mot en commettant des choses si horribles, dont les payens en rougiroient. J'ose assurer, d'après tout ce que j'ai vu, si les Autrichiens s'étoient uniquement bornés à poursuivre l'armée patriotique sans molester les citoyens, ils auroient réussi; mais en en voulant indistinctement contre tous, ils les ont armés et acharnés tous contre eux. Enfin, Dieu a eu ses dessins; bénissons-le, louons-le.

» Pendant la bagarre de Gand, les Brugeois, aidés d'une quarantaine de patriotes, se remuèrent aussi. Ils firent mettre bas les armes à la garnison, qui n'étoit composée que d'environ 200 hommes, et la firent prisonnière sans qu'il eut coûté aucun homme de part et d'autre; ce fut le même jour, 16, que cela arriva.

» Le général Rinsmaul, apprenant la prise de Gand et de Bruges et craignant de subir le même sort, évacua Ostende et se rendit à Ypres ; mais les habitans lui fermèrent les portes et se mirent en défense pour lui en disputer l'entrée. Ne sachant plus où se retirer, il se jetta sur le territoire de France pour ne pas être fait prisonnier avec ses troupes, qui consistoient en 200 hommes, dont une partie déserta pendant le trajet.

» Le 18 novembre, à 9 heures du matin, vinrent deux députés de la part du comité pour sommer notre prieur à leur déclarer ou étoient M^r le conseiller d'état d'Aguillar, le secrétaire de Launay et les deux officiaux envoyés du gouvernement pour faire un état de biens de notre abbaye. Notre prieur étoit averti et prévenu de l'arrivée des dits deux députés. Il avoit prié le comité de faire la sommation à la ditte heure fixe et en public, afin qu'il put dire et prouver au gouvernement, au cas qu'il revint, qu'il a été forcé à les livrer. M. le Prieur avoit eu soin d'attirer à la cour plusieurs religieux, surtout les deux ou trois attachés au gouvernement. La sommation se fit donc en public à la cour, près le quartier abbatial, le pistolet sur la poitrine ; pour lors M^r le Prieur les mena au quartier où M^r d'Aguillar avec les siens se trouvait ; ils furent enlevés et conduits dans une voiture de l'abbaye à un couvent comme prisonniers.

» Le 19 novembre, sur la pétition du comité, M. le Prieur a demandé avec le consentement des trois autres administrateurs, aux religieux capitulairement assemblés, pour être autorisé à donner une somme indéterminée pour les pauvres, ce qui lui fut accordé; mais six capitulaires ajoutèrent la condition, qu'après la révolution il en rendroit compte au chapitre. Je n'ai pas pu découvrir quelle somme il a donnée. Il disoit que c'étoit pour les pauvres, mais c'étoit pour ceux dont les maisons avoient été endommagées et incendiées par les bouches à feu du château. La raison pour laquelle il a voulu cacher cela est, comme je viens de dire, qu'il y en avoit parmi nous attachés au gouvernement, qui lui auroient pu le dénoncer au cas de revers, ce qui auroit été nuisible à l'abbaye. Il falloit de la prudence.

» Sur la demande du dit comité, le chapitre a consenti le même jour de recevoir quatre officiers impériaux, faits prisonniers aux casernes; ils furent placés dans des chambres de la nouvelle infirmerie en bas.

» Le 21 novembre le magistrat de la ville de Gand fit à la Collace le serment suivant : « Je » N., en ma qualité d'échevin, promets et jure » fidélité à la ville de Gand et à la Collace » d'icelle, comme j'ai fait à mon ci-devant sou- » verain, » en conséquence ils continuèrent leurs fonctions.

» Le 23 novembre, après les vêpres, on a processionellement transporté de la cathédrale à l'église de Saint-Sauveur et à l'abbaye de Dooreseele, les vases sacrés avec les SS. Hosties, qu'on y avoit portés de crainte d'être profanés par les

24

soldats du château, lorsqu'ils ravageoient ces cantons.

» On nous mande que le général Vandermersch est en pleine marche vers le Brabant. Mais comme je ne veux rien avancer sur des lettres et des rapports particuliers, j'attendrai celui du secrétaire du général, auquel il a permis de m'en faire de temps en temps, ainsi qu'il m'a fait sur l'affaire de Turnhout. Si je le reçois, je le réserverai pour le volume suivant.

» Le gouvernement, allarmé de la conquête de Gand et de toute la Flandre, se hatta de tâcher de calmer les esprits, et de prévenir la perte de toute la Belgique. En conséquence, par décret du 20 de novembre il déclara la suspension du séminaire général, jusqu'à ce que nous ayons, y est-il dit, pu prendre avec qui il appartient, des arrangements tels que la généralité de nos sujets puisse en être pleinement appaisée. — Quels arrangemens veut-il prendre? Il ne s'agit point de capituler sur cet objet ; il lui a été que trop prouvé que l'enseignement de la théologie appartient exclusivement de droit divin à l'Église. Ainsi il ne s'agit pas de suspendre, mais d'abolir totalement le séminaire général et de laisser paisiblement jouir les évêques de leur droit. Cette déclaration du gouvernement, faite au nom de l'empereur avec des expressions si vagues, loin d'appaiser les esprits, n'a fait que les aigrir encore plus.

» Le 21 novembre, le gouvernement révoqua l'édit de l'empereur du 18 juin dernier, par lequel il avoit dissous le conseil de Brabant et l'assemblée des députés des États, et les requiert de s'assembler de nouveau, afin de s'entendre avec eux. — Mais le conseil ne s'est pas assemblé, et les députés des États n'ont point comparus; ils ne s'y fioient pas. D'ailleurs, plusieurs membres s'étoient expatriés, et les autres se tenoient cachés pour éviter la prise de corps.

» Le 25 novembre, le gouvernement fit publier en Brabant, au nom de l'empereur, la déclaration suivante : « Joseph II, par la grâce
» de Dieu, etc. C'est avec une peine extrême
» que nous avons vu naître des doutes sur le
» sens et l'étendue de la déclaration que nous
» avons portée le 21 de ce mois; nous nous em-
» pressons donc de déclarer, comme nous décla-
» rons par la présente, que notre intention a
» été et est absolument de rétablir, comme nous
» rétablissons par cette, la Joyeuse Entrée, et
» tous les priviléges du Brabant dans toute leur
» étendue, que notre conseil de Brabant a été
» déjà chargé de reprendre ses fonctions en con-
» séquence de notre dite déclaration du 21, ainsi
» que la députation ordinaire des États, et que
» les États de la province vont être incessem-
» ment convoqués en la manière ordinaire pour
» cimenter la félicité publique. Ne voulant de
» plus mettre aucune borne à notre bonté pa-
» ternelle, nous déclarons d'accorder, comme
» nous accordons par cette, une amnistie géné-
» rale et sans aucune exception. Si donnons en
» mandement, etc. »

» Cette déclaration, loin d'appaiser les esprits, a donné plus de méfiance, car elle ne parle que des priviléges du Brabant et non pas de ceux des autres provinces, et l'amnistie ne s'étend qu'aux sujets brabançons. Le gouvernement, informé par ses espions que le peuple murmuroit fort de ces exceptions, en donna une autre le lendemain, par laquelle il étendoit l'amnistie générale à toutes les provinces des Pays-Bas. »

———

VARIÉTÉS.

Une page de l'histoire de la ville de Courtrai. — A l'occasion des fêtes organisées par l'administration de la ville de Gand en l'honneur de la Pacification de 1576, beaucoup d'écrivains — historiens et journalistes — se sont occupés des faits importants, accomplis dans les Pays-Bas pendant le règne de Philippe II. A Gand surtout la polémique, engagée à ce sujet entre les catholiques et les admirateurs des gueux, a été bien vive, mais elle a eu l'avantage de ramener l'attention des hommes studieux sur les personnes et les actes de ce temps, jusqu'à présent trop peu ou trop mal connus. Nous possédons, il est vrai, plusieurs chroniques concernant les troubles religieux du XVIᵉ siècle, mais on a pu constater qu'elles sont insuffisantes pour la connaissance exacte et complète des événements de cette grande époque. Il faut, avant tout, en interrogeant l'histoire, rechercher tous les témoignages non suspects de partialité. C'est à ce titre que nous publions ici un document authentique, officiel, que nous croyons être de la plus haute importance : le rapport adressé à l'autorité supérieure au nom des magistrats de Courtrai, après la reprise de cette ville par les troupes royales. Les détails nombreux, que cette pièce contient, sont inconnus pour la plupart. — Nous laissons de côté quelques lignes du commencement du rapport, qui ne racontent que des faits de peu de valeur :

Charges en général du collége et commune de la ville de Courtray.

« Le x d'Avril MDLXXVIII se faict à Courtray l'institution des XVIII hommes, à la mode et sur le pied de Gand, sous umbre de sublever le magistrat et vaquer au fait tant de la fortification de la ville, de la garde, que logement des soldats, et ce par adveu et approbation dudict magistrat et consentement des notables et bourgeois dicelle ville, ayans sur ce co(mmun)iqué avec le Sr d'Assche et Nicolaes Uuttenhove, commissaires ganthois.

» Ces XVIII hommes font serment d'entretenir la *Pacification de Gand,* faisans néanmoins de tout au contraire, et contrevenans directement à la dite Pacification, ne cherchant riens tant que l'exterpirtation de la foy catholycque et abolition de l'obéyssance due au Roy, par oppression et enchassement de la police anchienne, estans autheurs et défendeurs da la nouvelle religion et conducteurs de touttes les novellités et altérations passées, tenant assamblées en maisons particulières, non seullement pour le faict de la police, mais aussy de la presche nouvelle, se commenchant deslors exercer secrètement en semblables maisons particulières. Usurpans aussi tout ouvertement sur l'authorité du magistrat jusques au renouvellement d'icelluy, le constraindant par menaces et aultrement à co(mmun)iquer les lettres venantz tant de la court que d'ailleurs, praticquant en court que la superscription des lettres audits magistrat se face et addresse joinctement à eulx; si mestent en avant et font faire nouvelles fortifications de la ville contre le gré du magistrat, réclament les Ganthois suivantz leur adviz nonobstant celluy du magistrat au contraire, poursuivent le renouvellement de la loy et d'y estre constituez eulx mesmes au moyen des Ganthois

et du prince d'Orange. Volent les biens de l'escole des
povres; font des délibérations fort pernitieuses combien
que pour lors empeschez par aulcuns, et par voie de faict
et avecq ung tumulte populaire forchent aulcunes fois les
huys de la chambre eschevinale, tant qu'ils y aient entrée
et accès, prétendans estre présens et avoir voix es délibérations et consultations sur les affaires du pays ou de la
ville, comme notables, importunans aussy par plusieurs
fois le magistrat, affin de laisser à eulx la maniance et
récepte des assises de vin et cervoise, dixièmes deniers et
aultres revenuz de la ville.

» Puis après au mois de Juing audict an 1578 se renou-
velle la loy, composée la plus part des dicts xviii hommes
par commissaires extraordinaires et par commissions sur
le nom du Roy, et par usurpation d'icelluy, aussy avecq
clês non accoustumeez, telles que de prendre ladvis du
pensionnaire Parmentier, et de surceoir et suspendre les
ministres de justice et aultres officiers trouvés suspectz,
en s'arroguant en leurs lieux aultres aggréables aux notables et communes de la ville.

» Au lieu desquelz xviii hommes, constituez en la loy
jusques à six, se dénomment par icelle nouvelle loy six
autres du même humeur, pour rendre le nombre des
xviii complet, s'accordans ainsy du tout destore en avant
lesdicts nouveaulx eschevins et xviii hommes, besoingnans
quasi tousiours de main commune et en college commun,
faisans leurs despeches et ordonnances respectivement
signer par leurs greffiers, telz que Mre Anthoine Roose et
Joos Hazaert. Et pour ne laisser aux notables de la ville
(consistans de ceulx qui ont été des lois précédentes) leur
authorité accoustumée, ont les dicts xviii hommes, depuis le renouvellement dernier cs assemblées de la ville
occupé la place et usurpé la voix desdicts notables.

» Le vii dudict mois de Juing lesdicts eschevins et

xvIII hommes résouldent de démolir certaine partie de l'entrée du chasteau, et d'employer les matériaux à la nouvelle fortification.

» Le xxII dudict mois procurent la démolition du cloistre de Groenynghe, par consentement qu'ils projectent et extorquent de l'abbesse et relligieuses, puis après offrent à elles le cloistre des frères mineurs, moiennant la somme de 1500 florins et aultres conditions; les chargent de tant de pretz et contributions à la prétendue fortification, qu'elles offrent à eulx la moitié de tous leurs édifices et de leur église, et non contens de cela, font vendre par deux eschevins et deux (des) dix-huicts hommes l'esglise dudict Groeninghe, le dormitoire et aultres parties. Depuis donnant x livres de groz pour abatre les murailles et pilliers tant par feu qu'aultrement.

» Le xxVII dudict mois de Juing mestent garde à l'hospital, puis après ostent à la dame dudict hospital ses livres de recepte, lui interdisans toute administration et la donnent aux aultres, depuis la répartissent entre eulx, vendent leur bois à Wareghem et Ooteghem et prendent leur vachelle donnée en garde à ung homme particulier.

» Sur ce temps comme Mr Raphaël van den Planque, pensionnaire de ladicte ville, ne désirant plus longtemps déservir sondict estat, le quicta es mains dudict nouveau magistrat, comme aussy Mre Guill. van Renterghem avoit paravant quicté sa greffe dont la disposition et dénomation appartenoit audict van der Planque, sa vie durant, ayant dénommé plusieurs pour deservir ladicte greffe, ceulx la tous sont esté rejectez par icelluy magistrat, tant que ledict magistrat mesme a cherché et trouvé ung aultre aggréable à luy, nommement Mr Lucas de Pied.

» Introduisent aussy la presche publicque de la nouvelle religion faicte premièrement en l'esglise collégiale

par Pierre Dathenus, amené de Gand, où vont tant lesdicts eschevins que xviii hommes avecq plusieurs de la
commune, et donnent audict ministre ung bancquet solennel sur la maison de la ville.

» Le dimenche après irrumpant à grande force en ladicte esglise collégiale, tenue close par les chanoines affin
que ladicte presche ne s'y réitereroit, on y a incontinent
et à grande furie brisé les autels et imaiges, emporté l'argent de la trésorie, et les ornamens d'avec les joyaulx
d'icelle esglise, mis en garde en la maison du chanoine
Langainge, d'où iceulx puis après sont esté retirez et
transportez au chasteau par la presse et insolence des soldats allendroict dudict chanoine, tant que lesdicts ornamens et joyaulx estoient en sa maison.

» Le vi d'Aougst advisent et résouldent de soliciter
pour ung grand bailly, tel que Croovelde, Quintyn Tassin
ou Nicolaes Uuttenhove, tous trois notoirement héré-
ticques et rebelles. Puis font soliciter spécialement pour
Jehan de Pottelsberghe, estant de semblable calibre, et
puis après pour lesdict Pottelsberghe et Croovelde ou le
Sr de Mullem.

» Comme le xxvi dudict mois d'Aougst on commencha
par le hériticques de la ville, voler l'esglise parochiale
et y briser les autelz et imaiges, sopposans à ce aulcuns
des catholicques, lesdicts eschevins et xviii hommes soubz
prétexte d'y mestre ordre, ordonnent aux mestiers, confréries et lignaiges, y ayans aultelz ou biens, les oster
et transporter où bon leur sembleroit, tout pour ung
huys qu'ilz gardent par deux ensemble lespace de deux
heures tour à tour. Cependant ledict brisement se faict
par plusieurs de la commune et les ornamens et joyaulx
se transportent diversement, mesmes aux lieux désignez
par lesdicts du magistrat et xviii hommes, soubz prétexte d'en faire le proulfict de la ville, comme aussy de-

puis par succès de temps la plus part desdicts meubles et ornamens laissez transporter ailleurs entre les mains des particuliers, s'est de là retirée soubz le mesme prétexte, et ce par force menaces et insolence des soldatz et bourgeois malveillans....

» Et le xxx dudict mois mandent et attirent à eulx lesdicts eschevins et xviii hommes toutte la vachelle et argentrie de ladicte église parochiale, ensemble les verges de fer, couronnes et tout l'arrain ou métaulx d'icelle, refusants par après de rendre et restituer aux margliseurs de ladicte esglise tant lesdicts parties, qu'aussy les habitz et ornamentz qu'ilz avoint paravant semblablement levez, en oultre consentent ausdicts mestiers et confréries de vendre et aliéner les habitz, ornamens et matériaulx de leurs chapelles, quoy que aulcuns contredisent.

» Après laquelle spoliation de l'esglise parochiale demourant icelle close par deux ou trois jours, refusent aux ecclésiasticques ouverture asseurée, combien qu'ilz en firent très-grande instance, de sorte que le lendemain pensantz faire le service divin sur l'ouverture à eulx accordée simplement, ilz sont esté jectez dehors par les malveillans tant bourgeois que soldatz, y allans quand et quand achever le susdict brisement, et de là en avant ont desdicts eschevins et xviii hommes tenu ladicte esglise close, y faisans abatre la reste des imaiges, fers, métaulx et autres chyrats lespace dung mois et davantaige, et puis après la font accommoder et aproprier à l'exercice de la nouvelle religion.

» Lesdicts briseurs passans oultre saddressent aux cloistres et esglises de Sion, des Grises sœurs et aux chappelles de Saint George, Sainte Magdaleine et à touttes aultres places pieuses, y brisant et les spoliant de tous joyaulx, ornamens, argent et biens.

» De quoy ne se contentans, lesdicts eschevins et xviii

hommes font commectre semblables sacrilèges et spolia-
tions des joyaulx, ornamens et autres biens es esglises,
situées en la chastellenie, soubz umbre de faire emmener
de là les cloches (comme aussy on y faict) commectans
à celle fin plusieurs commissaires, et où on craindoit
quelque opposition, si comme à Dadisele, les bourgeois
et manans dudict Courtray y sont allez en fort grand
nombre, tel que de cincq ou six cent, estans aussy à
ce constrainctz aulcuns catholicques et à enseignes des-
ployées, tant qu'ils sont parvenu à leur but tant de brisement et spoliation que emport desdicts cloches.

» Et après font vendre publicquement lesdicts ornamens, joyaulx et aultres biens desdicts esglises, tant de
la ville que chastellenie, ensemble ceulx appartenant aux
personnes ecclésiasticques tant en général qu'en particulier, mesmement les meubles du chapitre et du cloistre
de Groeninghe; hastent ladicte destruction pour emter
et obvier à la restitution, qui s'en debvront faire en vertu
de la *Religionsvrede*, estant sur main, et puis après la
surcéent pour empescher la conservation diceulx au moyen
de lachapt qu'aulcuns catholicques en firent, repartissans
entre eulx mesmes la reste et aussy l'argent de ladicte
vendition.

» Cependant plusieurs bourgeois se rassamblent et vont
quérir hors des maisons des particuliers non seullement
telz habitz et ornamens desglise, mais aussy l'argent et
aultres biens meubles appertenans au gent desglise, cryans
tout estre fourfaict et confisqué, et desdictes rapines font
répartition entre eulx.

» Semblablement lesdicts eschevins et xviii hommes,
procurent la vente et aliénation des cloches et métaulx
des esglises, tant de la ville que chastellenie, envoyans à
celle fin certains commis à Gand, Anvers, Malines, Zee-
lande et allieurs, pour les changer pour artillerie, non

obstant l'opposition de ceulx de la chastellenie, lesquelz enfin se laissent persuader du prince d'Orange, soubz umbre de demourer propriétaires de l'artillerie, estantz lesdicts métaulx envoiez hors de la ville de nuict en tonneaux.

Au reste ne faillent de continuer à toutte oultrance la fortification de la ville par nouvelles impositions sur les vins et cervoises de la chastellenie, par cotisations et contributions des manans de la ville à chasque sepmaine, par offres et prestz par les voluntaires (comme ils les nomment) et tauxation des non voluntaires, par argent procédant de la vente des calices, joyaulx et biens, tant de l'esglise que des ecclésiasticques et aussy en partie des cloches, faisans à ce contribuer non seullement l'abesse et religieuses de Groeninghe, demourantez soubz la jurisdiction de la ville, mais aussy l'abesse et religieuses de Wevelghem, demourantes dehors leurdicte jurisdiction, pareillement le chapittre d'Harlebeke, aussy les demourans dehors la ville, et joinctement les recepveurs du béguinaige, et pour mieulx advancher lesdicts prestz, commectent quatre eschevins e quatre xviii hommes pour rassembler à ces fins tous les jours, et ordonnent de contraindre à ce par exécution réele plusieurs refusans ou délaians, tant ecclésiasticques qu'aultres.

» Font aussy soubz prétexte de ladicte fortification oster et démolir plusieurs maisons aux fourboux (sic) de la ville, les accommodant de demeure tant de cloistres de la ville qu'es maisons des catholicques et ecclésiasticques refugiez, mandent par lettres les manans et inhabitans de la chastellenie avecq des chevaulx, brouettes et mainouvriers pour vacquer ausdictes fortifications par tours, composans avecq ceulx d'Iseghem, d'Inghelmoustier et Lendele.

» Sur ce mesme temps mandent des ministres de la

religion nouvelle à la requeste présentée par la commune
de la ville, les reçoivent, admestent et traictent à bonnes
gaiges, solicitans vers le prince d'Orainge et obtenans à ces
fins douze cent florins par an, à la charge des ecclésiasticques, soubs prétext de la *Religionsvrede* depuis prac-
ticquée pour quelque temps.

» Lesquelz ministres avec ceulx de leur secte et suyte
ou commune (ainsy qu'ilz les nomment), ont incontinent
estably et institué ung consistoire avecq des officiers et
serviteurs d'icelluy, assavoir dix anchiens, pour ouyr les
comptes de leur prétendue esglise et de la table des pouvres, appointer les noises et différens de leur commune,
corriger les délinquans et excommunier les plus schanda-
leus si bon leur semble; dix diacres, pour recepvoir et dis-
tribuer les aumosnes des pouvres, ung m^tre d'escole pour
instituer la jeunesse, et ung coustre pour ouvrir et cloire
l'esglise et les convoquer à leurs assemblées, lesquelz tous
pardessus ce, sont tenuz et font serment d'avancher ladicte
religion nouvelle au préjudice de touttes aultres contraires
et signamment de celle catholicque.

» Par ce moyen cessant audict Courtray l'exercice de
l'esglise catholicque romaine, s'y est mis sus fréquenté et
continué jusques à la réduction de la ville, celluy de
ladicte religion nouvelle, et ce en presches, chants, bap-
tesmes, mariaiges et coenes, esquelles coenes tous venantz
doibvent renuncier et abjurer la foy et esglise catholicque
Romaine.

» Dont est advenu que plusieurs manans et bourgeois
de ladicte ville, contravenants avecq lesdicts eschevins et
xviii hommes de plus en plus à ladicte Pacification de
Gand, voire quasi tous, se sont ingérez et advanchez d'oyr
et fréquenter lesdicts presches reprouvrées, d'y faire bap-
tiser leurs enfans, d'estre parins et marines des enfans

d'aultres, conforme au catalogue de ce faict et redigé par escript.

» Comme aussy une grande et notable partie de ladicte commune est allé ausdictes coenes, pardessus les grand bailly, eschevins, xviii hommes et aultres officiers de la ville, et signament ceulx du consistoire susdict, lesquelz consistoriaulx sont tenuz d'y aller et faire les abjurations susdictes.

» Oultre ce entre lesdicts constituez en authorité et de la commune s'estans abusé de ladicte nouvelle religion et exercice d'icelle, il y a aulcuns qui sont relaps, pour avoir par cy-devant abjuré ladicte religion nouvelle et toutte aultres contraires à la catholicque, ou bien esté à cause d'hérésie aultrefois corrigé par la justice, ou comprins aux pardons précédents touchant les premiers troubles.

» Joinct que lesdicts ministres et consistoriaulx sont esté fort séditieus et factieus, singerantz de comparoir et seoir en plain collége du magistrat lors qu'on y traicta matières de justice, molestantz sans cesse ledict magistrat pour avoir douze cent florins par an à la charge des ecclésiasticques, proposants avecq tout leur commune (qu'ilz nomment les réformez), audict magistrat plusieurs poinctz et articles pernicieulx et du tout préjudiciables à la foy catholicque, places pieuses et gens d'esglise, comme se peult veoir par l'escript reprenant lesdicts articles jusques à treize cotté [1].

» Au mois d'Octobre audict an lesdicts eschevins et commune reçoivent en ladicte ville cent reyters (*sic*) du ducq Casemire, les accommodantz largement, mesmes par voie d'exécution, et employ de bonnes sommes de

---

[1] Les pièces justificatives n'accompagnent pas ce rapport, qui en mentionne un grand nombre à la fin de chaque alinéa.

deniers, jusques à cent livres de gros à....., procédants
de la vendition des meubles du cloistre de Groeninghe;
accomodans de semblable sorte tant par finances chasque
sepmaine et pretsz d'argent qu'aultrement le collonnel
Ryhove et capitaines ganthois.

» En oultre chargent la ville de plusieurs rentes tant à
vie que héritières, font aussy inventorier et saisir les biens
des ecclésiasticques tant meubles que immeubles, vendent
lesdicts meubles jusques à grandes et excessives sommes,
si comme du cloistre de Groeninghe jusques à 3253 lib.
9 sc. 6 d. p., des Frères Mineurs 891 liv. 3 s. p., Mr Josse
de Mayere, 413 liv. 4 s. p., apprant de ce et des aultres
venditions semblables, par certain extraict tiré hors les
livres des venditions d'icelle ville; publient à celle fin certain mandement y envoyé par ceulx de Gand, préjumans
ainsi d'usurper le droict de confiscation qu'il n'appartient
à aulcuns subjectz vers leurs concitoyens....., duquel ils
abusent aussy au regard des catholicques refugiez, ne se
meslans du faict de la guerre jusques à saisir aussy les
biens des femmes catholicques.

» Sur la fin de Décembre audict an 78 se mect en avant
par le prince d'Orainge telle quelle *Religionsvrede,* qui
s'accepte par lesdicts de Courtray, tant du magistrat et
XVIII hommes que notables, contenant touttesfois plusieurs pointz fort préjudiciables aux catholicques et gens
d'esglise, comme se peult veoir par la copie auctenticque
d'icelle.

» En laquelle article IIIe entre aultres estant dict, que
les Frères Mineurs ne peuvent retourner à leur cloistre
et service divin accoustumé, lesdicts eschevins et XVIII
hommes de Courtray, captans par là occasion de s'emparer dudict cloistre et des terres appertenantes, soubz
umbre aussy de recompenser les intéressez par la nouvelle fortification (laquelle récompense touttefois n'a esté

oncques faicte), advisent et résouldent de solliciter octroy
vers l'archiducq Matthias pour vendre ledict cloistre avecq
lesdicts terres et appertenances, ce qu'ilz n'obtienent *in
forma qua*, ains seullement pour y accomoder lesdicts
interressez, et ce néantmoins excédans leur prétendu pouvoir, mestent en exécution la vente dudict cloistre et fons
de terres au plus offrant.

» Et comme aussy par le VIII⁰ article de ladicte *Religionsvrede* les gens d'esglise sont chargez de furnir tous
les ans aux prétenduz réformez, xII⁰ florins, pour l'entre-
tiennement de leurs ministres (ce qu'ilz nomment *ad pios
usus*) ilz n'ont cessé de traveiller et constraindre lesdicts
gens d'esglise audict furnissement et ce à grande oultrance
et presse, tant par envoy de grand nombre de soldatz en
leurs maisons que aultrement, ce requerrant et solicitant
lesdicts consistoriaulx pour à quoy mieulx parvenir ilz
impétrent dudict prince d'Orainge commissaires particuliers, assavoir Jan van Pottelsberghe et le pensionnaire
Parmentier, lesquelz font leur debvoir en ce requis par
cotisation et répartition de ladicte somme entre lesdictes
gens d'esglise, poursuicte de lettres exécutoriales, persua-
sions urgentes et aultrement.

» Et quoy que jurée et confirmée a esté fort sollemnelle-
ment ladicte *Religionsvrede*, tant par le prince d'Orainge
que lesdicts eschevins et aultres officiers de la ville ses
adhérens, ayant aussy ledict prince faict semblant de la
vouloir introduire et faire entretenir par toutte la chastellenie, suivant la commission par luy donnée à quatre
personnes dénommez en la copie d'icelle, ce néantmoins
voiant icelluy prince d'Orainge et ses adhérens que ladicte
Religionsvrede ne servoit assez à leur but principal,
qu'estoit d'amuser le Baron de Montigny et le faire quiter
la ville de Menin et aultres places de Flandres, lesquelz
de Courtray suivant l'exemple de ceulx de Gand, ont bien

tost après infraincté la dicte *Religionsvrede*, entranz pesle mesle es esglises catholicques, y brisant de nouveau les imaiges et pillant les joyaulx et ornamens, qui y furent remiz et rapportez à cause d'icelle *Religionsvrede*, de sorte que de là en avant le service divin y a cessé entièrement jusques à la réduction de la ville, sans que l'on aie faict aulcune démonstration de chastoy (*sic*) à l'endroict des soldatz et ceulx de la commune, ayans perpétré et commis ladicte rupture.

» Or en ces termes pour de tant plus asseurer leur domination et perverse religion, ne se fians (lesdicts eschevins, xviii hommes et consistoriaulx) encore assez de chascun d'entre eulx, à ceste cause les ungs et les aultres des principaulx selon divers humeurs et inclinations se sont rassemblez à part et ont tenu des arrières conseilz, tant sur l'extirpation des gens d'esglise et foy catholicque, que pour advancher les factions dudict prince d'Orainge contre l'authorité du Roy. Ordonnent et font faire aux gens d'esglise ung serment bien estrange et déraisonnable, de tout déroguant à la dignité, prééminences et exemption cléricale sans permestre ausdicts gens d'esglise aulcun délay, ny mesme ung jour, pour sur ce délibérer.

» Audict mois comme ceulx de Gand avoyent proposé par Liévin Diericx et aultres députez plusieurs articles préjudiciables à la tractation de la paix à Colloigne et entre aultres de renunchier Sa M^té en cas qu'elle n'accorde icelle paix selon les articles par eulx proposez endedens six sepmaines, lesdicts de Courtray les ont secundé.... avecq ce qui se renseigne illecq.

» Au mois de Juing se renouvella la loy per commissaires de l'archiducq Matthias et estatz généraulx, formans une loy semblable à celle de l'an précédent la plus part tirée et formée desdicts xviii hommes ou de la mesme loy précédente, proposants ung serment du tout exorbitant, conforme à la copie d'icelluy.

» Et d'aultant que le nom des xviii hommes estoit devenu odieux et que l'on s'en avoit assez serviz pour contreminier aux magistratz signament du passé et partant en a laissé arrière ledict nom de xviii, et (changant de nom, mais non d'effect) des restans d'entre eulx non constituez en ladicte loy, composé certains aultres colléges divers, se nommantz consaulx de guerre, Mrs de la fortification, fouriers et portiers, lesquelz sont semblables officiers que les xviii hommes du passé, ostent les cloches encore jusques lors tolérées en aulcunes chapelles, ne font aulcun chastoy des insolences et brisemens de nouveau commiz en icelles, et singèrent en assamblées de la ville, comme notables rejectans avecq lesdicts nouveaux eschevins (entre aultres mauvais officiers) la paix de Colloigne.

» Au mois de Septembre audict an 79 se monstrent lesdicts eschevins (avec deux capitaines des soldatz, deux aultres des bourgeois, deux députez par lesdicts nouveaux colléges et consaulx de guerre et fortification), fort partiaulx envers Matthys van Roeulx (qui fust fort inhumainement torturée), Woulter Waeye et aultres prisonniers, pour l'intelligence qu'ilz eurent lors avecq les Srs Dalemnez et Herpe, touchant la réduction de ladicte ville de Courtrai. Et salarient du publicq par rentes à vie à la charge d'icelle ville ceulx ayans descouvers ladicte intelligence.

» Le iii d'Octobre ensuivant se rassamblent lesdicts eschevins avec lesdicts consaulx de guerre, fortifications, fouriers, portiers et plusieurs centeniers (par lesdicts eschevins y admis, avoir voix entre et parmy les notables et aultres qui y peuvent estre tant seullement appelez suivant la Caroline de l'an xli) y traictantz et délibérantz sur l'acceptation ou réjection de la paix de Colloingne, laquelle lesdicts du magistrat calumnient de fraulde et malice, tellement que par pluralité de voix icelle paix y ait esté rejecté, conformement aux notices de ce tenues au livre des résolutions.

» Advenant depuis la surprinse de Menin, de la part des rebelles, et de là estant mené prisonnier à Courtray, le pasteur de Bisseghem pardevant lesdicts eschevins, ilz l'ont avecq les ministres, consistoriaulx, capitaines et aultres (admis en leur chambre eschevinale contre droict et coustume) fort molesté et injurié, le chargeant d'estre traistre et complice du Sr Dallennes, leur ennemy, avec menaces de torture.

» Et pour de plus en plus diminuer l'authorité du roy, procurent et font soliciter en Anvers l'érection d'une nouvelle chambre des comptes pour le pays de Flandres, au lieu de celle à Lille, pour en avoir le siége audict Courtray. Et pour oster aussy aux puissanche du roy à leurs priviléges, sollicitent et exécutent l'abollition des marchés campestres, et signament celuy d'Yseghem, appartenant au Sr de Reisseghem, comme ilz avoient faict es troubles de l'an 39 et 40.

» Enfin n'estant assez d'avoir faict sortir et retirer voluntairement de la ville plusieurs gens de bien catholicques, tant d'esglise qu'aultres, partant de mauvais traictements de leurs personnes et biens, on y a aussy par commun advis desdicts de la loy et arrière conseil résolu et pratiqué l'éjection (réelle et de faict) de plusieurs catholicques s'y estant encores fyez et demourez, leur envoyant ung billet, sur le nom desdicts de la loy, signé Pottelsberghe, semblable aux copies de deux telz billetz cy joinctes, desquels les ungs après leur sortie dehors les portes, furent aussytost aggressez fort inhumainement, oultre ce spoliez de leur argent et accoustrement, et constituez en mille dangiers de la mort, ayant esté résolue, arrestée et sur main une aultre semblable éjection des catholicqucs, lorsque Dieu en a empesché l'exécution par la réduction de la ville à l'obbéissance du Roy le xxvii de Fébvrier en cest an 1580. »

Ce rapport précieux est mentionné dans le *Registre des procès-verbaux de Lille,* n° 1-2 ; nous l'avons retrouvé parmi les nombreuses chartes, restituées par l'Autriche à la Belgique en 1862, et conservées à Bruxelles aux Archives générales du Royaume, sous le n° 316.

F. DE POTTER.

CHRONIQUE.

LA TOUR DE SAINT-ROMBAUT [1]. — Si l'esprit de clocher peut être considéré comme un défaut, il n'en est certes pas de même de l'amour que l'on professe pour son clocher natal ; et quand ce clocher a un passé, qu'il est un monument aussi beau que celui de la cathédrale Saint-Rombaut à Malines, ce n'est certes pas un mal que d'en écrire l'histoire et de l'écrire *con amore*. Aussi félicitons-nous M. Fr. Steurs d'avoir eu le courage de compulser les archives pour y découvrir tout ce qui se rapporte à cette belle tour, à celle qui l'a précédée et qui brûla vers la fin du XIVe siècle, pour recueillir des notes nombreuses sur les cloches de l'antique cathédrale, qui chacune avait son nom, sa destination, et qui a son histoire, sur le nouveau beffroi, l'ancien et le nouveau carillon, etc., etc.

Cet ouvrage, qui fourmille de notes intéressantes, se compose aujourd'hui de deux livraisons, formant ensemble un total de 226 pag.

Les recherches que l'auteur a été obligé de faire, sont nombreuses, car il fallait à peine songer à puiser quelque chose dans les œuvres de ses devanciers ; tout était à exhumer ; or, cette œuvre d'exhumation présentait d'autant plus de difficultés, que les archives de l'église ont été détruites en grande partie pendant les troubles du XVIe siècle. Le livre de M. Steurs n'est donc pas une œuvre littéraire; aussi n'a-t-elle nullement cette prétention; on pourrait presque l'intituler : « Cartulaire de la tour de Saint-Rombaut. »

Certes, cette forme peut paraître au premier coup-d'œil peu attrayante, mais pour celui qui est familiarisé avec les études archéologiques, celui qui professe le culte du document, *de Toren van Sint-Rombautskerk* a une valeur incontestable, et nous nous estimons heureux de pouvoir le signaler.   ÉMILE V....

----

[1] *De Toren van Sint-Rombautskerk te Mechelen,* door FR. STEURS. Mechelen, drukkerij H. Dierickx-Beke zonen, 1876.

Études sur l'origine des noms patronymiques flamands et sur quelques questions qui se rattachent aux noms, par Gustave Van Hoorebeke, docteur en droit. Bruxelles, Decq-Dehent, 1876. (507 pp. in-8). Paris et Berlin. (*Gand, impr. de H. Annoot*).

Ce livre, fruit de longues recherches, semble avoir voulu répondre au desideratum du *Vaderlandsch Museum* (I, 206) : « Il serait à désirer que quelqu'un prît la peine de réunir tout ce qui a été fait au sujet des noms patronymiques flamands, en le soumettant à une critique sévère. Une telle *étude* serait utile à l'histoire aussi bien qu'à la philologie. » M. Van Hoorebeke a même été au-delà de ces *pia vota;* car il a recommencé de première main toutes les recherches, et il a fouillé et dépouillé les cartulaires, les comptes et les archives comme si rien n'avait été fait avant lui.

Mais l'abondance des faits et des exemples n'est pas encore ce qui constitue le vrai mérite de ces investigations. Nous aimons bien mieux l'ordre et la méthode qui ont dirigé la construction de ce livre. Après des notions générales, mais indispensables, sur le nom propre, le nom de famille et le nom additionnel ou surnom, l'auteur étudie la première formation des noms patronymiques en Flandre. Il a été bien inspiré de s'en tenir à ce pays, puisque son histoire est assez riche pour permettre le *ab uno disce omnes.*

Les familles ont puisé à trois sources pour s'attribuer des noms suffisamment distinctifs. Elles songèrent d'abord et tout naturellement aux prénoms des ancêtres ; mais ce fait si simple a produit les combinaisons les plus variées. Tantôt on ajoute nettement le mot *zoon* (fils) : Adriaenszone, Baertsoen, Bodson, Colson, Florison, Lammensone (fils de Lambert); Muysson (fils de Barthélemy). Tantôt on ne trouve plus que des génitifs elliptiques. Ceux-ci se combinent souvent avec la particule prépositive *Ser* (seigneur) ou *Ver* (dame). Serbruyns, Tserclaes, Serhuyghs, Serneels, Servaes (fils de Servais). Quelquefois il ne reste d'apparent que *s* finale : Aerts (fils d'Arnould), Stoffels (fils de Christophe), Fierens (fils d'Olivier), Foppens (fils de Fabien), Legers (fils de Léger), Seeuwen (fils de Rousseau).

On a prétendu que la terminaison *sen* indique le fils, tandis que par *sens* on n'indiquerait que le petit-fils. Mais nous croyons avec l'auteur qu'il n'y a pas de distinction généalogique à établir entre *Jacopssen* et *Jacopssens*. Enfin, il faut noter la classe infiniment nombreuse des noms propres flamands qui ont passé intégralement ou à peu près à l'état de noms patronymiques : Ackerman, Aelbrecht, Halewyn, Coenraert, Bruneel. On y rencontre des diminutifs : Ameloot (petit Amilius), Kesteloot (petit Christian), Geerken (petit Gérard). D'autres doivent se traduire, car ils proviennent d'une traduction : Goetgheluck (*Bonaventura*).

La deuxième source, les noms de localités, n'est pas moins abondante, mais il faut user de critique. Tous les *van* ne sont pas nobles ; il en est beaucoup qui n'indiquent que le lieu de naissance ou de domicile. Quelques *van* ont disparu : Boterdaele, Varenbergh, Waelbroeck. D'autres ont été francisés : de Berlaere, *de la* Kethulle. D'autres ont même été mis à la portugaise, comme les vander Haeghen (*da Silvad*), dans l'archipel des Açores. Il ne faut pas trop tôt conclure à l'extinction d'une famille. « Savons-nous, dit l'auteur (p. 208), ce que sont devenus les descendants de tant de flamands, grands et petits, que les persécutions du duc d'Albe ont fait émigrer, dans la seconde moitié du XVIe siècle, en Allemagne, en Hollande, en Angleterre? La seule ville d'Embden (Hanovre) comptait par centaines de noms gantois.... »

Quant à la troisième source (noms circonstanciels), elle offre aux études de M. Van Hoorebeke les variétés les plus curieuses. Il y a d'abord les fonctions, si nombreuses à l'époque de la féodalité : Bailly, Bernaige, Borchgrave, Castelein, Bottelier, Camberlyn, de Coster, Drossaert, de Deurwaerder, de Maerschalck, de Meyere, de Proost, de Scouthecte, de Tollenaere.

A propos de la division en arts libéraux et en arts mécaniques comme sources de noms de familles, nous nous étonnons de trouver *de Baeckere*, le porcher (de *baecke,* porc), parmi les citoyens dont la profession exige surtout de l'intelligence. Passe encore pour *de Blaesere* (le corneur), *de Baerdemaecker* (le barbier), *de Cock* (le cuisinier). Mais il faut avouer que les *de Busschere* (fagotier), *Carlier* (savetier), *de Vylder* (feutrier), *de Lathouwer* (fendeur de latte), rangés dans les arts mécaniques, ne doivent pas déployer moins d'intelligence.

Au chapitre des qualités qui ont fourni des milliers de noms, tels que *Roobaert* (barberousse), *Spanoghe* (œil tendu), *Bultinck* (bossu), *Eeman* (l'époux légitime), *Krygher* (le guerrier), *'t Kint* (le naïf), *de Wint* (le leste), notre habile généalogiste a l'occasion de démontrer que, sans être noble (*edel*), les notables de la bourgeoisie flamande (*aensienelycke gheslachten*) pouvaient avoir des armoiries.

Seulement, elles n'étaient pas timbrées, c'est-à-dire surmontées d'un timbre ou casque.

La seconde partie de cet ouvrage discute d'une façon très-claire et souvent très-péremptoire des questions délicates, qui sont du ressort des tribunaux et du conseil héraldique. L'auteur est sans pitié pour tout ce qui ressemble à un manque de sincérité ou de délicatesse en matière de revendication de noms et de titres. Il a le sens démocratique dans son sujet nobiliaire, plus ou moins. Il raille même le préjugé français de la particule *de*, et il n'a pas de peine à montrer qu'en Flandre *de, den, van,* appartiennent, même en minuscules, à tout le monde. Ce qu'il veut, c'est la vérité quand même ; quand il s'agit d'établir la réalité exacte, même pour les hochets de la vanité peu chrétienne, il estime qu'il n'y a pas de petites questions. Il n'y a de petit que l'esprit de certaines gens qui veulent se guinder en dépit des droits de l'histoire. Pour tout dire, ces *Études* peuvent être considérées comme un traité complet d'onomatologie appliquée aux origines des familles flamandes. On achève cette lecture en se disant : « Tout a sa signification, mais il faut la chercher. »   J. S.

ÉCOLES EN ANGLETERRE. — Les résultats de l'inspection-générale d'éducation d'août 1875 constatent qu'il y avait en Angleterre et dans le pays de Galles 13,217 écoles, avec 19,245 instituteurs, donnant place, à raison de 8 pieds carrés de superficie par enfant, à 3,146,424 élèves. Ces écoles étaient fréquentées par 2,774,300 enfants, et la moyenne de ceux qui, chaque jour, étaient exacts était de 1,837,180. Ces 13,217 écoles reçoivent des allocations annuelles, mais en dehors d'elles il existe des écoles non subventionnées (850 avec 51,976 élèves) et des écoles du soir (1,392 avec 43,392 élèves); chaque école, par conséquent, peut renfermer 163 élèves et, par le fait, n'en contient que 95.

On compte qu'il y a en Angleterre et dans le pays de Galles à peu près 3,250,000 enfants qui devraient aller à l'école et qu'on devra un jour avoir 27,000 à 30,000 écoles. On n'en est pas encore là ; pourtant, on peut juger du progrès accompli depuis 1870 : au 31 décembre 1869, il n'y avait que 12,842 élèves-instituteurs, 1,236 sous-maîtres et 12,027 instituteurs brevetés. Le nombre des élèves-instituteurs est aujourd'hui de 29,138, celui des sous-maîtres de 2,421 et celui des instituteurs de 21,952. Il y a naturellement dans ces chiffres les institutrices, sous-maîtresses et élèves-institutrices : et tout ce monde enseignant sort de 40 écoles normales, qu'on appelle ici Training Colleges.

Les sommes dépensées par les school boards en 1875 se sont élevées à 2,124,702 liv. st. en Angleterre, au lieu de 1,825,957 en 1874, et à 157,743 liv. st. dans le pays de Galles, au lieu de 132,108 liv. st. en 1874. Ces chiffres prouvent la libéralité avec laquelle on est résolu à propager l'instruction. En 1870, la moyenne des enfants allant régulièrement en classe n'était que de 1,225,764; elle est arrivée, en 1875, à 1,885,562.

Le nombre des school boards était l'an dernier, de 1,210 en Angleterre et de 225 dans le pays de Galles. Ceux d'Angleterre ont reçu 2,180,270 liv. et ceux de Galles 149,990 liv. En outre, ils ont usé largement de la faculté d'emprunter sur les revenus que leur assûrent les impôts et ils ont contracté pour 5,825,639 liv. d'emprunts pour élever de nouvelles écoles.

Il n'est pas indifférent de savoir dans quelle proportion les habitants contribuent à ces dépenses de l'instruction élémentaire sur la valeur imposable de la propriété. L'Angleterre, qui n'avait payé que 1 penny 87 par livre sterling en 1873-74, a payé en 1874-75 2 pence 68 par livre. La proportion a été, pour la principauté de Galles, de 2 pence 93 en 1874 et de 3 pence 14 en 1875.

Les Training Colleges ou écoles normales donnent une éducation plus sérieuse, plus soignée, plus élevée qu'on ne le suppose sur le continent. Le niveau des connaissances des sujets qui s'y préparent à l'enseignement est supérieur à celui de plusieurs pays qui croient tenir la tête en matière d'éducation. Les examens subis le prouvent surabondamment; les études des instituteurs et des institutrices sont surtout poussées vers les sciences naturelles et les mathématiques, où les Anglais, aussi bien les enfants que ceux qui les instruisent, ne craindraient pas de se présenter dans un concours avec les écoles du continent. *(Moniteur)*.

ACADÉMIE ROYALE DES LETTRES ET DES BEAUX-ARTS DE BELGIQUE. — CLASSE DES BEAUX-ARTS. — *Programme de concours pour 1877.* — SUJETS LITTÉRAIRES. — *Première question.* — « Déterminer quelles ont été les influences qu'ont subies, pendant leur séjour en Italie, les artistes flamands P.-P. Rubens et Ant. Van Dyck. »

Rechercher si, à leur tour, ces peintres n'ont pas aussi exercé une certaine influence sur les artistes italiens.

Deuxième question. — « Examiner les jetons des Pays-Bas au point de vue de l'art, des emblèmes et de l'histoire des mœurs et des faits politiques, jusqu'à la fin du XVIIIe siècle. »

Troisième question. — « Faire l'histoire de l'architecture qui florissait en Belgique pendant le cours du XVe siècle et du commencement du XVIe, architecture qui a donné naissance à tant d'édifices civils remarquables, tels que halles, hôtels de ville, beffrois, siéges de corporations, de justice, etc. »

Décrire le caractère et l'origine de l'architecture de cette période.

Quatrième question. — « Faire l'histoire et la bibliographie de la typographie musicale dans les Pays-Bas, et spécialement dans les provinces qui composent aujourd'hui la Belgique. »

La valeur des médailles d'or présentées comme prix pour ces questions, est de *six cents francs* pour la première, et de *mille francs* pour chacune des trois autres.

Les mémoires envoyés en réponse à ces questions doivent être adressés, francs de port, avant le 1er juin 1877, à M. J. Liagre, secrétaire perpétuel, au Palais des Académies.

SUJETS D'ART APPLIQUÉ. — *Peinture.* — « On demande le carton d'une frise élevée à 5 mètres du sol, et ayant 1^m,50 de haut sur un minimum de 4^m,50 de développement. »

Cette frise est destinée à un édifice public.

Elle aura pour sujet : *L'enseignement de l'enfance.* — *La crèche école gardienne, le jardin d'enfants.*

Le carton, épreuve du concours, aura 75 centimètres de haut et au moins 2^m,25 de développement.

SCULPTURE. — « On demande le bas-relief d'une frise placée à 3 mètres d'élévation, et ayant pour sujet : *L'industrie linière personnifiée.* »

Les dimensions de l'épreuve devront être de 1^m,60 de longueur sur 0^m,80 de hauteur.

Un prix de *mille francs* est attribué à chacun des sujets couronnés. Les cartons ou bas-reliefs devront être remis au Palais des Académies, avant le 1er septembre 1877. Une reproduction de chacun des sujets couronnés devra être déposée dans les archives de l'Académie.

CLASSE DES LETTRES ET DES SCIENCES MORALES ET POLITIQUES. — *Programme de concours pour 1878.*

Première question. — « Esquisser à grands traits l'histoire littéraire de l'ancien comté de Hainaut. »

Les concurrents s'attacheront spécialement aux écrivains de premier ordre ; ils apprécieront leur influence sur le développement de la langue française, et feront ressortir le caractère et le mérite de leur travaux.

Deuxième question. — « On demande une étude historique sur les institutions de charité en Belgique depuis l'époque carlovingienne jusque vers le milieu du XVIe siècle.

» Faire connaître les sources de leurs revenus, leur administration, leurs rapports avec l'Église et avec le pouvoir temporel, leur régime intérieur ; apprécier leur influence sur la condition matérielle et morale des classes pauvres. »

Troisième question. — « Exposer la nature, l'étendue et les limites de la mission de l'État par rapport aux divers éléments de la société humaine (Individu, famille, associations de tout genre, y compris la communion religieuse et l'instruction publique). »

Quatrième question. — « Faire connaître les règles de la poétique et de la versification suivies par les *Rederykers* au XVe et au XVIe siècle. »

Cinquième question. — « Écrire l'histoire de la réunion aux Pays-Bas des provinces de Gueldre, d'Utrecht, de Frise et de Groningue. »

L'auteur embrassera à la fois les faits militaires et les négociations diplomatiques qui ont amené cette réunion, en prenant pour point de départ, quant à la Gueldre, la cession qui fut faite de ce duché à Charles le Téméraire.

Le prix de la *première* et de la *deuxième question* sera une médaille d'or de la valeur de 600 francs ; ce prix est porté à 1000 francs pour la *troisième,* la *quatrième* et la *cinquième question.*

Les mémoires devront être adressés, francs de port, avant le 1 février 1878, à M. J. Liagre, secrétaire perpétuel, au Palais des Académies.

PRIX DE STASSART. — *Concours pour une notice sur un belge célèbre* (5e période 1875-1880). — Conformément à la volonté du fondateur et à ses généreuses dispositions, la classe offre, pour la cinquième période de ce concours, un prix de 600 francs à l'auteur de la meilleure notice consacrée à *Simon Stevin.*

Le terme fatal pour la remise des manuscrits expirera le 1er février 1881.

CONCOURS DE LA SOCIÉTÉ ROYALE DES BEAUX-ARTS ET DE LITTÉRATURE DE GAND, 1676-1877. — 1° « Faire l'historique de l'enseignement des arts du dessin dans les provinces belges, aux XIVe, XVe et XVIe siècles, tant au point de vue purement artistique, qu'au regard de l'application à l'industrie.

» Déterminer, par période, les moyens par lesquels les connaissances artistiques furent divulguées et propagées. »

2° « Il a été découvert sur divers points du pays des vestiges, parfois remarquables, de peintures murales très-anciennes, qui semblent révéler l'existence d'une école plastique antérieure à celle des Van Eyck.

» Rechercher et étudier les principes qui guidèrent leurs auteurs, les procédés employés, ainsi que la corrélation que ces peintures présentent avec les œuvres des maîtres renommés de l'école flamande primitive. »

Au *Mémoire couronné* de chacune de ces deux questions, il sera décerné une MÉDAILLE D'OR de trois cents francs.

CONDITIONS GÉNÉRALES. — *Les ouvrages doivent être rédigés en français ou en flamand.*

Les concurrents mentionneront en note les auteurs et les documents qu'ils auront consultés ou suivis. Les citations devront être soigneusement indiquées.

Les ouvrages couronnés deviennent la propriété de la Société; s'ils sont imprimés dans ses *Annales*, les auteurs en recevront 50 exemplaires tirés à part.

Les manuscrits envoyés au concours restent à la Société; les concurrents peuvent en faire prendre des copies, à leurs frais.

Si aucun des ouvrages reçus n'est jugé digne de la médaille, le Jury statuera sur l'encouragement à donner à celui qu'il pourrait avoir distingué.

Chaque concurrent doit joindre à son manuscrit une devise, qu'il répètera sur un billet cacheté contenant son nom et son adresse.

L'envoi des mémoires destinés au concours devra avoir lieu avant le 15 juillet 1877, francs de port, au Secrétaire de la Société, M. Edm. De Busscher, rue des Vanniers, à Gand.

VICHTE.

Il n'est jamais inutile de relire les vieux papiers avant de les mettre au rebut ou de les livrer au pilon. J'en ai acquis la preuve récemment en compulsant une ancienne correspondance du *Messager des Sciences historiques*. Au milieu de lettres sans intérêt qui me tombèrent sous la main, je trouvai une note de quelques lignes seulement, que mon regretté ami et collaborateur, le baron de Saint-Genois, se proposait sans doute d'utiliser dans le recueil auquel il consacrait avec tant d'amour le fruit de ses études et de ses méditations.

A cette note, qui ne contenait que des indications sommaires, était jointe une esquisse assez grossière d'un vitrail, dont un fragment existe encore dans l'église paroissiale de Vichte, commune de la Flandre occidentale.

Désireux de juger de l'exactitude du dessin que j'avais sous les yeux, je me rendis dans cette commune, située à dix kilomètres de Courtrai.

L'église, dédiée à saint Étienne, est basse et sombre et d'un aspect tellement misérable qu'on

26

ne se douterait guère qu'elle appartient à un village de Flandre, où les édifices religieux offrent partout un caractère monumental.

Près de l'église s'élève l'antique château seigneurial. C'est un ensemble de constructions en briques dont l'architecture n'a rien de remarquable. Plusieurs parties tombent en ruines. Les souterrains datent du moyen-âge, mais le corps du bâtiment et les ailes sont de différentes époques ; l'une aile porte le millésime de 1597, l'autre percée de fenêtres rectangulaires à croisillons date de 1629. La porte d'entrée de l'avant-cour est flanquée de deux tours cylindriques surmontées d'une toiture conique en ardoises. Les restes du pont-levis et les larges fossés où les roseaux croissent en abondance, attestent que les anciens seigneurs de Vichte eurent à se défendre contre de redoutables agresseurs.

Avant la révolution française, ce fief ressortissait aux châtellenies de Courtrai et d'Audenarde. Les seigneurs qui le possédaient étaient maréchaux héréditaires de Flandre, et leur juridiction féodale s'étendait jusque sur le territoire des villages voisins.

Au XIIᵉ siècle la terre de Vichte appartenait à la famille qui porte son nom, mais en 1120 elle devint l'apanage de la maison Van der Spielt, par le mariage d'Adèle de la Vichte avec Gérard van der Spielt, dont les descendants s'allièrent aux plus opulentes maisons de la noblesse flamande.

En 1594 Philippe de la Vichte vendit cette seigneurie, mais elle retourna bientôt dans sa famille par l'alliance de sa fille aînée avec Raphaël van den Bossche. « La terre et seigneurie de la Vichte, dit Philippe de l'Espinoy, est une ancienne terre à bannière en Flandres, et a premièrement appartenue à ceux vander Spelt, et depuis à ceux de la Vichte, en laquelle famille elle a esté par plusieurs siècles, iusques à ce que Philippe, seigneur de la Vichte, vendit la dicte terre à cest honorable et puissant homme Martin della Faille, seigneur de Nevele, mais, fut depuis la dicte terre ratraicte par Raphaël vanden Bossche, lequel eut en mariage Magdalene de la Vichte, fille aisnée dudict Philippe, vendeur de la dicte terre, et furent iadis les seigneurs de la Vichte mareschaux héréditaires de Flandres, et portèrent leur bannière armoyée d'or fretté de sable [1]. »

Au XVII⁰ siècle elle appartenait aux comtes de Fourneau de Cruyckenbourg, qui l'ont possédée jusqu'à la fin du régime féodal. Au secrétariat de la commune on conserve un registre des redevances que les habitants payaient aux seigneurs de Cruyckenbourg. C'est peut-être la seule pièce ayant un intérêt historique qui s'y trouve.

Sanderus rapporte que Jacques de la Vichte commanda l'armée que le roi de Castille, plus tard Charles-Quint, envoya contre les rebelles de Tournai, et que ce fut vers ce temps que ce prince passa quelques jours au château de Vichte. C'est en mémoire de l'hospitalité qu'il reçut chez son vassal, que le futur empereur lui

[1] PH. DE L'ESPINOY, *Recherche des antiquites et noblesse de Flandres,* p. 118.

fit don de vitraux artistement peints (*zeer fraei geschilderde veinsters*) qui décoraient la grande salle à manger du manoir, et sous lesquels le chatelain avait fait placer ces deux vers :

Coninck Kaerle den laetsten van Meye,
Gaf deze veinsters t'synder bien alleye.

Que représentaient ces vitraux que le seigneur de Vichte devait à la munificence de son souverain et qui étaient sans doute l'œuvre d'un artiste en renom? Sanderus ne le dit pas, et il est probable que les archives de la maison de Vichte qu'il a consultées, ne lui ont revelé leur existence que par les deux mauvais vers flamands qu'il cite.

Le vitrail, ou pour mieux dire le fragment de vitrail que l'on voit dans l'église est de la même époque ; mais l'état de délabrement dans lequel il se trouve est tel que le dernier verre peint aura disparu avant peu.

J'ai voulu comparer l'esquisse faite en 1851 avec ce qui reste de cette œuvre d'art, et j'ai constaté que les détériorations s'étaient étendues au point de rendre toute restauration impossible.

D'après les vestiges qui tiennent encore entre les filets de plomb, ce vitrail représentait un seigneur de la Vichte et sa femme en prières. Ils sont agenouillés en face l'un de l'autre. Le mari a la tête découverte et les mains jointes, il est revêtu de sa cotte d'armes armoriée aux armes de Vichte, qui sont d'*or fretté de sable*. Derrière lui apparaît son saint patron sous l'armure d'un chevalier armé de toutes pièces et tenant à la main la hampe

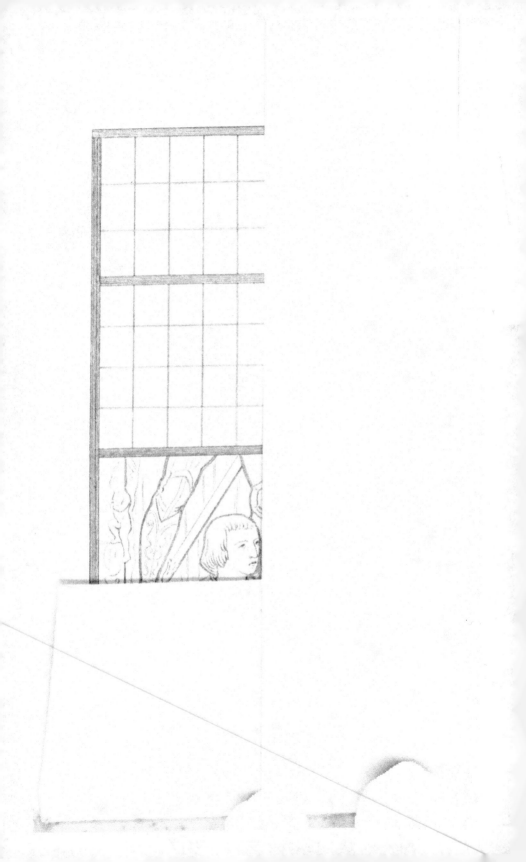

d'un étendard qui était fleurdelisé, s'il faut s'en rapporter aux personnes qui prétendent avoir vu la verrière intacte. Quel est ce saint? On serait tenté de croire que ce guerrier n'est autre que Saint-Guillaume, duc d'Aquitaine; mais il serait difficile de le dire, n'ayant pas sous les yeux la généalogie de la maison de Vichte.

Derrière la chatelaine on voit la mère de Dieu avec l'enfant Jésus qui tient sur le poing droit un oiseau et dans la main gauche des fleurs.

Dans la partie supérieure de l'armature, au-dessus de la Sainte-Vierge, on remarque le blason de famille de Beauffort, qui est d'*azur à trois jumelles d'or* et sous la clef de voûte celui de Vichte. En effet, une alliance entre ces deux maisons a eu lieu au XVe siècle [1].

Avant de quitter l'église, il convient de jeter un regard sur la tombe de Florentine Wielant,

---

[1] Colard de Beauffort, dit Payen, seigneur de Ransart, chambellan du duc de Bourgogne, eut de sa femme, Isabelle d'Olhain, six enfants, dont Jeanne de Beauffort épousa Jean vander Spielt, seigneur de la Vichte. Il était fils d'Olivier, seigneur de la Vichte, et d'Isabelle de Gavre, dite d'Escornaix; petit-fils de Jean vander Spielt, seigneur de la Vichte, et d'Isabeau de Flavelles; et arrière-petit-fils de Jean vander Spielt, chevalier, seigneur de la Vichte, maréchal de Flandre, et de Marguerite (*alias* Marie, de Halewin.

Le baron de Reiffenberg, dans une note de l'*Histoire des ducs de Bourgogne*, par de Barante, t. VI, p. 171, dit que les armoiries de la famille de Beauffort ne sont pas *d'azur à trois jumelles d'or*, mais de *gueules à trois jumelles d'argent*. CHRYSTYN, dans la *Jurisprudencia heroica*, et la plupart des généalogistes, sont d'un avis contraire; le vitrail de Vichte leur donne raison contre le baron de Reiffenberg, qui se trompe à son tour en écrivant *van Speilt* au lieu de *vander Spielt* ou même *vander Spelt*, comme DE L'ESPINOY dans ses *Recherche des antiquites*, et de *La Wischte* pour *de la Vichte*.

qui mourut le 1ᵉʳ avril 1524. Cette dame avait épousé en premières noces messire Guillaume van Heule, seigneur de Leeuwerghem, et en secondes noces messire Jacques van der Vichte.

La dalle de cuivre qui couvre sa sépulture, est un spécimen précieux parfaitement conservé de ces monuments funéraires, qui ont rendu les ciseleurs et les graveurs flamands des XVᵉ et XVIᵉ siècles si célèbres en Angleterre, où leur travail jouissait à juste titre de la plus haute faveur.

« Ces dalles, dit un écrivain, se trouvent le plus fréquemment dans les parties de la Grande-Bretagne qui, par suite du commerce des laines, avaient les communications les plus directes avec la Flandre. Elles se distinguent aisément à la première vue par le style et la correction du dessin, de celles qui sont dues à des artistes anglais : d'un simple trait profondément et hardiment tracé, le ciseleur flamand fait ressortir une figure d'homme, de femme, d'enfant à faire envie aux plus mâles et aux plus gracieuses figures des vases grecs et des intailles égyptiennes. L'habileté dans la disposition des draperies, si remarquable chez les peintres de l'ancienne école de Bruges, s'y trouve toute entière [1]. »

La dalle de cuivre de l'église de Vichte ap-

[1] J. HYE, *Notice sur les dalles tumulaires de cuivre, ciselées et gravées par des artistes flamands en Angleterre*, publiée, en 1849, dans les *Annales de la Société d'Émulation de Bruges*, t. VII, 2ᵉ série, p. 159.

Cette notice est citée par le Bᵒⁿ de Saint-Genois. V. *Messager*, 1853, p. 64.

DALLE DE CUIVRE DE L'ÉGLISE DE VICHTE

partient au style de la Renaissance; elle mesure
1 mètre 62 centimètres de longueur sur une
largeur de 89 centimètres et ressemble au point
de vue du goût à la pierre tombale qui couvre le tombeau d'Artuse de Melun à Laval, dont
M. de Caumont a donné la gravure [1]. Celle de
Vichte n'est pas moins belle; elle a toutes les
qualités qui distinguent ces souvenirs devenus
rares, d'une époque glorieuse où l'art flamand
brillait du plus vif éclat. Florentine Wielant y
est représentée les mains jointes et les pieds ap-
puyés sur une levrette. Au-dessus de sa tête deux
anges tiennent les blasons en losange des veuves.
L'ange de droite porte l'écu de Heule parti de
Wielant, et celui de gauche l'écu de Vichte parti
de Wielant [2]. Des médaillons trefflés, représentant les animaux symboliques des Évangélistes,
ornent les quatre coins de l'encadrement dans lequel on lit :

Sepulture van mevrauwe Florentine Wielant,
vrauwe van Bavichove, wylent, ghezellenede
van Meer. Willem van Huele, Ruddere, heere van
Huele, van Ceeuwerghem, Oerleghem ʒ. ende
daer naer van Meer. Jacop vander Vichte
oec Ruddere, heere vander Vichte, van
Zandtvoorde, ʒ. de welcke overleet den eersten
van april xvᶜ xxiiii naer Paeschen.

[1] De Caumont, *Abécédaire ou rudiment d'archéologie*, Paris, 1869,
page 769.
[2] Les armoiries de Wielant sont : *d'argent à trois fusées d'azur
posées de face*. Celles de Heule sont : *d'or au chef de gueules à trois
pals d'argent*. Ces émaux ont disparu.

La place que cette remarquable dalle occupe dans le pavement de l'église est peut-être la plus fréquentée par les fidèles. Constamment foulée et exposée aux dégradations de toute espèce, elle s'est cependant parfaitement conservée. Mais, combien de temps résistera-t-elle encore aux atteintes des modernes vandales?

Il y a vingt-huit ans qu'un archéologue zélé et instruit, M. Isidore Hye, attira l'attention des iconographes non seulement sur la dalle de Vichte, mais encore sur tous ces monuments « trop long-méconnus d'une branche de l'art de la gravure, qui atteignit en Flandre son plus haut développement; » s'il les recommande à leur sollicitude, c'est afin de sauver d'une destruction imminente « quelques-unes de ces dalles de cuivre ou incrustés de cuivre, qui gisent encore oubliées dans plus d'une de nos églises. Pour s'intéresser à leur conservation, ajoute le même écrivain, il suffit de songer que la plupart datent d'une des époques les plus brillantes de la civilisation flamande; qu'elles sont devenues extrêmement rares, non seulement dans le pays, mais par tout le continent européen; enfin qu'elles forment avec les miniatures, les plus anciens monuments du dessin de cette célèbre école flamande, que les chefs-d'œuvre des frères Van Eyck, des Roger de Bruges et des Hemling signalèrent plus tard à l'admiration des siècles, et qui est aujourd'hui un des titres les plus incontestables de notre gloire nationale [1]. »

[1] *Annales de la Société d'Émulation de Bruges*, 1849.

Nonobstant cet avertissement donné au commencement de ce siècle, la dalle de Vichte gît encore dans le pavement de l'église.

Cette incroyable et coupable incurie de la part de ceux qui sont chargés de veiller à la conservation des œuvres d'art, ne s'explique pas. Il y a longtemps qu'on aurait dû encastrer cette belle et intéressante plaque de cuivre dans le mur, pour la préserver d'une destruction certaine et peut-être prochaine [1]. Ce nouvel avertissement sera-t-il enfin entendu? Il est permis d'en douter, car, j'ai peu d'espoir d'être plus heureux que l'honorable écrivain qui le premier, en 1849, a élevé la voix en faveur d'un monument, dont l'importance au point de vue de l'histoire de l'art n'est pas contestée.

Le jour où l'église de Vichte sera reconstruite, n'est sans doute plus éloigné. La dalle de cuivre qui s'y trouve obtiendra alors, du moins il faut l'espérer, une meilleure place où elle sera à l'abri des dégradations de toute espèce.

[1] Près de la sépulture de Marie Wielant, une tablette de marbre blanc est encastrée dans l'un des grands piliers de l'église, on y lit :

HIER V. L. B. DH. FRANCOIS DE COCQ Fˢ DH. FRANCOIS IN SYN LEVEN HEERE VAN STEENBERGHEN, DONAET ENDE MEDE-BROEDER VAN HET ORDEN VAN Sᵗ JAN IERUSALEM GHESEYT MALTHA ENDE AGENT VAN TSELVE ORDRE IN DE NEDERLANDEN, GHEBORTICH DESER PROCHIE OVERLEDEN DEN 8 NOVEMBRE 1714.
ENDE
JOANTHONETTE PETIT SYNE HUYSVRAUWE OVERLEDEN DEN 22 NOVEMBRE 1710 DEWELCKE BINNEN DESER PROCHIEKERCKE VAN VICHTEN HEBBEN GHEFONDEERT, ETC.

Suivent les dispositions testamentaires des défunts.

Mais, ne sera-t-il pas trop tard? Hélas! ce malheur est à craindre.

Il serait assurément imprudent d'ajourner la décision à prendre jusqu'à ce que la grave question d'où dépend le sort de l'édifice, ait été mûrement et surtout longuement examinée, étudiée, délibérée, discutée et votée, par les corps officiels et officieux qui seront appelés à émettre leur avis. Qui ignore que ces préliminaires multipliés sans motifs sérieux retardent la solution de la question et entravent la marche de l'entreprise?

Il importe donc d'aller au plus pressé et de prendre sans retard des mesures promptes et efficaces, pour garantir l'intéressante dalle tumulaire de Vichte contre les ravages du temps, moins à redouter cependant, que l'ignorance et l'indifférence des hommes [1].

Bon KERVYN DE VOLKAERSBEKE.

---

[1] M. James Weale, le savant archéologue de Bruges, a bien voulu mettre à ma disposition le calque (*frotture*) qu'il a pris de ce monument funéraire, pour le reproduire en gravure dans le *Messager*. Sa collection d'empreintes de pierres tombales est remarquable, très-nombreuse, bien classée et présente le plus grand intérêt.

Au congrès artistique et archéologique qui eut lieu à Gand en 1858, M. Weale exposa pour la première fois ses plus beaux spécimens et proposa de recueillir par le procédé suivi en Angleterre, les œuvres de nos anciens graveurs flamands. Le congrès applaudit à ce projet, mais . . . . M. Weale resta seul pour le réaliser.

Cet archéologue a publié dans le *Messager* divers articles accompagnés de gravures représentant des pierres funéraires, notamment pendant les années 1860, 1861 et 1863.

ÉTUDES

SUR

LA FLANDRE IMPÉRIALE.

DEUXIÈME ÉTUDE.

I.

Montesquieu estime que les commencements de la féodalité doivent être cherchés dans les anciennes institutions franques [1]. Du compagnonage des Germains naquit la commendation (*commendatio*), qui, à son tour, engendra l'idée féodale. Suivant cette manière de voir, les nouvelles relations sociales qui, après l'effondrement de l'empire romain, s'établirent dans l'Europe occidentale, se retrouveraient en germe dans le lien qui unissait les compagnons de chaque bande guerrière germanique à son chef.

Cependant, des écrivains modernes pensent que les peuples francs empruntèrent aux Romains

---

[1] MONTESQUIEU, *Esprit des lois*, XXX, 3, 20.

mêmes leur régime de concessions de bénéfices et la féodalité qui en fut la conséquence. Il est en effet reconnu que durant la domination romaine, les légionnaires congédiés reçurent des terres en usufruit, sous des conditions à peu près identiques à celles qui, quelques siècles plus tard, présidèrent aux distributions de terres, telles que l'imposition du serment de fidélité, l'obligation du service militaire, l'hérédité en ligne masculine à l'exclusion des femmes, l'inaliénabilité sans imposition des charges originelles, etc.

On peut admettre comme vraisemblable que le système pénétra d'autant plus aisément dans les mœurs des vainqueurs qu'il concordait mieux avec leurs aspirations nationales. Ainsi s'expliquerait le développement rapide des institutions féodales et leur extension à tous les pays sur lesquels la race germanique avait étendu ses ramifications.

Sous l'influence de cette institution on vit les relations, qui jusqu'alors avaient rattaché les citoyens et les occupeurs du sol à l'État, et qui formaient pour ainsi dire la base de la politique de Rome, se relâcher peu à peu, pour faire place aux relations de personne à personne. Le rayonnement de toutes les forces vives de l'Empire vers le centre disparaît, et à sa place s'élève le principe de la diffusion du pouvoir entre une quantité de petites dynasties, pour qui l'indépendance absolue devient l'unique objectif.

Le secret de la domination de Rome avait été la centralisation; celle-ci fut aussi la cause de sa chute. Lorsque les Barbares envahirent l'immense empire, ils le trouvèrent dans un état de décomposition très avancé. Les colonnes qui avaient longtemps soutenu l'édifice et qui conservaient encore une apparence de force et de majesté, tombaient en ruine, désagrégées par la pourriture; mais si imposant était l'éclat de sa grandeur passée, que les vainqueurs eux-mêmes, dans leur admiration, essayèrent de le relever, et sous le plus illustre des Carolingiens, donnèrent à l'humanité émerveillée le spectacle d'un deuxième empire du monde, presqu'aussi vaste que celui des précédents Césars. L'illusion fut de courte durée. Ce que le génie puissant d'un Charlemagne avait su édifier, devait s'écrouler entre les mains débiles de ses successeurs.

Il est vrai, l'unité politique n'était pas dans la nature des races franques. La magnifique entreprise de Charles ne pouvait offrir des garanties de stabilité, attendu qu'elle ne reposait ni sur les traditions ni sur le caractère de la nation. Peut-être les événements eussent-ils pris une autre tournure si les Carolingiens subséquents avaient hérité quelque peu de l'énergie de volonté et du génie d'organisation de leur ancêtre; en effet, les formes d'administration politique auxquelles un peuple reste soumis durant une longue série d'années, préparent ses destinées futures aussi bien que les traditions nationales mêmes.

Des penseurs profonds veulent voir dans la féodalité l'instrument glorieux de salut, qui tira l'humanité du chaos mortel de l'esclavage pour l'élever à la liberté moderne [1]. La distance immense ou plutôt l'abîme qui existait chez les anciens entre les citoyens et les esclaves, fit place, durant l'ère féodale, au rapprochement incessant et à l'assimilation graduelle des conditions sociales. Nous reconnaissons volontiers que pendant cette époque la classe des personnes libres se trouva, sous certains rapports, dans une situation plus précaire qu'auparavant, puisqu'en l'absence de toute autorité suprême, elle ne rencontrait nulle protection contre la violence et l'arbitraire des grands; mais déjà une révolution radicale s'était opérée dans les différentes couches de la société : les serfs n'étaient plus à comparer aux anciens esclaves; de nouvelles catégories de personnes s'étaient érigées, qui n'avaient à solder qu'une redevance annuelle minime, n'étaient assujetties qu'à une corvée limitée et pour le reste pouvaient se considérer comme relativement libres.

L'esclavage, déjà pratiqué chez les Gaulois avant l'arrivée de César, s'était considérablement accru sous les Romains. Les Francs qui vinrent se fixer dans nos contrées avec leurs familles, augmentèrent le nombre des gens libres, lequel devait ensuite se réduire de nouveau, grâce aux violences exercées par le plus fort sur le plus faible, à une époque où le droit de la force formait la seule loi. Les petits propriétaires cher-

---

[1] LAURENT, *Études sur l'histoire de l'humanité. Les Barbares et e Catholicisme,* p. 262.

chèrent un réfuge dans la protection d'un voisin plus puissant, qui la leur octroya moyennant le paiement d'une rente, l'aliénation de leurs propriétés ou la prestation de services plus ou moins dégradants. Les charges imposées par l'administration supérieure furent une autre cause de la disparition graduelle des hommes libres. Dès avant le règne de Charlemagne, cette classe de personnes était astreinte au service militaire ou *heirban*, à l'entretien des ponts et des bâtiments d'églises, à l'hospitalité des *missi* royaux : les comtes, les évêques, les centeniers, tous les hauts fonctionnaires profitèrent de l'occasion pour faire subir aux cultivateurs des vexations sans nombre, jusqu'à ce qu'ils les eussent forcés à tout abandonner : avoir et liberté. Cette sujétion successive des classes inférieures aux classes supérieures accéléra l'avénement du régime féodal.

Après la conquête, les rois disposèrent des terres pour les donner en récompense à leurs leudes. Dans les écrits du VI° siècle, les bénéfices apparaissent avec tous les attributs propres à les faire reconnaître dans la suite.

Le mot *beneficium* signifie, en thèse générale, la concession d'un usufruit, que celui-ci ait pour objet une terre, un tonlieu, un emploi, un revenu, une chasse. Ordinairement le paiement d'un cens est exigé en retour. Les personnes libres aussi bien que les serfs obtenaient des bénéfices. Presque toujours le concessionnaire se liait par la commendation à celui de qui il tenait le bénéfice, c'est-à-dire qu'il se plaçait sous sa protection et devenait son homme (*vassus*). La réunion de la vassalité et du bénéfice engendra la féodalité.

On fixe communément à l'année 877 l'introduction dans la législation du royaume occidental de cette nouvelle règle politique, mais la chose était depuis longtemps connue lorsqu'elle fut confirmée par le capitulaire de Kiersy. Déjà sous les prédécesseurs de Charlemagne, l'hérédité commence à entrer en vigueur; après lui elle tend à se généraliser, jusqu'à ce qu'enfin elle se greffe sur le droit.

Le monde féodal prit sa forme caractéristique définitive au milieu de l'état d'anarchie qui suivit la chute de la dynastie carolingienne. L'affaiblissement de l'autorité royale, d'une part, les empiétements des grands, de l'autre, eurent naturellement pour conséquence le morcellement de l'Empire en un nombre infini d'états secondaires, indépendants les uns des autres, et dans lesquels l'administration et la législation finiraient, après s'être biffurquées, par prendre une voie entièrement distincte. Au sommet de la monarchie trônait toujours le roi; à lui appartenait encore la suzeraineté nominale sur tout l'empire; il restait le propriétaire du sol; mais la véritable souveraineté était passée aux mains des grands vassaux de la couronne, qui exerçaient, chacun dans le ressort qui lui avait été assigné ou qu'il s'était taillé à la pointe de l'épée, tous les droits régaliens. Ces seigneurs, ayant à leur tour aliéné une partie de leurs prérogatives et de leurs terres au profit d'arrière-vassaux ou de censitaires hé-

réditaires, ne pouvaient agir arbitrairement; cependant, l'action dont ils disposaient à l'égard de
leurs sujets, était beaucoup plus efficace que celle
que le roi avait sur eux-mêmes, puisqu'elle était
immédiate et directe [1].

Plus tard un nouveau revirement se produisit.
La monarchie en France reprit le dessus; la
royauté, avec l'aide des classes inférieures, s'éleva
jusqu'à l'autocratie. En Allemagne, au contraire,
les empereurs, après avoir lutté victorieusement
durant quelque temps contre la haute aristocratie,
laissèrent ébrécher leur pouvoir. Leur empire
devint un amalgame disparate de souverainetés
connues sous le nom collectif de Confédération
germanique, et qui au jour solennel de la diète
étaient toutes appelées à concourir à l'élection de
l'empereur.

II.

Comme nous avons l'intention de soumettre la
question concernant l'allodialité de Termonde et
des autres districts réputés comme tels, à un examen critique approfondi, et de discuter les arguments produits par les partisans de ce système
historique, il ne sera pas inopportun de dire
quelques mots de l'alleu en général.

Les auteurs ne sont pas d'accord sur la prove-
nance du mot *alod*. Certains savants le font déri-
ver de leudes, compagnons de guerre ; d'autres de

---

[1] WARNKŒNIG et GÉRARD, *Histoire des Carolingiens*, t. II, p. 430.

27

laudatio. M. Guizot le tire de l'allemand *loos*. Ainsi *alod* signifierait le lot de terre assigné par le sort aux Francs lors de l'invasion ou à l'occasion de leurs conquêtes ultérieures [1]. Le professeur Leo rattache le mot *alod* à un radical répondant à l'idée de butin [2].

Quelle que soit l'étymologie d'*allodium*, il est constaté que cette qualification s'appliqua dans la suite à toute terre possédée en propriété effective.

Plusieurs historiens croient reconnaître dans les francs-alleux les patrimoines libres des anciens habitants du pays, lesquels ne furent, à raison de leur origine éminemment franche, jamais soumis à la loi des vainqueurs.

On peut conjecturer que beaucoup d'alleux constituèrent dans le principe des biens ecclésiastiques tombés dans le domaine public et qui avaient conservé leur immunité première.

Une autre catégorie d'alleux semble avoir acquis sa franchise au milieu des déchirements et des perturbations politiques du moyen-âge, par suite de la négligence des employés du fisc chargés de la perception des cens ou autres redevances, dont les propriétés des habitants étaient grevées.

Enfin, nous rangeons dans la classe des alleux les terres que le seigneur possédait par droit héréditaire ou par suite d'acquisition, et qu'il n'avait données ni en fief ni en censive, mais qu'il faisait cultiver par ses propres serviteurs. Dans l'énumé-

---

[1] GUIZOT, *Essai sur l'histoire de France*, p. 92.
[2] LEO, *Lehrbuch der Universalgeschichte*, II, p. 52.

ration des domaines appartenant aux anciens barons flamands, il est souvent question des alleux de cette espèce [1], qui paraissent avoir été très-nombreux, mais dont un grand nombre furent transportés aux abbayes ou convertis en fief ou en cencive.

Les anciens juristes se sont occupés fréquemment du franc-alleu. Leur opinion est intéressante à connaître.

Le Bouteiller, dans sa *Somme rurale*, dit : « Tenir en aluez si est tenir de Dieu tant seulement, et ne doivent cens, rente ne relief, ne autre redevance à vie ne à mort; mais tiennent franchement de Dieu. Ne tenir que de Dieu c'est estre affranchy de toute autre submission envers les hommes. »

Balde, chap. II, s'exprime comme suit : « Alodium est proprietas quae a nullo recognoscitur. »

Cujas donne cette définition de l'alleu : « Nullius domini beneficium, liberum, non servum, immune, nihil pensitans, optimo jure, optima conditione, nec fidem, nec hominium, nec investituram debens. »

Lindanus, qui s'efforce, comme on sait, d'appliquer son système à la seigneurie de Termonde, distingue dans l'alleu les qualités essentielles suivantes : 1° le pouvoir de décréter des lois, ce qui est une marque de souveraineté; 2° le droit de nommer et de révoquer le magistrat; 3° celui de déclarer la guerre et de conclure la paix;

---

[1] LINDANUS, *De Teneraemonda*, p. 237.

4° le dernier ressort en matière de juridiction pénale et criminelle; 5° le privilége de battre monnaie; 6° celui de créer des impôts, et 7° l'avantage immense de ne dépendre de personne, mais de tenir son bien de Dieu seul en pleine, franche et entière propriété.

L'explication des juristes, et particulièrement celle de Lindanus, se résume donc dans cet axiome, que le possesseur du franc-alleu ne devait reconnaître aucun prince supérieur, attendu qu'il réunissait en sa personne la souveraineté et la suzeraineté de sa seigneurie.

L'opinion de Galand, dans son *Traité du franc-aleu*, diffère sous plusieurs rapports de celui de Lindanus. Voici comment cet auteur s'exprime : « Le possesseur du franc-aleu, combien que submis à la justice d'autruy, n'est tenu à foy et hommage envers aucun seigneur ; ne le suit à la guerre; ne rend secours ou assistance, en cas de querelle ; par irrévérence il ne tombe point en commise ; il ne doit aucuns lods et ventes, rachapts, reliefs pour ventes, eschanges, dons, successions, sinon en la coustume d'Anjou, art. 140, qui donne au seigneur les ventes et autres émoluments de fief en cas de vente ou eschange de franc-aleu ; il ne doit saisine, dessaisine, vest ou devest, fors en la coustume de Reins, art. 139; bref il n'est obligé à aucun des devoirs introduits au profit des seigneurs par les loix des fiefs [1]. »

---

[1] GALAND, *Traité du franc-aleu et origine des droicts seigneuriaux*. Paris, 1637, p. 11.

Ainsi, d'après Galand, le possesseur d'un franc-alleu, quoique exempt de l'hommage et du paiement des droits, n'était cependant pas affranchi de la justice du seigneur dans le territoire duquel l'alleu était situé, car, dit-il, on trouve bien des terres allodiales, mais pas de justice allodiale [1].

On ne doit pas oublier que l'auteur que nous venons de citer écrivait en 1637 et visait spécialement les institutions de son pays.

Molinœus *Coutume de Paris*, art. 46 et 68, fait remarquer qu'un fonds n'en est pas moins allodial pour être soumis à un seigneur à raison de sa justice, parce que l'allodialité consiste substantiellement dans l'exemption de tous droits et services féodaux.

Raepsaet distingue entre le franc-alleu et l'alleu. « Le franc-alleu, dit-il, n'était soumis à la justice ou juridiction d'aucun autre, à la différence du simple alleu sans juridiction propre, lequel était, comme il l'est encore, soumis au ressort d'un autre justicier [2]. »

Les feudistes connaissent deux sortes de propriétés libres, *le franc-alleu noble* et *le franc-alleu roturier* [3]. Au premier était attachée la justice

---

[1] IBIDEM, p. 12.
[2] RARPSART, *Œuvres complètes*, t. IV, p. 238.
[3] Cette désignation de *franc-alleu noble* et *franc-alleu roturier* ne se rencontre pas dans les documents du moyen-âge. « Anciennement il n'y avoit qu'une espèce de franc-aleu qui étoit noble, et ce ne fut qu'en 1510 qu'on introduisit la distinction du franc-aleu noble et du roturier, pour la forme de partage seulement. » *Collection de jurisprudence sur les matières féodales et les droits seigneuriaux*, t. II, p. 32.

ainsi que des rentes foncières ou des fiefs ; il se partageait noblement, c'est-à-dire avec un avantage marqué au profit du fils aîné, sauf dans quelques pays, où les francs-alleux se répartissaient d'après les coutumes locales en lots égaux entre tous les héritiers. Les alleux roturiers ne possédaient ni justice, ni rentes foncières, ni vassaux ; ils se partageaient comme le reste de l'avoir, sans privilége pour l'aîné [1].

Autrefois l'alleu était inaliénable et incommutable sans le consentement du plus proche héritier ; on peut en dire autant du fief [2]. Mais ce qui les distinguait c'est que l'alleu pouvait être cédé par simple tradition (*exfestucatio et werpitio*), sans intervention d'un suzerain, tandis que l'assentiment de ce dernier était requis pour la vente ou la mutation du fief. A proprement parler il n'existait entre le fief et le franc-alleu d'autre différence essentielle que la prestation d'hommage et le paiement de certains droits, comme par exemple le droit de relief, ou l'imposition de certains services, tels que l'*heirban*, etc., dont le second était exempt.

Maintenant que nous connaissons la théorie des feudistes en matière de franc-alleu, tâchons d'exposer le plus brièvement possible les principes sur lesquels reposait l'organisation de la seigneurie et de la propriété en Flandre.

---

[1] Coquille, *Institutions du droict françois*. Paris, 1607, p. 120. — Galand, p. 14. — Prévôt de la Jannès, *Principes de la jurisprudence françoise*. Paris, 1759, t. I, p. 263.

[2] Galand, p. 21.

Nous avons démontré dans notre précédente étude, que le royaume de France s'étendait sur toute la rive gauche de l'Escaut. Pour cette contrée le comte de Flandre devait hommage au roi. Nous avons aussi raconté comment une partie de la Lotharingie située sur la rive droite du fleuve et comprenant le pays d'Alost, la partie-sud du pays de Termonde et le pays de Bornhem, ainsi que les îles zélandaises tomba aux mains de nos comtes, qui devinrent dès lors, du chef de ces pays, et plus tard, vers la fin du XIIᵉ siècle, aussi du chef d'une portion du territoire situé sur la rive gauche, les vassaux des empereurs d'Allemagne. Sous le rapport féodal la Flandre doit donc être considérée comme une double tenure. Il est vrai que durant un espace de temps assez long la puissance de nos princes fut si prépondérante que l'on put les prendre pour des souverains libres et indépendants. Ils possédaient en effet leur pays avec tous les droits et priviléges que l'autorité suprême comporte ; ils avaient la pleine disposition du sol et des habitants, de la même manière que le roi dans ses propres domaines.

Les grands feudataires de la Flandre, les châtelains et barons, et spécialement les châtelains des frontières, notamment ceux de Gand, d'Alost, de Termonde, de Bornhem, de Beveren, etc., se trouvaient aussi originairement dans une situation qui, à certains égards, peut être comparée à celle du comte. Chacun d'entre eux avait la libre administration de sa seigneurie et y exerçait les prérogatives souveraines ; cependant, tous avaient à remplir vis-à-vis du comte les devoirs du contrat féodal. Plus tard, quand la vassalité stricte se fut substituée à l'hommage ordinaire, et que les comtes de leur côté eurent recouvré, soit par succession, soit par achat, la possession immédiate de la plupart des grands fiefs de la Flandre, les relations de vassal à suzerain prirent un nouveau caractère, que nous n'avons pas à examiner pour le moment.

A côté de la seigneurie du comte et de celle de ses grands vassaux, on rencontre la seigneurie ecclésiastique qui, à cause de l'immunité civile qui lui avait été adjointe, apparaît souvent sous la forme allodiale et en d'autres circonstances affecte les caractères d'un fief du comte.

Quant à la propriété, les anciens documents renferment à cet égard plusieurs dispositions essentielles.

La propriété était partagée en deux catégories principales, soigneusement distinguées l'une de l'autre. La première comprenait les biens immobiliers ou héritages; dans la seconde étaient rangés les biens mobiliers, aussi appelés avoir ou cateux, et dont nous ne nous occuperons pas.

Dans la propriété foncière on remarque les formes suivantes.

D'abord, la propriété pleine, entière, originairement germanique, comprenant la seigneurie foncière, la faculté de disposer souverainement du sol, avec droit de justice haute et basse sur les habitants. Celui qui possède cette propriété sans restrictions s'appelle le seigneur (*dominus*);

sa seigneurie est un *dominium*. Une terre de cette nature constitue un *allodium*; elle est transmissible par voie d'hérédité. On peut la vendre, la céder, la donner en gage, l'inféoder, la charger de rentes ou de cens, sans devoir recourir à l'agréation d'un seigneur supérieur.

La seigneurie foncière d'une semblable propriété se transmettait de trois manières : 1º lorsque le seigneur foncier la possédait avec la justice haute et basse, donc « *terra cum inhabitantibus, redditibus, decimis, justiciis ac consuetudinibus*, etc. » et lorsque le transfert avait lieu à une abbaye ou église cathédrale avec la déclation expresse d'immunité [1]; 2º ou bien, lorsque le seigneur foncier se réservait la haute justice, soit purement et simplement, soit à cause de l'avouerie ecclésiastique lui appartenant [2]; 3º ou bien, lorsqu'il donnait la seigneurie en fief avec la justice à tous les degrés.

Dans les écrits du moyen-âge on rencontre ordinairement le mot *allodium* dans le sens de terre patrimoniale; il est souvent remplacé par *hereditas, terra sui juris, terra propria, proprietas* [3]. La propriété acquise s'appelle aussi *allodium*, et bien souvent l'approbation du seigneur, dans les possesions duquel ce bien est situé, est

---

[1] WARNKŒNIO, *Flandrische Staats- und Rechtsgeschichte*, t. II, 2º partie, p. 70. — MIRÆUS, t. I, p. 511.
[2] A. DE VLAMINCK, *Cartulaire de l'abbaye de Zwyveke*, p. 42. — SERRURE, *Cartulaire de l'abbaye de Saint-Bavon*, p. 165.
[3] A. VAN LOKEREN, *Chartes et documents de l'abbaye de Saint-Pierre*, pp. 63, 65, 77, etc.

requise pour l'aliénation ou la donation à une abbaye [1].

Il est à remarquer que dans beaucoup de chartes de commune le simple domaine utile figure également sous la dénomination de *hereditas, terra sua*, nonobstant que le tenancier n'y eût aucun droit de propriété, mais le possédât seulement en usufruit perpétuel, autrement dit en censive [2].

L'expression de *francum* ou *liberum allodium* figure dans quelques diplômes des XIIe et XIIIe siècles [3], et désigne en général une terre antérieurement franche et dont le possesseur est exempt de toutes charges tant féodales qu'autres. Nous ne connaissons en Flandre d'autres alleux de cette espèce, de quelque étendue, que les biens des églises et des abbayes, auxquels l'immunité civile avait été accordée par les rois et les empereurs.

La franchise de l'alleu était relative. On sait combien étaient bizarres les combinaisons des fiefs ; quelle immense variété de relations entre le vassal et le suzerain. Non moins étrange était la constitution de la censive et de l'alleu. Les églises et les abbayes possédaient divers alleux dont le donateur s'était réservé la haute justice ou la justice à tous les dégrés [4]. Les seigneurs

---

[1] *Cartulaire de Saint-Bavon*, pp. 173 et 269. — *Cartulaire de l'abbaye de Zwyveke*, p. 25.

[2] WARNKŒNIG, *Flandrische Staats- und Rechtsgeschichte*, t. III, 2e partie, p. 74.

[3] *Cartulaire de l'abbaye de Zwyveke*, p. 42. — MIRÆUS, tome I, pp. 89 et 116.

[4] *Cartulaire de l'abbaye de Zwyveke*, p. 42.

de Termonde prélevaient non seulement la moitié
des amendes comminées dans les alleux du chapitre de Cambrai à Audeghem, mais ils possédaient en outre le droit d'appeler au service
militaire les tenanciers de ce.village et de les conduire jusqu'à la frontière du pays [1]. A Moorsel,
Gevergem et Wieze les tenanciers demeurant sur
les alleux du chapitre de Termonde étaient obligés, comme tous les autres habitants du pays,
de concourir à la défense de la forteresse de
Termonde en temps de guerre; quant au reste,
ils n'avaient à payer ni tonlieu, ni autres contributions au seigneur [2].

Pour mieux faire ressortir la franchise de
l'alleu, nous rappellerons dans quelle situation
les grands vassaux de la Couronne se trouvaient
vis-à-vis du comte. Leur seigneurie formait, il est
vrai, un fief, mais ils y exerçaient tous les droits
actifs de la royauté. A leur tour ils concédaient
des terres en arrière-fief et déterminaient à volonté les obligations de leurs feudataires. Il est
avéré qu'ils donnaient des terres en pure propriété, c'est-à-dire sans imposition de vassalité
ou de censive. Cependant, bien que ces propriétés
restassent reconnues comme des alleux libres à
l'égard du seigneur territorial, elles n'en conti-
nuaient pas moins à être comprises dans le fief
suzerain; elles étaient, si l'on peut s'exprimer
ainsi, seulement allodiales au premier degré. Les

[1] LINDANUS, *De Teneraemonda*. p. 218.
[2] IBIDEM, p. 220.

communautés ecclésiastiques le comprirent si bien, qu'elles ne négligèrent jamais d'invoquer l'intervention du suzerain, toutes les fois qu'elles voulaient posséder un bien en pur alleu [1].

En second lieu, la propriété réelle sans juridiction, ce que les feudistes appellent *le franc-alleu roturier*. On le rencontrait notamment dans les villes, sous la forme d'héritages concédés pour y élever des constructions sur des terrains dont la ville était devenue propriétaire. Ces héritages, quoique soumis à la juridiction générale urbaine et parfois chargés d'une rente foncière, procuraient à leurs possesseurs plus que le domaine utile [2]. Au plat pays aussi nous trouvons un grand nombre de propriétés qui à notre avis doivent être rangées parmi les francs-alleux roturiers. Elles n'étaient pas grevées de rentes seigneuriales, ne payaient pas de relief ni autres redevances féodales et appartenaient en franche propriété à leurs possesseurs, à peu près à la manière de nos héritages modernes. Elles se trouvaient néanmoins sous la juridiction légale et la protection du seigneur terrier, qui pouvait de ce chef imposer à leurs possesseurs certaines charges personnelles, auxquelles les personnes libres avaient été assujetties d'ancienneté.

En troisième lieu, le domaine utile, autrement dit l'usufruit perpétuel, lequel était transporté par le seigneur foncier à des sujets restants soumis à sa

---

[1] MIRÆUS, t. I, p. 116. — *Cartulaire de Zwyveke*, p. 21.
[2] WARNKŒNIG, t. III, 2ᵉ partie, p. 71.

juridiction et ayant à solder un cens en argent ou en nature (*census terrae*, *cens seigneurial*, *rente foncière seigneuriale*). Les détenteurs de semblables terres se nommaient *censitaires* ou *hôtes*, en latin *hospites*. Leur bien était tenu en censive. La nue propriété n'en appartenait pas à eux, mais au seigneur foncier. Les censitaires étaient cependant plus que des emphytéotes; la censive peut être comparée au colonat romain, dont elle tirait son origine [1]. Certains censitaires se trouvaient dans la situation des anciens *coloni partiarii*; ils devaient abandonner au seigneur la moitié des fruits de leur culture; d'autres avaient à livrer une brebis, un porc, une geline, une douzaine d'œufs, un pain ou autres produits de cette nature; quelques-uns devaient fournir un service de corvée, devaient bêcher, moissonner, charrier; néanmoins, le plus grand nombre n'étaient tenus qu'au paiement d'un léger cens annuel qui, par suite de la dépréciation de l'argent, devint totalement insignifiant. En cas de vente ou de succession, le nouveau censitaire était redevable d'un relief. Si la rente seigneuriale n'était pas acquittée à l'époque déterminée, ou si le relief ne se payait pas endéans le terme fixé, le censitaire tombait en contravention ou commise et en l'amende, ou bien l'éviction avait lieu au profit du seigneur, qui réunissait le domaine utile au domaine direct [2]. Pour le reste, il

---

[1] WARNKŒNIG, t. III, 2e partie, p. 46.
[2] WARNKŒNIG, t. III, 2e partie, p. 74.

était permis aux censitaires de charger leur bien
de rentes foncières, de l'engager, de le donner,
de l'aliéner, moyennant que le nouveau possesseur
assumât comme censitaire les obligations de son
prédécesseur.

En quatrième lieu, le fief, notamment lorsqu'il
avait pour objet une propriété foncière, car on
n'ignore pas que des propriétés morales ou incor-
porelles, telles que des fonctions, des impositions,
des rentes, des dîmes, etc., furent données en fief.
Le feudataire ou vassal n'avait pas la vraie propriété de son fonds ; de même que le censitaire,
il le tenait en usufruit perpétuel, sous les conditions fixées par le contrat féodal. Les conditions
ordinaires attachées à la vassalité étaient la fidélité, l'assistance et le service personnel à la guerre
et à la cour (*fiducia, justicia, servitium*). Avant
d'entrer en possession, le vassal prêtait entre les
mains du suzerain de qui relevait le fief, le serment de féauté ; cette cérémonie s'appelait l'hommage. Par l'investiture qui suivait, le seigneur
promettait à son vassal secours et assistance ; il
garantissait, à lui et à ses successeurs, la possession du fief. Si le feudataire était convaincu de
félonie devant le tribunal de ses pairs, ou s'il né-
gligeait de remplir les obligations qui lui étaient
imposées, le suzerain avait le droit de retirer le
fief ; c'est ce qu'on appelait le droit de retrait. En
matière de succession de fiefs, « le mort saisissait
le vif, » mais le successeur était obligé de relever
le fief endéans an et jour par le renouvellement

du serment [1]. La succession avait lieu en ligne masculine, par droit de primogéniture. Au cas où le défunt ne laissait pas de fils, la fille aînée lui succédait, à l'exclusion des agnats [2]. A défaut d'héritiers aptes à succéder, le fief faisait retour au suzerain. Le vassal avait la souveraineté dans sa seigneurie foncière, comme le possesseur allodial dans la sienne ; il exerçait aussi le pouvoir administratif, judiciaire et militaire dans son domaine. En ce qui concerne le droit de disposer qui lui compétait, il pouvait aliéner son fief, le grever de cens ou de rentes, le donner en arrière-fief, l'allodialiser, *salvo jure domini* [3]. Dans les fiefs nobles anciens tenus directement du prince, on constate plus rarement l'intervention du suzerain que dans les nouveaux ; cela s'explique ; en effet, à l'époque de l'érection de ces fiefs les obligations féodales n'avaient pas encore acquis ce degré de dépendance absolue qu'elles acquirent par la suite. Quelques fiefs conservèrent leur caractère primordial jusqu'au XIVe siècle.

Entre le fief et la censive existait cette différence notable, que le détenteur du fief possédait la seigneurie de son fonds, tandis que le censitaire se trouvait placé entièrement sous la juridiction de son seigneur foncier. Les devoirs

[1] WIELANT, *Leenrechten,* fixe ce délai à quarante jours.
[2] Mathilde I de Termonde succéda à son père Wautier II, nonobstant que celui-ci eut deux frères encore en vie. La même chose arriva pour Mathilde II.
[3] WARNKŒNIG, § 10. — WIELANT et DE CLERCQ, *Over de leenrechten,* passim.

féodaux imposés au premier étaient considérés comme honorables, et on les appelait pour cette raison *honores, favores,* tandis que les services du censitaire étaient tenus pour vils et dégradants. Le vassal devait foi et service personnel, tandis que le censitaire avait à payer une rente foncière seigneuriale. Les affaires féodales étaient placées sous la juridiction de la cour féodale et sous celle de la cour de Flandre (*curia Flandriae, curia baronum flandrensium,* plus tard appelée la Chambre légale); les affaires relatives aux terres censières étaient aplanies et réglées devant le tribunal des échevins ou devant les hauts-échevins de la châtellenie.

Si nous essayons maintenant d'appliquer les principes qui précèdent à la Flandre, nous trouvons dans les domaines du comte et dans ceux de ses vassaux, à côté d'un grand nombre de fiefs et de censives, plusieurs héritages qui leur appartiennent en propre; c'étaient leurs alleux. Ils pouvaient en disposer à leur gré. Mais ces héritages faisaient effectivement partie intégrante de la seigneurie foncière pour laquelle l'hommage était dû par le comte ou le vassal. A l'égard du suzerain ils étaient donc reconnus comme fiefs et devaient fournir leur part proportionnelle dans les charges générales qui pesaient sur la seigneurie.

Existait-il en Flandre, en dehors des alleux ecclésiastiques, des seigneuries foncières allodiales nobles, c'est-à-dire des seigneuries dont le possesseur ne reconnaissait pas de suzerain? Les historiens répondent affirmativement et nomment Termonde, Bornhem et Grammont.

Nous n'hésitons pas à répondre non, et nous allons tâcher de faire triompher notre opinion dans les pages qui vont suivre.

III.

Dans notre première étude nous avons vu comment les comtes de Flandre, vers le milieu du XIᵉ siècle, s'approprièrent un lambeau de la Lotharingie, et développé les raisons qui nous portent à présumer que les pays de Termonde et de Bornhem ne se constituèrent qu'à cette dernière époque.

Mais en quelle qualité ?

Fut-ce comme libre alleu, à titre de concession incommutable de l'empereur ? Cette supposition nous paraît inadmissible. En effet, les souverains de l'Allemagne avaient un intérêt majeur à faire surveiller et défendre les marches de leurs États par un vassal sur l'obéissance et le dévouement entiers duquel ils pouvaient compter au besoin, et le moment eut été mal choisi pour dégarnir leurs frontières du côté de la Flandre ; d'ailleurs, à en juger d'après leur politique constante, il n'est pas logique d'admettre qu'ils eussent bénévolement abandonné un fragment de leurs possessions comme franc-alleu au profit d'une dynastie étrangère ; le bon sens seul enseigne qu'ils devaient avant tout y tenir à ne concéder des terres qu'à titre de fief. D'un autre côté, on ne perdra point de vue que la région septentrionale de la seigneu-

28

rie de Termonde était comprise dans la France, et que les premiers seigneurs de Termonde et de Bornhem, issus de la famille des châtelains de Gand, comptaient parmi les principaux feudataires du comte de Flandre.

Fut-ce comme fief du duché de Lotharingie ou du comté de Louvain ? Rien ne le fait supposer. Jamais les seigneurs de Termonde ne sont désignés comme vassaux des ducs de la Lotharingie, des comtes de Louvain ou des ducs de Brabant. Dans aucun document on ne lit qu'ils aient prêté hommage à ces princes, et jamais ceux-ci n'élevèrent la moindre prétention à cet hommage. Au reste, rappelons de nouveau qu'une portion considérable du pays de Termonde s'étendait de l'autre côté de l'Escaut, par conséquent hors des limites de la Lotharingie.

Fut-ce comme fief direct de l'Empire ? Non seulement les preuves de vassalité font ici encore défaut, mais une particularité sur laquelle nous reviendrons tout à l'heure, s'oppose à la solution du problème dans ce sens.

Fut-ce enfin comme fief de la Flandre et arrière-fief (pour la partie sud) de l'Empire, et (pour la partie nord) du royaume de France ?

Après mûr examen, nous croyons devoir cette fois opiner affirmativement.

La particularité à laquelle nous fîmes allusion tantôt, servira de premier argument. Au moyen-âge on reconnaissait pour principe de droit international que la propriété des rivières et cours d'eau traversant un pays compétait au souverain

de la contrée, à qui revenait seul la juridiction
des tonlieux et péages pour la navigation et le
passage des ponts et rivières. Pareille préroga-
tive était considérée comme régalienne, parce
qu'aucune imposition de [l'espèce ne pouvait être
levée sans l'assentiment exprès du prince. Les
comtes de Flandre étaient-ils soumis sous ce rapport à la suzeraineté du roi de France et de l'em-
peur d'Allemagne, ou avaient-ils réussi à s'affranchir de toute dépendance de ce chef ? La chose
offre peu d'importance par elle-même ; il suffit
de savoir qu'ils s'attribuaient la haute surveillance
sur l'Escaut depuis sa source jusqu'au Rupel,
plus tard jusqu'à Anvers, et y exerçaient tous
les droits supérieurs. Par ses lettres du mois de
mai 1271 la comtesse Marguerite de Constantinople règle à nouveau les tarifs des divers tonlieux établis sur l'Escaut à partir de Valenciennes
jusqu'à Rupelmonde [1]. Or, parmi ces tarifs on
remarque celui du seigneur de Termonde, qui,
comme on ne l'ignore pas, possédait le domaine
utile du fleuve depuis l'abbaye de Saint-Bavon
à Gand jusqu'à Bornhem [2]. La conclusion que
nous voulons tirer de la constatation de ce fait
est simple mais péremptoire : Si les comtes de
Flandre possédaient la suzeraineté de l'Escaut sur
son parcours à travers le pays de Termonde, ils

---

[1] WARNKŒNIG et GHELDOLF, *Histoire de la Flandre,* t. II, pièces
justificatives, n° XXVI.
[2] « Le signorie de l'Euwe de Bornhem dusques à Saint-Bavon. »
Prisée et estimation de la terre de Tenremonde, de l'année 1308,
parmi les chartes provenant de Rupelmonde, n° 1185.

pouvaient légalement revendiquer la suzeraineté du pays même, lequel relevait par conséquent de la Flandre à titre de fief.

D'un autre côté, puisque la seigneurie de Termonde s'étendait mi-partie en Allemagne et mi-partie en France, on arrive à cette déduction naturelle qu'elle constituait en droit un arrière-fief de ces deux royaumes, bien que depuis la fin du XIIe siècle elle fût absorbée en totalité dans l'empire.

Il est malaisé de donner une explication rationnelle de la formation des pays de Termonde et de Bornhem, si l'on n'admet qu'ils furent originairement détachés de celui d'Alost et érigés seulement en châtellenies propres après l'époque de la première prestation d'hommage faite par les comtes de Flandre à l'empereur. En effet, dans la relation qui nous a été conservée de cette investiture, les pays de Termonde et de Bornhem sont passés sous silence, d'où l'on peut inférer qu'ils n'étaient pas encore élevés au rang de districts particuliers, mais faisaient alors partie intégrante de la seigneurie d'Alost [1].

A vrai dire, on ne rencontre dans les autres actes d'hommage des fiefs impériaux aucune mention ultérieure de Termonde et de Bornhem. Il semble même résulter, à première vue, des pièces diplomatiques rédigées à l'occasion des interminables débats qui surgirent entre les maisons de Dampierre et d'Avesnes relativement à

---

[1] C'est devant les hommes de fief de la cour d'Alost qu'Enguerrand d'Amboise et Marie de Flandre, sa femme, relevèrent en 1334 leur seigneurie de Termonde.

ces fiefs, que dès le milieu du XIIIe siècle, on regardait les pays de Termonde et de Bornhem, comme étrangers à la Flandre impériale ; enfin, deux siècles plus tard on les voit qualifier de francs-alleux, ainsi qu'il appert des lettres de Jean sans Peur du 3 août 1419, de Philippe le Bon du 28 janvier 1492 et du 28 février 1462 et de Maximilien d'Autriche du 14 mars 1478, que nous analyserons plus loin. Il faut évidemment tenir compte de ces différents faits si l'on veut aboutir à une solution raisonnée du problème.

Tous ceux qui se sont occupés de l'étude de la diplomatique savent combien la concision poussée à l'excès et le servilisme de l'expression rendent parfois le sens des documents du moyen-âge obscur et ambigu. On dirait que les rédacteurs anciens se sont ingéniés à reproduire le plus succinctement possible, mais entourée d'un vrai luxe de formules banales, l'idée principale à énoncer. C'est dans les actes susceptibles de renouvellement, telles que les lettres de prestation d'hommage, que l'on remarque surtout cette tendance.

Le système pouvait être excellent sous le rapport de l'exactitude, mais il offrait un inconvénient qu'on n'avait pas prévu. Les termes employés s'étaient peu à peu écartés de leur signification primitive. Tel pays, par exemple, à l'égard duquel l'hommage était dû, avait étendu ses limites ou les avait vu restreindre; tel autre avait subi une transformation de nom totale ou partielle. De là une confusion qui donna lieu à beaucoup de malentendus.

Ajoutez à ces considérations, que depuis le

milieu du XIe siècle jusqu'à la fin du XIIe, les empereurs d'Allemagne et surtout les rois de France n'exercèrent plus aucune autorité réelle sur l'administration intérieure des domaines de nos comtes. Durant cet intervalle ils n'intervinrent plus ni dans la concession des biens aux églises et monastères, ni dans les autres actes où leur participation était jadis requise. La puissance du comte de Flandre dans ses États est arrivée à son apogée, et n'eut-on les preuves qu'il alla en temps opportun prêter un hommage banal entre les mains de ses suzerains, on serait tenté de croire qu'il ne reconnaissait aucun pouvoir au-dessus du sien. Cette interruption longue et à peu près complète de toute suzeraineté effective sur la Flandre devint la source d'une grande incertitude relativement à l'étendue des droits et des devoirs de chacun. Un des plus singuliers résultats qu'elle amena fut assurément l'annexion à l'empire d'Allemagne du pays de Waes, qui appartenait légalement à la France.

Faisons remarquer aussi qu'à l'époque dont il s'agit (fin du XIIe siècle), les châtellenies de Termonde et de Bornhem n'avaient pas encore fait retour au domaine direct des comtes de Flandre, comme c'était le cas pour les pays d'Alost et de Waes ; or, l'on ne saurait méconnaître que le doute qui s'éleva plus tard au sujet de la vassalité de Termonde, trouve son origine principale dans cette annexion tardive[1]. Si la réunion avait eu lieu

---

[1] Les seigneuries d'Alost et de Waes firent retour au comté de Flandre en 1165, celle de Bornhem en 1250 et celle de Termonde en 1355.

simultanément avec celle des deux pays que nous venons de nommer, jamais la question d'allodialité n'eut été soulevée.

Enfin, il importe de tenir compte de ce fait, que la seigneurie de Termonde conserva longtemps sa qualité originelle de fief ordinaire, et que ce n'est que fort tard dans le moyen-âge que la vassalité stricte ou hommage lige lui fut imposée [1].

Toutes ces raisons expliquent comment il a pu se faire que les seigneuries de Termonde et de Bornhem, qui s'étaient peu à peu érigées en districts administratifs, furent considérées à la longue comme indépendantes des pays de Waes et d'Alost; comment la tradition du lien qui les y rattachait s'affaiblit par degrés, pour se perdre complétement au bout de quelques générations. La même chose serait indubitablement arrivée pour les pays d'Escornaix, de Sottegem, de Gavere et de Grammont, s'ils n'avaient été unis par des liens plus étroits à celui d'Alost; pour la ville du Rupelmonde, pour le pays de Beveren et pour le pays de Waes même, si les empereurs n'avaient, vers la fin du XIIᵉ siècle, fait admettre leurs prétentions à l'égard de ces contrées; en effet, ni les lettres d'investiture qui nous sont parvenues, ni la relation des premières prestations d'hommage que l'on trouve dans les auteurs anciens ne font mention des dits pays, d'où l'on aurait également pu tirer la conclusion erronée

---

[1] Dans un acte de 1345, Termonde apparaît comme fief lige de Flandre.

qu'Escornaix, Sottegem, Gavere, Beveren, etc.,
ne dépendaient pas de la Flandre impériale, comme
on l'a fait pour Grammont, en dépit de l'inanité
palpable de cette thèse [1].

Inutile de dire que les comtes de Flandre se
gardèrent bien de rappeler aux empereurs, les
droits anciens de l'Empire sur Termonde et Bornhem, nonobstant qu'ils n'abandonnèrent jamais
leurs propres revendications, ainsi que nous
allons le faire voir.

En ce qui concerne le pays de Bornhem, la
preuve résulte à l'évidence d'un acte de l'année
1229, par lequel Hugues, châtelain de Gand et
seigneur de Bornhem, reconnaît tenir en fief du
comte de Flandre son burg (*castrum*) de Bornhem,
qu'il promet de lui restituer d'après les us et
coutumes de la Flandre [2], ainsi que d'un autre
acte du mois de juin 1243, par lequel ledit Hugues
cède à l'abbaye d'Afflighem certaine terre et
prairie située à Crailoo-lez-Bornhem et dépendante
du fief qu'il relève du comte de Flandre [3]; enfin,
d'un troisième acte du 14 août 1249, en vertu
duquel le même Hugues et sa femme déclarent
affranchir les tenanciers de leur pays de Bornhem
de toutes charges et corvées auxquelles ils étaient
astreints à raison de leurs fiefs, et s'obligent à

---

[1] On a soulevé quelques prétentions de cette nature pour la seigneurie de Beveren.

[2] Lettres du mois de juin 1229, aux archives de l'État à Gand,
chartes des comtes de Flandre, n° 35.

[3] Acte du mois de juin 1243. — KLUIT, *Codex diplomaticus*, p. 489.
— C'est par erreur que Kluit place Crailoo au pays de Waes; l'*Hof
te Crailoo* faisait partie du territoire de Bornhem.

n'établir de nouveaux impôts que pour le cas où le comte de Flandre (*dominus terrae*) soit fait prisonnier [1].

Pour Termonde et son district nous citerons :

1° Le récit de l'hommage prêté en 1128 par Daniel, seigneur de Termonde, au comte Thierry d'Alsace, en présence du peuple assemblé sur la place du Sablon à Bruges [2];

2° Une charte de l'année 1197, par laquelle Baudouin, comte de Flandre, approuve la donation faite par Guillaume, avoué d'Arras, seigneur de Béthune et de Termonde, et sa femme Mathilde à l'abbaye de Saint-Bertin de l'autel de Lichtervelde, dépendant de son fief de Termonde [3];

3° Un acte de l'année 1218, que la comtesse Jeanne de Constantinople signe en sa qualité de suzeraine du fond des terres appartenant à Mathilde, dame de Termonde [4];

4° Un acte de l'année 1230, par lequel Ferrand, comte de Flandre, et son épouse la comtesse de Flandre donnent leur approbation à la

---

[1] Chartes des comtes de Flandre, n° 75; imprimé dans Du CHESNE, *Histoire généalogique des maisons de Guines et de Gand*, pr., p. 522.

[2] GALBERT, *Vita Caroli Boni*, dans les *Acta SS. Martii*, p. 213.

[3] Voir notre ouvrage : *De stad en de heerlijkheid van Dendermonde*, t. VI, p. 114.

[4] « Actum anno dominice incarnationis millesimo ducentesimo octavo decimo, mense aprili, sub his testibus : domina Johanna Flandrie comitissa, sicut domina fundi terre matris mee (matris scilicet Danielis, advocati Attrebatensis, domini Bethuniae), domino Ebrardo de Mortainne, domino Arnulpho de Landast, domino de Cysonio, domino Hugone d'Aubini, baronibus Flandrie. » Acte du mois d'avril 1218, aux archives de l'État à Gand, analysé dans Jules de Saint-Genois, *Inventaire des chartes des comtes de Flandre*, n° 12.

cession du fief d'Appels-lez-Termonde, faite par Marguerite de Termonde en faveur de l'abbaye de Zwyveke [1];

5° Une déclaration de l'official de Cambrai de l'année 1248, certifiant que Guy de Dampierre, Mathilde de Béthune, sa femme, et Élisabeth de Morialmé ont approuvé la liquidation de la succession de Robert VII, avoué d'Arras, seigneur de Béthune et de Termonde, réglée par la comtesse Marguerite de Flandre, et qu'ils se sont soumis à la juridiction de ladite comtesse. Il résulte à l'évidence de cet écrit que les possessions de Robert s'étendaient dans les comtés d'Artois et de Flandre, à l'exception de quelques terres situées dans le Hainaut, dans le Namurois et dans le pays de Liége [2];

6° Une ordonnance de 1271, par laquelle Marguerite, comtesse de Flandre, détermine le tarif du tonlieu de Termonde [3];

7° Des lettres du mois de septembre 1285, relativement à la donation des dîmes de Zwyveke dépendantes du fief du seigneur de Termonde [4];

8° Un accord conclu le 1er août 1286, en vertu duquel Robert, comte de Nevers, avoué d'Arras et seigneur de Béthune, cède sous réserve d'usufruit à son frère Guillaume de Flandre, sa ville, son château et son pays de Termonde ; cette ces-

[1] *Cartulaire de l'abbaye de Zwyveke*, p. 21.
[2] *De stad en de heerlijkheid van Dendermonde*, t. VI, p. 116.
[3] WARNKŒNIG et GHELDOLF, *Histoire de la Flandre*, t. II, p. 483.
[4] *Cartulaire de l'abbaye de Zwyveke*, p. 75.

sion a lieu par l'entremise du comte de Flandre
et en présence de ses barons [1];

9° Une lettre du 26 novembre 1313, par laquelle
Guillaume II, seigneur de Termonde, et Jean de
Flandre, son frère, adhèrent à la sentence de
Robert, comte de Flandre, déclarant sur son honneur et sa conscience que le pays de Termonde
dans toutes ses parties et avec toutes ses dépendances est un fief de la Flandre; que Guillaume
l'a toujours tenu comme tel et l'a reçu à ce titre
de feu son père Guy, ci-devant comte de Flandre
et seigneur de Termonde [2];

10° Un acte du 29 décembre 1325, par lequel
Jean II, seigneur de Termonde, et sa mère Béatrice de Saint-Pol, comme tutrice des enfants de
Jean I, seigneur de Termonde, prêtent au comte
de Flandre, Louis de Nevers, le serment de féauté
pour leur seigneurie de Termonde [3];

[1] « .... Et avoec che li dis Willaumes nostre fius at et aura la
ville de Rikebourch et le manoir et les appartenances de cheli ville,
dont il est aussi ja prendans et prenras en l'accomplissement de wit
mille livrées de terre devantdites; et pour parfaire les wit mille
livrées de terre devandis, nous avons tant fait et pourcachiet envers
nostre cher et amé fil aisnet Robert, conte de Nevers, avoué d'Arras
et seigneur de Bethune, que il audit Willaumes nostre fil, son frère,
a baillié le ville de Tenremonde, le chastel de celi wille et les appar-
tenanches, et tout ce que il i avoit ou pooit avoir, et se en est des-
hireté li dis Robers, contes de Nevers, bien et à loy en nostre main,
comme en main de seigneur, par devant nos barons, et en avons
ahireté bien et à loy et par le jugement de nos barons et le dit Guillaume nostre fil, sans le prouffis que ledit Robers en doit porter et
avoir tant comme nous viverons. » Lettres du 1er août 1286, aux
archives de l'État à Gand, n° 414.
[2] LINDANUS, De Teneraemonda, p. 10. — VREDIUS, Genealogia comitum Flandriae, pr. tab. XI, p. 12.
[3] De stad en de heerlijkheid van Dendermonde, t. VI, p. 128.

11° Une charte du 27 avril 1327, par laquelle le comte de Flandre, en sa qualité de suzerain, approuve les lettres de Béatrice de Saint-Pol, dame de Termonde [1];

12° Une attestation du 14 février 1333, portant que Marie de Vianden, dame d'Hoboken, veuve de Guillaume II, seigneur de Termonde, a prêté serment au comte de Flandre du chef de la rente de 1000 livres, qui lui avait été assignée comme douaire sur la seigneurie de Termonde [2];

13° Un acte du 1er avril 1334, par lequel Enguerrand d'Amboise et sa femme Marie de Flandre prêtent hommage au comte de Flandre pour leur seigneurie de Termonde [3];

14° Une lettre du 29 avril 1345, par laquelle le comte Louis de Nevers promet aux citoyens de Termonde aide et secours contre les Gantois qui voulaient les molester, « désirans, dit-il, de tout notre cuer le bien commun des habitans en la dicte ville de Tenremonde, et comme singneur souvrain yaus maintenir et garder comme nostre fief lige, en leurs boins usages, libertés, etc., par ainsi que il nous ont promis estre boins et loyauls comme à leur droiturier singneur souvrain [4]; »

15° Plusieurs actes du comte Louis de Male, qui confirme comme suzerain les lettres d'En-

---

[1] A. DE VLAMINCK, *Inventaire des archives de la ville de Termonde,* t. I, p. 64.
[2] *De stad en de heerlijkheid van Dendermonde,* t. VI, p. 132.
[3] *Ibidem,* pp. 133, 134 et 135.
[4] *Ibidem,* p. 137.

guerrand d'Amboise et de Marie de Flandre, sa femme, seigneurs de Termonde [1];

Enfin 16°, les rôles des impositions connues sous le nom de transport de Flandre, dans lesquels la ville et le pays de Termonde devaient intervenir pour une part déterminée [2].

Nous ne croyons pas qu'en présence de preuves aussi nombreuses que décisives, il puisse encore y avoir de doute quant à l'existence des liens de vasselage qui unissaient Termonde et Bornhem à la Flandre.

Un seul point n'a pu jusqu'ici, faute de documents historiques suffisants, être élucidé d'une manière complète. Jusqu'à quelle époque la seigneurie de Termonde resta-t-elle soumise comme arrière-fief à la suzeraineté de l'Empire?

Certaines circonstances nous confirment dans l'opinion que durant les contestations qui s'élevèrent au XIIIe siècle entre les enfants de Marguerite de Constantinople, le pays de Termonde était encore compris dans la Flandre impériale. On sait que Jean d'Avesnes, non content du lot qui lui avait été attribué par sentence arbitrale

[1] *Inventaire des archives de la ville de Termonde*, t. I, pp. 67, 69, 70 et 72.

[2] Le transport de l'année 1308 fixe la part contributive des ville et pays de Termonde à la somme de 238 livres 2 escalins dans un total de 2000 livres (GAILLARD, *Archives du Conseil de Flandre*, p. 96). D'après le transport de 1317, le pays de Termonde avait à intervenir dans les impôts généraux à raison de 25 escalins 3 deniers par 100 livres. Cette contribution fut portée en 1408 à 30 escalins par 100 livres. De nouveaux changements eurent lieu en 1517 et 1631. La ville devait en outre contribuer dans les aides et subsides accordés par le *pays de Flandre* à ses souverains.

du mois de juillet 1246, réclamait en outre les fiefs allemands. Encouragé et soutenu par son beau-frère le comte de Hollande, il rassembla des troupes et pénétra dans la Flandre impériale, détruisit plusieurs forteresses, conquit Termonde et alla assiéger Rupelmonde par terre et par eau. La comtesse Marguerite envoya contre lui une armée qui suivit la route d'Ertvelde, Biervliet, Hulst et Hulsterloo–lez-Kieldrecht; mais Jean d'Avesnes sortit à l'improviste de Termonde et se jeta sur le pays de Waes, où un engagement eut lieu dans les poldres. Jacques de Guyse en attribue l'avantage à Jean d'Avesnes [1], mais M. Wauters prouve à l'évidence que le chroniqueur hennuyer se trompe et que la victoire resta aux Flamands [2].

Le coup de main sur Termonde ne s'explique que si l'on comprend cette seigneurie parmi les contrées au sujet desquelles la guerre avait éclaté.

Termonde subit d'ailleurs constamment le sort des autres fiefs allemands. Ainsi, lorsque les abbés de Lobbes et de Saint-Laurent, sur l'ordre de celui de Fulde, excommunièrent en 1253 la comtesse Marguerite et lancèrent l'interdit ecclésiastique sur la Flandre impériale, le pays de Termonde fut enveloppé dans la mesure canonique. C'est à peine si les chanoines de la ville obtinrent le privilége de célébrer le service divin dans l'église collégiale, à voix basse et sans sonnerie de cloches [3].

---

[1] J. DE GUYSE, lib. XX, cap. CXXII. — MEYER, ad annum 1248.
[2] A. WAUTERS, *Table chronologique des diplômes imprimés concernant l'histoire de Belgique*, t. IV, pp. XXXIII-XXXIV.
[3] LINDANUS, *De Teneraemonda*, p. 110.

Ces faits suffisent, ce nous semble, pour établir que le pays de Termonde faisait partie des terres en litige. Si les documents diplomatiques de l'époque n'en font pas mention, on doit inférer de leur silence, ou bien que la seigneurie de Termonde a été envisagée par les rédacteurs des actes comme une annexe des pays d'Alost et de Waes, ou bien qu'elle fut comprise sous la dénomination de *terre de l'Escaut*.

L'expression de *terra juxta Scaldim*, ou *terra supra Scaldam*, qui se rencontre pour la première fois en 1192 [1], a longtemps exercé la sagacité des auteurs, et plus d'une conjecture a été émise sur sa signification. Le professeur Kluit essaya de prouver que la *terra juxta Scaldam* et la Zélande occidentale ne désignent qu'une seule et même contrée [2]. On a objecté avec raison que les diplômes font mention concurremment et des îles zélandaises et de la *terra juxta Scaldam* [3]. D'après MM. Warnkœnig et Gheldolf, cette dernière ne serait autre que la terre d'Overschelde, dont ils fixent l'emplacement au nord de Gand, entre le fossé d'Othon, le pays de Waes et l'Escaut [4]. Nous sommes en mesure d'affirmer qu'il n'a jamais existé au dit endroit une terre de ce nom. Le prétendu pays d'Overschelde marqué sur la carte de

[1] Meyer, ad annum 1192.
[2] Kluit, t. II, 2ᵉ partie, p. 224 et suiv., et p. 629.
[3] E. Varenbergh, *La Flandre et l'empire d'Allemagne*, dans les *Annales de l'Académie d'archéologie de Belgique*, 2ᵉ série, t. IX, p. 711.
[4] Warnkœnig, trad. Gheldolf, *Histoire de la Flandre*, t. II, p. 7. Voir aussi la carte annexée au t. I.

Flandre publiée par ces savants, est une pure hypothèse, qui ne repose sur aucune base historique. Nous n'ignorons pas que dans le voisinage immédiat de Gand se trouvait un territoire appelé Overschelde, possédant un échevinage propre, et auquel le comte Thomas de Savoie et la comtesse Jeanne de Constantinople, sa femme, octroyèrent certains priviléges en 1241 [1], mais ce territoire, dont la juridiction fut annexée à la ville en 1254 [2], s'étendait non pas au nord de Gand, mais au-delà du pont de Brabant, c'est-à-dire à droite de l'Escaut, dans l'ancien *pagus brachbatensis*.

Terra juxta Scaldim est évidemment une expression générique, servant à désigner un groupe de terres situées le long de l'Escaut et bordant les deux rives du fleuve. Or, les pays de Termonde et de Bornhem répondent de tout point à ce signalement; ils étaient pour ainsi dire à cheval sur l'Escaut, servaient de trait d'union entre le pays de Waes et celui d'Alost, et donnaient à l'ensemble de la Flandre impériale la cohésion, l'homogénéité nécessaires.

Il importe de faire remarquer que dans les actes du XIII° siècle, le mot *juxta* est parfois remplacé par *citra* et quelquefois par *supra*. Ces termes, quoiqu'on en ait dit, ne paraissent pas être synonymes. *Citra Scaldam* doit s'entendre de

---

[1] DIERICX, *Mémoires sur la ville de Gand,* t. I, p. 374.
[2] IBID., p. 364. — VAN DUYSE, *Inventaire analytique des chartes de la ville de Gand,* p. 28.

la partie des pays de Termonde et de Bornhem, située sur la rive droite de l'Escaut, et *supra Scaldam* de la partie située sur la rive gauche. L'empereur Fréderic II, en donnant, par acte du mois de juillet 1245, à Marguerite de Constantinople l'investiture des fiefs allemands, mentionne la partie de la Flandre « citra Scaldim versus Hainoniam et Brabantiam, » ainsi que le pays d'Alost, les Quatre-Métiers et les îles de la Zélande [1]. Dans la suite, lorsque l'évêque de Cambrai, par lettres du 14 janvier 1281 (1282 nouv. st.), rend compte à Jean d'Avesnes des démarches qu'il a faites pour le mettre en possession de la Flandre impériale, il lui fait observer que la terre *supra Scaldam* ne dépend pas de son diocèse : « Quia terra Quatuor Officiorum, Wasiae et *supra Scaldam* extra nostram dioecisim constituta [2]. »

On pourrait trouver étrange le silence que garde l'acte de 1245 au sujet de la région septentrionale du terroir de Termonde, si d'autres bizarreries non moins inexplicables ne se rencontraient dans les pièces diplomatiques. Ainsi, l'acte que nous venons de rappeler ne fait aucune mention du pays de Waes; la missive épiscopale de 1281 ne parle pas de la région méridionale du pays de Termonde, quelques actes laissent même complétement de côté la Terre de l'Escaut, mais énumèrent toutes les autres terres impériales [3]. En

---

[1] WARNKŒNIG et GHELDOLF, *Histoire de la Flandre,* t. I, p. 356.
[2] MARTÈNE, *Thesaurus anecdotorum,* t. I, p. 1172. — KLUIT, t. I, 2ᵉ partie, p. 226-227.
[3] WARNKŒNIG, trad. GHELDOLF, t. I, pp. 373, 380, 338.

présence de ces singularités n'est-on pas en droit de soutenir que dans certains cas les pays de Termonde et de Bornhem ont été considérés comme de simples dépendances des fiefs allemands limitrophes ?

Hâtons-nous d'ajouter qu'au siècle suivant plusieurs documents authentiques citent textuellement Termonde au nombre des terres mouvantes de l'empire d'Allemagne, comme nous le verrons dans notre troisième étude.

ALPH. DE VLAMINCK.

COUP-D'ŒIL

SUR

LA VOIRIE ROMAINE ENTRE MEUSE ET RHIN.

En 1873 le *Messager des Sciences historiques* publia une géographie ancienne de l'Ile des Bataves, par D. Buddingh. Ce travail fit naître en nous la question d'identité ou de différence des mesures itinéraires, inscrites sur les différentes parties de la Table de Peutinger. Nous avons reconnu que si le mille romain constitue l'unité des distances dans la Batavie, c'est la *leuga* au contraire qui est attribuée aux distances entre les stations au midi du Wahal [1]. Cette unité s'est présentée à nous comme répondant à 2228 mètres ; d'autres n'ont compté que 2208^m75, ou 2218, ou comme notre ami l'ingénieur E. Boulanger, 2222^m38. En opérant avec la moyenne de ces chiffres, la différence est d'autant moins sensible que les points de repaire nous sont inconnus.

[1] Voir notre notice : *Trois stations de la voie romaine,* dans les *Annales de l'Académie d'archéologie,* 1874, p. 488.

La Table de Peutinger nous montre une voie partant de Tongres et allant à Feresne :

Par XVI	. . . XVI	. .	soit 35648	mètres.
A Catualium	. XIIII	. .	» 31192	»
A Blariacum	. XII	. .	» 26736	»
A Cevelum .	. XXII	. .	» 49016	»
A Neomagus	. III	. .	» 6684	»

LXVII leugæ = 149276 mètres.

Neomagus et *Blariacum* sont connus pour Nymègue et Blerick, ou plutôt Old-Blerick ; Feresne est attribué à Eysden par Wastelain. Le nom en approche, mais la localité doit être rapprochée de Vucht sur la route longeant la Meuse, et alors le nom de Feresne = *Veer-Eysden* convient pour la distance et la situation. D'Anville fixe *Catualium* à Heel, la distance s'y rapporte, mais peut-être faut-il lui préférer Neharoff, qui en est peu éloigné.

Entre cette station et celle de Blerick, à peu près à mi-chemin se trouve Kessel qui a été un poste romain. Il y a quatre ans, en 1871, qu'en y reconstruisant l'église, on trouva l'ancien autel dédié aux divinités de l'empire.

Cevelum la station qui suit Blerik, n'est qu'à trois leugæ de Nymègue. Les commentateurs lui donnent deux attributions mais à une distance double ; Cluvier le met à Gennep et d'Anville à Kuik, tandis que Buddingh penchait pour Kevelaer. Pour de telles attributions il faut déclarer fautif le chiffre 3, et nous n'y sommes autorisé par rien qui y contredise. En cherchant dans un rayon de près de sept kilomètres de Nymègue, nous trouvons au S.-E. un hameau, dont le nom s'écrit en 1622 *Zeefelik* sur la carte de Petrus Kœrius; et sur celle de De Witt, éditée par F. Visscher, *Zefelijk*; c'est là que ce poste nous paraît devoir être placé ; ce lieu n'est éloigné que d'environ trois kilomètres de Beek, signalé par ses traces de l'époque romaine, et par la distance indiquée de Blerik ; la voie eut traversé la Meuse vers Maas-hees où son lit est le plus resserré.

Si la Table nous montre une voie dans la vallée de la Meuse, elle nous en indique une seconde dans celle du Rhin, le remontant depuis *Burginacium* jusqu'à Cologne et au-delà. Elle indique les points suivants : De *Burginacium* à *Colonia Trajana* v, de *Colonia* à *Vetera* xl, d'ici à *Asciburgium* xiiii, jusqu'à *Novesium* xiiii également, et de *Novesium* à Cologne xvi. En rétrogradant nous trouvons que ces noms s'appliquent à Neusz et Xanten, positions sur lesquelles on est d'accord. Mais quelques doutes se sont élevés quant à *Colonia Trajana,* placée à Kellen à trois kilomètres de Clèves environ. Cet endroit est écarté d'environ vingt-trois kilomètres de Xanten, soit x leugæ et non plus de quatre-vingt-huit kilomètres, comme l'indiquerait xl. Mais ce caractère l n'a pas une valeur numérique et pourrait bien désigner ici, hors de l'Ile des Bataves, la qualité leugaire des distances.

Alting, qui comptait en milles romains, supposait une erreur graphique dans la forme des l qu'il remplaçait par v [1]; de cette manière il obte-

---

[1] ALTING, *Notitia Bataviae,* p. 46.

nait **xv**, qui équivalent à **x** leugæ. Notre ami Buddingh pensait appliquer le mille romain à cette partie de la Table, parce qu'il avait constaté son usage pour les distances des routes de l'Ile, routes tracées, puis construites par les Romains eux-mêmes.

Il prenait le chiffre **v** séparant *Burginacium*, Elterenberg, de *Colonia*, et trouvait celle-ci à s'Heerenberge et non à Kellen. « La cime de » s'Heerenberge, dit-il, est disposée pour l'as- » siette d'un camp, et le pied se trouve muni » de remparts et de fossés [1]. » Nous nous pré- parions à reprendre avec lui l'examen de cette question quand la mort l'enleva. La distance de Colonia Trajana portée à **lx**, semblait lui avoir échappé. Ce nombre en milles romains lui eut donné environ dix lieues; il n'y en a pas sept entre s'Heerenberge et Xanten. Il est vrai que s'Heerenberge a été un poste romain, les trou- vailles d'antiquités en sont la preuve, mais il en est de même pour Kellen et les endroits limi- trophes, et dans une plus grande proportion. C'est donc Kellen qui répond à *Colonia Tra- jana*, ville de laquelle Clèves a tiré son origine. « Pighius, dit Alting [2], prétend que l'un des noms de cette colonie fut *Œlia*, d'après l'empe- reur Hadrien; mais ce n'est là que le commen- taire d'une légende locale, qui donne Œlius Gra- cilis [3] pour souche à la maison de Clèves, voyant

[1] Sa lettre du 24 novembre 1872.
[2] ALTING, *ibidem*.
[3] Lieutenant-gouverneur de la Gaule-Belgique en 57. Les habi-

en lui le type du fabuleux Helyas. C'est peut-être de cette colonie que nous sont arrivées toutes les fables troyennes introduites dans nos origines ; ce serait en conséquence que le nom voisin d'Elten, écrit encore *Eltnon* en 943, parut en 970 sous le nom d'*Altina* [1], réminiscence d'Altino en Vénétie, qui comme Padoue s'attribuait Anténor pour fondateur.

Kellen n'est éloigné que d'environ 15 kilomètres de Zefelyk ; nous ignorons si des vestiges de diverticulum ont été reconnus dans cette direction ; mais il est vraisemblable que la colonie possédait avec l'importante place de *Néomagus*, Nymègue, une voie de communication moins longue que celle passant par *Burginacium* et *Arenacium*.

Une route mettait Cologne, *Colonia Agrippina*, en communication avec Tongres, en passant par *Juliacum* et *Cortovallium*. La première localité est reconnue pour Juliers ; la seconde a donné lieu à bien des attributions différentes. Elle se trouve à xii leugæ de Juliers et à xvi de Tongres. Cette voie a été relevée par M. Habets, président de la Société archéologique du duché de Limbourg, qui se prononce pour Fauquemont [2]. Nous croyons pourtant que le *Cortovallum* a dû se trouver 2 ki-

tants de cette colonie furent nommés Troyani et parfois Trojani. Cfr. Divæus, *Antiq. Belg.*, p. 45. — Cluverius Germania, *Antiq.*, p. 431. — Le géographe de Ravenne nomme la ville *Troya*; et la légende de Saint-Géréon écrit Troja. — Cfr. Émile Varenbergh, *Traditions légendaires*, dans le *Bulletin de l'Académie*, p. 868.

[1] *Notitia Frisiae*, in voce.

[2] *Publications de la Société d'archéologie du duché de Limbourg*, t. II, p. 202.

lomètres plus au N. E. au Ravensbosch, près de Arendsgenhout.

Une autre voie relie Cologne à Mouson, *Mose,* sur la Meuse, distant de xxviii de *Meduantum,* que l'on reconnaît pour Mande-St-Étienne [1]. Entre cette station et *Himerica* tout chiffre fait défaut. Cette station étant à vi de Cologne, nous la trouvons à Heimersbach sur un affluent de l'Erfft, au S. E. de Berghem. L'emplacement pour inscrire sur la Table les stations entre *Himerica* et *Meduantum* a fait défaut à l'écrivain; peut-être *Stabulum,* Stavelot, et *Amburletum,* Amberloux, furent-ils du nombre?

Sur un autre point, la Table est encore en quelque sorte muette. Au-dessous d'*Himerica* elle nous montre un grand bâtiment, identique à celui de *Prætorium Agrippinæ* de l'Ile des Bataves; genre d'édifice indiquant communément une station balnéaire. Celui-ci porte le nom d'*Andesina* avec le chiffre (16) xvi; on voit au couchant *Ad fines* accompagné de v. Cette première station ne se trouve reliée par un raccordement qui ne porte pas de chiffre, qu'avec la grande voie de Toul vers Reims.

La position apparente d'*Andesina* n'autorise pas à considérer son chiffre xvi comme se rapportant à Cologne; il appartient apparemment à la distance de Trèves; et d'une autre part, si le mot *Ad fines* est inscrit, on ne découvre aucune ligne traçant une route dans sa direction.

---

[1] FELSENHART, *Le Luxembourg belge,* dans le *Messager des Sciences historiques,* 1873, p. 429; note.

Le grand bâtiment nous reporte à celui signalé par Wiltheim, et que Schayes nous indique « comme un grand édifice carré avec de vastes » souterrains construits en briques [1], » situé à Hostert près Antwen, que l'Itinéraire d'Antonin nomme *Andethanna,* même nom qu'*Andesina* dans un autre dialecte [2]. *Andesina* se trouve placé sur la Table, dans la position supérieure à Trèves et à Metz, condition qui aura sans doute échappé aux savants français qui identifient cette station avec Bourbonne-les-Bains (Haute-Marne).

Ad Fines à v leugæ, indique la limite de la cité de Trèves vers celle de Metz; le fameux camp de Titelberg se trouve sur cette limite, mais un peu plus écarté. Or, à 11 kilomètres environ, soit v leugæ, nous trouvons des substructions de l'âge romain à Adich, écrit Adud par De Visscher [3], et qui répond à Auduin-le-Tiche. Selon toute apparence une voie y passait et conduisait à Vieux-Virton.

La voie reliant Trèves à Cologne passe par *Beda* à XII, *Ausava* XII, *Jcorigium* à XII, *Marcomagus* VIII, *Colonia* X et VI, soit XVI; le coude marqué sur la Table indique la distance de la rivière l'Erfft vers Keuschau ou Weilerwest.

Béda se rencontre dans Bidbourg, *Ausava* à douze leugæ plus loin répond à Oosheim entre Hildesheim et Geroldstein vers le couchant. *Ico-*

---

[1] *La Belgique et les Pays-Bas,* t. II, p. 450.
[2] An–dät–han–a = An–das–in–a?
[3] *Ducatus Lutzenburgi. Tabula.* — Cfr. SCHAYES, t. III, pp. 414 et 422.

rigium, écarté également de XII leugæ, a été attribué par plusieurs auteurs à Junkerath, où passe effectivement la chaussée, mais sous la réserve qu'il devait y avoir ici erreur de chiffre; c'est en conséquence que Walkenaer prétendait trouver ici des milles romains. Mais c'est là un procédé d'exception que nous ne pouvons suivre.

Si nous nous plaçons à *Marcomagus*, Marmagen indiqué comme distant de VIII leugæ d'*Icorigium*, et comptons un parcours de 16 à 17 kilomètres dans la direction du S.-O., nous trouvons Reipscheid [1], entre Weidenbied et Ramscheid, et cette localité est à la distance voulue de Oosheim. Cette section de route était probablement raccordée à celle signalée en 1763 entre Saint-Vith et Néan [2].

Nous savons par Vegetius [3] que les Romains se servaient de deux espèces d'itinéraires, les *picta* et les *annotata*. La Table de Peutinger appartient à la première de ces catégories; elle remplaçait ce que nous connaissons aujourd'hui sous le nom de *Tableau de service*, quant aux directions relatives des différents embranchements et raccordements de nos chemins de fer. Les *Itineraria annotata* ne contenaient que les noms de lieux avec la distance de l'un à l'autre, comme il en est de nos *Guides des voyageurs*. L'itinéraire connu sous le nom d'Antonin, appartient à ce dernier genre. Il nous fait connaître une voie centrale entre la Meuse et le Rhin, qui part de *Burginacium*

---

[1] Cinq kilomètres S.-O. de Reifferscheid.
[2] SCHAYES, *La Belgique et les Pays-Bas*, t. II, p. 466; note.
[3] VEGETIUS, *De re militari*, l. I.

sur *Colonia Trajana*, et conduit à une distance
de viii leugæ à *Mediolanum*, que viii leugæ séparent également de *Sablones*. *Mederiacum* est
marqué à x leugæ plus au midi. *Theuderium*
s'écarte encore de ce point jusqu'à ix ou xvi leugæ,
car les *Codex* ne sont pas conformes. Enfin, sur
la voie allant de Tongres à Cologne, qui traver-
sait la Meuse *Vicus* (wyk) de *Pons Mosæ*, se trouvait à vii leugæ de *Theuderium*, *Coriovallum* que
nous savons écarté de Tongres à la distance de
xvi leugæ. De ce point de jonction jusqu'à Tudderen, M. Habets a reconnu cette ancienne voie.

A 20 kilomètres environ de Tudderen, au nord,
se rencontre Melik, distant de 5 kilomètres de
Ruremonde et qui répond à *Mederiacum*. En poursuivant la voie au N.-E. jusque environ 33 kilomètres, on rencontre 't Sand, emplacement de *Sablones*, où MM. Janssens, Reuvens et Leemans
ont constaté les vestiges de la route romaine venant de Xanten, *Vetera*, et passant par Gueldre.

A 17 ou 18 kilomètres plus au nord devrait se
trouver *Mediolanum*; mais ici, ni analogie de dénomination ni traces de routes constatées. La
distance nous conduit à un endroit que la carte
de Seutter d'Augsburg nomme : Honslaer, et celle
de Ferraris : Houdeslaers [1]. Cette localité est centrale entre *Sablones* et *Ulpia Trajana*, comme
entre la Meuse et le Rhin ; et si la carte de Seutter
est correcte elle est environnée de cours d'eau.

---

[1] Probablement Oud-laer = Laer = Clairière d'une forêt et par
extension : sanctuaire.

Nous avons peut-être dans ces circonstances le motif de sa désignation : *Mediolanum*, Middel-laan [1]. 17 à 18 kilomètres séparent Honslaer de *Sablones* d'une part et *Colonia Trajana* d'une autre, soit VIII leugæ.

L'Itinéraire d'Antonin indique encore une autre voie longeant le Rhin. Les chiffres qui accompagnent les noms des localités nous paraissent d'autant moins indiquer des distances, qu'on en trouve d'intervertis [2]. Cependant les stations nommées ont pu être attribuées comme suit. *Calo* à Kalenhuisen au midi de *Vetera* Xanten, *Gelduba* à Gellep, *Novesium* à Neusz, *Durnomagus* à Durs-magen, *Buruncus* à Woeringen.

La voie de Cologne sur Trèves présente entre cette première ville et Marmagen trois localités de plus : l'une, *Tolbiacum* avec l'adjonction *Vicus Supenorum*, l'autre *Belgica*. *Tolbiacum* est Zoll-pich [3] ou Zullch. Le *vicus* mentionné ne se rapporterait-il pas à Severnich?

Quant à *Belgica*, on l'a attribué à Bleyberg (Mont-au-Plomb), mais Cluvier y voyait Balchusen. Ni l'une ni l'autre de ces localités n'est reprise dans la statistique archéologique de Schayes, complétée par Piot en 1859, mais on y trouve Billig, voisin de Zollpich; on y a trouvé les vestiges d'une villa et d'une route [4]. *Tiberiacum*,

---

[1] Laan = allée, Lann, celtique : place publique (ZEUSZ.).
[2] Cfr. notre notice : *Les Franks avant 418*, dans le *Messager des Sciences historiques*, 1871.
[3] Toll, flam. = Zoll, allm. = droit d'entrée.
[4] *La Belgique et les Pays-Bas*, t. III, p. 430.

entre Cologne et Juliers, répondrait à *Bergheim* ou plutôt à Bergheimerdorf sur l'Erfft, à viii de Juliers et x de Cologne.

Nous laisserons à d'autres le soin de reconnaître les localités plus au midi; les stations mentionnées étant celles qui durent avoir le plus de rapport avec les habitants du sol de notre patrie, à l'époque de sa sujétion sous la domination romaine.

C. VANDER ELST.

CHAMBRE SYNDICALE PROVINCIALE

DES ARTS INDUTRIELS.

Dans plusieurs villes de la Belgique, il existe des sociétés pour l'encouragement et le progrès des arts appliqués à l'industrie; ces sociétés organisent des expositions et des concours, dont l'intérêt et l'importance n'ont pas besoin d'être discutés. Dans les pays voisins pareilles associations existent également; celle qui fonctionne à Paris a vu ses efforts couronnés de succès; en Angleterre, le gouvernement s'est fait lui-même le promoteur des Arts Industriels.

La société hollandaise, établie à Amsterdam, célébrera en 1877 son 25e anniversaire et à cette occasion organisera une exposition néerlandaise avec concours internationaux.

Quelques personnes ont pensé que la ville de Gand, pour ne pas rester en arrière de ce mouvement, devait être dotée d'une institution d'une aussi grande utilité, d'autant plus que le gouvernement a déjà exprimé en mainte circonstance, l'espoir de voir remplacer, dans leurs différentes sphères d'action, les Chambres de commerce par des institutions analogues, mais d'un caractère privé.

Guidées par cette pensée, ces personnes ont formé le projet de fonder une association pour l'encouragement et le progrès des Arts Indus-- triels dans la Flandre Orientale.

Nous faisons suivre ici le compte-rendu de la réunion, dans laquelle ces Messieurs ont jeté les bases de leur association : mieux qu'un long article, cet extrait des procès-verbaux apprendra à nos lecteurs et leur but et le mobile qui les a fait agir.

« Ensuite des ouvertures qui leur ont été faites par MM. O. de Grave et Emile Varenbergh, en vue de la constitution d'une association pour l'encouragement et le progrès des Arts Industriels dans la Flandre Orientale, se sont réunis le 2 novembre, à 3 heures de relevée, dans la salle des Commissions à l'hôtel du Gouvernement provincial, mise gracieusement à la disposition de l'assemblée par M. le Gouverneur comte de T'Serclaes, MM. Bourdon-De Bruyne, Bureau, Canneel, de Grave, Ch" de Hemptinne, baron Kervyn de Volkaersbeke, Ad. Pauli, Ferd. Vanderhaeghen, Constant Verhaeghe, Emile Varenbergh, f. f. de secrétaire. Absents : MM. de Busscher et de Smet-Leirens; ce dernier s'est excusé comme absent du pays.

» Ces Messieurs ayant pris séance, M. de Grave

dit que toutes les personnes présentes, après la visite qui leur a été faite personnellement, connaissent sans doute suffisamment le but de la réunion; il ajoute que le projet d'associa- tion a été soumis à M. le Gouverneur comte de T'Serclaes, qui dès l'abord s'y est montré extrê- mement favorable et tout disposé à lui accorder son patronage; il demande si d'après cela, il n'y aurait pas lieu d'offrir la présidence d'honneur à ce haut fonctionnaire. Cette proposition est adoptée par acclamation. Une Commission, com- posée de MM. de Hemptinne, Verhaeghe, baron Kervyn de Volkaersbeke et de Grave, est dé- signée pour se rendre auprès de M. le Gouver- neur et lui exprimer le vœu de l'assemblée; elle se retire pour accomplir cette mission; quelques instants après elle introduit M. le Gouverneur qui prend place au fauteuil de la présidence.

» M. le Gouverneur, après avoir remercié l'as- semblée, déclare que, vu le caractère d'intérêt général que présente le projet d'association, il en accepte avec empressement la présidence d'hon- neur; il exprime ses regrets de ne pouvoir prendre une part active aux travaux de la future Société et lui promet tout son appui; il constate avec plaisir que l'idée première de la fondation de cette asso- ciation est due à M. de Grave [1]; celui-ci, dit-il, a

[1] Au moment où le *Messager des Sciences historiques*, fidèle à sa mission originelle, se constitue l'organe d'une association ayant pour but le progrès de l'Art Industriel, et dont M. de Grave, greffier de la province, a été le premier promoteur, nous croyons intéressant de constater ici, à titre de reconnaissant souvenir, que le père de

parfaitement compris que dans les circonstances
actuelles, Gand et la Flandre ne peuvent continuer à prospérer, s'ils ne donnent une nouvelle
direction à leur activité, en unissant dans leurs
produits la forme au fond, en alliant l'art à l'industrie. La fondation d'une association dans le
but d'encourager le progrès des Arts Industriels
est donc de toute opportunité.

celui-ci, feu M. P. de Grave, fut, en 1823, l'un des quatre fondateurs
de notre Recueil, conjointement avec le spirituel Norbert Corne-
lissen, littérateur très-connu à Gand, L. de Bast, secrétaire de la
Société des Beaux-Arts, et Delbecq, secrétaire de la Société royale
d'Agriculture et de Botanique. — M. P. de Grave fut pendant plusieurs années secrétaire de la rédaction et réviseur littéraire de notre
Messager, où il inséra plusieurs articles, en s'inspirant du système
de son parent, le conseiller au conseil de Flandre, Ch. J. de Grave-
Kervyn, auteur de la République des Champs-Élysées ou Monde ancien. M. P. de Grave appartenait à une ancienne famille scabinale
et patricienne d'Ypres et de Furnes; son père était bourgmestre de
Boesinghe et juge de paix du canton d'Elverdinghe. Après avoir
fait d'excellentes études, P. de Grave avait rempli, à peine âgé de
vingt-quatre ans, les fonctions de secrétaire-général de l'administration départementale de l'Escaut. Auteur de plusieurs ouvrages et
mémoires sur l'agriculture, il fut en 1818 nommé membre de la
commission provinciale d'agriculture à la création de celle-ci *. Il
avait été aussi, en 1808, l'un des premiers fondateurs de la Société
royale d'Agriculture et de Botanique de Gand, dont il est parlé plus
loin. Il a laissé de volumineux manuscrits sur l'histoire des temps
anciens. Ces données nous sont fournies par les archives provinciales
et par les notices consacrées à ce savant distingué dans le Messager
des Sciences, année 1852, et dans la Biographie nationale, publiée
par l'Académie royale de Belgique.

(La Rédaction).

* Plusieurs membres de sa famille ont rendu d'éminents services à l'agriculture.
Nous citerons notamment M. J. B. de Grave de Stuyvekenskerke, membre de la
commission d'agriculture de la Flandre-Occidentale, du conseil provincial et du
conseil supérieur d'agriculture, chevalier de l'Ordre de Léopold, etc. C'est le premier gentleman-farmer de cette province, et son exploitation, s'étendant sur ses
propriétés d'environ 300 hectares, est généralement citée comme modèle. (DE
LAVELEYE, Econ. rur. de Belg., 1863, p. 32. — DE HOON, Mém. sur les poldres, 1853,
p. 98.)
(Id.)

30

» Il engage ensuite M. de Grave à exposer ses vues, à développer ses idées relativement au projet sur lequel l'assemblée aura à émettre son avis.

» M. de Grave dit d'abord qu'en proposant la formation de la fédération, il n'a pas eu la prétention d'émettre une idée nouvelle, qu'il a seulement eu le désir de voir se créer à Gand une association telle qu'il en existe dans d'autres villes de la Belgique et dans d'autres pays. Il s'exprime ensuite à peu près dans les termes suivants :

« Le développement et le niveau de l'Art Industriel, c'est-à-dire de l'art appliqué aux industries dont les produits empruntent à la forme et au bon goût une partie plus ou moins grande de leur valeur, ne sont pas, à beaucoup près, en Belgique et particulièrement à Gand, tout qu'ils devraient et pourraient être. Dans cette dernière ville, à part quelques exceptions, on ne fait en grand, que des fils de coton ou de lin, des tissus de coton unis, des toiles unies, produits qui représentent la matière dans ses plus simples transformations. Or, on sait que les grandes industries souffrent beaucoup, et que celle du coton, déjà fort réduite à Gand, menace de nous échapper, notamment parce que les États-Unis, las de livrer la matière première et de la recevoir de retour en tissus, avec augmentation des frais de fabrication, d'un double transport et des bénéfices des intermédiaires, s'évertuent à fabriquer eux-mêmes. Gand aurait donc besoin de déployer tous ses efforts pour remplacer des sources de prospérité qui tendent à lui échapper.

« Si depuis un certain nombre d'années nous sommes en mesure de produire des tissus à la Jacquard, grâce en partie à l'intervention du Gouvernement, les expositions universelles nous démontrent combien, sauf quelques fabriques, et notamment un établissement qui est une des gloires industrielles de notre chef-lieu, nous sommes encore loin de pouvoir, pour ce qui concerne le bon goût et le cachet artistique de ces articles, soutenir la concurrence avec l'étranger, particulièrement avec la France et la Saxe.

« La Belgique fait figurer à ces exhibitions des blocs de pierres, des quantités considérables de fer dans son premier ou son second état de préparation. Sans nous douter que nous consommons notre capital, nous exportons de grandes quantités de minerai, de houille, de métal. Le fer, qui nous rapporte quelques centimes par kilogramme, nous revient transformé en articles de Paris, et comme on l'a dit, jusqu'en des ressorts de montres, dont la valeur, au même poids, se chiffre alors par autant de milliers de francs qu'elle se chiffrait par centimes au départ. Or, l'énorme écart entre ces deux prix est presque entièrement représenté par une main-d'œuvre élevée et des bénéfices considérables qui nous échappent au profit de l'étranger.

« Quelle somme ne valent pas les bibelots et les jouets d'enfants, même très-inférieurs, que nous allons chercher au dehors et que nous

pourrions parfaitement fabriquer nous-mêmes du
moins en partie ?

« Que nous sommes loin aujourd'hui de l'importance que nos artistes flamands du moyen-
âge, orfèvres, décorateurs, forgerons, sculpteurs,
peintres, tisseurs de tapis, constructeurs, etc.,
avaient su donner à l'art industriel d'alors, dont
les splendeurs nous frappent d'admiration! Malheureusement un grand nombre de ces précieux
souvenirs de l'art flamand ont disparu de notre
sol ; une récente notice de M. Piot, lue à l'Académie royale de Belgique, nous donne l'histoire
des pertes successives que nous avons faites sous
ce rapport ; les opinions émises par cet auteur
au sujet de l'art ancien, rentrent précisément
dans l'ordre d'idées que nous développons dans
ce moment : « ......parler d'objets précieux d'autrefois, dit-il, c'est entrer dans le domaine de
l'art ;..... on ne comprenait pas à ces époques un
objet en métal précieux sans art [1]. »

« Le sentiment artistique de nos populations
a besoin d'être relevé, et dans ce but il est dési-
rable de les mettre le plus possible en présence
du beau dans toutes ses manifestations. A cet
effet, rien n'est indifférent ; le moindre meu-
ble, l'objet le plus usuel, le plus insignifiant,
pourrait, par la pureté de sa forme, par l'harmonie de ses lignes, familiariser, identifier les
classes ouvrières avec ce sentiment, aujourd'hui
trop oblitéré. Le sens artistique existe incon-

[1] *Bulletin de l'Académie royale de Belgique*, 1876.

testablement chez nous ; nous ne prendrons pour exemple que nos écoles de peinture et de sculpture ; il doit seulement être revivifié.

« D'où vient chez l'ouvrier parisien cette aptitude en quelque sorte innée pour l'Art Industriel, qui trouve entre autres une si large application dans les articles de Paris dont nous avons déjà parlé ? N'est-ce point parce qu'il a constamment sous les yeux de splendides monuments, de somptueux étalages, parce que des musées de tout genre, rangés parmi les plus riches du monde, dont plusieurs sont magnifiquement décorés, où le plus humble ouvrier a sa place à côté du grand seigneur, lui sont sans cesse ouverts, parce que le beau est en quelque sorte pour lui l'air qu'il respire, l'atmosphère dans laquelle il vit, et que ses impressions et ses appréciations se mettent naturellement à ce niveau? L'éducation du goût, encore si arriérée chez nous, si difficile à donner, ne s'acquiert-elle point par ces ouvriers rien qu'en vivant dans un pareil milieu ?

« Certes, nous ne pourrons prétendre rivaliser sous ce rapport avec nos voisins, ni atteindre la perfection des articles français, qui tiendront peut-être toujours le premier rang ; mais pourquoi ne pas nous évertuer à parcourir une partie de la distance qui nous en sépare ?

« Et du moment que l'artisan est en état de faire un travail qui n'est pas purement mécanique, où à côté de l'habileté de la main, le goût, l'art, la création artistique sont indispensables, dans quelles proportions énormes sa rémunération ne s'élève-t-elle pas? Et que doivent rapporter au pays de pareils salaires gagnés par un nombre considérable de personnes des deux sexes? Car il est digne de remarque que plusieurs branches de l'Art Industriel peuvent s'exercer très-fructueusement par les femmes, auxquelles la finesse et la délicatesse plus grande de leur organisation assurent dans cette sphère des avantages marqués.

« Sous le rapport de l'épanouissement des Arts Industriels, la France est de loin à la tête des nations. A la suite de l'exposition universelle de 1851, l'Angleterre ayant reconnu toute son infériorité, et constaté qu'elle était de plus en plus distancée parce qu'elle restait immobile, alors que la France faisait tous les jours de nouveaux progrès, consacra des sommes considérables à la propagation de l'art appliqué à l'industrie.

« De là la création de *South-Kensington Museum* et de nombreuses écoles de dessin appliqué à l'industrie.

« Dans le petit royaume de Wurtemberg il existe 153 écoles de dessin industriel et de tissage, fréquentées par plus de 9000 élèves des deux sexes, ainsi que nous l'apprend le *Moniteur* du 11 octobre 1876, p. 3109.

« L'institution à Bruxelles, pendant plusieurs années consécutives, d'expositions d'Art Industriel par une association spéciale dont M. Édouard Romberg était l'âme, a fait incontestablement un très-grand bien ; et dans ces derniers temps la remarquable exposition d'art appliqué à l'industrie, organisée aux Halles centrales, a montré dans la capitale le commencement d'un mouvement sérieux.

» A Liége une association privée organise périodiquement des concours comprenant différentes branches de l'art industriel; Malines, Gand, et tout récemment Namur, ont eu des expositions de ce genre.

» A Gand, la création en 1852 de l'École spéciale de dessin industriel et de tissage, dont j'ai eu l'honneur d'être administrateur conjointement avec notre honorable collègue M. de Smet-Leirens, et qui est aujourd'hui fusionnée avec l'École Industrielle, sous l'intelligente direction de l'honorable M. Bureau, a été une excellente mesure; mais l'action de cet enseignement spécial s'arrête quand on a donné l'aptitude professionnelle et artistique, alors que l'artiste industriel commençant sa carrière, doit surtout être encouragé et rencontrer de l'appui.

» La société gantoise « *Tot Bevordering van Nijverheid en Wetenschappen* » institue de petites expositions annuelles; son but, d'ailleurs très louable, mais dont le développement de l'Art Industriel n'est qu'une des faces, est trop étendu et trop général pour qu'elle puisse concentrer assez d'efforts sur l'objet spécial qui nous occupe.

» Le champ à parcourir et dont nous avons essayé d'esquisser à grands traits les différentes parties, est donc extrêmement vaste; pour nous en former une idée, nous ne pouvons mieux faire que d'examiner la Table de l'exposition des Halles de Bruxelles en 1874, où toutes les catégories de travaux d'industrie artistique sont représentées.

» Il nous semble qu'en ce moment une occasion fort propice se présente pour aviser à prendre quelques dispositions en faveur de l'Art Industriel : c'est l'annonce d'une exposition nationale y relative qui doit avoir lieu à Amsterdam au mois de juin 1877. Le programme des concours est très-développé et s'adresse à toutes les branches de l'Art Industriel.

» Les personnes qui ne sont pas indifférentes aux intérêts des arts et de l'industrie, pourraient, nous semble-t-il, unir leurs efforts en vue d'en courager et de faire progresser parmi nous l'art appliqué à l'industrie; c'est ce qui nous a engagés à nous adresser aux honorables personnes ici réunies qui représentent parfaitement les différents intérêts engagés dans la question. Nous ne pouvons assez les remercier de l'accueil qu'elles ont bien voulu faire à notre idée, d'avoir consenti à se réunir en un faisceau, à se grouper en un centre commun d'action. — Comme première manifestation de l'association que nous voudrions voir fonder, nous vous proposons d'organiser une petite exposition d'Art Industriel.

» Il vient précisément de se produire une heureuse coïncidence ; l'Administration Provinciale a reçu ces jours derniers une dépêche par laquelle le département de l'Intérieur appelle l'attention sur l'exposition d'Amsterdam et demande s'il n'existe pas dans la province des Unions syndicales. Déjà le gouvernement, lors de la suppression des chambres de commerce, avait exprimé avec confiance l'espoir de les voir remplacer par des associations privées.

» Pourquoi notre réponse ne serait-elle pas la manifestation dont je viens de parler, et le nom de *Chambre Syndicale Provinciale des Arts industriels* que nous donnerions à notre Association ne nous est-il pas en quelque sorte suggéré par le gouvernement lui-même?

» Le but que nous avons à atteindre est parfaitement exprimé dans l'article 1ᵉʳ des *Statuts de l'Association pour l'encouragement et le développement des Arts Industriels en Belgique* [1], où il est dit : « L'Association se propose, comme but, de
» stimuler le génie de la création artistique dans
» ses rapports avec les applications industrielles ;
» de contribuer à répandre l'étude et le senti-
» ment du beau dans la production des objets
» d'industrie qui empruntent à la forme une
» partie de leur valeur ; de faciliter et d'encou-
» rager les efforts industriels des artistes in-
» dustriels et des artisans, pour la conception
» et l'exécution d'œuvres originales et de bon
» goût. »

» Les commencements seront peut-être difficiles, comme dans toute chose qu'il faut créer ; mais ce qui est de nature à nous encourager, c'est l'exemple d'une association fondée dans notre

---

[1] Ces *Statuts* se trouvent imprimés dans le *Catalogue de la cinquième Exposition et des concours institués par l'Association pour l'encouragement et le développement des Arts Industriels en Belgique,* 1861, Bruxelles.

ville en 1808, qui a eu des commencements bien modestes, la *Société royale d'Agriculture et de Botanique*; c'est à elle que revient incontestablement la gloire d'avoir porté notre industrie horticole au degré de splendeur qu'elle a atteint aujourd'hui, et d'après l'heureuse expression employée par M. le Gouverneur dans un de ses discours d'ouverture du Conseil provincial, elle fait « jaillir chaque année des millions de la terre [1]. » Citons aussi la *Société pour l'encouragement des Beaux-Arts*, dont notre savant collègue, M. Ferd. Vanderhaeghen, est l'actif secrétaire et qui dans sa spécialité produit les meilleurs résultats.

» Si nous réussissons, nous aurons la satisfaction d'avoir travaillé au bien commun; Gand surtout recueillera les fruits de nos efforts; si, par malheur, nous échouons, nous aurons au moins la conscience d'avoir tenté une entreprise utile et d'avoir accompli notre devoir envers la chose publique ! »

« Ce discours, écouté avec une grande sympathie, obtint l'approbation générale de l'assemblée.

» Personne ne demandant la parole sur la question de la formation et sur le but de l'Association proposée, et tous les membres approuvant les vues qui viennent d'être exposées à cet égard, l'assemblée se déclare constituée en association pour l'encouragement et le progrès des arts in-

[1] Discours d'ouverture de la session du Conseil provincial de la Flandre Orientale. 1873.

dustriels dans la Flandre Orientale. Elle prendra le titre de : *Chambre Syndicale Provinciale des Arts industriels.*

» M. Canneel demande ensuite la parole, et tout en abondant parfaitement dans le sens des idées émises par M. de Grave, appuie spécialement sur un des points que celui-ci a traités, savoir, que l'instruction reste à l'état de lettre morte si l'on n'a soin d'y joindre, pour le producteur, le moyen de s'inspirer des bons modèles ; il cite l'exemple de l'Angleterre, de l'Autriche, de la France, du Wurtemberg, qui ont fondé des musées et organisé des expositions ; il trouve que la première chose à faire est de prendre des mesures en vue de l'exposition dont il a été question dans le discours de M. de Grave, et émet l'avis que l'assemblée pourrait bien élargir son cadre, en conviant les propriétaires d'objets anciens à prendre part à cette exhibition.

» Sous ce rapport, les objets déposés à l'hôtel de ville de Gand formeraient déjà un contingent remarquable.

» M. De Grave dit qu'il applaudit avec empressement à cette idée.

» M. Verhaeghe fait observer qu'il n'y a pas de temps à perdre si l'on veut exécuter ce plan.

» M. le baron Kervyn appuie cette observation et demande que l'assemblée nomme une commission de trois membres chargée d'élaborer un projet de statuts, destinés à être discutés dans la plus prochaine séance.

» Cette proposition, mise aux voix, est adoptée

à l'unanimité, et MM. de Hemptinne, de Grave et E. Varenbergh sont désignés comme membres de cette commission.

» M. Canneel fait observer que la question de la conservation dans la ville de Gand des cabinets d'antiquités qui s'y trouvent, touche de trop près au but que l'assemblée se propose, pour qu'elle ne s'occupe pas d'une façon immédiate des moyens d'empêcher ces musées de passer à l'étranger.

» L'assemblée, à l'unanimité, se ralliant à l'opinion émise par les préopinants, nomme une commission composée de MM. Canneel, Pauli et Vanderhaeghen, pour reconnaître la situation et informer le gouvernement du résultat de leurs investigations.

» Dans une prochaine séance l'assemblée procèdera à l'élection d'un Bureau et se constituera définitivement.

» L'assemblée, sur la proposition de M. Verhaeghe, vote ensuite par acclamation des remercîments à M. le Gouverneur, pour avoir bien voulu accepter la Présidence d'honneur.

» La séance est levée à cinq heures. »

LES COMMENCEMENTS DE LA RÉVOLUTION BRABANÇONNE,

PAR UN MOINE DE L'ABBAYE DE SAINT-PIERRE.

II.

« Ayant rapporté avec fidélité tout ce qui s'est passé en notre abbaye depuis le 1er janvier 1787 jusqu'au 26 de novembre 1789, ainsi que les principaux événements arrivés aux Pays-Bas autrichiens, parmi lesquels se trouve la mémorable révolution de Gand, je tâcherai de suivre la même révolution, qui s'étendra peut-être dans toutes les autres provinces. Il est très-difficile de ne pas s'égarer dans ces sortes de relations, dont on n'a pas été témoin occulaire; si je me rapportois aux rapports qu'en donnent les comités dans leurs bulletins, aux imprimés que des patriotes trop exaltés donnent au public, j'avancerois bien des erreurs. Je me suis convaincu que je dois beaucoup me défier de ces rapports, par plusieurs relations de la révolution de Gand imprimées immédiatement après l'évacution de Gand, dans lesquelles ils rapportent la prise des casernes, comme si les patriotes en avoient fait le siége en règle, et bien d'autres choses, entr'autres que la garnison des casernes communica avec celle du château, etc. etc., ce qui est faux, car pendant les trois jours de la bagarre, j'ai été constemment au grenier du quartier de l'abbé et à la tour, desquels j'ai observé scrupuleusement les manœuvres des patriotes et des Autrichiens, et m'étant pourvu de papier, j'écrivis de suite toutes les particularités que je voyois; tout se passa sur Saint-Pierre, comme j'ai écris, ni plus ni moins. Mais je dois avouer que la crainte d'écrire des choses fausses, m'a fait taire plusieurs circonstances dont je n'avois pas été témoin et dont j'ai eu la connoissance après la description que j'en avois faite, comme du nombre des maisons auprès du château incendiées par les boulets rouges, qui est de 27; des autres dévastées et pillées, et surtout de la férocité inouie des soldats, qui ont massacré sur Saint-Sauveur et dans les quartiers voisins du château des citoyens paysibles non armés, des femmes, oui jusques des enfans au berceau, dont le total des victimes innocentes monte à 31, et 48 Gantois armés; le total des patriotes tués n'est que de 32.

» Mais je préfère omettre des circonstances réellement arrivées, que d'avancer des choses fausses. C'est ce que je suivrai dans les relations des choses que je donnerai. Quant à celles qui regardront l'armée patriotique, j'ose assurer qu'elles seront véridiques, car elles viennent de M^r le chanoine De Brou, secrétaire de mon cousin le général Vandermersch, chargé du journal de ses opérations, qu'il m'a promi de m'en communiquer de tems en tems un abrégé. Quant aux édits, ils portent leur autenticité par leur publication. En un mot je ne rapporterai rien qui ne soit averré. »

« J'ai rapporté que S. M. avait porté deux décrets, en date du 20 et du 21 de ce mois, par lesquels il rétablissoit le Conseil de Brabant et les États, et accordoit une amnistie générale. Le ministre plénipotentiaire à la Cour de Bruxelles fit le 25 novembre la proclamation suivante :

» Sa Majesté ne pouvoit donner de plus gran-
» des marques de sa bonté et de sa tendresse
» pour ses peuples, qu'en employant tous les
» moyens possibles pour rétablir la tranquilité
» et le calme ; et me donnant à cette fin des
» pouvoirs assés étendus pour être autorisé à
» émaner la déclaration du 20 et celle du 21
» de ce mois, j'ai vivement senti le bonheur
» d'être l'organe des intentions aussi généreuses
» et bienfaisantes de notre auguste maître, et
» n'ai pas tardé de prendre les mesures néces-
» saires pour faire effectuer d'abord tout ce qui
» en résulte.

» Mais après avoir rendu à la nation son an-
» cienne constitution, après avoir pleinement
» tranquilisé tous les individus sur l'objet de la
» religion, ainsi que sur leur liberté et sûreté
» personnelles, comme sur leurs droits de pro-
» priété ; et après avoir annoncé une prochaine
» convocation des États sur le pied usité jus-

» qu'ici, avec intention de s'entendre avec eux,
» comme ils l'avoient désiré, et que Sa Majesté
» y avoit consenti par sa dépêche du 15 février ;
» il doit être bien douloureux pour moi d'ap-
» prendre par la voie publique, et Sa Majesté
» même ne pourra qu'y être très-sensible, que
» les déclarations mentionnées ci-dessus n'avoient
» pas causé une joie aussi vive qu'on devait s'y
» attendre, ni ramené cette confiance dont dé-
» pend le bien public, ainsi que celui de chaque
» individu pris en particulier, confiance que je
» désire d'autant plus que je ne puis rien sans
» elle, et que mon inclination personnelle me
» porte à chercher tous les moyens propres au
» rétablissement de la tranquilité et du bonheur
» de la nation.

» J'ignore à quoi peut tenir le doute ou la
» défiance que l'on dit subsister encore, et j'aime
» à ne pas y croire en un moment où l'empe-
» reur, conduit par sa bonté inépuisable, tend
» généreusement et en bon père les bras à ses en-
» fans ; mais ayant toujours pris à cœur le bien
» et les vrais intérêts d'une nation chère à Sa
» Majesté, et regardant comme le moment le plus
» heureux de mon ministère celui où je parvien-
» drai à faire cesser les causes qui peuvent arrêter
» le retour de la confiance, j'invite tous les corps,
» tous les bons et fidèles sujets de Sa Majesté,
» tous les amis du bien, tous ceux enfin qui s'in-
» téressent au calme et à la prospérité du pays,
» de coopérer avec moi à cet heureux retour,
» ainsi qu'à celui d'une confiance réciproque, et

» de s'adresser personnellement à moi pour me
» communiquer les moyens qu'ils y croiroient
» les plus propres ; je les recevrai et les écou-
» terai en tout tems avec cet empressement et
» cette satisfaction qu'inspire le zèle dont je suis
» animé pour procurer le bien solide du pays,
» que l'empereur lui-même a déclaré n'être qu'un
» avec celui de son royal service.

» J'assure à la nation non seulement que je
» relevrai près de l'empereur les témoignages
» qu'elle donnera de sa fidélité et de son atta-
» chement, mais qu'une pareille conduite en-
» vers son maître sera le plus sûr garant pour
» elle de n'être jamais traitée et gouvernée que
» d'après les loix fondamentales, priviléges et
» droits du pays ; en conséquence, j'ai déjà pris
» avec le général-commandant les mesures les
» plus efficaces pour qu'il ne se fasse également
» du côté du militaire aucune démarche contraire
» à ces droits et priviléges, et pour maintenir la
» discipline la plus exacte parmi les troupes en
» faisant punir ceux qui y contreviendroient,
» persuadé, comme je le suis, que les magistrats
» et autres qu'il peut appartenir, prendront de
» leur côté les mesures nécessaires pour prévenir
» tout excès, et pour inspirer une confiance et
» un concours mutuel pour le bien de la chose
» publique.

» Moyennant ma présente démarche, je crois
» avoir donné la preuve la plus convaincante de
» mon attachement pour une nation à laquelle
» j'appartiens par la place que j'occupe ; je reste

31

» et resterai au milieu d'elle pour y remplir les
» devoirs de cette place, dont le plus intéressant
» pour moi sera toujours de contribuer au bon-
» heur d'un peuple , dont Sa Majesté n'a jamais
» cessé de désirer la félicité. Bruxelles, le 25 no-
» vembre 1789. Signé : Trauttmansdorf. »

» Le ministre étoit informé à quels transports
de joie tout le peuple et la nation entière de
Brabant et de la Flandre s'étoit laissé aller en
1787, lorsque LL. AA. RR. avoient redressé les
infractions faites à la constitution. Il s'attendoit
à voir les mêmes transports de joie, mais il n'y
en eut aucun, et c'est ce qui lui fit dire qu'il
étoit bien douloureux pour lui d'apprendre. que
les deux dites déclarations du 20 et 21 de ce
mois, n'avoient pas causé une joie aussi vive
qu'on devoit s'y attendre ; et il ignore, dit-il, à
quoi cela peut tenir. — S'il ignore la cause, la
voici : Quoique nous n'ayons point de raisons
graves pour suspecter la sincérité de vos sentiments pacifiques (car nous sommes bien persua-
dés qu'un ministre plénipotentiaire n'aime rien
mieux que de jouir paisiblement d'un poste si
éminent), mais la nation en a beaucoup pour suspecter celle de l'empereur, qui a refusé de ratifier
la déclaration de LL. AA. RR., qui étoit plus
positive que celle que vous avez donnée, et qui a
causé tant de joie : l'empereur motivoit en 1787
son refus de la ratification, sur les procédés dont
les États et une partie de son peuple s'étoient
rendus coupables à son égard. Avec quelle confiance peut-on espérer que l'empereur ratifiera les

léclarations d'un ministre, tandis que non une partie, mais toute la nation s'est rendu coupable à son égard, en lui ravissant par les armes une le ses plus belles provinces et que la nation est prête d'envahir les autres? Avant de donner sa ratification, il prescrivra à la nation des préalables indispensables, comme il fit en 1787; par conséquent il exigera que ses troupes prennent possession de la Flandre, que l'armée patriotique mette bas les armes, etc. Non, ministre, les Belges par leur bonne foie se sont laissés duper une fois, mais ils ne se laisseront pas duper une seconde fois.

» Mais vous assurez à la nation que vous relevrez prez de l'empereur les témoignages de sa fidélité et de son attachement; nous le croyons; mais LL. AA. RR. ont tenu le même langage en 1787 et cependant il n'a rien ratifié de tout ce qu'elles avoient accordé. La nation avoit assés prouvé sa fidélité et son attachement à l'empereur par le témoignage d'une joie extraordinaire qu'elle fit éclater immédiatement après la dite déclaration de LL. AA. RR., et cela n'a pas pu émouvoir son cœur. Non, non, le système de notre empereur philosophe est trop réfléchi et combiné pour qu'il s'en départe ; il suit aveuglement, quant à la puissance ecclésiastique, le système de Richer, de Dominis, de Febronius, de Deplat, etc.; mais qu'il prenne bien garde que les peuples ne suivent un jour à leur tour les maximes, quant à la puissance civile, dont ces autheurs les imbuent.

» J'ai rapporté que le comité avoit, du consen-

tement du chapitre, placé quatre officiers autrichiens en notre abbaye; à peine furent-ils y arrivé que quelques religieux, surtout M^r De Coster,
alloient leur rendre visite et par après fort fréquemment, et leur rapportoient tout ce qui se
passoit et leur désignoient ceux qui tenoient à
la cause patriotique, etc., ce qui pouvoit beaucoup nuire à notre abbaye au cas d'échec. Le
comité en fut secrètement averti; il y remédia de
suite par la dépêche suivante :

« Van weghen het generael comité der Veree-
» nigde Nederlanden word wel stiptelyk verboden
» aen de zeer eerw. heeren Prost, Prior en voor-
» dere supposten der vermaerde abdye van Sint-
» Pieters nevens Gend, van niemand, wie het
» ook zy, de officieren of andere krygs- en staets-
» gevangene te laeten spreeken, nog aen de zelve
» eenig acces te verleenen, gelyk ook van hun
» niet te permitteren van eenige brieven te schry-
» ven ofte te ontfangen, ten zy de zelve gevi-
» seert worden door het comité generael; ook en
» zullen zy niet vermogen eenige paquetten ofte
» effecten te aenveerden t'en zy naer behoorlyke
» visite te doen door eenige gecommitteerde van
» het comité generael, ten waere nogtans met
» schriftelyk bevel van het comité, op welk
» consent zal moeten gedruk worden den zegel
» der provintie, ende door onzen greffier Schel-
» lekens onderteekent. Aldus geresolveert en be-
» sloten in ons comité generael dezen 29 novem-
» bre 1789. » Plus bas étoit : « Toore, als greffier
» ter ordonnantie. Signé : G. B. A. Schellekens. »

Et étoit apposé le scel de la province de Flandre en cire rouge.

» Le prieur me fit lire cette résolution au chapitre après les primes. La lecture faite, M^r le Prieur dit qu'un chacun devoit s'y conformer, pour ne pas exposer la communauté à des inconvénients de la part du dit comité.

Armée patriotique sous les ordres du général Vandermersch.

» La nouvelle importante de l'évacuation des Autrichiens de la Flandre étant parvenue au comité de Breda, il concerta avec le général sur ce qui convenoit de faire. L'avis du général fut de se rendre avec son armée à Gand, pour la grossir considérablement tant par la colonne qui avoit pris Gand que par les nouveaux recrutés, et aussi pour se servir de l'artillerie et des armes qui sy trouvoient, et puis se rendre en force vers Bruxelles; mais le comité fut d'avis de faire marcher l'armée sur le Brabant, quoique le général des patriotes trouva dans ce plan beaucoup de périls, parce que toutes les forces des Autrichiens étoient concentrées dans le Brabant; cependant espérant que les Flammands auroient fait une forte diversion, en marchant eux-mêmes dans le même temps sur Bruxelles, il résolut de suivre ce plan. Et pour diviser les forces de l'ennemi, on envoya une colonne, forte de 400 hommes, vers Namur, à laquelle se joignirent les patriotes qui se trouvèrent çà et là au pays de Liége, de sorte que cette colonne s'accrut jusqu'à 600 hommes. Le général partit donc de Bréda, et arriva le 21 novembre à Hoogstraet. Le 24 il se trouva déjà devant Diest, où il y avoit 400 Autrichiens. Il fit de suite jouer ses trois pièces de canons pris à Turnhout, sur la porte d'Anvers. La garnison y répondit de même. Vandermersch commanda durant sa cannonade à deux compagnies de passer le fossé pour pénétrer dans la ville. Cela lui réussit, car l'ennemi qui fut pris aux flancs par les deux dites compagnies, quittant le rampart, se retira dans l'intérieur de la ville; alors Vandermersch fit enfoncer la porte d'Anvers, s'avança avec son artillerie aussi dans la ville, dont la rue qui menoit à la place étoit palissadée, et au milieu fermée avec de grosses pièces de bois derrière lesquels l'ennemi se défendoit. Mais le général ayant envoyé des patriotes aux deux flancs des Autrichiens, qui s'en appercevant et craignant d'être enveloppés, prirent la fuite en abandonnant la ville. Il étoit déjà soir, et c'est ce qui a empêché les patriotes de les poursuivre. Le lendemain, 25 novembre, au moins 800 paysans vinrent grossir l'armée patriotique, qui n'étoit que de 2100 hommes armés; mais comme il n'y avoit pas de fusils, on arma les paysans avec de longues piques.

» Vandermersch envoya de tout côté des espions pour connoître les mouvements des Autrichiens, de crainte d'en être surpris. Il apprit bientôt que le général-commandant comte d'Alton marchoit sur lui en force avec une nombreuse artillerie et à pas forcés ; il apprit aussi que 2000 hommes gardoient la route de Louvain. Considérant qu'il n'avoit tout au plus que 2000 hommes avec trois canons à opposer à l'ennemi, qui venoit à lui avec plus de 7000 hommes munis d'une bonne artillerie, et par conséquent étant certain que la petite ville de Diest auroit été mise en cendre, ce qui l'auroit forcé de se déposter, dont les suites auroient été d'être enveloppé, se hâta de quitter Diest ; il feignit, et dit à tous les habitans, qu'il alloit se rendre droit à Louvain. Effectivement il en prit la route ; mais pour déjouer les Autrichiens il se rendit à Tirlemont, dont il s'empara sans coup férir, n'y ayant qu'une compagnie qui se retira à son approche. Vandermersch fit semblant de vouloir s'y tenir ; il fit élever des retranchements qu'il garnit de ses trois canons. Pendant qu'il fit toutes ses dispositions, il intercepta une lettre du commandant le comte d'Alton qu'il dépêchoit à l'empereur par un courier, par laquelle il rendoit compte à Sa Majesté des deux déclarations du 20 et 21 de novembre, que le ministre Trauttmansdorf avoit données aux États de Brabant, qu'il désaprouvoit hautement, et du dessin qu'il avoit d'extirper l'armée des rebelles aux ordres de Vandermersch, en incendiant la ville où il les trouveroit. Vandermersch envoya de suite cette lettre au comité de Brabant, en les informant qu'il se trouvoit à Tirlemont, et les consultoit sur le parti à prendre. Mais considérant qu'il auroit pu être investi avant le retour du courier qu'il avoit

envoyé à Breda, il résolut de quitter Tirlemont;
mais il en remit l'exécution, parce qu'on venoit
d'intercepter deux lettres de l'empereur, l'une
pour le ministre et l'autre pour le commandant
des troupes M^r d'Alton. (M^r le chanoine De Brou
ne me dit pas dans son rapport le contenu de ces
lettres.) Vandermersch envoya les originaux au
comité et les copies à leur adresse respective, et
vu le désir de paix que le ministre manifestoit
dans ses deux dites déclarations et dans son rapport intercepté, il lui proposa un armistice de
quatre jours, afin d'attendre la résolution des
États séants, dit-il, à Breda. Vandermersch resta
donc encore à Tirlemont, en attendant la réponse du ministre et du comité, auquel il avoit
fait part de sa proposition au ministre. Le lendemain arriva à Tirlemont un député du ministre
pour traiter avec Mr Vandermersch des conditions de la dite suspension d'armes. Le député
exigea pour condition que Vandermersch devoit
évacuer le territoire brabançon. Le général refusa tout net et avec dédain cette proposition, et
faisant le fanfaron, il dit que ce n'étoit pas la
nécessité qui l'avoit engagé à proposer une suspension d'armes, mais bien le désir de rendre son
pays heureux en conservant ses anciennes constitutions; que ce n'étoit pas par un esprit de liberté
et de révolte que le peuple avoit pris les armes,
mais l'amour pour ses constitutions, et qu'il
s'étoit porté d'autant plus volontiers à faire cette
proposition, que le ministre en avoit montré le
désir en donnant les deux fameuses déclarations

du 20 et 21 de ce mois ; que si le gouvernement ne voulut pas accepter la suspension, il étoit prêt à continuer les hostilités. Le député partit avec cette réponse magnanime.

» Mais pas moins le général apprit que les Autrichiens avançoient avec des forces beaucoup supérieures aux siennes, et sachant par le rapport intercepté que d'Alton auroit incendié la ville où l'armée patriotique se trouvoit, résolut d'évacuer Tirlemont, mais pour déjouer l'ennemi, il feignit vouloir s'y défendre; mais au soir il quitta la ville et alla se jetter dans la petite ville de Leau. L'ennemi fut bien surpris à son approche de ne pas rencontrer de résistance, et sa surprise fut extrême lorsqu'il vit qu'il n'y avoit plus de patriotes.

» Le 30 novembre le secrétaire du ministre vint trouver Vandermersch à Leau pour l'engager à reprendre les négotiations pour une suspension d'armes; à cet effet un colonel autrichien vint pour négotier, qui demanda une armistice pour deux mois; Vandermersch ne crut point pouvoir l'accepter pour un si long terme sans l'autorisation du comité, auquel il en auroit fait part; mais le pire étoit que la Flandre ne fut point comprise dans cette armistice projettée. Vandermersch concevant le projet du gouvernement, qui étoit sans doute de reconquérir la Flandre pendant cet interval, contre laquelle il auroit porté toutes ses forces; c'est pour cette raison que le général rejetta la proposition. Finalement il fut conclu et signé de part et d'autre qu'il y auroit une suspension d'armes pour dix jours, et qu'elle seroit prolongée jusqu'à deux mois si les États le jugeroient à propos, de quoi le général promettoit qu'il feroit connoître leur résolution avant l'expiration des dix jours. Il fut stipulé que les Flamands conserveroient Gand, Bruges, Ostende, Ypres, Furnes et Menin, et que l'armée brabançonne occuperoit Diest et Leau avec une lieu et demie d'étendue. Le général fut des plus charmé de cette suspension. Le lendemain de cette conclusion il reçut une lettre du comité, par laquelle il lui recommanda de ne point accepter de trève, mais il étoit heureusement trop tard, car elle étoit conclue et signée. Vandermersch partit pour Bréda pour leur faire concevoir tous les avantages qui en résulteroient. Le comité, apprenant du général la conclusion de l'armistice, fut furieux et ne voulant pas écouter les raisons qu'il voulut alléguer, pour leur faire voir que sans cette conclusion l'armée patriotique étoit perdue avec la nation, puisque des forces irrésistibles marchoient et étoient déjà prêtes pour l'exterminer; et que cette suspension d'armes leur procuroit le temps de lui fournir des armes à feu, dont il manquoit au point de devoir armer avec de simples piques ceux qui venoient à son secours; que pendant cette suspension la Flandre auroit eu le temps aussi de se préparer à faire au terme de l'armistice une forte diversion; qu'ils devoient se ressouvenir qu'avant de quitter Bréda, ils lui avoient assuré que cette diversion du côté

de la Flandre auroit eu lieu et que les autres
villes auroient aussi en même temps fait des
efforts pour empêcher que les Autrichiens ne se
portassent en masse contre lui ; qu'ils devoient
également se ressouvenir qu'ils lui avoient promi
des fusils, et que jusqu'ici rien de tout cela
s'étoit fait, de sorte qu'il n'a pu échapper à sa
ruine totale que par des retraites aussi habiles
que surprenantes, que loin donc de le blâmer
d'avoir conclu une trève de 10 jours, ils devoient
l'envisager comme un chef-d'œuvre dont toute
l'Europe, dit-il, sera étonnée lorsqu'elle apprendra qu'une armée dénuée de tout, d'artillerie, de
cavalerie et d'officiers expérimentés, ait pu conclure une suspension d'armes avec un ennemi
quatre fois plus nombreux qu'elle et muni de
tout l'attirail nécessaire et plus que suffisant pour
pulvériser les patriotes, dont il ne connoissoit ni
leur nombre, ni leur faiblesse ; ne voulant, dis-je,
pas écouter toutes ces raisons, ils se permirent
même des grossièretés à son égard, et voulurent
qu'il ne respecta point l'armistice. Le général,
indigné de leur procédé, sortit brusquement de
la chambre et voulut partir pour Gand, où je
trouverai, leur dit-il, des êtres raisonnables. Mais
son secrétaire, Mr le chanoine De Broux, prévoyant que cette altercation auroit culbuté l'œuvre patriotique si heureusement commencée, fit
son devoir pour porter les membres du comité à
la raison, en leur faisant voir combien ils avoient
tort d'agir de la sorte avec un homme vieilli dans
l'art militaire et qui vraiment se sacrifioit pour

sa nation, et que s'ils ne changeoient point de procédé envers le général, la cause patriotique étoit perdue. Ils se calmèrent, mais il eut beaucoup de difficulté à calmer Vandermersch, qui ne savoit pas revenir qu'on lui en vouloit pour une chose pour laquelle, s'ils l'avoient bien paisée et conçue, ils lui devroient une reconnoissance éclatante. Mais enfin il réussit également à le calmer. Après une nouvelle entrevue avec le comité, il retourna à son armée à Diest.

» Mais un nouvel incident lui occasionna une carricature aussi humiliante que la première. Le lendemain de son arrivée à Diest, le colonel député impérial lui envoya l'acte d'acceptation de la trève pour deux mois; le général lui écrivit pour lui dire qu'il n'étoit point autorisé à accepter cette trève, mais uniquement la suspension des dits jours, qu'il devoit attendre la résolution des États à Breda, auxquels il en avoit fait part, et le feroit encore. Aussitôt il expédia un courrier à Bréda pour les en informer de l'acte signé par le dit colonel, et de la réponse qu'il lui avoit faite.

» Le comité envoya au général la résolution suivante : « Ayant vu un certain écrit fait à
» Horsmal le 2 du courant, sous la signature
» du colonel De Brou, que le sieur Vandermersch,
» chevalier de l'ordre royal et militaire de Saint-
» Louis, lieutenant-général et commandant de
» l'armée du peuple belgique, nous a remis le
» 4 suivant à 9 heures; on observe préalable-
» ment à l'égard de cet écrit, que le dit sieur

Vandermersch n'a pas été muni des pouvoirs, ni même n'a été autorisé par qui que ce soit à faire les propositions ou les acceptations reprises au même écrit, ainsi que le prétendu acte contenu dans le susdit écrit, à défaut de ses pouvoirs, n'a pu opérer le moindre effet. On observe ultérieurement que la signature de De Brou, colonel, nous n'étant pas connue, et n'étant pas corroborée d'un cachet de ses armes, n'est aucunement admissible à l'effet d'y ajouter foy, et quand même elle fut admissible, on rencontre de sa part le même défaut de manquement des pouvoirs comme le texte de l'écrit fait voir; ainsi que de ce chef le même écrit est vicieux, et ce prétendu acte inopérant et sans effet et doit être considéré comme s'il n'existoit pas. Outre ces défauts essentiels est à remarquer que le colonel De Brou y réclame des édits de S. M. l'empereur et roi, dont il ne vérifiera jamais l'existence constitutionnelle, ni qu'ils émanent de Sa ditte Majesté, étant connu qu'elle n'en a jamais eu aucune connoissance ou notion ; d'où il résulte une probabilité, et qu'ils ne sortiront leur effet que pour autant qu'ils seront de la convenance du ci-devant souverain, à l'instar de plusieurs dépêches données relativement aux droits et la constitution de ce pays. Cette probabilité se confirme d'avantage quand on examine le susdit écrit : son contenu est couché de façon qu'il ne laisse guère douter, ou on a voulu en exclure le pays d'outre-Meuse, les provinces

» de Hainaut, de Tournesis et autres villes. C'est
» le second volume de la pacification de Gand
» de l'année 1576. Ainsi qu'il n'est pas possible
». qu'on ait de la confiance, surtout lorsqu'on
» veut se servir d'un écrit qui doit inspirer la
» plus grande défiance, mais ne nous nous arrê-
» tons pas à cet objet; il doit suffire que d'un
» côté le lieutenant-général Vandermersch n'a
» pas été qualifié ni autorisé, ni d'autre côté que
» la signature de De Brou est méconnue; en sus
» qu'il ne conste pas qu'il a été autorisé; ainsi,
» après cet examen et mûre délibération, nous
» trouvons que dans les circonstances des choses
» il ne nous est pas permis de communiquer le
» même écrit à nos collègues ou autres membres
» de notre province de Brabant, et encore moins
» aux États et le peuple des autres provinces
» unies à nous, sans nous attirer des reproches;
» ainsi nous concluons que jusques hores nous
» sommes obligés de ne prendre aucun égard au
» susdit écrit et de le considérer comme non
» avenu, et nous entendons que le lieutenant-
» général Vandermersch poursuivra les opéra
» tions comme si l'écrit n'eut jamais existé, et
» cet extrait servira d'ordre exprès, en consé-
» quence de la résolution des États précédem-
» ment prise. Fait ce 7 décembre 1789. Signé :
» H. C. N. Vandernoot, agent plénipotentiaire
» du peuple brabançon, 1789. »

» M^r le chanoine de Broux me fit observer
que dans une lettre de Vandernoot, écrite au général Vandermersch, datée de Breda le 25 octobre,

il y est dit : « Nous venons de prendre une réso-
» lution par laquelle l'assemblée, pour preuve de
» l'entière confiance qu'elle a en vos talens, ca-
» pacité et droiture , elle se rapporte entière-
» ment en ce que vous ferez , et qu'elle vous
» donne plein pouvoir de diriger les opérations
» comme vous le trouverez convenir au plus
» grand avantage du pays. » Je conclu de là que
sauver une armée étoit bien un grand avantage
pour le pays, par conséquent en vertu des dits
pouvoirs il a pu conclure une trève de quelques
jours, comme seul moyen de sauver alors l'armée.
C'eût été autre chose s'il avoit accepté la trève
pour deux mois, il laissoit ce long terme à la
décision du comité, qui pouvoit décider l'affirma-
tive ou la négative pendant les dix jours de la
suspension d'armes. Mais il ne lui restoit point
de tems de consulter le comité s'il pouvoit demander et accepter la dite trève de 10 jours , car
dans l'interval de l'envoi et du retour du courier,
son armée eût été écrasée. Je ne conçois pas
comment le comité, composé de membres très-
respectables , n'ont pas saisi les fortes raisons
que le général leur avoit alléguées pour en prouver la nécessité, de laquelle on aurait dû juger
non à Breda, mais sur les lieux même où se trouvoit l'armée. Aussi Vandermersch déploroit souvent le pas qu'il avoit fait d'accepter le commandement , voyant qu'il avoit à faire avec des personnes, quoique zèlées pour la cause patriotique,
mais ignorantes dans l'art militaire.

» Pour ce qui regarde les pouvoirs du colonel

De Brou, dont il ne leur constoit pas, peut-on s'imaginer qu'un général auroit signé et accepté la trève sans s'être préalablement assuré des dits pouvoirs ?

» La dite fameuse résolution du comité étoit accompagnée, dit M[r] le chanoine de Broux, d'une lettre impertinente, qui aigrit étrangement le général. Mais il ne put retenir son indignation, lorsqu'en même tems on lui associa pour ses opérations militaires deux doyens du tiers-état. Il leur (comité) écrivit de suite une très-ample et forte lettre, dont je n'en ai eu que la substance, qui est une répétition des raisons et motifs qu'il leur avoit voulu dire lorsque il étoit allé rendre compte de vive voix de la nécessité de conclure la trève, et qu'ils n'ont peut-être pas pu entendre et comprendre à cause de leurs clameurs. Voici donc la substance de cette fameuse réponse qui peut servir à son apologie. Il leur écrivoit qu'il leur avoit de vive voix exposé les motifs urgens qui l'avoient forcé à accepter la suspension d'armes ;

» Que ce n'étoit point à Breda que l'on pouvoit juger de sa position et de l'alternative qui lui restoit dans un moment, où il n'avoit pas une heure à perdre ou d'accepter cette armistice, ou de se voir lui, l'armée et la cause patriotique dans un danger tel qu'il n'en seroit peut-être plus restê de vestiges ;

» Qu'on lui faisoit un crime d'avoir opéré le salut de la cause publique, en acceptant sans autorisation, comme ils le prétendoient, une suspension de dix jours, dont les avantages étoient inapprétiables, et tels qu'il les avoit prévus;

» Que le rapport qu'il leur avoit fait devoit les convaincre, qu'il y avoit été déterminé par ses connoissances et son expérience;

» Qu'il défioit tout officier éclairé de lui en faire le moindre reproche; qu'une garnison hollandaise entière, un général prussien à son voisinage, les généraux ennemis même apprenant par après la faiblesse de son armée, avoient regardé le résultat de ses démarches comme un chef-d'œuvre;

» Qu'il avoit servi 33 ans, sans que jusqu'à cette époque aucun général lui eût jamais reproché d'avoir mal fait;

» Qu'on ne pouvoit lui citer d'avoir jamais été battu, quoiqu'il se fût peut-être trouvé cent fois au feu;

» Qu'il lui étoit doulereux de recevoir des censures de cette espèce, tandis qu'on devroit être convaincu que la suspension étoit le malheur et la perte de l'armée impériale;

» Que deux batailles complettement gagnées ne produiroient point des effets aussi funestes à l'ennemi, que ceux qu'il avoit prévu devoir naître de l'armistice;

» Qu'il s'en suivoit que sa conduité étoit à l'abri de tout blâme, ou que leurs reproches réitérés étoient fondés sur son inexpérience;

» Qu'il lui étoit disgrâcieux, d'après sa façon de penser et son zèle pour la patrie, d'après des

travaux non interrompus pour sa conservation,
de se voir ainsi contrecarré ;

» Qu'en conséquence il leur demandoit sa démission, puisqu'on lui ôtoit les pouvoirs qui lui
étoient accordés par sa commission ;

» Que ne pouvant répondre que la nécessité
où il s'étoit trouvé de conclure une armistice,
ne se représentât encore, et que comme sa conduite, en sauvant l'armée, avoit été désapprou-
vée par le comité, il espéroit qu'on acquiesceroit
à demande qu'il faisoit pour qu'on accordât sa
démission ;

» Que ce n'étoit point la présence de sa femme
qui l'avoit empêché de prendre des arrangemens
avec les États de Flandres, attendu qu'aucun
objet jusqu'alors ne l'avoit empêché de remplir
rigoureusement son devoir à tous égards; mais
que c'étoit le retard de leurs réponses et des résolutions dont ils étoient convenus pour les mesures à prendre après l'expiration du terme de
la suspension d'armes, que quoique blâmée, n'en
étoit pas moins mémorable pour les Pays-Bas;

» Qu'il avertissoit le comité, que ne recevant
aucune nouvelle de leur part, à l'expiration de
l'armistice, il resteroit immobile pour sa personne
et dans l'inaction, et que les deux membres pré-
posés, savoir le doyen Martens, cabaretier à
Louvain, et le doyen Van Parys, teinturier à
Bruxelles, qu'ils lui avoient envoyé pour être du
conseil de guerre, pourroient se concerter avec
l'officier supérieur, sur la façon dont la troupe
ci-devant à ses ordres, devroit se conduire;

» Que personne ne prenoit un plus vif intérêt au succès que leurs armes devoient remporter dans une aussi juste cause. Diest, le 11 décembre 1789.

» Cette lettre allarma le comité, qui dépêcha de suite vers le général le baron D'hove et M^r D'hoobrouck, seigneur de Mooreghem, pour le prier de vouloir continuer ses opérations militaires. Comme ces deux messieurs étoient fort modérés et possédoient l'art de persuader, le général acquiesça, car il étoit déterminé à proffiter de l'amnistie générale.

» Dans l'interval de l'armistice, le ministre ne négligea rien pour pacifier les esprits; il donna le 6 décembre la déclaration suivante :

» Comme il nous revient de toute part que
» l'unique obstacle qui arrête encore l'effet des
» dispositions paternelles que S. M. a annon-
» cées à ses peuples par ses déclarations des
» 20, 21, 25 et 26 novembre dernier, est la
» crainte que n'étant pas munies de la ratifica-
» tion de S. M. même, elles pourroient être su-
» jettes encore à quelques doutes; et comme nous
» ne voulons pas nous borner à avoir mis tout
» en œuvre pour assurer le retour du calme, de
» la tranquillité et du bonheur de ces pays con-
» fiés à nos soins, mais désirant vivement en
» accélérer l'époque autant que possible, nous
» déclarons, en qualité de ministre plénipoten-
» tiaire de S. M., qu'ayant donné ces déclara-
» tions en vertu des pleins pouvoirs que nous
» avoit accordés S. M., nous n'hésitons pas de

» nous constituer, comme nous nous constituons
» par la presente, personnellement et sous notre
» parole d'honneur, garant envers la nation, de
» l'aveu de S. M., sur tout le contenu des dites
» déclarations. Bruxelles, le 6 décembre 1789.
» Signé : Trauttmansdorf. »

» Le même ministre fit demander au général
Vandermersch un passeport pour M^r De Kulberg,
conseiller d'État, pour se rendre à Breda (le général, d'après les principes de la guerre, lui accorda ce passeport), muni de la lettre dont il
donna copie à Vandermersch, de la teneur suivante : « Messieurs, je ne saurois douter que les
» déclarations du 20, 21, 25 et 26 du mois
» dernier, portées au nom de Sa Majesté et
» ci-jointes, n'aient fait dans la province de
» Brabant la sensation que doivent causer les
» témoignages qu'elles renferment, des senti-
» ments de S. M. pour ses peuples; ces dispo-
» sitions, de l'effet desquelles je me suis déjà
» rendu garant envers la nation par ma décla-
» ration du 6 de ce mois, également ci-jointe,
» doivent d'autant plus être accueillies que l'em-
» pereur vient de mettre le comble à tout ce qui
» pouvoit manifester sa sincère intention de ren-
» dre la nation contente, en envoyant ici, dans
» l'impossibilité de s'y rendre lui-même, le vice-
» chancelier de Cour et d'État, comte de Cobenzl,
» en qualité de son commissaire, chargé de pa-
» roles de paix et de conciliation et revêtu de
» tous les pouvoirs civils et militaires, pour
» écouter la nation, pour faire cesser les sujets

de plaintes qu'elle pourroit avoir, pour la satisfaire, pour ramener de la part de ses sujets la confiance que S. M. leur accorde à l'avance de son côté, et pour établir enfin la félicité publique sur une base solide et inaltérable, étant à cet effet muni des pleins pouvoirs les plus illimités. M^r le comte de Cobenzl, parti de Vienne le 30 du mois dernier, pourra être rendu ici dans une couple de jours, et par le vif intérêt que je prends personnellement au bien-être du pays, ignorant d'aillieurs si les circonstances sont déjà parvenues à votre connoissance, je n'ai pu me refuser à vous en faire part; persuadé que la nation brabançonne, conservant pour l'empereur l'attachement par lequel elle s'est toujours distinguée, et n'ayant dans ses démarches d'autre objet que celui de la prospérité de la province, inséparable du bien du souverain, ne différera pas de développer avec franchise et confiance ses vues, ses souhaits, les moyens auxquels elle attache sa satisfaction; sûre comme elle doit l'être que rien ne coûtera à S. M. pour faire le bonheur solide de ses sujets et pour régner sur les cœurs. Je vous invite donc, Messieurs, à transmettre le plutôt possible le vœu de la province, et sous de tels auspices, vous ne vous refuserez certainement pas à employer l'influence que vous pouvez avoir à l'effet mentionné ci-dessus. Je vous préviens au reste, Messieurs, que de même que je vous envoie en qualité de commissaire le conseiller d'État

» De Kulberg, pour vous remettre la présente
» et pour convenir avec vous de quelques points
» préliminaires; j'envoie au même effet vers les
» membres du comité des États de Flandre éta-
» bli à Gand, le conseiller vicomte de Patin,
» grand-bailli d'Audenarde. Je suis avec une par-
» faite considération, etc. Signé : Trauttmans-
» dorf. Bruxelles, le 10 décembre 1789. »

» Le général Vandermersch, réfléchissant l'importance de cette lettre et croyant que le comité
de Breda auroit pu se prêter aux sollicitations
du ministre, n'a pas hésité de dire à Mr De
Kulberg que la suspension d'armes expirée il at-
tendroit de reprendre les hostilités jusqu'à nouvel ordre de la part du comité; il prit ce parti
d'autant plus volontiers, que Mr De Kulberg lui
disoit qu'il auroit fait la plus grande diligence,
par conséquent que l'armistice n'auroit pas sur-
passé un jour entier au-delà du terme arrêté le
2 de ce mois. Pas moins le comité prit de très-
mauvaise part que le général avoit tenu ce propos; ils lui déclarèrent donc de nouveau qu'il
n'avoit pas le pouvoir de prolonger l'armistice,
et qu'ils lui ordonnoient de poursuivre, ajoutant
qu'ils avoient éconduit Mr De Kulberg, qu'il
n'étoit plus temps d'entrer en négociation avec
le gouvernement. Le général, qui n'avoit promis
de prolonger l'armistice jusqu'à nouvel ordre, et
que le comité ne l'approuvât point, il se soumit;
en conséquence il fit savoir au colonel De Brou
le 13 de décembre (jour que le comité lui avoit
écrit), que les États ayant déclaré rejetter la

trève pour les deux mois, la suspension d'armes de 10 jours qu'il avoit conclue avec lui le 2 de ce mois, étoit expirée la nuit précédente.

» Telle est la substance du rapport que M^r le chanoine De Broux m'a donné, auquel j'ai joint quelques réflexions, et il finit par dire que le général est occupé à lever le camp pour se porter sur Louvain. En attendant un rapport de ses opérations ultérieures, je dirai ce que j'ai appris d'aillieurs.

(A continuer).

VARIÉTÉS.

1º QUELQUES RENSEIGNEMENTS CONCERNANT LA MÈRE DE MARGUERITE DE PARME ET SON ÉPOUX. — 2º SUR DEUX PROCÈS QUE LE DUC D'ALBE EUT, EN 1550, DEVANT LES ÉCHEVINS DE BRUXELLES. — 3º UNE REQUÊTE DES HABITANTS DE CETTE VILLE AU DUC D'ANJOU. — Plusieurs auteurs se sont occupés à éclaircir l'origine de Jeanne Vander Genst ou Vander Ghenst, la mère de Marguerite de Parme, et qui épousa ensuite Jean Van den Dyck; ce personnage et sa postérité ont fait également l'objet de leûrs investigations. M. le professeur Serrure, le premier, a montré que le récit de Strada sur cette origine était de pure fantaisie [1]. Jeanne, au lieu d'être la fille d'un gentilhomme, comme le dit cet historien, eut pour père un ouvrier en tapisserie. Après l'écrit de M. Serrure, nous avons eu ceux de MM. de Reiffenberg [2], D.-L. Vander Meersch [3], De Ram [4] et Gachard [5].

[1] *Sur la naissance de Marguerite de Parme (Messager des Sciences*, t. IV., 1836).
[2] *Famille maternelle de Marguerite, duchesse de Parme, gouvernante des Pays-Bas (Bulletins* de l'Académie royale, t. VIII, p. 43, 1841).
[3] *Recherches historiques sur l'origine maternelle de Marguerite de Parme.* Gand, 1842, in-8º. Nous n'avons pas pu consulter cet ouvrage.
[4] *Note sur les descendants de la mère de la duchesse Marguerite de Parme. (Bulletins* de la Commission royale d'histoire, 3e série, t. VII, p. 339, 1865).
[5] *Correspondance de Marguerite d'Autriche, duchesse de Parme;* 2 vol. in-4º, 1867. Préface, p. VI.

M. de Reiffenberg nous apprend que Jeanne Vander Ghenst [1] épousa, le 13 octobre 1525, Guillaume [2] Van den Dyck, seigneur de Santvliet et de Berendrecht, conseiller et maître à la chambre des comptes de Brabant. Elle mourut le 15 décembre 1541 et son mari le 1er septembre 1572. Tous deux furent inhumés dans l'église de Notre-Dame du Sablon, à Bruxelles [3]. Ils laissèrent trois enfants : Jean, né le 1er juillet 1526; Gouda (en religion Marguerite), née le 15 juillet 1527, et Agnès. Ces filles prirent le voile : la première dans l'abbaye de Val-Duchesse [4], la seconde dans celle de Roosendael [5]. « Le représentant actuel de » cette famille de Van den Dyck, qui habite Bruxelles, » ajoute M. de Reiffenberg, m'a montré un couteau d'un » travail très-délicat et qui provient, dans l'origine, de » Marguerite de Parme. »

M. De Ram a donné de plus amples détails sur la postérité des époux Van den Dyck [6], le seul point auquel nous nous sommes attaché et que nous sommes à même de compléter en le rectifiant. Après avoir cité l'article de M. Serrure et rappelé qu'en 1559 Van den Dyck acquit des domaines la seigneurie de Santvliet, l'auteur dit : « qu'on » connaît quatre enfants nés du mariage de Jean Van » den Dyck avec Jeanne Vander Ghenst.

» 1º Agnès, religieuse, etc. [7]

» 2º Gouda, dite en religion Marguerite, religieuse, etc. [8], » décédée le 20 juin 1602.

---

[1] Et non Vander Genst, comme il le dit.
[2] *Lisez* Jean.
[3] Nous n'y avons pas retrouvé leur tombe.
[4] *S'Hertoginnendael,* à Auderghem, près de Bruxelles.
[5] Près de Malines.
[6] *Voy.* les trois attestations annexées à sa notice.
[7] *Voy.* plus haut.
[8] *Ibid.*

» 3º Jean, auquel, d'après le manuscrit cité par M. le
» professeur Serrure, la dame Marie Hutenhove, veuve
» d'Antoine Van Quickelberghe, accorda, par acte du
» 29 décembre 1586, la place de bailli de Heuverhuys,
» dépendance de la commune de Wanneghem.

» 4º Guillaume, seigneur de Santvliet après la mort de
» son père.

» Ce Guillaume Van den Dyck, qui paraît être l'aîné
» et qui est ordinairement désigné sous le nom de *de la*
» *Dicque*, épousa, à Bruxelles, Marie de Meghem, fille de
» Jean de Meghem, chevalier de l'ordre de la croix de
» Portugal, seigneur de Chaudfontaine. Leur fille Cathe-
» rine [1] épousa Philippe Van Valckenisse, d'Anvers,
» seigneur de Hemixem, décédé le 3 mars 1614. »

M. De Ram s'étend ensuite sur la postérité de ce gentilhomme. Nous ne nous y arrêterons pas.

Enfin, quant à M. Gachard, nous reproduirons son récit.

« Pendant tout le temps que dura le siége (de Tournai),
» Charles se tint à Audenarde avec sa cour et ses princi-
» paux ministres; il y prit son logement au château de
» Bourgogne (*Bourgondisch kasteel*), qu'occupait Charles
» de Lalaing, baron de Montigny et d'Escornaix, gou-
» verneur et bailli de la ville, avec sa femme Jacque-
» line de Luxembourg, sœur du comte de Gavre, gou-
» verneur de Flandre.

» Une jeune fille, qui probablement était au service
» de la baronne de Montigny [2], attira par sa beauté les
» regards et les préférences de l'empereur; elle s'appe-

---

[1] Une autre fille, Anne, se maria avec Philippe Monet, commissaire des monstres de gens de guerre, sous le gouvernement des
Archiducs (L. G.).

[2] C'est, dit en note M. l'archiviste général, la conjecture formée
par M. Vander Meersch, et elle nous parait avoir le caractère de la
vraisemblance.

» lait Jeanne Van der Gheynst. Elle était l'aînée des en-
» fants de Gilles Van der Gheynst, ouvrier en tapisserie,
» et de Jeanne Vander Coge, demeurant au village de
» Nukerke, à une lieu d'Audenarde.

» Charles avait vingt-deux ans à peine; à cet âge on
» n'est pas maître de ses passions; il voulut posséder
» Jeanne, et Jeanne céda à ses désirs. Neuf mois après,
» elle donna le jour, les uns disent à Audenarde, d'autres
» à Escornaix, d'autres encore à Pamele, à une fille qui
» reçut le nom de Marguerite.

» On a trouvé dans les archives d'Audenarde et livré
» à la publicité [1] un acte d'achat de vingt-quatre livres
» parisis de rente annuelle fait au profit de Jeanne Vander
» Gheynst, le 1er août 1522; quatre personnes y figurent
» comme tenant lieu de parents et d'alliés (als vrienden
» ende maghen) de Jeanne, et parmi elles André de Douvrin,
» sommelier du corps de l'archiduc Ferdinand. Faut-il voir
» dans cet achat une libéralité de l'empereur pour celle
» qui avait été l'objet de son caprice? Elle serait bien
» mesquine; mais Charles-Quint n'est pas du nombre de
» ces princes auxquels on peut reprocher d'avoir enrichi
» leurs maîtresses aux dépens du public; nous avons dit
» ailleurs tout ce qu'il fit pour Barbara Blombergh, la
» mère de don Juan d'Autriche [2]. »

» Jeanne Vander Gheynst épousa Jean Vanden Dycke.
» Quand ce mariage eut-il lieu [3]? Quelle était, au moment
» où il se célébra, la position du mari? Sur ces deux points
» nous manquons de lumières. Ce que nous avons pu con-
» stater, c'est que Jean Vanden Dycke fut nommé, le
» 21 avril 1539, conseiller et maître extraordinaire de la

[1] *Audenaerdsche mengelingen*, 1850.
[2] *Retraite et mort de Charles-Quint au monastère de Juste*, t. II,
pp. XLI et XLII.
[3] On a vu que ce fut le 13 octobre 1525.

» chambre des comptes de Brabant, preuve, pour le dire
» en passant, qu'il n'était point flamand, mais brabançon,
» la naissance brabançonne étant requise en ceux qui
» étaient appelés à remplir de pareilles charges; qu'il de-
» vint conseiller et maître ordinaire de la même chambre
» le 14 février 1549, et qu'il mourut dans l'exercice de ces
» fonctions le 1 septembre 1572 [1]. »

L'auteur dit ensuite que Vanden Dyck eut de son union
avec la personne qui nous occupe un fils et deux filles; que
le fils, nommé Guillaume, après avoir terminé ses études
de droit, se maria en 1564; que les deux filles, nommées
Agnès et Gouda, prirent le voile, etc. Se fondant sur des
lettres du cardinal de Granvelle à Philippe II, écrites en
1564, M. Gachard suppose que la position de Vanden Dyck
n'était pas brillante. Cependant, nous nous sommes assuré
qu'il possédait une quantité de rentes. Enfin, M. Gachard
croit, avec raison, que la place de conseiller et maître lui
fut donnée en considération de son mariage avec Jeanne
Vander Gheynst. Toutefois, ses lettres patentes de nomination, que nous avons consultées, n'entrent dans aucune
considération particulière concernant le titulaire. Elles
sont rédigées d'après la formule en usage : « Sur le bon
» rapport qui nous a été fait de la personne de..., etc. »

Nous en venons maintenant aux quelques renseignements nouveaux que nous avons réunis. Disons d'abord que
nous les avons puisés dans le dossier d'un procès. Ce procès
eut lieu, en 1606, devant les échevins de Bruxelles, entre
le même Philippe Van Valckenisse, demandeur, et Marie-
Christine d'Egmont, fille du comte Lamoral, veuve en
troisièmes noces de Charles, prince de Mansfeld, l'un des
plus célèbres capitaines de son temps, défenderesse. Il
s'agissait d'une rente constituée sur l'hôtel de Mansfeld et

[1] Archives de la chambre des comptes.

qui avait été acquise par Jean Vanden Dyck. Un fait à relever, en passant, dans le dossier, c'est qu'on y mentionne des terrains achetés, en 1558, par le non moins célèbre comte Pierre-Ernest de Mansfeld, gouverneur du duché de Luxembourg, père de Charles. Ces terrains avoisinaient les anciens remparts de la ville, au *Wollendriesche toren*, aujourd'hui rue aux Laines [1]. Le comte en avait fait l'acquisition pour agrandir les jardins de son hôtel. Ils aboutissaient, entre autres, lit-on dans les pièces, à la propriété de la veuve d'André Van Wesele, apothicaire de l'empereur, père de Vésale. Ce fameux médecin est désigné en cette qualité et sous le même nom d'André Van Wesele dans un acte postérieur, c'est-à-dire qu'il y figure comme médecin de S. M. I. [2].

Il résulte d'instruments authentiques, joints au dossier en question, que les époux Vanden Dyck eurent pour enfants : Jean, protonotaire [3], Laurent, Thomas [4], Guil-

[1] « La rue aux Laines, appelée jadis le *Pré aux Laines*, était regardée au siècle dernier, comme une des plus belles rues de Bruxelles; elle devait cette réputation méritée au grand nombre d'hôtels qu'on y voyait et parmi lesquels on distinguait ceux du comte de Maldeghem, de la comtesse d'Epinoy (habité aujourd'hui par le comte de Lannoy), du marquis de Spontin (aujourd'hui au duc de Beaufort) et des comtes de Mérode. Ce dernier, d'une architecture fort simple, n'est remarquable que par l'étendue de ses bâtiments et de ses jardins; mais il s'y rattache d'intéressants souvenirs. En 1529, il appartenait à René, seigneur de Brederode, qui y fit construire les écuries. Après sa mort, arrivée à Bruxelles en 1556, cette propriété passa au comte de Mansfeld, son parent... » :*Hist. de la ville de Bruxelles,* par MM. Henne et Wauters, t. III, p. 391.)

[2] *Voy.* aussi l'*Histoire de Bruxelles*, t. III, p. 396.

[3] Il ne peut donc avoir été bailli de Heuverhuys. Il se pourrait que ce bailli fût un fils de second lit. (*Voy.* plus loin). M. Gachard, s'appuyant de lettres du cardinal de Granvelle, de 1564, ne croit pas à l'existence d'un fils appelé Jean. Les actes sont néanmoins positifs à cet égard.

[4] Son père, dans son testament, se plaint de lui comme d'un fils ingrat. Il n'y a au dossier qu'un extrait de ce testament, qui est de 14 juillet 1572 et que M. de Reiffenberg mentionne également.

laume, Adrienne et Marie. Quant à Marguerite ou Gouda et Agnès, citées plus haut, on n'en fait pas mention, sans doute parce qu'elles étaient mortes pour le monde. D'après ces actes, Thomas épousa Jacqueline Stockvisch; Guillaume, Marie Van Meghem; Adrienne, François de Noyelles, seigneur de Courtaubois, gouverneur et hautbailli de Lens, en Artois, et Marie, Claude de Masson, seigneur de Chapelle. Jean Vanden Dyck, leur père, se remaria avec Anne Van Grevenbroeck, qui, devenue veuve, épousa Jean de Joncquoy, seigneur de Boutonville. Jean, le protonotaire, et ses frères Laurent et Thomas n'eurent pas de postérité. C'est dans l'acte de partage de leurs biens, passé devant les échevins de Bruxelles, le 31 juillet 1595 ¹, que nous avons recueilli presque toutes les indications qui précèdent. Nous en convenons volontiers, ajouterons-nous pour terminer : leur seul mérite est de se rattacher à une personne, de naissance fort obscure, à la vérité, mais qui rendit Charles-Quint père d'une femme aussi remarquable que le fut Marguerite d'Autriche, duchesse de Parme, gouvernante des Pays-Bas.

Le duc d'Albe occupe dans l'histoire des dix-sept provinces une page si importante et en même temps si odieuse, que les moindres choses qui le concernent ne peuvent manquer de nous intéresser. A ce compte, les quelques lignes qui vont suivre méritent, croyons-nous, de trouver place dans le présent Recueil.

Il résulte des registres du conseil de Brabant, conservés aux Archives du royaume, que le duc, se trouvant dans le courant de l'année 1550 à Bruxelles, où il avait accom-

---

¹ M. de Reiffenberg le mentionne dans son article; mais il ne doit pas en avoir eu le texte sous les yeux, sans quoi il eût complété et rectifié ses renseignements.

pagné le prince héréditaire d'Espagne [1], y intenta deux
procès : l'un devant cette haute cour, l'autre devant le
tribunal des échevins. Il paraît qu'une partie considérable
de son argenterie lui avait été soustraite. C'est du moins
ce que l'on peut inférer d'un jugement du conseil de Brabant, mais dont nous n'avons que le dictum. Le duc
d'Albe assigna les lombards ou teneurs de tables de prêt
(*taefelhouders*) de Bruxelles, de Louvain et de Gand, en
restitution de l'argenterie engagée chez eux par un personnage du nom d'Alonso Gomès, qui n'est pas qualifié.
Était-ce quelque serviteur infidèle? Il faut le présumer.
Après un débat en règle, dans lequel les lombards se fon-
dèrent principalement sur leurs privilèges, la cour rendit
sa sentence le 24 mai 1550. Elle condamna les lombards
à faire la restitution, moyennant remboursement par le
demandeur des sommes qu'ils avaient avancées.

L'autre cause, on l'a dit, fut portée devant les échevins
de la capitale, ce qui est assez surprenant, car le conseil
de Brabant était le juge immédiat de la noblesse dans
son ressort [2]. Il est vrai que le duc était étranger et sa
partie un bourgeois. Il se nommait Mathieu Cremers. Il
avait pris en gage des plats d'argent, on ne voit pas de
qui, ni dans quelles conditions le propriétaire les réclama.
Toujours est-il que Ferdinand de Tolède dut le faire par
la voie de la justice. Les échevins le déboutèrent. Il appela de leur jugement au conseil de Brabant, qui le
réforma. La cour, par son arrêt du même jour, 24 mai,
condamna l'intimé à restituer les plats, sauf au duc à
lui rembourser une somme de seize couronnes d'or. En
outre, Cremers et sa femme durent déclarer, sous ser-

---

[1] Depuis Philippe II.
[2] Comme chevalier de la Toison d'or, le duc d'Albe n'était justi-
ciable qu'au conseil privé ou au grand conseil de Malines.

ment, qu'ils ignoraient que cette vaisselle appartînt au duc d'Albe et qu'ils n'y avaient pas remarqué ses armoiries.

Tels sont les faits exposés dans toute leur simplicité. Si le dossier des deux causes eût échappé aux vicissitudes du temps, il n'est point douteux qu'on y eût puisé des détails piquants sur la mésaventure qui arriva au futur gouverneur des Pays-Bas, pendant son séjour à Bruxelles en 1550 [1]. Une chose paraîtra certaine, c'est que la décision des échevins, juges impassibles, malgré son rang et l'éclat qui environnait déjà son nom, dut le froisser. Peut-être en avait-il gardé le souvenir quand il revint plus tard, muni des pleins pouvoirs du roi Philippe II.

Par une singulière coïncidence, le même jour où nous constations l'existence des deux sentences du conseil de Brabant, les archives de cette ancienne cour nous fournirent une requête des habitants de Bruxelles, où la tyrannie du duc d'Albe est rappelée en termes fort énergiques. Cette requête, copie simple du temps et sans apostille, est adressée « au ducq, » qui est le duc d'Anjou, car le document fut rédigé pendant le soulèvement de la ville. Il commence en ces termes :

« Remonstrent en toute humilité les bons bourgeois et
» habitans de vostre ville de Bruxelles que à ung chascun
» il est notoir, comment et avecq quelle vaillandise et très-
» grand dangier, du temps du gouvernement tirannicque
» du ducq d'Alva, en icelle ville, a esté résisté au per-
» pétuel dixiesme denier de toutes denrées, vivres et mar-
» chandises, par lequel tous les Pays-Bas à perpétuité

---

[1] Le duc d'Albe était très-avare. (*Voy.* le portrait qu'en trace Michel Suriano, ambassadeur vénitien à Madrid. *Bull.* de la Comm. d'hist., 1re série, t. IX, p. 256).

» eussent esté perduz et réduictz en extrême pauvreté et
» servitude, ayans mieulx aymé, pour le temps d'environ
» deux mois, se passer de cervoise, vin, fourmaige, bière,
» chair et de tout aultres sortes de vivres, et sayder
» d'eaue, pain et sel, et oultre ce dattendre dheure en
» heure la mort (dont journellement on les menassoit)
» que dintroduyre en leur ville, et par conséquent en tout
» le pays et patrie, ledit x⁰ denier, et par icelluy con-
» firmer et establir le perpétuel et tirannicque gouverne-
» ment des Espaignols sur l'entière patrie.... »

Après avoir signalé, sur le même ton, tous les autres
services rendus au pays par la ville de Bruxelles, dépeint
l'état désastreux où elle se trouvait et rappelé les énormes
sacrifices qu'elle devait s'imposer pour l'entretien de la
garnison [1] et pour les charges de la guerre, les suppliants
demandaient, afin de remédier à cette situation, en pur
don la propriété de tous les biens du clergé situés dans
le ressort de la ville. Au moyen de cette donation, qui
eût été le soulagement de tant de misères, les suppliants
comptaient pouvoir abolir les assises et maltôtes qui pesaient sur la bourgeoisie. Ils disaient, d'ailleurs, que les
états généraux, par leur résolution du 21 juin 1581,
avaient autorisé la ville à s'aider des biens des ecclésiastiques, soit en opérant des ventes, ou en levant les revenus.

L. G.

---

[1] D'après la requête, il y eut jusqu'à quarante enseignes et gens
de pied et quatre cents chevaux. Les charges de la guerre s'élevaient
à 15,000 ou 16,000 florins par mois. (Pour tous ces événements, *roy*.
l'*Histoire de la ville de Bruxelles*, par MM. HENNE et WAUTERS, t. I.

CHRONIQUE.

ASSOCIATION INTERNATIONALE POUR RÉPRIMER LA TRAITE ET OUVRIR L'AFRIQUE CENTRALE. — Cette grande et noble entreprise, due à l'initiative de S. M. Léopold II, est appelée non seulement à rendre les plus éclatants services à la civilisation, mais encore à toutes les branches de l'activité humaine, aux sciences et même à l'histoire de l'art. A ces titres divers le *Messager* ne saurait rester indifférent à une œuvre aussi vaste. Dans la prochaine livraison il rendra compte d'un excellent ouvrage qui vient de paraître : *L'exploration et la civilisation de l'Afrique, et la Conférence géographique convoquée à Bruxelles par S. M. le roi des Belges*, par M. ÉMILE BANNING. Ce livre dont nous reproduirons les passages les plus intéressants, nous initie à la pensée du roi, au but qu'il se propose d'atteindre, en même temps qu'il dépeint l'état actuel des malheureux peuples du centre de l'Afrique.

Bon K. DE V.

L'AGE DES PYRAMIDES. — Voici une découverte qui peut passer pour l'une des plus importantes du siècle en ce qui concerne la chronologie.

Les travaux de M. Emmanuel de Rougé avaient réussi à fixer trois dates dans l'histoire de l'Égypte : 1800, 1240, 962 avant notre ère. Cette dernière est celle de la prise de Jérusalem par le pharaon Schisczouck Ier. Aucune d'elles ne remonte jusqu'à l'ancien empire, pour lequel nous nous trouvons plongés, sinon dans les ténèbres, au moins dans un dédale de dynasties dont on n'a pu jusqu'ici dire avec certitude si elles sont successives ou parallèles. On avait beaucoup remarqué l'ingénieux moyen mis en œuvre par M. de Rougé pour fixer les dates; les Égyptiens avaient l'habitude de signaler la contemporanéité des grands événements et de certains phénomènes astronomiques, dont le retour périodique est plus ou moins fréquent, tel, par exemple, que le lever héliaque de l'étoile Sirius, appelée Sothis. Notre savant égyptologue avait mis aux mains de Biot les éléments de calculs astronomiques, lesquels le conduisirent à déterminer les dates en question.

La même méthode vient de mettre M. Chabas en possession d'une date très-voisine, comme on verra, de la construction d'une des trois grandes pyramides de Gizeh. C'est le premier pas assuré que fait la science dans la chronologie de l'ancien empire.

Dans le papyrus médical appartenant à M. Ebers, M. Chabas a rencontré un cartouche royal jusqu'alors indéchiffré. Disons pour plus de clarté, qu'on appelle cartouche dans les hiéroglyphes l'ensemble des signes entouré d'un cercle qui sert à désigner un personnage. M. Chabas a été assez heureux pour pénétrer l'énigme et démontrer, assure-t-on, d'une manière certaine que le cartouche était celui du roi Menkera ou Menkerès, le Mycerinus des Grecs, le constructeur de la troisième pyramide. A la suite du cartouche venait cette mention que, dans la neuvième année du règne du prince, eut lieu le lever héliaque de Sothis. Or, comme nous avons des points de repère assurés par plusieurs levers, le calcul (un calcul assez simple d'ailleurs) conduit à placer la neuvième année du règne de Menkerès dans l'intervalle compris entre les années 3007 et 3010 avant Jésus-Christ.

En faisant connaître ce résultat à l'Académie des inscriptions et en annonçant la lecture prochaine du mémoire consacré par M. Chabas à cette importante question, M. de Saulcy a insisté sur le caractère de rigoureuse certitude de la date ainsi déterminée; il a ajouté qu'il avait lui-même refait et vérifié les calculs. (Séance du 7 août.)

C'est donc dans le XXXIe siècle avant notre ère que la pyramide de Mycérinus a été construite, et en admettant la supputation de Léon l'Africain, qui semble extrêmement probable, c'est-à-dire en supposant un peu moins d'un millier d'années entre Ménès, le premier roi d'Égypte, et Mycérinus, nous sommes amenés à placer Ménès dans le XIe siècle. C'est la plus haute antiquité à laquelle les annales de l'humanité nous aient permis d'atteindre par des procédés scientifiques.

ARCHÉOLOGIE. — Quelques renseignements sur les découvertes archéologiques récemment faites à Rome :

A l'Esquilin, non loin de l'église Saint-Antoine, on a trouvé huit fragments de table en bronze donnant une partie du texte des décrets faits par des colonies, probablement de la Galicie, en l'honneur du légat Avidus Quietus. Deux de ces décrets sont rédigés en langue grecque, les autres en latin.

Au même endroit, on a découvert sept tables en terre cuite avec ornements et un grand nombre d'ustensiles en bronze et en fer. Du côté de l'église Saint-Eusèbe, entre les parois d'un sépulcre du VIe ou du VIIe siècle de Rome, on a recueilli un fragment de peinture murale représentant probablement des faits guerriers de l'histoire romaine. Les figures mesurent 22 centimètres de hauteur, et quelques-unes sont accompagnées de noms, parmi lesquels on distingue ceux de *Marcus Fiannus* et *Quintus Fabius;* près de ce nom, apparaît la figure d'un enfant.

En continuant les recherches autour de la maison qui se trouve au centre des jardins *Lamiani,* les ouvriers ont mis à jour une paroi longue de 22 mètres, ornée de fresques représentant des scènes de jardin. Les parties principales de ces fresques ont pu être heureusement détachées et transportées sur la toile.

Dans le centre du pâté de maisons qui forme l'angle des rues Manzoni et de la porte Majeure, on a exploré quelques chambres faisant partie d'un édifice privé. Dans une des chambres, on a trouvé deux statuettes de Vénus en marbre de Paros, fort bien conservées et d'une grande élégance.

On a découvert également, en construisant une galerie souterraine au pied des murs de Servius, quelques caveaux contenant de la vaisselle et des ustensiles de style italo-grec.

Passons au Macao : là la principale découverte a été faite sur l'emplacement du Monte della Giustizia, qu'on continue à enlever. Cette colline artificielle est, on le sait, située près de la gare. On a trouvé là une chapelle ou oratoire chrétien du Ve siècle, dont l'abside est ornée de peintures qui semblent représenter le Sauveur entouré des apôtres. Rue Nazionale, on a également fait quelques découvertes, bien que les fouilles se soient limitées à la partie traversant les thermes de Constantin.

Les objets sont :

Une vasque en marbre, élégamment sculptée, mesurant 90 centimètres de diamètre; une tête grandeur naturelle, qui semble être le
portrait d'un orateur grec; une statue, dont les extrémités manquent
et qui représente Mars; un hermès, un peu plus grand que nature,
représentant Bacchus adolescent.

Dans la partie de la rue Nazionale qui traverse la villa Aldobran-
dini, on a mis à jour une statue de grandeur naturelle, représentant
un philosophe grec marchant en portant le pied gauche en avant.
La tête, qui manquait, n'a pu être encore trouvée. On a découvert
également une colonne de breccia coraline entière, ayant 4 mètres
de longueur, 1,200 pièces de monnaie des IVe et Ve siècles, un anneau d'or avec des ornements en *graphites,* un bloc de quartz trans-
parent mesurant 10 centimètres cubes, enfin quelques assiettes de
faïence, des verres et des ampoules en verre du XVIe siècle.

On sait qu'on agrandit en ce moment le cimetière du Campo
Verano. En creusant dans la partie la plus élevée du *campo* pour
construire les fondations de nouvelles sépultures, on a trouvé environ 150 inscriptions ou fragments d'inscriptions sépulcrales chrétiennes. Une de ces inscriptions est surtout importante, parce qu'elle
fait mention de l'ancienne basilique de San Lorenzo et de son
presbytère.

On a mis également à jour un devant de sarcophage représentant
l'Adoration des mages, un autre représentant la Fuite des Hébreux
en Égypte.

Au centre de l'emplacement appelé le Pincetto, on a retrouvé le
pavage d'une voie consulaire, près de laquelle, à la profondeur de
4 mètres environ, on a recueilli une grande partie de la stipe sacrée
d'un sanctuaire inconnu. Cette stipe comprend 200 sculptures
votives, un *œs grave* très-rare et 10 petites statuettes de divinités
en bronze. (*Moniteur*).

LES NOUVELLES TABLES D'OSSUNA. — Deux nouvelles tables de
bronze ont été trouvées à Ossuna, l'ancienne Urson des Espagnols,
l'ancienne *Genitiva Julia* des Romains. Comme les deux premières,
qui sont aujourd'hui en possession du marquis de Loring, elles contiennent des fragments de la loi constitutive de la colonie fondée
sous la dictature de Jules César. On le voit, c'est un monument de

la plus haute importance pour éclairer la question capitale et si controversée du régime municipal dans le haut empire. Les deux tables découvertes d'abord présentent un texte qui commence au chapitre 91 de la loi. Les deux tables nouvelles, dont M. Giraud a entretenu l'Académie des sciences morales et politiques, commencent au chapitre 61 et se terminent au chapitre 89.

Le chapitre 61 est relatif à la procédure entre créanciers et débiteurs. On sait quelle fut à cet égard la loi des Douze Tables et comment elle livrait, corps et biens, le débiteur au créancier. M. Giraud fait un historique curieux des luttes engendrées à Rome par les rigueurs de la législation; il montre cette question des dettes, liée à celle de l'usure, se reproduisant avec plus ou moins d'acuité par intervalles dans la république et soulevant périodiquement le peuple contre les patriciens et les chevaliers. Il en résulte parfois des crises économiques, et dans l'une d'elles le trésor public dut intervenir pour fournir de l'argent aux petits propriétaires obérés. Ce n'est pas nous, paraît-il, qui avons inventé le crédit foncier. Plus d'une fois aussi la réforme demandée de la législation fournit aux agitateurs populaires la base de programmes alléchants. César, notamment, promit à cet égard beaucoup plus qu'il ne put ou voulut donner. Quoi qu'il en soit, la loi de Genitiva consacre plus d'un adoucissement à l'antique rigueur.

Le chapitre 62 concerne l'administration municipale. On y voit l'édilité et le duumvirat séparés; on y est renseigné sur le personnel des officiers qui entouraient les hautes magistratures municipales. Les magistrats et les gens de service, suivant une formule empruntée peut-être à la loi romaine, étaient exempts du service militaire, sauf le cas d'un soulèvement de l'Italie ou de la Gaule.

Les tables ont été acquises de M. Francisco-Martin Ocagna pour le gouvernement espagnol, au prix énorme de 30,000 pesetas. Elles sont déposées au musée de Madrid.

M. Ch. Giraud présente des considérations intéressantes sur le caractère que revêtit le sacerdoce chez les Romains. La religion ne fut jamais séparée de l'État et le pouvoir civil retint la direction des choses religieuses. Cette direction était aux mains d'un collége composé d'abord de patriciens, se recrutant par *allectio* ou *cooptatio*; l'entrée des plébéiens dans ce collége marqua une des plus grandes victoires remportées par le parti démocratique à Rome.

Les chapitres LXII et LXIII de la constitution coloniale de Genitiva Julia règlent, on s'en souvient, les choses relatives au service des magistrats ; le chapitre LXIV dispose que tout ce qui concerne le culte et la liturgie sera aux mains du sénat ; que les fonds consacrés aux dépenses du culte ne peuvent changer d'affectation ; que toute tentative d'innovation à cet égard sera considerée comme contraire à la loi fondamentale de la colonie.

Le chapitre LXVI constitue le collége des prêtres et celui des augures ; il détermine leur compétence judiciaire, leurs prérogatives honorifiques. Le chapitre LXVIII s'occupe du recrutement de ces colléges. Les chapitres LXX et LXXI nous révèlent une disposition nouvelle pour nous : ils obligent les magistrats entrant en charge à faire des largesses publiques, à dépenser pendant la durée de leurs fonctions des sommes déterminées. En était-il de même à Rome ? Nous n'en avons pas la preuve. Nous savons toutefois que l'usage admettait que les candidats aux charges publiques fissent des promesses à leurs électeurs et s'engageassent à des actes de munificence.

Le chapitre LXXII concerne la religion des morts ; le suivant s'occupe de la police de la voirie et prévoit surtout le danger d'incendie. Le chapitre LXXIX règle le régime des esclaves et l'accès aux eaux courantes. Le chapitre LXXX ordonne que quiconque aura exercé des fonctions publiques devra rendre compte de sa gestion dans un délai déterminé. Le chapitre LXXXII détermine le caractère de la propriété des terres données, comme on sait, aux colons romains. Ces terres appartiennent, à la fois, au colon et à la colonie ; le colon ne saurait ni les aliéner, ni les vendre, ni les louer pour plus de cinq ans : il n'est que l'usufruitier.

(Moniteur).

L'ADMINISTRATION DANS L'ANTIQUITÉ. — Un consciencieux érudit, M. Naudet, a exposé à l'Académie des sciences morales et politiques, dans un travail remarquable, l'organisation administrative créée au second siècle de notre ère par l'empereur Hadrien. Jusqu'à cet empereur, il n'existait aucune règle bien précise pour l'administration publique. Malgré le partage fait par Auguste des provinces romaines entre lui et le sénat, c'était au fond la volonté du prince qui dominait partout.

Les instructions données par l'empereur aux gouverneurs des

provinces, les rescrits (*rescripta ad libellos*), qu'il envoyait en réponse aux questions qui lui étaient adressées par les autorités provinciales, par les juges et par les particuliers, les édits (*edicta* ou *constitutiones*) avaient force de loi et on y obéissait autant et plus qu'à elle.

Mais en se faisant ainsi l'aboutissant de toutes les affaires générales et d'un nombre considérable d'affaires particulières, l'empereur se chargeait d'un fardeau énorme. Il lui fallait des collaborateurs.

Trop jaloux de son autorité pour penser à se faire aider dans ce travail de tous les instants par des personnages en vue, dont la coopération aurait pu diminuer son prestige, il était obligé d'emprunter le concours des hommes qui exerçaient auprès de lui des fonctions domestiques, et en qui il avait confiance. Les affranchis, les esclaves même qui habitaient la maison des Césars, le Palatium, étaient les auxiliaires habituels de l'empereur dans ses occupations administratives. Il s'agissait de dépouiller chaque jour la correspondance, de préparer le travail de l'empereur, d'écrire des lettres, d'administrer les finances de la maison impériale.

Mais, à mesure que l'action personnelle du prince s'étend et se diversifie, l'office devient plus ardu, plus complexe et exige le concours d'un plus grand nombre. Les lettres et les rescrits de César ont un rôle dans la législation générale, son trésor intéresse les finances de l'empire, son service de courriers est une question d'État : son intervention dans les affaires privées des cités et des provinces, son influence de plus en plus absorbante dans le Sénat, ne laissent plus debout d'autre autorité effective que la sienne. En César se mêlent et se transforment peu à peu tous les pouvoirs, toutes les charges.

L'office palatin ne suffisait plus à la tâche. Hadrien, doué de l'esprit de gouvernement et d'organisation, commença par séparer les fonctions du palais des fonctions civiles et militaires; d'autre part, dans cette réforme qui acheva, il est vrai, de faire passer entre les mains des magistrats impériaux les pouvoirs de ce qui restait des magistrats de la république, l'état militaire fut subordonné à l'état civil. Hadrien institua une chancellerie qu'il divisa en quatre départements. Ce fut la première institution de ministères ayant chacun son service, pour entretenir dans l'administration l'ordre et la régularité et faciliter l'étude comme l'expédition des affaires. Les ministères étaient subdivisés en bureaux, *scrinia,* auxquels les pièces étaient distribuées selon la nature des services; elles y étaient enregistrées, examinées et revêtues d'un rapport sommaire pour être soumises à la décision de l'empereur. L'importance de cette institution devint telle qu'on en exclut tous les affranchis; il fallait être au moins chevalier pour avoir accès dans les rangs de cette administration dont les membres les plus importants portaient l'ancien titre si respecté de *magister*. Les *magistri* furent les véritables ministres de l'empereur. Mais comme complément de ce système administratif, Hadrien organisa définitivement le *cursus publicus*, qui mettait en communication plus rapide les provinces avec Rome.

Les courriers d'État existaient déjà sous Auguste. « Il établit sur toutes les routes militaires, dit Suétone, et à de courtes distances, de jeunes courriers et ensuite des voitures, pour être informé plus tôt de ce qui se passait dans les provinces. Ce moyen leur parut plus avantageux que de recevoir des informations par ceux qui faisaient métier de transporter des lettres et qui appartenaient à l'administration de la société des *angavia* faisant le service des correspondances particulières. Hadrien attacha une grande importance à l'organisation du *cursus publicus* ou poste impérial.

Sur toutes les grandes voies qui, partant du Forum, traversaient l'Italie et les provinces, et ne se terminaient qu'aux frontières de l'empire, Hadrien fit construire des bâtiments, *mansiones*, placés à d'assez courtes distances les uns des autres et pourvus d'un certain nombre légal de chevaux.

Le *cursus publicus* était exclusivement réservé aux correspondances officielles et au transport des personnages de haute condition, autorisés par un mandement impérial.

Les frais nécessaires à l'entretient du *cursus publicus* étaient fournis par les municipalités existant le long de la route parcourue et l'administration était confiée dans chaque province au gouverneur représentant du pouvoir central.

Les voyages continuels d'Hadrien lui firent acquérir la connaissance de toutes les parties de l'empire, et il se servit de cette connaissance pour l'amélioration des services publics et la sécurité générale.

Mais il n'est pas moins vrai qu'il développa un usage pernicieux, dont l'abus devait amener fatalement la corruption du gouvernement central, et faire peser, sur les villes et sur les provinces, un joug intolérable à ce point que les invasions des barbares purent paraître un bienfait aux sujets de Rome, et que le monde romain finit par se voir abandonné de ceux-là mêmes qui auraient dû le défendre.

L'usage s'était établi sous Trajan d'envoyer de Rome, au nom de César, des *curateurs* aux villes dont les finances étaient obérées. C'était un louable mobile qui suggéra cette mesure. Les villes s'en trouvaient bien. Plusieurs, dans leur embarras, demandèrent au prince des curateurs. C'était tenter César, qui ne sut pas résister à la tentation. Les curateurs, qui étaient l'exception, devinrent assez vite un expédient ordinaire; l'accident fut la règle, et la pratique créa le droit. Provinces et municipes furent administrés par les agents de César comme un domaine privé. Il n'y eut plus dans l'empire d'autre loi que la volonté de César, d'autre pouvoir que l'administration (*officium, scrinium*, etc.) de César. Et les libertés locales, la vie des municipes et des provinces, tout ce qui maintenait la force et la santé dans ce vaste corps, s'abimèrent dans un despotisme tracassier, servi par une armée de fonctionnaires rapaces.

(*Moniteur*).

Un roman sous les Pharaons d'Égypte. — La littérature légère n'a pas été inconnue aux anciens Égyptiens. M. de Rougé, le célèbre égyptologue, a donné une traduction du roman des *Deux frères* qui a été une sorte de révélation; on ne s'attendait pas a trouver chez les Égyptiens les grâces et la souplesse d'esprit qu'exigent ces sortes de compositions. D'autre part, M. Brugsch a tiré du musée de Boulaq, fondé au Caire par M. Mariette, le roman de Setnau, œuvre curieuse bien qu'elle soit beaucoup plus récente que les *Deux frères* et qu'elle n'ait pas leur valeur.

Dans ces derniers temps, une composition du même genre vient d'être retrouvée par M. Goodwin dans la collection des papyrus Harris acquise par le British Museum. M. Chabas a communiqué à l'Académie des inscriptions et belles-lettres un compte-rendu de ce roman, intitulé : *Le Conte du prince prédestiné*. Ce prince est prédestiné à périr soit par un crocodile, soit par un serpent, soit par un chien. Le roi, son père, le fait garder à vue dans une tour pour le soustraire à tout danger, jusqu'au jour où, le prisonnier voyant passer un Égyptien allant à la chasse, accompagné d'un chien, exprime le désir de posséder un animal semblable, et insiste tant que le roi finit par lui révéler les menaces du destin.

Une longue et pressante discussion s'engage entre le père et le fils, dont le résultat est de prouver au père qu'il essaie en vain de lutter contre la fatalité. En conséquence, il rend la liberté au captif. Celui-ci en profite pour voyager. Il arrive à Naharan (Mésopotamie), où il se fait passer pour un gendre infortuné fuyant la persécution d'une belle-mère. Le trait est curieux et mérite d'être signalé. Le voyageur délivre une jeune princesse retenue captive dans une tour, l'épouse après avoir surmonté bien des obstacles, et revient avec elle en Egypte. C'est là que l'attendent les épreuves fatales. Un jour qu'il va entrer dans un temple pour y faire son adoration, il est assailli par un crocodile sacré, puis par un géant dont il triomphe.

Fatigué de la lutte, il s'endort. Pendant son sommeil, un serpent s'est approché de lui et va lui faire une blessure mortelle, quand la princesse saisit le reptile, l'enivre d'une certaine drogue et le noie dans son bain. Jusqu'ici, la fatalité a été vaincue par le courage et la vigilance des époux; mais un jour le prince s'en va à la chasse, emmenant avec lui son chien...

Ici s'arrête, comme dans les feuilletons à effet suspensif, le texte du papyrus mutilé. Il est probable que la fin du roman avait pour but de montrer que nul ne peut échapper à sa destinée.

Doit-on s'étonner de retrouver, par delà tant de siècles, ces échantillons d'œuvres d'imagination et de retrouver le roman cultivé dans l'ère pharaonique? Le roman qui est un semblant d'histoire a été créé par ces esprits faciles qui ne peuvent s'astreindre à la rigueur des faits ou qui embellissent les faits par la fiction en les dénaturant. De tels esprits ont toujours existé et se sont manifestés dans leurs œuvres. Au surplus, le conte et le fait sont d'origine orientale, pourquoi le roman, qui n'est que le conte développé, n'en serait-il pas? Si les *Mille et une nuits*, dont Galland se fit le traducteur et l'éditeur, sont de date relativement récente, on y retrouve pourtant la marque d'anciennes traditions accomodées aux goûts et aux façons de l'époque à laquelle elles ont paru dans leur forme actuelle.

Si l'on se rapporte aux vieux fabliaux de moyen-âge, on reconnaît dans quelques-uns beaucoup d'analogies avec le roman pharaonique dont M. Chabas a présenté l'analyse. Ce n'est pas la première fois

que l'on voit un personnage renfermé dans une tour pour le soustraire à la destinée qui le menace, ni des géants que l'on a à combattre, ni des princesses délivrées, etc., etc. Les générations se sont
passé de main en main ces traditions antiques sur le sol qui les vit
naître et il est plus que probable que les anciens fabiliaux les ont
reproduits, en les modernisant, sur les récits qu'avaient rapportés
en Europe les croisés de retour d'Égypte.

(Moniteur).

ARCHÉOLOGIE NATIONALE. — Le village de Furfooz, près Dinant,
si célèbre déjà par ses grottes préhistoriques, vient d'être le théâtre
de nouvelles découvertes d'un autre genre, mais également intéressantes pour la science. Ces découvertes sont dues aux travaux de la
Société archéologique de Namur.

Celle-ci ayant exploré d'abord un plateau élevé qui domine la vallée
de la Lesse et dans le flanc duquel se trouve le trou des Nutons lui-
même, a reconnu et déblayé une enceinte de murailles, restes vrai-
semblables d'une forteresse de l'époque romaine.

Poursuivant ses recherches en dehors de l'enceinte, la Société
archéologique n'a pas tardé à obtenir des résultats encore plus
satisfaisants.

A quelques mètres, en effet, des vieilles murailles romaines, les
sondages ont révélé l'existence de sépultures de la période franque.
Ces sépultures, fouillées avec grand soin, ont donné quantité d'objets des plus curieux, parmi lesquels on peut citer : plusieurs vases
en verre de formes différentes, dont l'un entouré d'une sorte de
résille ; — nombre de vases en poterie, également de formes variées ;
plusieurs d'entre eux en belle poterie rouge assez semblable à la
poterie dite *sigillée;* — d'autres vases en bronze ; — de belles bou-
cles de ceinturons de même métal, avec dessins ; — des peignes en
os de formes remarquables, offrant aussi des dessins, et d'une conservation peu commune; — des armes en fer; — trois à quatre
monnaies du bas-empire, etc.

Voilà certes une découverte fort utile pour l'étude de la civilisation
et des mœurs des tribus franques qui ont occupé notre pays.

La province de Namur à fourni déjà nombre d'éléments pour une
semblable étude, et il n'est pas douteux que la Société archéologique de Namur pourra, en continuant ses recherches, jeter de nou-

velles lumières sur une période encore fort obscure de notre histoire
nationale.

(Moniteur).

HISTOIRE DE LA VILLE DE COURTRAI. — Nous avons reçu il y a
quelque temps le troisième volume de cet ouvrage, nous ne pouvons
dire de cette monographie, ce mot serait insuffisant pour un ouvrage
aussi considérable. L'auteur y passe d'abord en revue les établissements d'instruction, instruction primaire, moyenne, asiles, écoles
de dessin, de dessin industriel, d'industrie, conservatoire de musique, bibliothèque, musée ; il donne des détails historiques et
descriptifs sur les locaux de ces divers établissements et quelques
statistiques qui présentent un intérêt incontestable. Il aborde ensuite l'histoire des églises, remonte à l'époque de la prédication de
l'évangile et à l'érection des premières chapelles, pour arriver aux
églises actuelles ; sa monographie de l'église de Saint-Martin est une
belle page de son travail ; le volume est accompagné de trois planches, la façade et la tour de Saint-Martin, la prévôté de Saint-
Amand, et la chapelle de Saint-Georges au XIVe siècle.

L'histoire de la ville et de l'ancien pays d'Alost, que l'infatigable
auteur des *Communes de Flandre* publie en collaboration avec
M. J. Broeckaert, en est depuis peu à son avant-dernier volume. La
matière de cette partie est à peu près la même que celle du volume
de l'histoire de Courtrai, dont nous venons de nous occuper : établissements d'instruction, institutions charitables, institutions monastiques, églises et chapelles, suivis d'une esquisse historique des
événements dont Alost a été le théâtre depuis les temps les plus
reculés jusqu'en 1830. La dernière partie de ce travail, de même que
le quatrième volume de Courtrai sont sous presse et seront, nous
en sommes persuadé, aussi dignes d'attention que ceux qui les ont
précédés.

ÉMILE V...

CONSERVATOIRE ROYAL DE BRUXELLES. — Le roi vient de faire don
au Conservatoire royal de Bruxelles d'une admirable collection de
tous les instruments en usage dans l'Inde, qui lui a été envoyée par
le rajah Sourindro de Fagore.

Cette collection, d'un prix inestimable et qui n'a certainement pas
sa pareille en Europe, est divisée en huit séries.

1° Instruments se jouant avec l'archet ;

2° Ceux qui se jouent avec le plectre ;

8° Instruments à vent (famille des cors) ;

4° Instruments à anches de jonc ou de paille ;

5° Instruments employés dans les cérémonies religieuses (parmi ceux-ci se trouvent les grandes trompettes en forme de serpent et qui servent à étouffer sous leur sonorité les cris des femmes brûlées sur le bûcher de leurs maris, selon la coutume barbare de l'Inde) ;

6° Les instruments des bergers (flûtes à doubles tuyaux, etc.) ;

7° Les timbres, tamtams, caisses, tambours et timbales (entre autres des timbales à double sonorité très-curieuses);

8° La série des conques, qui est de toute beauté.

En tout 98 pièces des plus remarquables.

Le rajah de Fagore, qui est un musicologue des plus distingués, a joint à son envoi trois exemplaires de ses œuvres en 20 volumes, destinés : le premier au Roi, le second à l'Académie, le troisième à M. Gevaert.

La liste détaillée de ces ouvrages intéressants et absolument inconnus en Europe paraîtra dans le prochain bulletin de l'Académie.

(Moniteur).

MONUMENT D'ÉRASME. — Quelques admirateurs d'Érasme ont inauguré le 4 septembre, à l'*Ateneo Subalpino*, de Turin, un monument érigé en son honneur. L'inscription de ce monument porte :

A ricordo
Del lieto giorno 4 VIIbre 1506
In che fu laureato nella Università di Torino
Esramo di Rotterdamo
Sommo Filosofo
Degli studj greci e latini libero Restauratore
Alcuni ammiratori suoi
a di 4 VIIbre 1876
Posero.

L'administration communale de Rotterdam a témoigné de la symdathie de la ville natale d'Erasme par un télégramme.

NÉCROLOGIE.

JOSEPH VAN LERIUS, né à Boom le 23 novembre 1823, est mort le 29 janvier. Il avait été en 1854 nommé professeur de peinture d'après nature à l'académie royale des beaux-arts d'Anvers. Il laisse des œuvres remarquables. Van Lerius était chevalier de l'ordre de Léopold depuis 1861.

GASPARD VAN BOEKEL, journaliste, auteur de plusieurs romans, est mort à Gand le 14 janvier, à l'âge de 65 ans.

ADOLPHE SUNAERT, peintre d'histoire, professeur à l'école industrielle et à l'académie de Gand, est mort à Gand le 17 avril à l'âge de 50 ans.

Le chanoine DE RIDDER, fondateur et un des collaborateurs les plus assidus des *Analectes de l'histoire ecclésiastique de Belgique*, est mort à Malines le 28 avril.

JOSEPH PAUWELS, peintre d'histoire, chevalier de l'ordre de Léopold, né à Sleidinge, est mort à Gand le 12 mars.

Le R. P. VICTOR DE BUCK, bollandiste, né à Audenarde le 24 avril 1817, est mort à Bruxelles le 23 mai. La société des continuateurs de l'œuvre de Bollandus fait en lui une perte sensible. Entré dans la Compagnie de Jésus le 11 octobre 1835, il consacra sa vie à la continuation des *Acta sanctorum*. L'histoire et l'archéologie lui étaient également familières ; il possédait un grand nombre de langues et écrivait le latin avec une grande correction. On lui doit entre autres : *Acta sanctorum*, tomes VII à XII du mois d'octobre ; — *Historie van O. L. V. te Kerselaer* (1844) ; — *Geschiedenis der zalige maagd en maartelares Maria van Woluwe* (1855) ; — *les Martyrs japonais de la Compagnie de Jésus* (1868) ; — *l'État religieux de la Belgique au XIX° siècle*; et un grand nombre d'autres publications archéologiques et religieuses.

CHARLES-ÉDOUARD-HENRI DE COUSSEMAKER, né à Bailleul (Nord) le 19 avril 1805 est mort à Lille au mois de janvier. Il suivit en même temps les cours de droit et ceux du conservatoire. Devenu magistrat, il consacra ses loisirs à composer des œuvres musicales et à écrire des mémoires sur des questions d'archéologie, se rapportant presque toutes à la musique. On a de lui : *Mémoire sur Hucbald et ses traités de musique* (1841). — *Notice sur les collections musicales de la Bibliothèque de Cambrai et des autres villes du département du Nord* (1843). — *Histoire de l'harmonie au moyen-âge* (1852), couronnée par l'Académie des inscriptions et belles lettres. — *Chants populaires des Flamands de France* (Gand, 1856). — *Chants liturgiques de Thomas a Kempis* (Gand, 1856). — *L'harmonie au moyen-âge* (1857). — *Notice sur un manuscrit musical de la bibliothèque de St-Die* (1859). — *Drames liturgiques du moyen-âge* (1860). — *Orfèvrerie du XIII° siècle. Châsse et croix de Bourbecques* (1861). — *Essai historique sur le Hoop* (1862). — *Les harmonistes des XII° et XIII° siècles* (1865). — *Traités inédits sur la musique au moyen âge* (1865). — *Scriptorum de musica medii œvi novam seriem a Gerbertino alteram collegit* (1865-67). — *Troubles religieux du XVI° siècle dans la Flandre maritime*, ouvrage posthume en 4 vol. in-4°, qui vient d'être annoncé.

M. de Coussemaker était associé de l'Académie royale de Belgique, correspondant du Comité des travaux historiques en France, président du Comité des Flamands de France, correspondant de l'Académie des inscriptions et belles-lettres.

AMBROISE FIRMIN DIDOT, né à Paris le 20 décembre 1790, mort à Paris le 22 février. Il appartenait à cette célèbre famille de libraires dont il a contribué à accroître la renommée, car en même temps qu'il gérait les affaires et introduisait dans l'imprimerie d'heureux perfectionnements, il cultiva la science et mérita d'entrer à l'Institut. Il était en même temps un bibliophile distingué et laissa une bibliothèque extrêmement précieuse.

Pierre Laurentie est mort à Paris le 9 février à l'âge de quatre-vingt-deux ans. D'abord journaliste, il entre ensuite comme professeur à l'École polytechnique, contribua à la fondation de la Société des bonnes lettres et de l'Association pour la défense des intérêts catholiques. Il laisse un grand nombre de publications littéraires et philosophiques.

Michel Pogodine, le plus ancien des membres de l'Académie de St-Pétersbourg, historien et romancier, est mort à Moscou le 8/20 décembre 1875, à l'âge de soixante-quinze ans. A quatorze ans il fit une traduction des *Odes* d'Horace, qui fut imprimée aux frais de l'université de Moscou. Il occupa pendant 18 ans la chaire d'histoire dans cet établissement. Ses publications sont fort nombreuses.

François Palacky, historiographe de la Bohême, né en Moravie en 1798, est mort à Prague le 11 avril. Il consacra toute son existence à l'étude de l'ancienne histoire de la Bohême ; aussi parmi le grand nombre d'écrits qu'il laisse, le plus considérable est-il sa grande *Histoire de la Bohême*, œuvre vraiment classique et qui fait époque.

Michel Jubinal, né en 1810, publia divers textes inédits du moyen-âge ; il est mort dans le courant de 1876.

César Félicien David, le célèbre compositeur, est mort à St-Germain-en-Laye le 29 août. Il était né à Cadenel (Vaucluse) le 3 avril 1810.

Eugène Fromentin, peintre distingué et écrivain de talent, né à La Rochellle en décembre 1810, est mort à St-Maurice près de La Rochelle le 27 août.

Le jeune et savant assyriologue Georges Smith, né en 1840 et mort au cours d'une mission scientifique à Alep le 19 août.

Le R. P. de Valroyer, chanoine de Bayeux, né à Avranches le 6 janvier 1814, est mort à Caen le 10 octobre. Il est l'auteur d'un grand nombre de publications historiques, philosophiques et théologiques, et collaborateur assidu du *Polybiblion* qui fait en lui une grande perte.

Claude-Joseph Tissot, correspondant de l'Institut de France, né à Fourys en 1801, est mort à Dijon le 19 octobre.

34

GROEN VAN PRINSTERER, ancien député et conseiller d'État dans les Pays-Bas ; il est auteur entre autres nombreux ouvrages d'une *Histoire de la Néerlande*.

GEORGES-HENRI PERTZ, né à Hanovre le 28 mars 1795, est mort à Berlin le 8 octobre. Il étudia à Gœttingue, fut reçu docteur en philosophie en 1816, et bientôt chargé de la grande collection des histoires allemandes du moyen-âge, à laquelle il a attaché son nom. Il fut conseiller des archives de Hanovre, historiographe de la maison de Brunswick, membre du grand collége de Hanovre, conseiller privé de la cour de Berlin, directeur de la bibliothèque de Berlin, membre de l'Académie, de l'Académie des inscriptions et belles-lettres de France, asssocié de l'Académie royale de Belgique. Ses travaux sont nombreux et importants, nous ne citerons que celui qui fait son plus grand titre de gloire : *Monumenta Germaniæ historica*.

TABLE DES MATIÈRES.

ANNÉE 1876.

NOTICES ET DISSERTATIONS.

NÉCROLOGIE.

Planches.

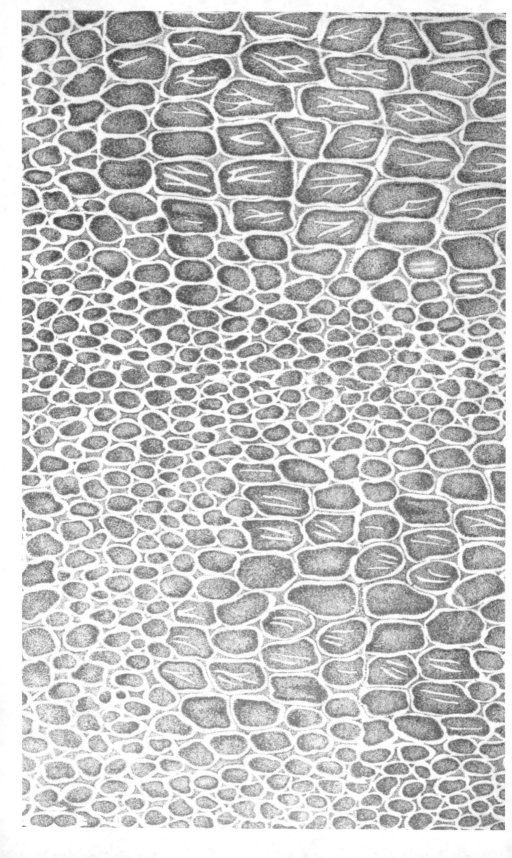

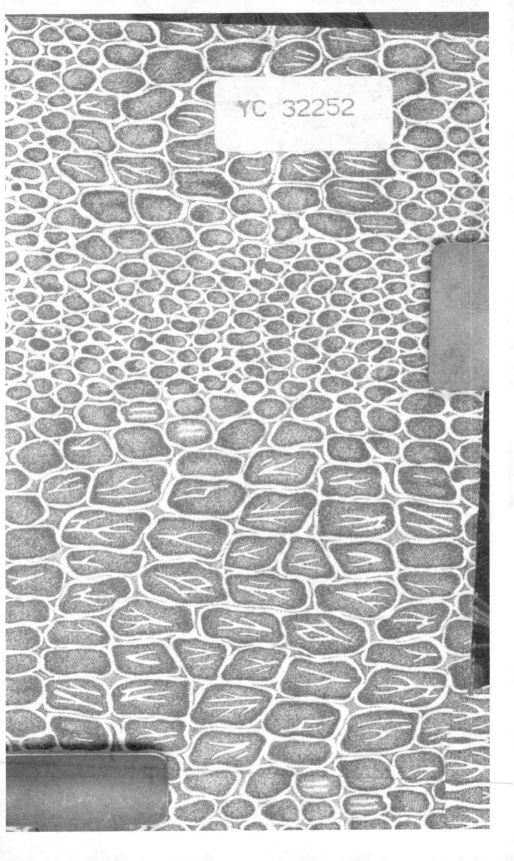

Im The Story
personalised classic books

JANE
IN
WONDERLAND

LEWIS
CARROLL

"Beautiful gift.. lovely finish.
My Niece loves it, so precious!"

Helen R Brumfieldon

⭐⭐⭐⭐⭐

UNIQUE
GIFT

FOR KIDS, PARTNERS
AND FRIENDS

Timeless books such as:

Kids

Alice in Wonderland • The Jungle Book • The Wonderful Wizard of Oz
Peter and Wendy • Robin Hood • The Prince and The Pauper
The Railway Children • Treasure Island • A Christmas Carol

Adults

Romeo and Juliet • Dracula

Highly
Customizable

Change
Books Title

Replace
Characters Names
with yours

Upload
Photos for
inside page

Add
Inscriptions

Visit
Im The Story .com
and order yours today!

CPSIA information can be obtained
at www.ICGtesting.com
Printed in the USA
BVHW071441140819
555860BV00025B/2097/P